孫文とアジア太平洋
——ネイションを越えて

日本孫文研究会編

〔孫中山記念会研究叢書Ⅶ〕

汲 古 書 院

目　　次

挨拶・祝辞　　　　　　　　　　　　　　　　　　　　　　3

一、基調講演

民国元年における孫文の北上と清朝皇室との交流　　桑　兵　8
　　——皇族の帰属に関する選択をめぐって

孫文以後の大アジア主義　　　　　　　　　村田雄二郎　27
　　——民国期中国における日本認識をめぐって

二、第一分科会　制度と公共圏——共和のデザイン

孫文「専門家政治」論と開発志向国としての現代中国国家の起源

　　　　　　　　　　　　　　　　　　　　　　潘光哲　54

孫文とガンディー　　　　　　　　モニカ・デ・トーニ　72
　　——両者の政治的提言が一致点を見いだせなかったのはなぜか

永租と登記——重畳する制度　　　　　　　田口宏二朗　83

「五五憲草」解釈から見る五権憲法　　　　　森川裕貫　101
　　——雷震と薩孟武の所論をめぐって

三、第二分科会　孫文思想を継ぐ者

蔣介石『革命哲学』における孫文と王陽明の思想の関係性

　　　　　　　　　　　　　　　　　　　　　戚学民　122

「主憂臣辱、主辱臣死」　　　　　　　　　　羅　敏　142
　　——蔣介石が描いた孫文（1917 - 1925）

現代台湾史における蔣介石『民生主義育楽両篇補述』（1953年）

　　　　　　　　　　　　　　　　　　　　　若松大祐　160

王道思想、孫文と国際秩序の想像　　　　　　安井伸介　180

四、第三分科会　ボーダーを越えて

孫文と世界観を有する南洋知識人との交流と連動

黄賢強（WONG Sin Kiong）　198

孫文と積極的かつ進取に富んだオーストラリア華商
　　──南太平洋国民党の創設　　郭美芬（Mei-fen Kuo）　216

民国初年の対日ボイコットにおける東南アジア華僑と孫文

吉澤誠一郎　235

孫文の民生思想とキリスト教者の相互関係　　劉　雯　253

五、第四分科会　参加と動員──いかに革命を組織するか

中華革命党時期における党員の意見対立と派閥抗争　　王奇生　274

軍閥時代における民主政をめぐる議論　　ジョシュア・ヒル　294
　　──1920年代広東省の政治改革からみる孫文と陳炯明

中華民国期の広東人労働者におけるナショナリズムの一考察
　　──E・ゲルナーとの対話を通じて　　衛藤安奈　316

辛亥革命前の何天炯と日本　　劉　静　334

六、総合討論の記録

総合討論 1　　352

総合討論 2　　359

閉会の辞　　365

あとがき　　367

編集後記　　370

付録1　シンポジウム・プログラム　　373

付録2　実行委員会組織　　377

付録3　助成団体一覧　　379

執筆者・討論者プロフィール　　380

索引（人名索引・事項索引）　　386

挨　　拶

公益財団法人　孫中山記念会
理事長　齋　藤　富　雄

　このたび、公益財団法人孫中山記念会が、孫文生誕150周年記念事業の一環
として「国際学術シンポジウム」を開催したところ、国内外から多くの専門家、
研究者の方々にお集まりいただきありがとうございます。

　当記念会は1988年に創設され、辛亥革命の中心人物であった孫文の日本・神
戸における活動、またそれを支えた多くの人びとの実像を調査検証し、そして
その記録を保存公開することを目的に、孫文の思想と行動や近代の日中思想に
ついて研究する「孫文研究会」と連携・協力しながら、風光明媚な神戸舞子の
地に設置されている国の重要文化財である「移情閣」を活用した「日本で唯一
の孫文記念館」を運営しています。

　さて、今回はシンポジウムの総合テーマを「孫文とアジア太平洋──ネイショ
ンを越えて」とし、孫文が生きた時代から現代にいたる「アジア太平洋」が直
面してきた政治・経済・社会・文化の諸問題について議論を深めていただきま
す。
　本シンポジウムを通じて、アジア太平洋地域の平和と発展に向けた活発な議
論が行われ、未来志向のメッセージが発信されることを心から期待しています。

　また、当記念会では、孫文生誕150周年記念事業として、先の11月11日には、
特別講演会「百年後にスタートした孫文の「夢」と現実」を開催するとともに、
現在、孫文記念館（移情閣）におきまして、「孫文フォトアーカイブ展」、「孫
中山故居紀念特別展」を同時開催しています。一見の価値のある貴重な資料が
展示されていますので、是非この機会に当館に足をお運びください。

祝　　辞

兵庫県知事
井　戸　敏　三

　「孫文生誕150周年記念国際学術シンポジウム　孫文とアジア太平洋——ネイションを越えて」が盛大に開催されます。心からお喜びします。

　「正しい政治とは、人民の自治である」。革命の志の中に常に民への思いやりを持ち続けた孫文先生。志を同じくする同胞へと思いを致し、その激動の人生において18回にわたり神戸を訪問されました。華僑や日本人支援者が温かく迎えてくれる兵庫・神戸の地は、先生にとっても特別な場所だったのです。

　そして1924年、孫文先生が最後に神戸を訪れた際、現在の兵庫県庁の場所にあった県立神戸高等女学校で行われたのが、あの「大アジア主義」講演会です。武力を中心とした西洋の帝国主義に対して、仁と徳を旨とする東洋の王道文化をもって、日本、中国をはじめとするアジア諸国が手を携えて、世界の平和、発展に貢献していくことの必要性を説かれました。

　あれから90年あまり。世界では、いまなお領土領海をめぐる紛争や、宗教・思想、民族の対立が後を絶ちません。アジアを牽引すべき日中関係においても、政府間での軋轢が生じています。

　私たちは、いま一度、孫文先生の言葉に耳を傾け、人と人、地域と地域の草の根交流から、相互理解、国際協調を深めていくことが何よりも大切です。

　兵庫県は、孫文先生とのつながりや、先生を支援した神戸華僑などとの縁もあり、1982年に広東省と、1990年には海南省と友好提携を結び、経済や文化、スポーツ、防災、環境など幅広い分野で多彩な交流を進めてきました。

　また、海南省との友好提携25周年を迎えた昨年は、総勢50名におよぶ友好訪問団とともに中国を訪問。これまでの友好交流の成果を確認し、さらなる交流

推進を約束してまいりました。こうした、地域レベル、民間レベル、個人レベルの交流の積み重ねこそが、国家や、民族・文化を超えた世界平和の土台となっていくのではないでしょうか。

それだけに、孫文研究での内外の権威がこの兵庫・神戸に一堂に会し、その偉大な業績を辿りながら、現代の国際社会が直面する諸課題について活発な議論が展開されますことは本当に素晴らしいことです。本日のシンポジウムを通じて、日中の友好とともに、アジア・世界の平和と友好の輪が大きく広がっていくことを期待しています。

シンポジウムの開催にご尽力いただいた皆様に感謝するとともに、ご参集の皆様のご健勝でのご活躍を心からお祈りします。

祝　　辞

神戸大学理事・副学長
井 上 典 之

　本年2016年は、「中国革命の父」と呼ばれた偉大な思想家・革命家、孫文の生誕からちょうど150年になります。これを記念して、今回国際学術シンポジウムを開催することになりました。

　今回の国際シンポジウムは、「孫文とアジア太平洋──ネイションを越えて」という大きなテーマの下に、国内外から様々な孫文研究の第一人者が集い、孫文の思想について、過去から現在にかけて、そして未来へ向けて、それこそ現代が抱える諸問題・諸課題にどのように対処し得るのか、それを未来に向けてどのように発展・継承していくのかを念頭に検討が加えられるものと思います。そこでは、革命家・孫文としてというよりも、彼が提示した思想を政治のみならず社会、経済、文化など多角的な観点から再検討していくことで、現代にいたる諸問題の解明が試みられることになると思います。特に、今回の国際学術シンポジウムでは、孫文が影響を与えた東アジアという地域の枠にとどまらず、グローバル化の進む現在において、「ネイション」というキーワードの下に様々な学際的報告が行われ、活発な討論が展開されるであろうことが期待されます。

　孫文とのゆかりの深い神戸という地は、古くから国際的に開かれた都市として発展してまいりました。そのような場所で2日間にわたり開催されます今回の国際学術シンポジウムが、今後の孫文研究にも、そしてご参加くださる皆様にも印象深く、有意義であることを期待しております。

一、基調講演

民国元年における孫文の北上と清朝皇室との交流
──皇族の帰属に関する選択をめぐって

桑　　兵
（中山大学）
（訳：久保純太郎）

　民国元（1912）年8、9月の間、孫文は北上し、北京に21日間滞在した。多忙のなか特別に、4日間を清朝皇室との交流に充てた。皇室が頤和園で開いた宴会に出席しただけでなく、前摂政王載灃、貝子溥倫、総管内務府大臣世続をそれぞれ訪ね、彼らに案内されて頤和園、南海、天壇などの宮苑名勝を遊覧した。隆裕皇太后は民国政府の呼びかけに積極的に応じ、孫文の北上に歓迎の意を表した。宣統帝を引き連れて孫文に接見する皇太后の最初の計画は皇族内部の反対に遭って実現しなかったが、皇太后は孫文を接待するために皇室の器材を提供した。長期間敵対していた両者が手を取り合って和解したことによって、孫文（黄興を含む）側は、清朝皇帝が退位し共和による統一が実現したことに、賛同と敬意を表した。また、孫文側は自らの政治的姿勢を反清排満から五族共和へ転じたことを表明し、各方面からの疑念を払拭し、満蒙回蔵の諸族に漢族と同心協力させ、諸地を合わせて一国とし、諸族を合わせて一群とするという誓いを実現することを期した。一方、清朝皇室側は、国体が変更されることで統治者の地位を失うことに必ずしも心服したわけではなかったが、皇太后、摂政王を含めて、孫文招待に参与した数名の皇族内臣は、皇帝退位の承諾をかたく遵守すると表明し、民国政府のもとで体面のある栄華を享受し続けた。そのために、皇太后はすべての満洲族と宗廟と陵寝の安危、さらに中国の安定に配慮し、諸地の皇族や旗人、旧臣による反乱の企てを制止した。在京満洲族の満族同進会にいたっては、民国の政治体制のなかで自らの権益を積極的に勝ち取ろうとした。清朝皇室・皇族ないし満洲族が征服者統治者の地位と中国人の身分のどちらかを必ず選ばなくてはならない時に当たり、多くの者はたとえ征服

民国元年における孫文の北上と清朝皇室との交流　9

者統治者の地位を放棄しても、中国人の身分を失いたくないとの姿勢を表した。この満洲族の姿勢は、民国初年には一般国民の広範な是認を得た。こうした大きな流れには、重要な動因がある。すなわち、清末において列強の圧迫に対応しなくてはならなかったからである。清朝は撤藩建省をせざるを得ず、藩属体制を放棄し、中華体制を一律に採用した。同時に、旗人の特徴が次第に弱まり、旗民分治の境界が日増しに曖昧になった。革命党の排満宣伝は満漢の対立を顕在化させたが、革命党の民族主義の排満と、満洲族の清朝皇室が政権更迭の際に選択した帰属意識を、民族識別という後世の概念を用いて解読することは不適切である。のちに宣統帝は張勲の復辟と偽満洲国に巻き込まれ、すべての満洲族に災いをもたらしたが、清朝皇室と旗人の五族共和への帰属意識は、民族同化と辺疆地域統一の重要なきっかけになった。

　民国元年8月から9月にかけて孫文は北上し、清朝時代の京師すなわち当時の民国の首都で、各方面の人士と幅広く面会した。そのなかの特殊な身分、すなわち清朝皇室・皇族との交流については、論及されることが少なかったか、あるいは言及されても誤っているところがあった。退位と政権放棄を迫られた末代の王朝の統治者として清朝皇室は、革命党の領袖とどのように交流したのか、また、この交流で双方はどのような態度を見せたのか、この交流は民国の発展の方向にどのような影響を及ぼしたのか、とりわけ、革命党の民族主義の排満と、満洲族の皇室が政権更迭の際に選択した帰属意識をどのように理解するのか。――これらの課題は、きわめて重要であり、深く追究するに値する。

　一　清朝皇室の歓迎活動

　1912年8月24日午後5時40分、孫文は天津からの汽車で北京に着いた。これは袁世凱総統の求めに応じたもので、国家の大計をともにはかるためであった。首都における歓迎の人びとのなかで、清朝皇室の姿は、世間の関心を格別に集め、疑われるところもあった。『新聞報』は「孫中山の北京到着後、各界は総統の布告を奉じて、歓迎に力を尽くさなくてはならなくなった。総統府のあら

ゆる接待は、きわめて手厚いものが用意され、周囲の者をも驚きいぶからせた。皇族にいたっては、孫中山の威勢をおそれて続々と歩み寄らなくてはならなくなった」と報道した[1]。

清朝皇室が情勢に迫られ大きな流れにしたがったとする、このような報道は実情と符合しない。皇室による孫文の歓迎活動は、北京の各界の歓迎活動とほぼ同時に始まった。孫文の北京到着の翌日には、『愛国報』が「皇太后は頤和園で孫中山を歓迎する予定である。すでに世続、伊克坦、紹英、溥倫を代表に定めて準備に当たらせ、皇族が全員出席することが見込まれている。他の出席者は皇室より特別徽章を受け取り、当日それを着用して入場しなくてはならない」と報道している[2]。皇室のこの動きは袁世凱総統の布告と無関係ではないかもしれないが、皇室には善意を主体的に施そうとする意向もあった。皇室による在京期間の孫文への「あらゆるもてなしはとくに入念であり、準備した馬車はドイツで新しく作られたもので、脇にはKetteler（克林徳）廠などのアルファベットが書かれている。車内はすべて黄色の綾絹で覆われ、車を引く馬の手綱も黄色である。以前に皇太后が乗るために準備されたものを、このたび特別に借用するのだといわれている。車を引く二頭の白馬はロシア産で、飛ぶように走り実に駿馬である」[3]。上記の借用は孫文の皇太后に対する尊崇の念を示すのに対し、以下に記す許可は皇太后の度量の広さ、また、皇太后の孫文に対する敬意を多少とも示している。それゆえに北京のロイター電は以下のように報道した。

　　孫逸仙氏のこのたびの来京は、さまざまなとても興味深いことがあった。その一つは清朝の隆裕皇太后がこのことに気を配ったことである。皇太后は孫逸仙氏が外交部に宿泊するのを聞き、そこは事務の場であるから、そこで宴席を準備しても行き届かないであろう、政府が必要とする器財は皇宮から借りて、孫氏が寛いで宿泊できるようにするべきであると言った。そして、政府に白紙の帳面を渡し必要な器財を記入させ、照合確認できるように命じた。さらに、近日内苑で孫氏とその一行を招待する宴会を開く

ので、その日時を孫氏の都合に合わせて定めるように命じた。皇太后の有徳有才は世間で大いに賞賛されている。このことは満洲族に感銘を与え、きわめて良い影響をもたらすことができるはずである。孫氏の来京が生んだ申し分ない効果を、直ちに数え上げて述べることは殊に難しい[4]。

　各紙の報道を総合すると、皇室は 8 月27日に頤和園で孫文の歓迎宴会を開く予定であったことが分かる[5]。このために皇太后は、世続たちに孫文を訪ねさせ、また、頤和園で開く大規模な宴会の準備を進めさせ、さらに、皇室の宝物庫から孫文一行へ贈る物をいくつか選ばせた[6]。

　世続（1852－1921）、字は伯軒。索勒豁金氏。内務府満洲正黄旗に属す。朝鮮人。光緒元（1875）年の挙人。総管内務府大臣兼工部侍郎、吏部尚書兼都統、軍機大臣を歴任。文華殿大学士に転任し、憲政編査館参預政務大臣に就任。宣統三（1911）年資政院総裁に就任。世続は清朝史上、三公に格付けられた数少ない人物である。光緒帝没後には立憲を主張し、辛亥の年には清朝皇帝の退位に賛成し、のちに張勲の復辟に反対した。当時、世続は総管内務府大臣であり、新聞などでは皇室総長とも称されたが、そのため皇太后は世続を、孫文歓迎の事務を取り仕切る筆頭責任者に充てた。

　このほかにも、西洋人の新聞が「孫逸仙氏が来京し、歓迎の儀式はたいへん盛大に執り行われた。清朝の皇太后は土曜日に頤和園で孫氏に接見する予定である」、と報道した[7]。この土曜日とは 8 月31日である。皇太后は孫文が宣統帝に謁見する 8 月31日に、陸潤庠に宣締帝の伴をするように命じた[8]。

　皇室の歓迎活動は予定通りに行われなかった。その原因は皇族や旗人による抵抗がかなり大きかったことにある。『文匯報』 9 月 1 日の北京電報は「清朝隆裕皇太后が孫中山に接見しようとした一件は、満洲皇族や旗人たちが大いに反対したため、沙汰やみになってしまった」と報道した[9]。頤和園で開く予定だった歓迎宴会も開かれなかった。皇室が孫文を招宴することについて、世論のなかには遠回しな批判があった。『申報』に掲載された“游戯文章”は、皇太后が孫文を招宴しようとしたことを嘲った[10]。

12   一、基調講演

皇帝、皇太后の孫文接見はなくなったが、皇室の歓迎宴会はなくならず、9月11日に延期され、会場が金魚胡同の那桐の旧邸に改められた。

このことに関する各紙の報道はいささか混乱しており、後世の人の論著の間に食い違いを生じさせた。たとえば、『孫中山年譜長編』は9月11日の『申報』の報道に基づき9月10日と記し、一方、『黄興年譜長編』は9月19日の上海『民立報』に基づき11日と記しているが[11]、同日の『民立報』に基づいた『辛亥革命史事長編』は12日と記している[12]。

さまざまな記載を総合して考察すると、9月10日と12日の説はいずれも誤りである。9月10日説の出所は9月11日の北京特約ロイター電であり、9月12日説はおそらく誤植によるものであろう。正確な日付は9月11日である。その根拠の第一は、各紙のこのことに関する報道である。たとえば、『順天時報』9月10日の"預報""清皇族歓迎孫先生"、11日『愛国報』第2056号の"孫中山赴会忙"、『時報』13日の北京専電、同日『神州日報』"本館特電"所載の12日発の北京専電、これらはいずれも、皇室による歓迎宴会の9月11日開催を明示している。

根拠の第二は、主な招待客の黄興、陳其美らが9月11日に北京に到着したことである。彼らは前日（10日）開催の歓迎宴会に出席することはできない。

根拠の第三は、宴会に出席した紹英の日記である。陪席の客の一人であった紹英は日記に次のように記している。「八月初一日晩、醇王、倫貝子、世太保公が、孫中山、黄克強、陳其美、および国務院の閣僚、参議院呉宗濂、湯化龍を招宴した。陪賓は順王、統領江朝宗、禁衛軍統制王廷楨、張仲和、長朴などであり、景三哥と私も陪賓の列に連なった」。旧暦八月初一日は新暦9月11日である。紹英はもともと袁世凱内閣の度支部首領で、当時、総管内務府大臣に就任し、皇室の事務を専門的に処理していた。内務府はもともと世続が総理してきたが、皇帝が退位してからも、世続が大学士、総管内務府大臣として引き続き頤和園、御茶膳房、造辦処などの事務を管掌し、紹英は世続の下で事務を処理していた。紹英には日記をつける習慣があり、毎日必ずつけていたわけではないが、重要な事がらについてはだいたい洩らさずにつけていた。

この日（9月11日）の晩、載灃は病気のため出席できなかった。歓迎宴会は8時より始まり、10時に終った[13]。このことに関する各紙の報道は詳しいものとそうでないものがある。『民立報』北京特派員の専函が最も詳しく、以下のように記している。

　午後7時、前清朝皇族が宴会を開いて孫、黄両氏を歓迎し、100名近くが出席した。皇族を代表して溥倫が初めに挨拶し、「本日孫、黄両氏および陳英士氏を歓迎するにあたり、本来は醇親王が主人として挨拶するべきですが、あいにく醇親王は風邪をめされ、私に代理を務めるようになさいました。私の考えを申し上げるならば、革命は国家が進化するのに起こるべき事がらです。（殷の）湯王と（周の）武王は革命を起こしたため、聖人と称せられました。そのうえ、このたびの革命はもともと国体の問題に属します。現在は共和を建設し、皇室が優待の栄誉を受けるだけでなく、満洲族にも共和の幸福を同じく享受させ、上古の帝政時代と比べることがまったくできません。このことで、私たち皇族はたいへんに感謝しております」、と述べた。挨拶を終え、以下の醇親王のお言葉を読み上げた。

　「古典には、非凡な人こそ非凡な偉業を成しえるとあるが、まさにその通りである。すなわち中山、克強両氏と諸烈士がこれにあたる。両氏は4千年余の歴史を洞察し、20世紀の時局の困難に対して、共和を国体に定めなくては、人民を幸福にさせることや列強と競争することはできない、と考えられた。そこで、欧米を遍歴し、時機を図られた。このような数十年の苦心奮闘によって、共和の目的に達せられた。両氏をジョージ＝ワシントンと比べても遜色はない。これは、両氏の志がついに成り、また、わが皇太后および皇上大公の無私のお心によって天下の神器が天下へとうとう戻された、ということである。はからずも、唐虞の禅譲の気風が今また見られるようになった。内憂外患、危機四伏、わが大陸の風雲が急を告げることは、両氏が共和の宏論を創られる前からすでに現れていた。「時勢が英雄を創る」というが、現在はそれが当てはまっているのか、それとも

14　一、基調講演

「英雄が時勢を創る」という方がふさわしいのか？　いま、両氏が欣然として北上されると、北方の人士は栄誉に思って、両氏に我勝ちに謁見している。そのうえ、両氏は袁世凱大総統と手を取り合って経綸を語られている。私はいま少し患っているため、両氏の謦咳に接することができないことをたいへん残念に思う。四海の内に昇平の治が行われることを深く願い、このことを両氏に頼むばかりである。昇平の治が行われてこそ、わが皇室は優待を享受する栄誉に浴することができる。非常の大人物、非常の大業を、両氏に期待するばかりである」。

　醇親王のお言葉が読み上げられた後、克強氏が起立して次のような答辞を述べた。「20世紀の国家は国民が共同することにより護持されなくてはなりません。専制政体は地球上で独立を維持することができず、共和を建設しなくてはわが五族同胞を保全することができません。孫氏と私および諸同志は、世界の潮流に応じて政治の改革を唱え、全国の人が心を一つにして協力することに頼って、初めて今日があります。みなさまが孫氏と私に功績を帰そうとされることは、じつに慙愧に耐えません。そのうえ、武昌起義より3か月が経ってようやく大局がほぼ定まりましたが、それはすべて隆裕皇太后、皇帝および諸皇族が、国家を前提として、皇位は私産としないとお考えになって、尭舜禅譲の御厚情を遂げられ、そして全国を早いうちに統一させ、フランス、アメリカの共和と比肩させ、北京の首都では軍隊の反乱を起こさせず、社会秩序を安寧に保ち、平和、幸福をいちだんともたらすことをなされたことによります。現在、内政、外交の諸々の多くは困難な状況にありますが、五族の同胞が共に和し、誠意の力でその任に当たれば、共和国家の前途は必ず発展できるでしょう。私たちは国家の長期的安定に尽力し、皇太后、皇帝の御退位の美挙に応えなくてはなりません。いま私たちは歓迎のお言葉を賜り、孫氏と私はみなさまと一堂に会し、平素考えていることを腹蔵なく語り合えたことを、たいへん喜んでおります。そして、みなさまが私たちの気持ちを皇太后、皇帝にお伝え頂けましたら、誠に有難く存じます」[14]。

以上の記事によると、溥倫は孫文一行歓迎の挨拶のなかで自らの気持ちを表したが、その他は主に醇親王載灃の言葉を代読した。

　この歓迎宴会の前に、国務院の全閣僚と五族共進会が孫文を招待した歓迎宴会も、那桐の京宅西院の花園で開かれた。那桐はかつて皇族内閣の協理大臣に就任し、解職後は弼徳院顧問大臣に就任した。民国元年に彼は病気を理由に、総統に税務処督辦の辞職を申し出、天津のドイツ租界に移り住んだ。そして間もなく中風にかかり、行動が不如意になり、日記すら口述でしかできなくなった。

　歓迎宴会の前日（9月10日）に、孫文は車で醇親王府、倫貝子府、世中堂宅をそれぞれ訪ねて挨拶した。『愛国報』の報道によると、「10日午後3時、孫中山氏は石大人胡同の迎賓館より車に乗り醇親王府、倫貝子府、世中堂宅を挨拶のために訪ね、会談を行い、5時50分に迎賓館へ戻った。游緝隊幫統の恒成が随行、同乗しただけで、それ以外は誰も随行しなかった。また、11日午前11時に、醇親王載灃が石大人胡同の迎賓館を答礼のために訪ねた」[(15)] とある。

　このことの時間経過に関しても、各紙の報道は次の関連する2つで食い違いが見られる。第一は、孫文が訪ねたのは9月10日か、それとも11日か、である。第二は、載灃が答礼のために訪ねたのは孫文が来訪した当日の午後か、それとも翌日の午前か、である。

　『時報』の最初の報道は正確である。その9月13日北京専電は、「10日に孫逸仙は清朝の摂政王を訪ね、長い間滞在した」と報道した。13日の『時報』に掲載された12日申刻北京専電は、「10日に孫中山が清朝の摂政王を訪ね、11日に（摂政）王が孫の宿泊所を答礼のために訪ねた」。両人は「大局を1時間余り討論した。満洲族が南方の重要人物たちに応対する情誼は、人を深く感動させるに足る。世論もすこぶる称賛している。衆意はいずれも以下のような見方をしている。いま満洲族は悪感情を払拭しようと力を尽くしていて、共和国民に追随し、中国の幸福を努めて求めている」と報道した。他紙に時間の誤記が見られるが、その原因は12日特約ロイター北京専電である。『申報』の編集者は、外国人の報道が耳目を故意に混乱させる嫌いがあることに注意して、北京

16 一、基調講演

訳電として「孫中山君が車に乗って外出すると、通過する道路はすべて交通が遮断され、あたかも清朝の君主のようである。北京のあらゆる新聞はこれにすこぶる憤怒している。隆裕皇太后が孫中山君を歓迎しようとすることは、親王たちが大いに反対したために、すでに沙汰やみになった」と掲載し、そのうえで文末に「按ずるにこれもまた外国人のデマであろう」と明記したほどである[16]。

歓迎宴会の翌日（12日）、孫文、黄興らは、皇太后より特派された皇室総長世続、伊克坦、紹英、溥倫の皇族から、頤和園遊覧に招待された。この日の午前9時、孫文たちは車に乗り西直門を出て、万寿山へ向かい、東宮門に入った。遊覧宴会が終ると、記念写真を撮り、午後7時に市街へ戻った。沿道では中北右三営游緝隊、騎兵隊、歩兵隊、儀仗隊の各兵が申し分なく取り仕切った[17]。『時報』9月15日専電に掲載された14日未刻北京電によると、「孫中山は黄興とともに、近ごろ、世続の案内で内宮や頤和の園苑を遊覧した」、とある。頤和園遊覧の翌日、すなわち13日の朝9時に「孫中山氏は南海を遊覧した。これは世伯軒総長が人を遣って招待したものである。当日午後3時に天壇も参観し、6時過ぎになり（迎賓）館へ戻った」[18]とある。

二　孫文の満蒙危機への対応

孫文は今次の北上で北京に合計21日間滞在した。その期間の各種活動はきわめて立て込み、（孫文が）多忙のなか、4日間を清朝皇室との交遊に充てたことは、型どおりの交流では決してない。

清末の民族主義思想は種族概念を伴っており、武昌での中華民国湖北軍政府成立の時点から、新生政権（政府）が満洲族との関係をどのように処理するかということが、早急に解決しなくてはならない全体的な大問題になっていた。可能な選択肢は4つあり、第一は種族の復讐を実行して満洲族を物理的に滅ぼすこと、第二は満洲族を東北の故地へ駆逐すること、第三は18省が独立して清朝の統治から離脱すること、第四は五族が平等になり、ともに共和を建てるこ

民国元年における孫文の北上と清朝皇室との交流　　17

と、であった。

　排満のために国家を分裂させることを、革命党が政治上選択しないことは明らかであった。孫文は南京臨時政府大総統の就任時に「国家の根本は、国民にある。漢・満・蒙・回・蔵の諸地を合わせて一国とし、漢・満・蒙・回・蔵の諸族を合わせて一群とする。これを民族の統一という」[19]と宣言した。民国元年の時点で共和に賛成しない者はなく、民族融合、民族同化を主張する者が多かった。いわゆる五族共和、民族統一は、諸族の地を一国とし、諸族の人を一群とすることであった。また、ここで論じられる回は、民族識別後の回族でなく、当時の回部に限るものでもなかった。回は西北の広漠な地域である回疆を一般的に指した。満、蒙、回、蔵の人数は多くないが、地域の面積は十分に広大であった。たとえいかなる一地域が中国から分離して出て行ったとしても、国家の支配者を変えさせ、国土全体を大幅に縮減させ、四分五裂の状態を引き起こさせたはずである。

　多民族国家の独立は往々にして、求心と離心の二種の傾向を同時に生み出す。辛亥の南北対立が激烈になると、満、蒙、回、蔵のいずれの地でも国内外の勢力が気脈を通じて分離しようとする傾向が出現した。南北が講和して統一した後も、辺疆の危機は依然として続き、国民の高い関心を引き起こした。孫文が北上する時点で、満蒙問題はとりわけ顕在化していた。当時の国民の見方は、孫文は外交方面に才が長けているようだというものであったから、孫文の満蒙問題への対策は世間の注目をことのほか集めた。

　この微妙な時に、8月28日の『大陸報』は、北京電として、該紙記者が孫文にインタビューをした様子を報道した。そのなかの話題の一つが満蒙問題であった。北京電によると、「蒙古と満洲の状態に話が及んだ。孫氏の考えは以下の通りである。もし中国が武力で解決しようとしても、きっと効果はないであろう。数年後に国力が充実するのを待ち、それからあらゆる領土が自ずと難なく回復するようにしなくてはならない。ただし、一世代後までに中国人が奮い立って、領土の自主の権利を回復することができなくては、中国は国として成り立たなくなるであろう。亡国の悲惨さも中国の国民に当然受けさせることになる

18　一、基調講演

であろう。外国の力を借りて中国の領土を回復することは良いとは言えない」とある[20]。

『民立報』もこの電報を掲載した。文字の異同が多く見られるが、以下の通りである。「蒙古と満洲の大局に話が及んだ。孫氏は以下のように述べた。中国のこんにちの形勢は孤立無援で、まだ兵が興っておらず、満蒙を事実上収拾できない。目下しばらく時機を待たざるを得ない。数年後に兵力が充足すれば、領土は自ずと回復できる。もしこの4億人が数十年後に領土を回復できないならば、華人には国家を保持する資格がない、と。孫氏は、すでに失った領土を回復するために隣国に助けを求めることはあまり見込みがない、と考えている」[21]。

『大陸報』のインタビュー記事が報道されると、それは大きな反響を引き起こした。賛同側、批判側の双方とも記事をまったく異なって解釈したために、それが論争の重大な原因になった。楊蔭杭（署名は老圃）が『時事新報』の社論として発表した「孫中山之満蒙棄置論」は、孫文は満蒙を放棄する意思を持っている、と疑いを問い質し、厳しく批判した[22]。『民立報』は負の面の影響を払拭するために、特別に館主（社主）名義で社論「正〈時事新報〉中山満蒙棄置説之誤解」を発表し、孫文は満蒙放棄を主張しているのでは決してなく、日本の満蒙侵占の野心に対し激しく憤慨し、しばらく不利だがゆくゆくは回復させると決心しているのである、と強調した[23]。

『民立報』の社論が孫文の本意を明確にしたにもかかわらず、世間の疑念を完全に払拭することはやはり難しかった。当時の世論は、孫文の満蒙問題に対する意見と、孫文のほかのいくつかの言動を結び付けた。その言動の第一は遷都の主張、第二は明陵への参拝（明朝初代洪武帝の陵墓に赴き、漢族による光復を報告する儀式を行ったこと）、第三は満洲を日本が租借するのを許す、はては日本に割譲するという風聞（噂）であった。何れにも口に出しづらいいきさつがあるが、孫文も排満の姿勢を改め、五族共和を実現するための実際的な行動を取らなくてはならなくなった。その行動の象徴的な意味を最もよく備えたものこそ、かつての敵である清朝皇室との交遊であった。これは旗人を宥めるのに

役立っただけでなく、蒙、蔵、回に対する正面的積極的な模範を示すことにもつながった。孫文が皇室と手を取り合って語り合い、双方の昔日の怨みを氷解させたことは、まさに、諸地を合わせて一国とし諸族を合わせて一群とする、という民族統一宣言を実現するための重要で具体的な表現であった。

三　清朝皇室の帰属意識

　孫文の努力によって、清朝皇室は孫文に対する厚誼を主体的に示し、民国の政治体制内で五族共和を鞏固にするのに努めるとの意思を表した。それが両者の相互受け入れの重要な基点になりえた。

　清朝皇室の歓迎宴会では、主客双方の挨拶のなかに、相手の共和実現への貢献を表彰する言葉があった。これはもとより型どおりのところはあるが、その場限りの虚言ではまったくない。皇室側は、国体の変更が急迫しているのは当然やむを得ないと考え、国家の発展、社会の安定、優待の栄誉を永く受けることを希望するのが本心であった。一方、孫、黄側は、清朝皇帝の退位が民国成立において重要な役割を果したことは争えない事実であると考えた。国体を鞏固にし、民族を統一しようとするならば、皇室の動向は重要で象徴的な意味を持った。

　清朝皇帝の退位によって帝政は終った。皇室、皇族の内部では激しい対立が引き起こされたが、どうにも仕方がなく、現実をついに受け入れた。この選択をした後、多くの者は退位の承諾をかたく遵守し、清朝の統治を復活させる復辟などを夢想だにしないと表明した。孫文と交遊した隆裕皇太后、醇親王載灃、貝子溥倫、総管内務府大臣世続、および関係する那桐、紹英らは、みな退位に賛成していた。皇室に命運を改める力はなかったが、もし彼（女）らの同意がなかったならば、皇帝の退位と和平統一を最終的に実現させることは容易くなかったであろう。民国以後、彼（女）らが分に安んじ自らを守って隠居生活を過ごし、民国の歴代政府と協調する関係をできる限り取ったことで、優待条件は実行された。

20 一、基調講演

　しかし、一部の官吏は皇帝の退位を幾分不満に思い、いたるところで騒ぎを起こした。皇太后は大局を維持する立場から、これらの騒ぎを制止した。「宗社党が復活し、皇太后に、北京を出て奉天へ行き独立をともに計画しようと働きかけたが、皇太后は拒否した」という報道がある [24]。また、以下の報道もある。「北京で共和を宣布した当初、満洲皇族、旗人の恭王、粛王、澤公、鉄良らは奉天で独立を企て、恭王を皇帝に推戴しようとした。この企てが皇太后の耳に入った。企て前に恭王が北京へ戻った時に、皇太后は恭王を宮中に呼び入れ、大勢は共和へすでに進んでいる、お前たちは外でみだりに行動してはならない、と言った。恭王は少しも逆らわずに退いた。……皇太后は退位を宣布した後、皇族、旗人が自らの進退を弁えずに自滅の災いを被ることを恐れて、同日、内閣に命じ電報を東三省にいる趙爾巽に宛てて出させた。その内容は、趙爾巽は速やかに帰京し誤りを犯すな、というものであった。また、皇太后は内閣に命じ趙爾巽に宛てたその指令を皇族、旗人にも通知させた。」[25]。皇太后が考えていたことは、第一はすべての満洲族と宗廟と陵寝の安危、第二は中国の安定である。前者は皇室と満洲族の利益に主に配慮するもの、後者は全中国の統一に最大限に配慮するものであった。

　民国に改まり、那桐は旧暦の新年正月初一日に「今後は袁臨時大総統の通告に従い、陽暦を使うことに改める」と表明した [26]。那桐は、民国政府が満漢の対立を収め、旗人の公私の財産を保護する政策を出したことをとても賞賛し、孫文を先生の尊称をつけて呼んだ。その表現が良好であることから、抗日戦争時期に国民政府は那桐がすでに亡くなったことを知らずに、日本が清朝皇族を籠絡するのを防ぐために、那桐を表彰し、社会の模範とすることさえ考えていたようである。世続は袁世凱、徐世昌らと義兄弟の契りを結び、民国政府との関係を維持することに努めた。張勲の復辟に、世続、紹英らは賛成しなかった。溥儀の小朝廷は復国を日夜企て、はては日本人と結託することを惜しまずに偽満洲国を建てたが、溥儀の父載澧は明確に反対し、関外で居住することをかたく拒否した。

　貝子溥倫（1874－1927、字は彝庵、満洲鑲紅旗に属す。乾隆帝第十一子成親王永瑆

民国元年における孫文の北上と清朝皇室との交流　21

の玄孫、道光帝の嗣曾孫、貝勒載治第四子）は皇室の改革派と目されていた。資政院総裁、皇族内閣農工商大臣を歴任し、皇帝の退位に賛同した。民国になってから、溥倫は長きにわたり皇室の代表を担って、民国政府との交渉の責務を負い、一度国民党に入党したこともあった。しかし、溥倫は民国政府に寄生しすぎて、はては袁世凱の洪憲帝政に賛同した。清朝の儀仗を袁世凱の皇帝即位のために貸し、参政院長に就き、清朝と洪憲の双方に仕えた。袁世凱が政権放棄した後、溥倫は嫌疑をかけられ、次第に政治の舞台から外れていった。

　民国初期の清朝皇室の行動は、満洲族の帰属意識の著しい変化を浮き彫りにしている[27]。新清史における清中葉以前の内陸化（原文では「内亜化」）に関する説は、満洲族が単純に一方的に漢化されたとする従来の概念の欠点を補っている。しかし、新清史およびその論争には2つの偏りが見られる。第一は清末の変化、とくに清朝が周辺環境の変化に主体的に対応するように変わっていったことを故意に軽視していることである。第二は清末とりわけ民族識別に由来する、民族概念およびその存在による影響や制約を受けたまま、清代の民族問題を考察してしまい、多くの誤読と誤解を生み出していることである。

　清朝は統一をはたしてから、もともと明朝が支配していた区域では明朝の制度を引き継ぎ、満、蒙、蔵、西域の地ではその地に適した方法を取った。列強が周辺諸国を次第に侵占するにしたがって、清朝の属国は列強の植民地あるいは勢力範囲に次々となった。特殊な地位を享有する藩部も日増しに動揺し、辺疆の危機はこれまでにないほど厳しくなった。きわめて余裕のない対応の過程で、清朝の君臣は、郡県制を実行する区域で危機に直面してもその区域を失うことになりにくい、藩部で動乱と分離が起きやすい、郡県制を実行する区域と藩部に分けて統治することは続けられない、と徐々に気付いた。辺疆地域喪失の不断の危機を根本的に解決するために、清朝は藩部を内地防衛の地とする旧制度を改めざるを得なくなった。1884（光緒十）年、朝野上下は新疆を回復した後のいく度かの議論を経て、最終的に撤藩建省を決めた。新疆建省は、やや後の台湾が府州県制をもとに昇格したことと異なり、軍府制を州県制に改めたものである。新疆建省は清朝が内陸化の藩属体制を放棄し、あらゆる統治区域

22   一、基調講演

を中華体制に変えることへ向かって重要な一歩を踏み出したことを意味している。この後、清朝は自らの発祥の地さえも直轄省に改め、蒙古建省と西蔵改制を相次いで実行しようとしたが、清朝の滅亡とともに未完成に終った。

　藩部では人（漢・満・蒙・回・蔵の諸族）の帰属意識に分けて統治する（同じ帰属意識を持つ人びとには、同等の権利と地位が備わる）。それとは異なり、直轄省では地域に分けて統治する。つまり、（人の帰属意識に関わらず）何人も、同一地域に居住しさえすれば、同等の権利と地位が備わる。民族の統一は融合して共同の国族になることを意味している。清朝皇室は革命の浪潮の衝撃のもと、退位と政権放棄によって中国に留まる身分を保持することができた。皇室は清国の統治者であり続けることを希望し、一般国民になりたいとは願わなかったはずである。しかし、もし政権、皇位、帝政を放棄することしか、追放されることを免れる術がなかったならば、たとえ共和民国に変わり政権、皇位、帝政を失っても、それらを惜しむことはしなかったであろう。宗社党や溥儀のような、統治者の地位でしか中国を受け入れない満洲族は、皇室・皇族のなかでもその数は少なく、多数の満洲族は五族共和と民国国民になる現実を受け入れた。

　民国成立後、在京満洲族は満族同進会を組織し、「全国旗人を聯合して組織せるものにして、其目的は京外八旗、満洲、蒙古、漢軍人士が互に砥礪して一致の進行を為し、大同の幸福を享けんとするもの。全国各旗人の意見を徴し、旗民の生計を籌り、政治の進行を助け、自治能力を増進し、以て同胞が共和事権の利益を享有するを主義とす」ると定めた。発起人と賛成人のほとんどは清朝の満、蒙の元官吏で、同族人材を蒐めた[28]。孫文の在京期間に、満族同進会評議員の春秀は『愛国報』に、参議院に旗人議員枠の設置を要求する「国会応設旗人専額議員之理由」を投稿し、連載された。該会は旗人議員枠の設置を大総統に3度請願し、また参議院で提案し、大総統、国務院の閣僚、多くの参議院議員の賛成を得て、旗人参政預備団を発起した[29]。春秀および満族同進会の政治的訴求は、民国の体制を受け入れただけでなく、そのなかに積極的に参画した。

　民国元年10月、北京で開かれた国慶紀念活動において、「共和紀念会は、共

民国元年における孫文の北上と清朝皇室との交流　23

和の成立が南方の革命志士の発明、提唱の功績であると考えるが、また、共和に賛成した者を軽視してはならないとも考える。該会総理陳家鼎は、昨日民族大同会の恒鈞氏に該会への臨席を特別に招請した。そして、共和紀念会では、国民に大同を示し、国民が隆裕皇太后と摂政王の美徳を顕彰できるようにするため、お二人の肖像写真を掲げたいので、民族大同会に対して、その写真を送って来るように依頼した。」[30]。清朝皇室と満洲族の姿勢は一般国民の是認を得た。民国元年に共和紀念会が開かれ、主催者は開会前に清朝皇室へ書簡を送り、皇族の臨席を求めた。会の盛況ぶりはかつてないほどで、参加者は30万人余りになった。会場の牌楼正面に皇太后が宣布した共和の明詔と、その背面に「五族同慶」の4字が、それぞれ大書され掲げられた[31]。

　撤藩建省から融合共和に至り、清朝皇室と旗人は、列強の圧迫と世界の激しい潮流のもとで、次第に主体的にあるいは追い込まれて対応するようになった。当時40年間にわたって実権を掌握していた西太后の影響が大きい。西太后は撤藩建省の方向性を確立しただけでなく、満洲族の漢化を大幅に推し進めた。とくに光緒二十（1894）年から上書房を廃止したことは、皇室の帰属意識に最も重要な変化をもたらした。

　いわゆる漢化は、陳寅恪が論じた魏晋南北朝の漢化と胡化のこととして理解されるばかりである。しかし、漢を一つの民族と見なすことはできない。清朝はもともと旗民分治を行い、清末に域外の民族主義の影響を受け、くわえて人種と種族の思想の影響も受けた。そして、満漢の差別と対立が浮き彫りになり、旗民分治は満漢衝突へ日増しに変化した[32]。

　民国初期の五族共和は、朝野において民族の識別を強調せず、民族同化を主張するものであった。五族は象徴的なものにすぎず、同じ地域に居住するならば同等の権利と地位が備わることが、同じ帰属意識を持つ人びとには同等の権利と地位が備わることよりも重要であった。1950年代に基準を設け、それ以降その基準を用いて、総人口の10％を占める非漢族を論争がすこぶるある少数民族として識別し、一方その残り90％の諸民族を何らの識別もせずに一纏めにして漢族と名付けてきた。根源を追究すると、漢と非漢は同化の程度の区別にす

24　一、基調講演

ぎない。漢族は、起源が異なる諸民族の一大雑種である。漢族の始祖を定める
のは、起源が異なる諸民族の祖先を同じにするためである。中華民族の概念の
創造は、民族識別強化の行き過ぎを是正することにほかならない。中華と漢の
実際は、時期は異なるが、相似の集合概念である。両者は範囲にも違いがある
が、族・類に違いはない。もともとの大本の帰属意識であるところの、あるい
は、他者によって同類として識別されるところの漢は、今や中華のことであ
る[33]。

　清朝皇室と旗人の中華および五族共和への帰属意識は、民族同化と辺疆地域
統一の重要なきっかけになった。中国史では求心と離心の傾向は終始併存する。
離心をひたすらに強調する表現は、求心が主導的立場を終始占めていたことを
軽視していて不適切である。そして、不即不離の現象に惑わされて、求心の事
実に対して意識的にまたは無意識的に直視しないこと、あるいは、別の解釈を
故意につくることをしてはならない。

　注
（1）　「孫中山到京後之八面観」、『新聞報』1912年9月3日、第1張第3版、"新聞一"。
（2）　「皇室歓迎孫中山」、『愛国報』第2039号、1912年8月25日、第3版、"本京新聞"。
（3）　「北京歓迎孫中山詳記」、『神州日報』1912年8月30日、第3版、"国内要聞（一）"。
（4）　『申報』1912年8月27日、第2版、"特約路透電・北京電"。
（5）　『天鐸報』1912年8月27日、第1版、"本報専電・北京"。
（6）　『神州日報』1912年8月26、27日、どちらも第2版、"本館特電・北京専電"。
（7）　「西報記孫中山到京事」、『神州日報』1912年8月27日、第3版、"国内要聞（一）"。
（8）　『申報』1912年8月27日、第2版、"専電"。
（9）　「中山亦知皇帝之貴乎」、『神州日報』1912年9月3日、第4版、"国内要聞（二）"。
（10）　累贅「清太后邀孫中山赴宴柬」、『申報』1912年9月2日、第9版、"自由談・
　　　游戯文章"。
（11）　陳錫祺主編『孫中山年譜長編』、北京、中華書局1991年、726頁；毛注青『黄興
　　　年譜長編』、北京、中華書局1991年、329～330頁。
（12）　武昌辛亥革命研究中心組編、厳昌洪主編、高路編『辛亥革命史事長編』第10冊、
　　　武漢出版社2011年、182頁。
（13）　紹英『紹英日記』第2冊、北京、国家図書館出版社2009年、289、292～293、

345〜348頁。制度上、総管内務府大臣は最多で 3 名設けることができた。

(14) 北京特派員函「黄克強入京記（二）」、『民立報』1912 年 9 月19日、 7 頁、"接新聞一"。

(15) 「孫中山訪謁清皇族」、『愛国報』第2057号、1912 年 9 月12日、第 3 版、"本京新聞"。

(16) 『申報』1912 年 9 月 3 日、第 2 版、"訳電・北京電"。

(17) 「孫中山游覧頤和園」、『愛国報』第2059号、1912 年 9 月14日、第 4 版、"本京新聞"。

(18) 「孫中山参観壇海」、『愛国報』第2059号、1912 年 9 月14日、第 4 版、"本京新聞"。広東省社会科学院歴史研究室、中山大学歴史系孫中山研究室、広東省中山県翠亨孫中山故居編『紀念孫中山先生』（北京、文物出版社1981年）中の第132幅写真のキャプションに「孫中山与随行人員在故宮太和殿前留影」とあるが、明長陵祾恩殿前での記念撮影（1912 年 9 月 6 日）に改めなくてはならない。当時、清朝皇帝は紫禁城に居住し、まだ故宮の名称はなかった。孫文が皇太后、皇帝に謁見することはなく、宮中に入ることもなかった。孫文は南海を遊覧しただけである。

(19) 「臨時大総統宣言書」、中国社会科学院近代史研究所中華民国史研究室、中山大学歴史系孫中山研究室、広東省社会科学院歴史研究室合編『孫中山全集』第 2 巻、2 頁。〔訳者注：深町英夫編訳『孫文革命文集』（東京、岩波文庫2011年）中の「臨時大総統就任宣言」145頁、を参照した。〕

(20) 「孫中山与大陸報訪員談」、『神州日報』1912 年 8 月30日、第 3 版、"国内要聞（一）"。

(21) 『民立報』1912 年 8 月30日、 6 頁、"西報訳電"。

(22) 老圃「孫中山之満蒙棄置論」、『時事新報』1912 年 9 月 6 日、第 1 張第 1 版、"社論"。

(23) 『民立報』1912 年 9 月 8 日、 2 頁、"社論二"。

(24) 『申報』1912 年 2 月21日、第 1 版、"専電"。

(25) 「宗社党之亡清滅満策」、『申報』1912 年 2 月21日、第 2 版、"要聞一"；「清太后解散宗社党」、『申報』1912 年 4 月 8 日、第 2 版、"要聞一"。

(26) 北京市档案館編『那桐日記』下冊、北京、新華出版社2006 年、709 頁。

(27) 黄興濤「清朝満人的"中国認同"——対美国"新清史"的一種回応」（劉鳳雲、董建中、劉文鵬編『清代政治与国家認同』、北京、社会科学文献出版社2012年）と、定宜荘「晩清時期満族"国家認同"芻議」（紀念王鍾翰先生百年誕辰学術文集編委会編『紀念王鍾翰先生百年誕辰学術文集』、北京、中央民族大学出版社2013年）は、新清史が提起した満洲族の国家への帰属意識を再検討することの重要性

26　一、基調講演

を指摘する。ただし、そこで使用されている多くの概念と論証方法は議論の余地
をなお残す。

(28)　宗方小太郎「一九一二年中国之政党結社」、章伯鋒、顧亜主編『近代稗海』第
　　　12輯、成都、四川人民出版社1988年、122〜123頁。〔訳者注：神谷正男編『続
　　　宗方小太郎文書──近代中国秘録』（東京、原書房、明治百年史叢書第255巻1977
　　　年）中の「第三　支那に於ける政党結社　明治四十五年七月初旬」の「第十六項
　　　満族同進会」140〜141頁、を参照した。〕

(29)　春秀「国会応設旗人専額議員之理由」（来稿）、『愛国報』第2058、2060、2061
　　　号、1912年9月13、15、16日、いずれも第1、2版、"演説"。

(30)　「籌備声中之共和紀念会・満族之光栄」、『申報』1912年10月14日、第3版、"要
　　　聞一"。

(31)　「国慶日紀事種種・共和紀念会之盛況」、『申報』1912年10月17日、第3版、"要
　　　聞一"。

(32)　満洲族の謂れとその変化については、定宜荘「清末民初的"満洲""旗族"和
　　　"満族"」、『清華大学学報』哲学社会科学版、2016年第2期、を参照のこと。該
　　　論文の漢に関する部分は議論の余地を残す。

(33)　桑兵「中国的"民族"与"辺疆"問題」、『中山大学学報』社会科学版、2012年
　　　第6期、を参照のこと。

〔訳者付記：孫文記念館の蒋海波先生と神戸大学附属中等教育学校の小林理修先生の
御助力に深謝いたします。〕

孫文以後の大アジア主義
——民国期中国における日本認識をめぐって

村 田 雄 二 郎
（東京大学）

は じ め に

　近代中国におけるアジア主義[1]の展開については、これまで多くの論者によっておおむね次のようにまとめられてきた。

　第一に、中国でのアジア主義の不在、あるいは希薄さということである。孫歌によれば、大陸中国という歴史的に形成された国家において、東アジアはその地域概念の一部をあらわすにすぎず、東アジア論が中国人のアイデンティティに関わる思想課題となることはほとんどなかった[2]。つまり大陸中国においては、「中国」すなわちアジアであり、「中国とアジア」という形式でアジアを外部化する契機は、地政学的にも文化的にも希薄であった。

　第二に、近代中国において進んでアジア主義を語ったのは、日本に亡命したり留学したりする経験をもった人物、あるいは日中関係の当事者となった人物に限られるということである。これには、日本発のアジア主義に同調するケースと日本中心主義に反発し別のタイプのアジア主義を提唱するケース（李大釗の「新亜細亜主義」や戴季陶の『新亜細亜』[3]、「民族国際」[4]など）が含まれる。いずれにしても、何らかのかたちで日本と接点のある場での論考・発言であることに変わりはない。これを第1の点と併せて考えてみると、中国にはアジア主義を率先して語る内発的動機は薄く、さまざまな状況下で日本に「触発」された場合に限って、アジア主義の言説があらわれたと言える。

　第三に、中国で提唱されたアジア主義は、胡漢民が「大アジア主義」と「抗日」を結びつけたのを例外として、おおむね「親日」的傾向や「日中提携」の要素を含み、近代日本の膨張主義への批判とはなり得なかったということであ

28　一、基調講演

る。とくに、汪精衛一派が「和平建国」運動のなかで試みた「大アジア主義」の顕揚においては、晩年の孫文が示した厳しい日本批判の側面が捨象されたことが問題視される[5]。日本軍の支援のもとで喧伝された「大アジア主義」は、「善隣友好」や「東亜和平」の美名の下に、しょせんは日本の中国侵略を正当化するイデオロギーにすぎなかった。孫文が構想した真の「大アジア主義」からの逸脱・堕落が批判の的になるのである。

　報告者は、先行する諸論で指摘されてきた上記の 3 点に基本的に同意する。近代中国におけるアジア主義の性格について、これらの指摘はおおむね妥当かつ的確なものであると考える。ただ、 1924年に神戸で行われた孫文「大アジア主義」講演について言えば、上に概括したような中国版アジア主義の一般的な規定には収まらないズレや差異があることが気になる。たとえば、この講演の最後をかざる有名な一段[6]で、孫文はあるべきアジア主義の姿を「王道」と「覇道」の対比という文化的価値と結びつけて語ったが、これは日本人の所論に触発されたというよりは、晩年の彼の「伝統回帰」の文脈から読み取るべきものだろう。また、改めて指摘するまでもないが、孫文の言うアジア解放のビジョンには、ソビエト・ロシアへの期待感、ネパールを属国視する中華中心のアジア観などが含まれていた。これらは日本のアジア主義には絶えて見られない要素であり、たんに日本への対抗言説とするには無理がある。

　孫文が日本人の要請を受けて、日本人に向けに、日本の神戸で、生涯ただ一度「大アジア主義」を語ったことは確かだが、日本帝国主義批判の文脈においてのみ講演の意義を論じることは、おのずと限界もあるだろう。とくに晩年の孫文が語った「王道」論がそうである。その曖昧で多義的なテキストは、一つの謎かけのように、21世紀を生きる我々をいまなお刺激してやまない。駒込武は近代日本の植民地言説を扱ったその著作で、満洲国樹立の際に持ち出された「王道主義」をとりあげ、「孫文の権威を逆用しながら、アジア主義の原理に基づく――ということは、さしあたり日本帝国主義による支配・被支配関係を二義的な問題とみなす――「連帯」の論理としての可能性を、一応はもっていた」[7]と論じる。この指摘は、日本の軍政下、あるいは汪精衛政権下の中国で

唱えられた「王道」論や「アジア主義」言説にも、程度の差はあれ、当てはめることができよう。「可能性」があくまで「可能性」にとどまったことは厳然たる事実であるが、中国で唱えられた種々のアジア主義言説を、いったん「侵略」か「連帯」かの二分法から解き放ってみることは、今日必要な作業だと思われる。

　遺憾ながら、いまの報告者には、孫文の「大アジア主義」講演の歴史的意義を正面から論じる能力も準備もない。ただ、曖昧で多様な解釈を許す「大アジア主義」講演の「謎」は、むしろその「継承者」を含む、孫文以後の多様なアジア主義言説を通して、はじめて接近可能になるものだと考えている。それは、孫文の講演原稿を、開かれた／終わりのない（open-ended）一つのテキストとして読むことでもある。そうすることで、「大アジア主義」講演がはらむ可能性の中心も見えて来るであろう。あえて迂回路を取る所以である。

　以下、いくつかの主要な論著をとりあげつつ、ポスト孫文期の中国におけるアジア主義の展開過程をたどり、孫文の遺したいくつもの「謎」を解明するための手がかりとしたい。

1、山東出兵までの日本論

　まず、第1次大戦後から山東出兵までの中国における日本観・日本認識を概観しておく。

　日本でアジア主義が人口に膾炙するきっかけとなったのは、衆議院議員小寺謙吉が著した『大亜細亜主義論』（東京宝文館、1916年）である。この書は、アジア主義を体系的に論じた著作の嚆矢とされ、翌々年には1200頁を超える原書の全文漢訳本（東京：百城書舎、1918年）が出るなど、中国でも注目され広く読まれた。この時期の「亜細亜主義」の言説は、おしなべて人種概念にもとづく「汎～主義」（汎スラブ主義、汎ゲルマン主義など）に範をとり、東アジアにおける黄色人種の連合、「人種的同盟」の必要を説くものであったとされる[8]。

　日本でのアジア主義言説の流行に対し、それは「大日本主義の別名」であり、

30　一、基調講演

弱小民族を侵略・併呑する軍国主義にほかならないと厳しい批判をなげかけたのが、李大釗「大アジア主義と新アジア主義」(『国民雑誌』第 1 巻第 2 号、1919年 2 月)である。この時期、日本人が唱える「大亜細亜主義」に共鳴する声は、中国ではほとんど聞かれなかった。言うまでもなく、21 か条要求(1915年)とそれに続く陸軍・海軍共同防敵秘密協定締結(1918年)をめぐる一連の騒動により、中国では日本から差し出される「親善」や「連帯」に期待する余地がほとんどなくなっていたからである。

　しかし、1920年代も半ばになると、21 か条で悪化した対日感情も沈静化し、経済や文化の面で両国関係が好転しはじめる。日本政府もワシントン体制に順応し、国際協調・経済協力重視・対中不干渉を柱とする協調外交を推進した。それにしたがい、中国国内では日本を正しく認識し、理解すべきだという意見が台頭し、大手新聞や総合雑誌に日本の文化や歴史に関する文章が掲載されるようになった。外国人の著した日本研究の書が何冊か中国語に翻訳されるのもこのころである。なかには、留学経験や日本語能力がないにもかかわらず、翻訳書や英語文献などを通じて日本研究を行うものもあらわれた。謝晋青『日本民族性研究』(上海：商務印書館、1924年)、陳恭禄編『日本全史』(上海：中華書局、1927年)、陳徳徴『日本研究提要』(上海：世界書局、1928年)、潘光旦『日本独意志民族性之比較的研究』(上海：新月書店、1930年)などは、そうした日本研究の初期の成果に数えられる。

　概観するに、この時期に著された日本論には日本人の国民性・民族性を論じたものが少なくない。21 か条以降、日本の政治や外交に国民の関心が向き、その対中政策の背後にある日本人のものの考え方や感じ方を理解しようという動機がはたらいたのであろう。とくに「武国」日本への関心は高く、直接・間接に見聞きする日本の軍人の言動と重ね合わせ、その起源・背景を探るという興味から、「尚武」や「軍国」は多くの論者が好んで語るトピックとなった。たとえば、日本人の「尚武」の精神を「建国以来」の長い歴史のなかで培われた習性と見なし、好戦的・闘争的な民族性を固有の「信仰力」と結びつけて論じる戴季陶『日本論』(上海：民智書局、1928年)はその代表作である。また、梁

啓超『中国之武士道』（1904年初刊）の影響もあって、武士道に体現される日本
人の倫理や精神に対する関心が高まるのがこの時期である。
　「武国」日本への関心が高まるなかで異彩を放つのは、親日的立場をまった
くかくそうとしないどころか、日本人の唱える親善・提携論に進んで同調する
王朝佑『亜洲之日本』[9]である。刊行後まもなく日本語に訳されたのは、反日・
抗日に傾きがちな日本論のなかにあって、あえて親日を掲げる少数派の議論が
日本国内や在華日本人社会に歓迎されたということであろうか[10]。以下、や
や詳しく王の履歴とその日中提携論を紹介してみたい。
　王朝佑は1886年山東省曹州に生まれ、1905年に東京に留学、東亜同文会が設
立した同文書院で学んだ。2年におよぶ留学を終え帰国した後、北京で私塾
「日本専修学校」を開いて校長となり、日本への留学を望む中国人の教育にあ
たった。一時は、北京にある山東出身者向けの中学校の校長に就任したという。
1927年に山東を支配していた張宗昌の招きで、直魯聯軍外交署秘書・外交署日
本係主任をつとめた。その後の動静には不明な点が多いが、1938年に中華民国
臨時政府の下で発足した新民会の中央指導部委員会（日本人4名、中国人3名）
の委員に宋介らとともに就任したことが確認できる[11]。新民会ではさほど目
立った足跡をのこしていないようだが、会誌『新民週刊』に「亜細亜聯盟」に
関する論考を発表したことなどが確認できる[12]。
　著述には『亜洲之日本』のほかに、『我之日本観』（北京：京城印書局、1927年）、
『中国滅亡論』（出版社不詳、1934年）がある。『我之日本観』は、「民族心理」
「社会制度」「哲学」「信仰」「芸術」の観点から日本の国民性を幅広く論じたも
ので、日本の「国民性」論を体系的全面的に考察した書としては最初期のもの
に属する。史料として価値があるのは巻末の「留学時代之観察」で、靖国神社
に展示されていた纏足女性の靴やアヘン煙管、「万民傘」、権門勢家の扁額など
大陸での戦利品を、陝西出身の留学生が憤激の余り石を投げつけ逮捕されたエ
ピソードなど、清国留学生の勉学や生活の様子が、個人的体験をまじえつつ活
写されている。約20年後の回顧談ではあるが、当時の留学生の心情や意識が描
かれ、留学時代に抱いた日本の国民性や社会生活に対する好感が、後の日中親

32　一、基調講演

善論につながったことが読みとれる。

　『中国滅亡論』は40頁足らずの小冊子で、官僚や政客が自私自利に走って人民を虐げ、倫理道徳は廃頽、さらには軍人・盗賊が横行する中国政治の現状を嘆き、亡国は間近に迫っているとして、国民に改革の決心と発憤を促す。「中国滅亡」とは「国人を警惕するの語」（自序）であるというが、面白いのは『我之日本観』に触れ、出版後「親日家」として誹謗中傷に遭った体験を自ら語っていることである。日本については、「中国国民がもつべき認識」の章で触れられ、『亜洲之日本』と同じく、過激な反日・排日は中国の富強に役立たないとして、先進国家たる日本に学び、日本と提携することこそ、中国が滅亡から逃れる唯一の道であると主張する。

　王朝佑はこのほかにも、北京在住の支那通として知られた中野江漢の『北京繁昌記』第一巻（1922年）を出版後すぐに漢訳し、同名のタイトルで酔中印刷社から刊行している。さらに『四十四年落花夢』（北京：中華印刷所、1943年）の作もある。編年体の近代中国大事記であり、各条に著者の按語が付されおり、日中関係への言及も少なからず含まれる。

　さて、『亜洲之日本』は自序に「中華民国17〔1928〕年6月14日」の日付をもつことからわかるように、日本の山東出兵、張作霖爆殺事件で両国の関係が緊張する渦中に刊行された書である。中国政治の全面的刷新とアジア民族の解放のためには、日本と中国の連携協力が不可欠であるというのがその主張の骨子だが、孫文との直接的な関係は見いだせない。「私の日本に希望する所の者は、その王道に入らんことであつて、決して覇道に流る、ことを望まないのである」（49頁）と言うものの、孫文の「大アジア主義」演説に触れるわけではない。国民党の対日政策には一貫して批判的な態度を持っていた王からすれば、それも当然であろう。書中に「大アジア主義」の言葉は出てこないものの、「亜細亜の経綸」を訴え、白人種の西洋文明に対抗する「亜細亜民族の団結」を力説するから見れば、疑いなく中国版アジア主義の一種と言ってよい。いくつか彼の言うところを引用してみよう。

日本は東亜の強国であり、世界の覇王である。其の亜細亜に対して負ふ所の使命は実に重且つ大であると謂はねばならぬ。故に日本は宜しく亜細亜民族に対して詳細なる調査を遂げ、又具体的なる経綸策を確立し、断然たる決心と、強大なる実力とを以て、勇猛に邁進し、毫も遠慮すること無く、東亜全体の人類の幸福を以て目標として、方針を定めて着々進攻すべきである。(4頁)

我々東亜民族は宜しく日本に対して絶大の望を属し、彼に重要の責任を付与して、政治の改良、教育の振興、実業の発展、交通の利便、財政の整理、貨幣の統一等に至る迄彼の指導を求むべきである。(14頁)

中国の秩序恢復すれば、欧米の野心も自から消滅し、亜細亜の各国も、必ず中日両国と共に、進歩を図る様になるであらう。そこで日本も亦従来の如き遠交近攻的の万事欧米の鼻息を窺ひて中国を圧迫するが如き外交策を続けることは出来なくなり、東亜の長兄として亜州各国の為めに権利の保護や利益の増進を図つてくれるであらう。(23頁)

　こうした親日路線が、当時どれほどの読者を獲得したかは不明である。日本での反響は上に述べた通りだが、本国でその文名が上がったというわけでもなさそうだから、やはり社会にさほど根をもたない奇論怪説の類と受けとめられたのかもしれない。日本の山東出兵については、一章を設けて論じ、中国国民は多いに憤激し日本の蛮行を非難するが、「実は我自らを責めなければならぬ筋道である」(65頁)とあくまで日本寄りの立場をとる。日本に悪意があればいずれ露見するはず、いま「我が国民は飽く迄冷静の態度を守り、十分に精神的に緊張し、臥薪嘗胆の心掛を以て、私心を棄て、国家に忠なるの道に向て努力し」云々の物言いでは、とうてい自国で高揚する愛国感情が耳を傾ける道理はなかっただろう。

　ここで指摘しておきたいのは、王の「親日」的アジア主義の論理構成が、その後にあらわれるさまざまな類型の日中提携・親善論を先取りしていることである。あえて概括的に整理すればそれは、(1)富国強兵の模範国としての日

34　一、基調講演

本への高い評価、（2）それと対照的な中国の停滞堕落ぶりへの慨嘆、（3）欧米のアジア侵略への危機感、（4）先行者たる日本の中国支援への期待、（5）彼此の軍事力の圧倒的な落差にもとづく日中開戦論の否定、ということになる。こうした前提から、日中親善を基軸としたアジア民族の解放、さらには日本と中国を盟主とする「東亜聯盟」の結成が導かれるが、実現可能性を別にして、これらの構想は抗戦期の中国に現れる「日中親善」「和平建国」論と、論理構成の上で大差はない。

　日本と中国の関係について、王朝佑は不平等条約など取るに足らずといい、日本の「指導」的役割に期待を寄せるばかりである。大陸への膨張を志す日本の軍部や政府にとってこれほど耳に快く響く親善論はほかになかっただろう。逆に、国権回収や条約改正で沸騰する中国のナショナリズムにとって、これほど受け入れがたい「売国」言論もまたなかったにちがいない。

　ともあれ、王朝佑のこうした議論は、排日や抗戦とは別の道を行く「和平型」救国論の一つの類型を体現するものであったとも言える。「和平型」とは、日本との武力衝突を避け、一定の協調や提携を模索しながら、自国の権益拡大、地位向上を目指す立場の謂である[13]。王の場合、その過剰な日本への自己同一化の姿勢は、社会の反発と冷笑を招くだけであったが、少なくとも、この時期にはまだ微弱ながらも、「親善」や「和平」に期待を寄せうる言論空間が存在していたことは確かである。だが、1930年代になると、日本の武力行使と軍事作戦の激化により、日本に対する自由で柔軟な見方を許容する言論空間は、次第に狭まりやせ細っていった。

2、満洲事変前後の日本論

　1928年4月、田中義一内閣は、蒋介石率いる国民革命軍の勢力が山東省に及ぶや、ただちに出兵を決断し、第六師団と天津駐屯部隊を済南に向かわせた（第2次山東出兵）。5月3日にはじまる両軍の衝突は、日本軍が済南城に総攻撃をしかけて中国軍と衝突する事態になり、日本人の居留民十数名が殺害され、

中国の軍民死傷者が3000名をこえる大惨事となった。中国でいう「済南惨案」である。

済南事件は、多くの中国人を憤激させた。日本の山東出兵を機に、「幣原外交」の効果で和らぎつつあった中国人の対日感情は一挙に硬化した。そればかりでない。済南事件を転機に、国民革命以来、主にイギリスを対象としていた中国の排外感情は一気に矛先を日本に向けるようになった。さらに中国の対日感情を悪化させたのは、関東軍が起こした張作霖爆殺事件である。1928年6月4日早朝、北京から地元の奉天にもどる張作霖一行を乗せた列車が、謀略により奉天郊外で爆破され、張を含む多数の死傷者を出した。張作霖爆殺の報が伝わるや、東北（満洲）における中国人の対日世論は沸騰した。父の後を継いだ張学良も、これを機に対日協力の立場を改め、国民政府との合流を志すようになる。

中国では山東出兵にともない、日本関連の書籍や雑誌論文が急増の勢いを見せた。ただ、関心の多くはもっぱら日本の対中政策や日本軍の蛮行など政治や軍事に向けられていた。倭寇の記憶が再び呼び覚まされるのも、まさにこのときである。論者の多くは、日本刀をひっさげて傲然と中国を蹂躙する日本軍人の姿に、記憶のなかの倭寇の姿を重ね合わせ、日本の侵略行為を強く非難した。

済南事件に対する直接的な反応としては、国民党月刊誌『新生命』が日本研究特集号（第1巻第7号、1928年7月）を出したのが最も早い反応である[14]。この特集号は、日本の政治・軍事・経済・外交・労働運動・思想など各方面に関する論考20篇（うち1篇は日本語からの翻訳）を収録したもので、当時の中国にあっては、水準の高い日本論の集成であった。

巻頭論文の筆者は、1938年汪精衛に同調して重慶を脱出し、汪を首班とする新政府の要職をつとめ、戦後は漢奸の汚名を浴びた周仏海である。彼は「日本の危機と我々の努力（日本的危機和我們的努力）」と題する論文の中で、中国を侵略する日本が、実は危機四伏の状態にあり、中国の努力により日本帝国主義を崩壊に導くことができると述べる。その危機が主に経済的な方面にあらわれているという周は、鉄と石炭を輸入にたよらざるを得ない資源の欠乏状況、市

36　一、基調講演

場の購買力の低下、対外貿易の縮小、資金・財産の財閥への集中、財政の赤字
増加、貧富の格差の拡大、土地の集中、労働争議や農村における階級闘争の激
化など、具体的に10の危機を挙げ、日本の資本主義が動揺しつつあると指摘す
る。そして最後に、日本帝国主義の崩壊を中国革命の成功と表裏一体のプロセ
スとして捉え、「中国の国民革命は日本の帝国主義の夭折を促すものだ」と言
い、日本の侵略に抵抗するよう国民の奮起を促すのである。

　周の議論からもうかがえるように、社会科学的な方法――とくにマルクス経
済学の手法――を使って、経済問題を中心に各国の資本主義の現状を分析する
のが、『新生命』の編集上の特長である。この特集号でも、日本の財政、金融、
貿易、植民政策、労働運動など、日本資本主義の過去と現在を分析する論文が
眼を引く。これには、書き手の多くが留学経験のある研究者であり、学知の専
門分化が進んでいたという背景も視野に入れるべきだろう。それまでの日本論
にあったような、旅行記的な印象論や体験談ではなく、文献やデータにもとづ
いた専門的な議論が展開されるのが印象的であり、日本の政治や経済もそうし
た学問的な方法による分析の対象になったことが誌面構成からも、各論の内容
からも見て取れる。

　もとよりこの特集号の全体のトーンは反日・抗日であるが、客観的で冷静な
日本批判も少なくない。たとえば、アメリカ留学組の政治学者周鯁生が特集号
に寄せた「日本の対外政策」の一文は、日本の「開国」以来の外交を時系列に
そって丹念に解説しながら、日露戦争を転機に日本の大陸進出が本格化し、中
国をめぐる大陸政策が形成される経緯を述べる。声高に日本を批判するのでは
なく、満洲をめぐる錯綜した国際関係やワシントン会議以後の列国協調、本国
の「二重外交」による外交権の配分、といった点を的確に押さえた上で、日本
の対華政策をバランスよく記述する筆致は、今日の歴史叙述と比しても決して
遜色はない。ほかにも、武懿「日本思想界的変遷」は、神話時代から現代まで
の日本の主要な思想潮流を叙述した密度の高い論文で、日本に独自の思想はな
いとしながらも、時代ごとに日本人が儒仏二教や西洋文化などの外来思想を消
化してきた歴史を丁寧に考察する。いずれもこの時期、中国の学術界で日本研

究や日本認識が深化していたことをうかがわせるに足る論考である。

さて、山東出兵の後、興論が大きく反日に振れるなかで、日本関係の書籍で
もっとも大きな影響力を及ぼしたのが、戴季陶『日本論』である。該書はちょ
うど第2次山東出兵と出版の時期が重なったこともあって、版を幾度も重ねて
ひろく読まれ、中国人の日本イメージの形成に少なからぬ影響を及ぼした。
「切腹」「殉死」などに見られる日本人の崇高さへの美的感受性に賛嘆しつつ、
田中義一の「積極政策」とからめて、日本の軍国主義の起源は「神権」への
「迷信」にあると批判する。日本の中国侵略を武士道の「堕落」だと論じる、
今でもよく耳にする日本批判のパターンも、もとはといえば戴季陶に負うとこ
ろが少なくない。さらに言えば、蔣介石から毛沢東まで繰り返し唱えられる軍
民二分論（日本国民は中国国民同様、日本軍閥の犠牲者であるとする認識）も、戴季
陶の日本認識に直接由来する可能性が高い。なぜなら、『日本論』の原型となっ
た「私の日本観」（『建設』第1巻第1号、1918年8月）で彼は、「大多数のこれま
で二本差しをしたことがなく御用商人になったことのない日本人は、結局のと
ころやはり中国の良い友達である」[15]と語り、敵はあくまで日本の「軍閥」で
あると主張しているからである。戴季陶が「私の日本論」をベースに加筆した
『日本論』でこのくだりを削除したことは、なかなかに意味深長である。

戴季陶が先鞭をつけた日本研究ブームは、満洲事変でさらに加速する。事変
直後から、中国の各地では日本に関する書籍や雑誌が続々と刊行された。なか
でも影響力が大きかったのが、南京日本研究会編『日本評論』である。この雑
誌は、日本留学生を中心に1930年7月に発刊された『日本』が、満洲事変後の
1931年11月に『日本評論三日刊』と衣更えしたのを、さらに改名し、また発行
地を首都南京に移して月刊誌としたものである。創刊は1932年7月で、本格的
な日本研究の雑誌としては異例の長きにわたって刊行され、37年にいったん休
刊した後、40年1月重慶で復活し、45年3月まで存続した[16]。

南京日本研究会の編集者や執筆者の顔ぶれからは、国民党色の強い半官半民
的性格がうかがわれるが、政治・軍事・経済から金融・経済・教育・文学など
日本に関する幅広い範囲の論考や評論を掲載した。特筆すべきは、同会が週1

38　一、基調講演

冊のペースで総計90冊にのぼる「日本研究会（小）叢書」を出したことである。
出版された叢書の一端を示すと、日本の軍費膨張、国際貿易、財政制度、共産
党の発展、ファシズム運動、日中関税協定、中東鉄道、等々、戦火がひろがる
中にあって、中国人に日本の現状を知らせ、日本に関する知識を提供する上で、
大きな役割を果たしたと思われる。

　また、満洲事変以降、中国では日本の歴史（とくに明治維新以降の近現代史）
への関心も高まった。理由は自明である。富国強兵の先行者、近代国家建設の
優等生であった日本の歩みを、中国侵略史としてとらえなおす必要を多くの中
国人が自覚したからである。その中には、時局を表面的に論じる速成の著作や
外国人（日本人も含む）の著述の翻訳の域を出ないものも少なくなかったが、
王芸生『六十年来中国与日本』（全7巻、天津：大公報社、1932-34年）のような
本格的な史料集成もあらわれたことは注目してよい。

　このように、山東出兵および満洲事変以降の時期には、抗日や救国を叫ぶ中
国ナショナリズムが高揚し、日本研究の機運が高まった。一部には、社会への
影響力が大きく、学術的にも価値の高い著述が生まれた。ただ、総体的に見て、
この時期の日本研究全体に質的な向上があったかは、はなはだ疑わしい。何よ
り戴季陶に継ぐ人気の日本論があらわれなかったのがその証左である。とはい
え、華北の戦線が膠着し、停戦協定が結ばれるなかで、客観的で等身大の日本
を認識し研究しようという傾向は、文化界・学術界・教育界に静かにひろがっ
ていった。第1次上海事変（1932年）以降、一時激減した日本への留学生が1934
年から回復に転じ、35年7月に4500人、11月には清末の留日留学生数に匹敵す
る8000名に達したことも、そのあたりの事情を示唆する[17]。

　そのなかで、一部の日本論は日本での実地経験や日本人との交際を通して、
広がりと深みを見せるようになる。その頂点をなすのが、『宇宙風』「日本と日
本人特集」号であろう[18]。この特集号は2回に分けて、およそ40篇の論考と
エッセイを収録するが、文芸誌という性格から、政治・経済・軍事・外交など
の「硬い」話題はなく、日本の文学・芸術、社会生活、国民性を論じた文章が
多い。周作人「日本文化を語る手紙」をはじめとして、日本文化の奥底に理解

の行きとどいた、それでいて中国人ならではの眼光に徹した、味わい深い作品がならぶ。抗日意識の強弱を基準としなければ、個々の筆者の観察の深みや表現の妙において、ここに掲載された作品群は、おそらく近代中国が生み出した日本文化論の白眉といっても過言でない。

　その理由は奈辺にあるか。手がかりとなるのは、筆者らの日本経験の質である。清末留学組の年長者である周作人を例外として、大正期（中華民国初期）に留学した中国人学生は、おおむね旧制高校に学び、「大正教養主義」の空気をからだいっぱい吸い込み、ヨーロッパの文学や古典にもよく通じていた。在留期間も短くて４、５年、長いものは大学卒業まで10年近く、日本で生活し学習し、さらに思索したのである。その代表格である郭沫若、郁達夫ら創造社メンバーの文学活動を考察した厳安生の以下の指摘は興味深い。「一九二〇年代まで、ヨーロッパ留学に行っていた人は数が多くなかった上に、実学系がほとんどだった。あとで文学に転向し素晴らしい詩人になったりした者も数人はいたが、郭〔沫若〕たちのいた日本の旧制高校と同格のパブリック・スクールとかギムナジウムなどを経験した者はあまりいなかった。そのため、ヨーロッパ的な人文学素養の面に限っていえば、それに関する知識の幅から読書の量、質、高級さや精確さまで、旧制高校たたきあげ組にくらべて遜色があったとしてもおかしくない」[19]。1930年代半ばになって、『宇宙風』日本特集号の作品群があらわれる背景を知る上で、以って傾聴すべき見解であろう。

3、抗日と大アジア主義

　満州事変以降、蒋介石が打ち出した「安内攘外」の方針にもかかわらず、中国では「全面抗日」「徹底抗戦」の輿論が高まりを見せ、学生や市民の反日行動もしだいに激しさを加えた。抗日救国の輿論が主流になれば、日本発の日中提携・親善論と表裏一体のアジア主義的言説がますます周辺化するのは、ある意味で理の当然である。そうした中にあって、あえて「抗日」と「大アジア主義」を並列して掲げた胡漢民の立場は特異な位置を占める。

40 一、基調講演

　胡漢民がこの時期、自ら主宰する政論誌『三民主義月刊』に発表した「大ア
ジア主義」に関する論文には、以下の3篇がある。

　　「大亜細亜主義与国際技術合作」（第2巻第4期、1933年10月15日）

　　「再論大亜細亜主義」（第4巻第3期、1934年9月15日）

　　「大亜細亜主義与抗日」（第7巻第3期、1936年3月15日）

　これらの文章に示される胡漢民の基本的立場は「抗日」「反共」であり、自
分こそが孫文思想の正統的な継承者であるというものである。大アジア主義に
ついて、その目的は「欧州の覇道民族によるアジア民族への抑圧を打破して、
アジア民族固有の地位を回復する」ことにあり、またその方法は「アジア民族
固有の王道文化を基礎とし、各民族を連合してアジア民族の共同利益のために
奮闘する」ことだと述べる。現在、南京政府が日本と進めようとしている「国
際技術協力」なるものは利権を外国に均霑させるばかりで、中国を国際植民地
にする危険があり、孫中山先生の実業計画の趣旨とは背馳するものだ。このよ
うに、彼は南京政府の宥和的な対日政策に、日本に対する以上に厳しい批判を
投げかける。「我々の道はただ一つ、対日抗戦により自救し、自救により孫中
山先生の主張する大アジア主義を確立することだ」（「大亜細亜主義与国際技術合
作」）。

　民族主義と大アジア主義の関係について、胡漢民はこう解釈する。孫中山先
生が大アジア主義を唱えたのは、民族主義を実行するがためだった。大アジア
主義は民族主義と世界主義をつなぐ輪である。言い換えれば、民族主義が世界
主義にたどりつくための橋なのである。大亜細亜主義を説いたからといって、
民族主義を無視してはならない、と（「再論大亜細亜主義」）。

　こうした観点から、胡漢民は当時日本で称揚されていた大アジア主義を厳し
く批判する。日本帝国主義の大アジア主義は「アジアモンロー主義」であり、
帝国主義同士で約束した分捕り主義であり、また侵略的な利益均分主義である。
日本の大陸政策に対するその批判は舌鋒鋭く、容赦ない。曰く、孫中山先生の
唱えた「大アジア主義」は、「東方の王道主義であって、西方の覇道主義では
ない。」「済弱扶傾主義であって、巧取豪奪主義ではない。」「三民主義の民族主

義であって、帝国主義の独占主義ではない」。しかるに、今日の日本がとる「アジアモンロー主義」は独善的な侵略主義であって、孫中山先生の「大アジア主義」とは全く性格が異なるものだ。「平等互助を原則とし、民族の済弱扶傾に留意して各自が発展することで、外来の侵略に共同で抵抗することを趣旨とする」ものこそ、孫中山先生の真の継承者と言うべきである、云々（「大亜細亜主義与抗日」）。

　胡漢民がこの時期、やや唐突に見えるかの如く「大アジア主義」を持ち出したのには、蒋介石の南京政府に対抗するという含みがあった[21]。国民党内の反蒋グループのリーダーとして、孫文嫡流の「大アジア主義」に依拠して南京政府の対日政策を批判し、自派の正統性を訴えようとしたのである。さらに事態を複雑にしたのは、日本の政府や軍部に、蒋介石への対抗勢力である西南派グループへのテコ入れを目論む動きがあったことである。

　ここで鍵となる人物が、陸軍軍人の松井石根である。1936年2月に予備役となった松井は香港に赴き旧知の胡漢民を訪問し、西南派が反蒋介石の旗を掲げて、大アジア主義にもとづく対日提携の道を歩むように求めた。胡漢民「大亜細亜主義与抗日」は、松井と面会の直後、その談話記録としていくつかの新聞や雑誌に公表されたものである。このなかで、胡は松井との歴年の厚誼を回顧しつつも、眼前の日本の対日政策をやり玉にあげ、孫文直伝と自負する大アジア主義の自説を繰り返す。両者の個人的厚誼とは別に、大アジア主義をめぐる認識の溝はやはり大きかったと言うべきだろう。

　胡漢民ら西南派と日本の関係については、経済協力構想に着目した松浦正孝の研究が参考になる[21]。これによれば、満洲国樹立後、胡漢民や蕭仏成らは西南地方を攻略する蒋介石に対抗するため、関東軍の申し出を受けて、一定の軍事援助を受けることがあった。このとき日本側では、広東を中心とする華南と台湾・満洲を結合した広域経済圏を形成する構想が、陸海軍・在華領事館・台湾総督府によって支持、推進されていた。その目的は言うまでもなく、蒋介石の中国統一事業を阻止して、大陸における日本の勢力を拡大することである。そうした流れのなかで、1933年頃西南中国と台湾の経済関係の強化をもくろむ

42　一、基調講演

松井石根（当時は台湾軍司令官）が胡漢民らに接近したことは間違いない。松井は同年に発足した大亜細亜協会の発起人であり、孫文の大アジア主義に共鳴し、胡漢民ほか多くの国民党系要人と人的つながりを持つ「支那通」軍人であった。

　胡漢民にとって、日本との経済提携を進めることに、対南京という点で一定の政治的意味があったことは確かである。ただ、日本のアプローチに対する彼の反応が一つの政治的ポーズにすぎなかったこともまた確かである。胡漢民は日本の軍事行動や満洲国樹立を容認する発言をしたことは一度たりともなかった。たとえ日本からの経済提携の提案に賛同することがあったとしても、西南派のリーダーにとって一番緊要な問題は、南京の中央が進める西南の地方化により、自らの勢力がそがれることであった。いわば南京政府に対する牽制球として、松井らの接近にリップサービスをもって応えたのが実情だったと考えるべきだろう。胡漢民からすれば、こうした状況のなかであえて「大アジア主義」を提起することは、日本に表面的な親善の姿勢を示すとともに、他方で日本の「アジアモンロー主義」を批判することで、自分こそが孫文思想の正統的な継承者であることを、国内輿論にアピールする効用があった。かくして、この時期胡漢民が掲げた「抗日」と「大アジア主義」は車の両輪のごとく、自派（新国民党）の存在意義を国内外にアピールする一対の政治看板となったのである。

4、新民主義から大アジア主義へ

　盧溝橋事件後、日本の軍部は北京・天津の治安維持会や各地方の自治政府を一本化して華北に新政府を樹立すべく、政権構想や綱領作成の準備に取りかかった。その結果、1937年12月に成立したのが中華民国臨時政府である。その際、民心収攬のための思想教化団体として新民会が創設され、新民主義を指導理念とした。新民会は日本軍の「内面指導」を受けつつ、華北在住中国人の有力者に、満洲協和会から流れてきた小澤開作や張燕卿が加わるかたちで発足し、当初は「章程」にうたわれたとおり、「剿共滅党」、すなわち共産党・国民党の殲滅、共産主義と三民主義の排撃を目的の一つとした。

新民会は民衆教化のほか、中国人青年の職業訓練や農業試験場の普及、農村協同組合（合作社）運動の教化などにも力を注ぎ、人員・組織は急速に拡大した。だが、軍の影響力が強まるにしたがい、初期の新民会中央メンバーとの軋轢が生じ、1939年12月には軍の宣撫班と合体する全面改組を強いられることになる。その結果、臨時政府首班（行政委員長）の王克敏が会長に就任し、繆斌、安藤紀三郎を副会長とする新体制が発足した。この間、中央指導部長として、新民会の理念の創出に力を注いだのが、日中戦争末期に対重慶和平工作で名を馳せた繆斌である[22]。

繆斌は1922年に国民党に加入し、党内の要職をいくつも歴任したエリートで、日本留学の経験があるとはいえ、満州事変後には、日本の膨張政策を「王道の美名を借りてその実覇道を行はんとするものもある」[23]と明確に批判していた。もともとは抗日陣営に属する人物であり、目立った反日活動を行ったわけではないにせよ、「日本の支配に対して抵抗と黙従との中間を行こうとするもの」[24]の一人であった。両国の開戦前夜、日本は「其の覇道的武力圧迫を廃め王道主義に立脚して支那の更生を援助」すべきだと主張していた彼が、どのような思想的変転を経て傀儡政権に身を投じるようになったのかは判然としない。明らかなのは、臨時政府設立に参加した彼が、きわめて短時のうちに新民主義の最も有力な鼓吹者になったということである。

繆斌が自ら著した解説書[25]によれば、「新民主義は王道を実際に行ふことを以て目的」とし、その実行方法は「格物、致治、誠意、正心、修身、斉家、親郷、治国、平天下の九項目」（10頁）である。『大学』の八条目に「親郷」を加えたわけだが、では「親郷」とは何か。彼が言うには、「斉家」に続き「郷里に親愛の道を推し及ぼして『治国』に至る」のが、「親郷」である。具体的には「地方自治の内容の改善向上」（35頁）をいう。「地方自治」の真義とは、「恰かも政治者を人民は君とみ、師と仰ぎ、政治即教育の境地に立脚し、漸次に社会の善良なる風俗を養成し、人民をして各々その本分を守り、その生業に安んぜしむる」（39頁）ところにある。老子の「小国寡民」「無為の治」こそ、新民主義が求める自治＝教化＝徳治の理想態である。これを彼は、礼治主義、

44 　一、基調講演

徳治主義、生産主義の三点にまとめる。

　当初の新民会は、共産主義はもとより、三民主義に対しても、中国伝統の王
道や仁政と相容れぬ思想だと厳しく批判していた。たとえば、新民会が企画し
た連続講演会では、国民党の党化教育や三民主義を、固有の東方文化に背馳す
る「個人主義」「自由主義」「物質主義」の産物だとして、しばしばやり玉に挙
げている[26]。晩年に連ソ容共に転じた孫文に対する評価もけっして高いもの
ではない。新民主義の教育機関として1938年1月に北京に設立された新民学院
では、カリキュラムに「皇道並に経子学の要諦を論じて新民主義を顕揚すると
ともに、共産主義及び三民主義を批判することを目的とする学科」として「東
洋政治学」が設けられたという[27]。

　だが、1940年3月に汪精衛を首班とする中華民国政府が南京に「還都」し、
中華民国臨時政府（北京）と中華民国維新政府（南京）が汪政権に吸収合併さ
れるのにともない、新民主義は教義上、三民主義との対立を解消し、調和的に
再解釈される方向に転換する。以下に掲げるのは北京新民会綱領の推移である
が、1940年以降、反国民党色が消え、日本が掲げる「東亜新秩序」建設へと重
点がシフトする過程が読みとれる[28]。

1937年12月	1940年3月8日	1942年12月
1、新政権を護持し、民意の暢達を図る。	1、新民精神を発揚し、以て王道を表現する。	1、新民精神を発揚する。
2、産業を開発し、以て民生を安んじる。	2、反共を実行し、文化を復興し、和平を主張する。	2、和平反共を実行する。
3、東方の文化道徳を発揚する。		3、国民組織を完成する。
4、剿共滅党の旗の下に反共戦線に参加する。	3、産業を振興し、民生を改善する。	4、東亜民族を団結する。
5、友邦との盟約締結の実現を促進し、人類の平和に貢献する。	4、善隣同盟により、新東亜の秩序を建設する。	5、世界新秩序を建設する。

　周知のように、汪精衛の南京政府は日本の軍隊に守られた事実上の傀儡政権

であった。とはいえ、建国理念に三民主義を掲げ、孫文の衣鉢を継ぐ中華民国の正統政権であることを終始標榜していた。1939年11月23日汪精衛は上海で演説し、「善隣友好」は「大亜細亜主義の理想」であり「三民主義の根本精神」であると述べ、孫文が三民主義を唱えた真意には、一貫して「中日合作」の信念があったのだと述べた[29]。国家のシンボルとなる国旗についても、汪精衛が強く主張し、日本の反対を押し切るかたちで青天白日満地紅旗（ただし重慶政府と区別するために「和平反共建国」の三角旗を上に添えた）を採用した。新政府が統治イデオロギーのレベルでは日本と対等な立場で、両国間に横たわる数々の懸案を解決しようとしていたことは疑いない。

　土屋光芳は、汪精衛が三民主義および大アジア主義を新中央政府の国家理念に掲げた動機をこう説明する。「汪精衛は三民主義を『救国主義』と定義し、それをアジアに適用したのが大亜州主義であるとし、この大亜州主義論は日本の『東亜新秩序』や『東亜共栄圏』に対置して日本に対して対等な立場を主張することによって和平政権としてのイデオロギー的基盤を強化しようとするものだった」[30]。日本軍撤兵の約束が反故にされたことで、汪政権の傀儡的性格は誰の目にも否定できぬものになってゆくが、当初の「和平」「救国」の政治目標とそれを支える大アジア主義の理念が、汪精衛政権のイデオロギーに一定の自立性と独自性をあたえていたことは確かである。少なくとも、汪政権成立前後に対日協力に関わった者の中に、戦争の帰趨次第では、これらの建国理念（当時の言葉では「指導原理」）が日本の膨張主義への代替・対抗イデオロギーになり得ることを期待する向きがなかったとは言えない。三民主義にもとづく汪精衛らの大アジア主義論は、日本へのイデオロギー的屈服を示すものというよりは、日本発の東亜新秩序論や東亜聯盟論と微妙に交叉していた[31]。それは、民族解放や不平等条約改正をめぐる日中の緊張関係の文脈であえて提起された自己救済・民族自存の綱であった。結果から見て、その試みが無惨な失敗に終わったことは否定しようもないが、理念としてのアジア主義が、全面戦争という極限状況の中で孫文思想の一つの可能性を拓いたものだったこともまた否定しがたいように思われる。

46 一、基調講演

　新民主義に話をもどすと、汪精衛政権の誕生により、それまで国民党を敵視し、三民主義に対抗してきた新民主義の理念は、根本的な変更を余儀なくされた。入江昭は新民主義の理念は、汪精衛の新しい中央政府に流れ込んだため、南京政府の公式教義は新民主義とほとんど変わるところがなかったと述べているが、大いに疑問である[32]。汪政権の中枢に参画した繆斌に対して、今井武夫は「貴方は新民会の最高責任者であるから、国民党副総裁を名乗り、国民党政権の樹立を考えている汪精衛とは、主義的に同調できないのではなかろうか」[33]と危惧を表明したというが、周囲から見ても、新民主義と三民主義の違いは明らかであり、繆斌の身軽な転身は南京国民政府の同僚からも指弾される結果となった。

　新民会は1940年3月以降も存続し、43年には南京分会も設けられた。しかし、日米開戦後には、軍の関与を減らすため、「支那人の新民会たらしむ」との方針が打ち出され、日本人職員の大量離任が進んだことにより、新民会の活動は次第に後退せざるを得なかった。南京の新政府が民衆動員を目的とする「新国民運動」を展開し、新民会の運動をその一部とみなしたことも、会勢の衰退に拍車をかけた。日中戦争の末期になると、新民会の後ろ盾となっていた日本軍や南京政府、華北政務委員会の弱体化が進み、新民会の命運はもはや風前の灯火であった。1945年8月16日、波多野種一ら日本人職員が副会長喩熙傑ら幹部を訪れて半時間座談会を開いたのが、新民会の事実上の解散会となったという[34]。

　新民会の宣伝活動が、当時の中国社会にどれほどの訴求力をもっていたのか、今日明らかにすることは難しい。一部の占領地をのぞけば、その影響力は限定的だったと考えるのが妥当だろう。また、統治理念たる新民主義が、当事者たちの自画自賛にもかかわらず、どこまで民衆に浸透したか、あるいは三民主義の対抗イデオロギーとなったかもはなはだ疑わしい。ただ、新民主義に含まれる王道や仁政、親郷（地方自治）といった理念は、戦争や政治に距離をおく傀儡政権下の中国人にとって、十分に受け入れ可能な価値であったことは、ここで指摘しておかねばならない。入江昭は新民主義の宣伝が、国共両党のいずれ

の指導にも従う気のなかった人々にとって、受け入れやすいイデオロギー的枠組み、すなわち自分たちが国を愛し平和を願っているのだという外観を提供してくれるのに役立ったという[35]。それは、西洋の帝国主義支配から脱し、外来の思想や制度ではなく、伝統的価値に依拠して、戦乱と疲弊から社会を救済し国家を再建するという多くの知識人の願望にも適合する枠組みであった。やや急ぎ足の総括になるが、王朝佑の議論にそくして上に指摘した「和平型」あるいは「対日協力型」救国論の別のあらわれを、ここに見てとることも不可能ではあるまい。

お わ り に

本報告の原初の構想では、新民主義のあと、汪精衛政権下で展開されたもっとも体系的で理論的な大アジア主義言説の代表として、周化人『大亜州主義論』（南京：大亜州主義月刊社、1940年）[36] を取り上げて、世界秩序再建と大アジア主義の関係を論じ、さらに戦争末期の特異な日本論として周幼海（周仏海次子）『日本概観』（上海：新生命社、1944年）[37] に見える「対日協力型」救国論の心情と論理を考察する予定であった。ただ、すでに与えられた紙数も尽きたので、別の機会に譲るほかない。

最後に、アジア主義と表裏する王道論の性格について、一言しておきたい。近代中国のアジア主義言説の多くは、東洋のすぐれた政治価値として、古典に淵源を持つ王道や仁政を称揚してきた。孫文「大アジア主義」講演はもとより、戴季陶、王朝佑、胡漢民、繆斌、汪精衛らはもれなく、アジア主義と並べて好んで王道を語っている。そこでは、西洋（および日本）の帝国主義は覇道として非難され、中国固有の王道文化の伝統が未来社会への価値ある道標として顕揚されるのである。

王道と覇道の違いについていえば、彼らにとって王覇の別は改めて論じる必要がない、自明の前提であったろう。だが、満洲国建国の理念として持ち出された王道主義はどうだったか。山室信一が指摘するように、武力によってつく

48 一、基調講演

られ運営された国家が、覇道ではなく麗しい「王道楽土」を建国理念としたこ
とこそ、歴史の大いなるイロニーであった[38]。とするならば、この王道主義
をどう位置づけるべきか。

王道論の問題は、しばしば議論が抽象的な水位で語られるため、論者の同床
異夢を含めて、さまざまな解釈の余地をのこし、それが理念としての統制力を
かえって弱めてしまうことである。また、王覇の別を誰がどのように決定する
かという問題もある。王道は多数決にはなじまない。中国の歴史を見れば明ら
かなように、王道を語る資格を持つのは、天命を受けた王者、すなわち勝利者
であり、敗者や敵対者は常に覇者と貶められてきた。だが、現実に王道が実現
するには「力」が必要である。ここには「力」のあるものが、「力」のないも
のに対して、仁義や道徳を一方的に宣言するというパラドクスがある。

王道論の典拠にしばしば挙げられる『孟子』（公孫丑上）はこういう。「力を
以て仁を仮る者は覇たり。覇は必ず大国を有つ。徳を以て仁を行う者は王たり。
王は大を待たず、湯は七十里を以てし、文王は百里を以てせり。力を以て人を
服する者は、心服せしむるに非ざるなり、力贍らざればなり。徳を以て人を服
する者は、中心より悦びて誠に服せしむるなり」。

価値的にいえば、「徳を以て人を服する者」（王者）が「力を以て人を服する
者」（覇者）に優越するのは明らかである。しかし、「中〔衷〕心より悦びて誠
に服せしむる」という王者のふるまいに、道徳的な「力」（ソフト・パワー？）
に恃んだ自己欺瞞がないという保証はあるだろうか。また「中心から悦びて誠
に服」するという期待に、他者の尊重はあるだろうか。むしろ、それは道徳と
いう名の「力」による他者の従属化という意味で、我々の考える覇権（hegemo-
ny）行使に近いのではないだろうか。そもそも、「王者」なき民主政において、
「王道」は原理的に成り立つのだろうか。

孫文が1924年の神戸での講演で、「欧米の覇道文化」と「アジアの王道文化」
を対比させ、日本にいずれの道を取るのか迫った末尾の一段はとくに有名であ
る。新生ソ連に王道への期待をかけた孫文にとって、王道の在り処は自明だっ
たのか。王道文化には果たして綻びがないのか。また、王覇の別を決定する権

利を持つのは誰なのか。

　これもまた孫文が21世紀の我々に遺してくれた新たな「謎」かけである。

注
（１）　アジア主義の定義に関して、本報告では「アジア諸民族・諸国家が団結して欧
　　　　米列強の圧迫・侵略に対抗しようとする思想あるいは運動である」との藤井昇三
　　　　にしたがう。藤井昇三「孫文の『アジア主義』」、辛亥革命研究会編『中国近現代
　　　　史論集——菊池貴晴先生追悼論集』、東京：汲古書院、1995年。また、近代中国
　　　　の日本観については、山口一郎『近代中国対日観の研究』（東京：アジア経済研
　　　　究所、1970年）が日本における比較的早期の研究成果として挙げられる。
（２）　孫歌『アジアを語ることのジレンマ——知の共同体を求めて』、東京：岩波書
　　　　店、2002年。また、吉澤誠一郎「近代中国におけるアジア主義の諸相」松浦正孝
　　　　編『アジア主義は何を語るのか——記憶・権力・価値』、京都：ミネルヴァ書房、
　　　　2013年。
（３）　吉澤前掲論文、306～308頁。
（４）　張玉萍『戴季陶と近代日本』、東京：法政大学出版局、2011年、186～189頁。
（５）　安井三吉「講演『大亜細亜問題』の成立とその構造」、陳徳仁ほか編『孫文・
　　　　講演「大アジア主義」資料集』、京都：法律文化社、1989年。
（６）　安井前掲論文などがつとに指摘するように、この有名なくだりは実際の講演で
　　　　は語られず、事後に加筆された可能性が高い。ただし、そのことが講演の内容の
　　　　解釈に大きな影響をもたらすとは考えない。
（７）　駒込武『植民地帝国日本の文化統合』、東京：岩波書店、1996年、245頁。
（８）　スベン・サーラ「アジア認識の形成と『アジア主義』——第一次世界大戦前後
　　　　の『アジア連帯』『アジア連盟』論を中心に」、長谷川雄一編『アジア主義思想と
　　　　現代』、東京：慶応義塾大学出版会、2014年。
（９）　王朝佑『亜洲之日本　附人類論』、東京：日文専修学校、1928年。村山節南訳
　　　　『支那から見た亜細亜に於ける日本の立場』、東京、発行人：村山正隆、1929年。
　　　　以下本文中の引用は、邦訳書の頁数を示す。
（10）　同上邦訳書には、献本した頭山満と徳富蘇峰からの礼状を跋としておくほか、
　　　　附録に「新聞雑誌界の論評と読者の声」を36頁もの長きにわたって収録し、日本
　　　　ではかなりの反響を呼び起こしたことをうかがわせる。
（11）　八巻佳子「中華民国新民会の成立と初期工作状況」、藤井昇三編『1930年代中
　　　　国の研究』、東京：アジア経済研究所、1975年。

50   一、基調講演

(12)　王朝佑「亜細亜聯盟」、『新民週刊』第18期、1939年 3 月。新民会時代の王の作
　　　としてはほかに、「従改善国民精神談到建設東亜新秩序」(『新民週刊』第41期、
　　　1939年11月)、「青年与国家之前途」(『新民週刊』第42期、1939年12月)、「新民会
　　　与新中国」(『新民会講演集』第 1 輯、北京：新民会出版部、1938年) などがある。

(13)　もとよりこの種の救国論は、結果論としてではなく、流動的で不透明な状況に
　　　おける一つの政治的選択として定義されるものである。これについては、汪精衛
　　　政権成立後の周仏海による以下の言明が示唆的である。「重慶の各人は民族英雄
　　　を自認し、余らを漢奸と称しているが、余は自ら民族英雄を自認している。およ
　　　そ民族英雄か否かは国を救うことが出来るか否かで定まるのである。余は和平で
　　　もって国を救うことができると確信しており、故に民族英雄を自認しているので
　　　ある。しかし果たして民族英雄で終わるのか、それとも漢奸で終わるかは、実際
　　　には国を救うことが出来るかどうかに懸かっておる」(蔡徳金編『周仏海日記』
　　　村田忠禧ほか訳、東京：みすず書房、1992年、197頁)。

(14)　特集の最後に「日本の済南における暴行に対する国際輿論（国際方面対日本在
　　　済南暴行的輿論）」を置いていることから、済南惨案の衝撃のもとに本号が編集
　　　されたことがうかがえる。

(15)　大沼正博訳「私の日本観(抄)」、張競・村田雄二郎編『共和の夢 膨張の野望
　　　1894 - 1924（日中の120年 文芸・評論作品選①)』、東京：岩波書店、2016年、41
　　　頁。

(16)　瀧下彩子「一九三〇・四〇年代における日本研究団体へのアプローチ──南京
　　　日本研究会の活動状況」『近きに在りて』第23号、1993年 5 月。

(17)　徐冰『20世紀三四十年代中国文化人的日本認識──基於《宇宙風》雑誌的考察』、
　　　北京：商務印書館、2010年。

(18)　張競・村田雄二郎編『敵か友か 1925 - 1936（日中の120年 文芸・評論作品選
　　　②)』（東京：岩波書店、2016年) は、『宇宙風』日本特集号所載の郁達夫・周作
　　　人・豊子愷・夏丏尊・銭歌川・劉大杰の文章の邦訳を収める。

(19)　厳安生『陶晶孫 その数奇な運命──もう一つの中国人日本留学精神史』、東京：
　　　岩波書店、2009年、234頁。

(20)　満洲事変以降の胡漢民と蔣介石の関係については、陳紅民『函電裏的人際関係
　　　与政治──読哈仏仏燕京図書館蔵 “胡漢民往来電函電稿”』（北京：生活・読書・
　　　新知三聯書店、2003年) に詳しい。

(21)　松浦正孝『『大東亜戦争』はなぜ起きたのか──汎アジア主義の政治経済史』、
　　　名古屋：名古屋大学出版会、2010年。とくに、第 6 章「汎アジア主義における
　　　『台湾要因』」。

(22)　戦後最初に逮捕処刑された漢奸として知られる繆斌だが、後世描かれるその人
物像は、必ずしも芳しいものではない。たとえば、盧溝橋事変の際、北支那方面
軍司令部付陸軍中佐として休戦協定の成立に尽力し、その後参謀本部支那課長、
支那派遣軍司令部参謀などを務め、日中和平工作や汪精衛政権の樹立に関わった
今井武夫はこう回想する。「支那事変後は、日本人に助言を依頼して、王克敏
〔中華民国臨時政府〕や汪兆銘の政権に就任の自薦運動に狂奔して参加し、其の
無節操ぶりは中国同僚の顰蹙を買っていた」（今井武夫『日中和平工作──回想
と証言 1937-1947』、東京：みすず書房、2009年、174～175頁）。

(23)　繆斌『日支の危機に際し両国の猛省を希望す』（原載『祖国』第 8 巻第 1 号）、
東京：義松堂印刷所、1936年。

(24)　入江昭「新文化秩序へ向けて──新民会」、入江昭編著、岡本幸治監訳『中国
人と日本人──交流・友好・反発の近代史』、京都：ミネルヴァ書房、2012年、
293頁。

(25)　繆斌『新民主義』（寺島隆太郎訳）、東京：青年教育普及会、1938年 5 月。以下
引用は本書のページ数を示す。

(26)　繆斌「従東方文化説到国民党」、『新民会講演集』、北京：新民会出版部、1938
年、23～26頁。

(27)　瀧川政次郎「我観新民主義」、『改造』1938年 6 月号。新民学院に関しては、島
義高「国立新民学院初探」、『早稲田大学人文自然科学研究』第52号、1997年10月、
を参照。

(28)　北京市档案館編『日偽北京新民会』、北京：光明日報出版社、1989年。

(29)　汪精衛「三民主義の理論と実際」、支那派遣軍総司令部報道部編『同生共死』、
1939年 7 月、175頁。

(30)　土屋光芳『「汪兆銘政権」論──比較コラボレーションによる考察』、東京：人
間の科学社、2011年、222頁。

(31)　石源華「汪偽政権的“東亜聯盟運動”」（『近代史研究』1984年第 6 期）、裴京漢
「汪偽政権与“大亜州主義”」（『民国檔案』1998年第 3 期）、柴田哲雄『協力・抵
抗・沈黙──汪精衛南京国民政府のイデオロギーに対する比較史的アプローチ』
（東京：成文堂、2009年）など参照。

(32)　入江前掲論文、304頁。

(33)　今井前掲書、175頁。

(34)　以上、主に堀井弘一郎「新民会と華北占領政策（下）」、『中国研究月報』1993
年 3 月号、による。

(35)　入江前掲論文、303頁。

52   一、基調講演

（36）　土屋光芳「汪精衛政権の『大亜州主義』とその実現構想──周化人の『亜細亜
　　　　聯盟（汎亜連合）』（松浦編前掲書所収）は周化人のアジア主義に着目したほぼ唯
　　　　一の研究である。

（37）　張競・村田雄二郎編『侮中と抗日　1937－1944（日中の120年　文芸・評論作品
　　　　選③）』（東京：岩波書店、2016年）に一部訳を収録。

（38）　山室信一『キメラ──満洲国の肖像』、東京：中央公論社、1993年、136頁。

注記：基調講演の際、京都大学名誉教授狭間直樹氏、華中師範大学近代中国研究所教
　　　授鄭成林氏、東華大学人文学院教授廖大偉氏から貴重なコメントを賜った。ま
　　　た、華東師範大学歴史学系客座教授中村哲夫氏、神戸大学名誉教授安井三吉氏
　　　からも、有益な批判・助言を得た。記して謝意を表する。

追記：本稿提出後、嵯峨隆『アジア主義と近代日中の思想的交錯』（東京：慶應義塾
　　　大学出版会、2016年6月）を入手した。胡漢民の「大アジア主義」論をめぐる
　　　問題など、本稿の論旨とも関わりの深い議論が展開されているが、本稿に取り
　　　込む余裕はなかった。併せて参看されたい。

二、第一分科会

制度と公共圏──共和のデザイン

孫文「専門家政治」論と
開発志向国としての現代中国国家の起源

潘　　光　　哲
（中央研究院）
（訳：望月直人）

一

　張知本（1881-1976）[1]が20世紀中国憲政史において果たした役割は、みなが認めるところであろう。しかしながら、彼の「憲政想像（constitutional imagination）」[2]を細かく考証すると、実は孫文の学説が張知本の「思想資源」になっていたとわかる。張知本から見て、「五権憲法」は、孫文による「政治学説上における一つの偉大な発明」であった。その根本精神は「一国の政治について、『権』と『能』を分け」、人民が「権」を保有することで、「すべての政策が国中の人民の意志に帰着し、政府が専制・独裁しないように求める」もので、これを「全民政治」という。また、政府には「能」を保持させ、「行政・政治にあたる人間は『政治専門家』でなければならない」とし、よってこれを「専門家政治」という[3]。張知本は「専門家政治」の観念に基づき、さらに「個人の独創的見解」を開陳して、「軍人の技能は戦争技術であり」、「もし軍人が大総統になるなら、彼にその『能』を捨てさせ、『非能（できないこと）』を強制することとなり、結果として何も『能』がなくなってしまう」と説く。ゆえに張知本は、憲法に「軍人は退職後3年を経なければ大総統に選任されえない」と規定すべきと主張する。孫文の学説に基づいて張知本が披瀝したこの「憲政像」が、反響や論争を引き起こしたか否か、という点は全く重要ではない。むしろ重要なのは、張知本が孫文の学説を解釈するにあたり、「権能区分」や「専門家政治」などのような諸概念を援用し、より内容の豊富な議論にしてい

ることだ。かつて孫文は「五権憲法」と「全民政治」という 2 つの語を確かに使用していた[4]。しかし、「権能区分」と「専門家政治」という言葉については、孫文自身は用いていない[5]。「専門家政治」という言葉[6]は、中国知識階層共通の知識となっている「規範的語彙（the normative vocablary)」だったと言ってよかろう[7]。例えば、羅隆基は早くも1929年に「専門家政治があってはじめて、現在の中国を救うことができる」と主張している[8]。実のところ、羅隆基が論難した相手は、党国訓政体制を樹立したばかりの国民党政府である[9]。張知本が孫文の用いた言葉によって解釈したことは、羅隆基とは論旨が真逆になるにせよ、同時代の思想潮流と軌を一にしたものであった。

　このように、当時の思想状況においては、それぞれの政治勢力や個々の志ある士が、中国の前途やその方策について、各自それぞれの認識と期待を持っており、意見が分かれていたのである。各々の理念がぶつかり合い、それらが集まって展開されたイデオロギー上の戦争は、基本的に、上で挙げたような「規範的語彙」の切り開いた思想空間において、繰り広げられていたのである。この「専門家政治」という概念の理論と実践は、諸説紛紛、抜きんでた見解がないのが当時の状況であったにせよ、それぞれの文章を並べてみると、結局のところ「市民認識論」の不可欠な一部となっていたことを看取できる[10]。時がたつにつれて、「専門家政治」の概念と実践を唱える文章は増加し、「概念的拡張（conceptual stretching)」の段階に達した[11]。「テクノクラシー（technocracy)」や「開発志向国（developmental state)」などの諸概念のように、すでに歴史を解釈し理解するための概念的ツールとなっていることは言うまでもないだろう[12]。現実に基づいて述べるならば、台湾海峡を挟んで両岸が対峙する現在の状況においても、その流れは止んでいない。専門（科学）技術教育を受けた人間が大量に指導階層に上昇し、専門技術官僚が国家権力を掌握したのは、かえって中・台共通の現象となり、今もってそうである[13]。よって我々は既存の歴史叙述の枠組みを乗り越えて視野を広げ、1949年を画期とせずに[14]、現代中国・台湾全体の歴史的文脈を把握すべきである。そうしてはじめて、孫文の思想世界とその遺産をより妥当に理解することができよう[15]。

二

　日本に留学し、台湾に戻ったのち国民党党史委員会主任委員などの職を歴任
した陳鵬仁は、日本の学界における孫文・中国革命史・現代史の研究成果を翻
訳したことで知られる。ただし、職務の関係上、孫文の解釈者という役割を演
じねばならなかった。彼が、孫文の「民権主義の政治は全民政治と専門家政治
であり、ヨーロッパ民主政治である代議制政治や階級的政治ではない」と述べ
ているのはその一例だ。その基本的な論調も、張知本の論述内容と大差な
い[16]。

　1930年代、国民党陣営で同様の論旨を述べた者はそこら中におり、彼らは党
国意識に注釈をつけながら議論し、まるで「文化的近衛兵」の役目を担ってい
るかのようである。1910年から20年代にかけて論壇で注目された人物の一人で
あり、「五四」新文化運動に貢献した高一涵（1885–1968）を取り上げてみよ
う[17]。彼は当時監察委員の職にあったが[18]、現代政治が「専門家政治に変容」
する必然性を主張し、「政治専門化」と「政治技術化」を「現代政治の標語」
であるとする。その彼もまた、孫文の「政とは人々の物事であり、治とは管理
のことである。人々を管理することが政治である」、「国家において、基本的に
人民が権利を持つ。政府を管理する人間については、有能な専門家（「専門家」）
を任じなくてはならない」といった論述を引用している[19]。立法院院長代理
を務めた邵元冲（1890–1936）は、孫文が「政府は能を保持する必要がある」
と主張していることに触れ、とすれば「政府が能を有する必要があるのだから、
政府内で各職務に就くすべての人間が能を有する必要があり」、ゆえに「専門
家政治」は当然の帰結になると説いた[20]。また、台湾で立法委員を務めた楊
幼炯（1901？–1973）は、若いころ『中国政治思想史』や『中国政党史』など
の専著（どちらも日本語訳がある）を執筆したことで名が通っているが、彼は孫
文思想の解釈者でもあった。孫文生誕百年にあたって、彼は『国父の政治学説』
という著作を出し、上述した人物たちと同様、孫文の「権と能を分けた学説は、

専門家政治を実現しつつある」と論じ、「今後の政治的革新は、『専門家政治』
の実現を帰着点としなくてはならない」と呼びかけた[21]。台湾行政院僑務委
員会委員長（1962－1972在任）を務め、また長らく逢甲大学董事長の職にあった
高信（1905－1993）も、彼がまだ政界に入る前で国民党党校中央政治学校の青
年教授であった1930年代、孫文の「政とは人々の事であり、治とは管理のこと
である。人々を管理することが政治である」という定義に基づいて、「人々を
管理する事」は、「深い知識を持つ専門家に委ね」なくてはならないと論証し
た。彼はこの持論から、国民党政府が依然として「『門外漢』たちを呼び集め
て党や国を運営する『専門家』に任じ」、その結果「革命性を喪失した現国民
党政府を生み出したのだ。これは情熱のある革命青年を慟哭させるだけだ」と
批判している[22]。筆鋒は過激だが、その論旨は国民党による「専門家政治」
の実現が不可欠であると訴えているのだ[23]。

　最高指導者の地位にある蔣介石（1887－1975）は、なおのこと孫文に解釈を
加え、自身の「革命の継承者」としての地位に対する正当化を強化する必要が
あった[24]。蔣介石は峨嵋軍訓団に参加した学生に、「身につけなくてはならな
い基本知識と遵奉せねばならない中核的思想」は、「我らの総理の遺訓」であ
るとし、特に解釈を施している。孫文の「五権憲法」部分に関し、蔣介石は
「権と能を分ける」意図を強調し、「人民には、政府をコントロールして国政を
監督するに十分な『権』を保持させる」必要があり、「政府には政務を行い全
人民に福利をもたらすうえで万能な『能』を持たせる」必要があるとし、前者
によって「『全民政治』の理想を実現」でき、後者によって「政治を推進し、
成果を増大して『専門家政治』の理想を実現」することが可能になる、と説く。
そして、これにより「歴史的な人民と政治の間に存在してきた自由と専制の衝
突に根本的な調和をもたらすことで、一個の完全な『民治』による万能な政府
を打ち立て、人民全体のために最大の福利を目指すのだ」と論じる[25]。

　つまり、孫文の構想した「革命政治論述（the revolutionary political discourse）」
は、説得力（pursuation）を生み出し、政治－社会の場にあって価値観を再構築す
ることが期待された。それが、できたての「革命言語（the revolutionary language）」

と「政治実践（political practice）」をしっかりと束ねて[26]、集団を生成し、アイデンティティーを築いたことは確かだ[27]。胡適（1891-1962）の目から見ても、国民党は孫文の死後に、「彼の遺訓を党共通の信仰として奉じ、全力でこれを宣伝し」、「共同信仰」を確立したのであり、北伐成功の革命史は、「一個の共同信仰を遵奉することができてはじめて、革命にともなうすべての困難に打ち勝てることを証明した」のであった[28]。しかし、後継者の再解釈にしても、当然ながらその措辞は世間で共通認識となっている「規範語彙」の範疇から逸脱できない。「専門家政治」に対する解釈や願望は、まさにこの一例である。

三

「専門家政治」を主張した羅隆基の鋭い筆鋒は、当然ながら国民党政権に向けられたものだった。しかし、その論述について、まさに彼自身が「行政を論じるだけで、主義には拘らない」と標榜している。そして、孫文が「政治の目的は、人々を管理することにある」と述べていることから、彼は次のような議論を導く。

> どんな人間でも管理の知識と能力を備えているならば、我々小民は彼に管理されるのを歓迎する。「党治」でもよいが、我々はまず「党治」を論じる人間が「治党」の能力を有するかを問題にしよう。「訓政」でもよいが、我らはまず我々を訓導する人たちがその政治的知識において我々を訓導することが可能か問題にしよう。言い換えれば、我々は人々を管理する人間が、管理についての専門家であるかを問題にしよう[29]。

同じく「専門家政治」を主張した胡適も、自らと会見した旧友の宋子文（1894-1971）[30] に対して、「改革の意見」を提出した際に、「十分に専門家政治を実行し」、交通・試験・衛生・農鉱業などの部門はともに「専門家を任用するのが適当である」とし、これを「政府を改組する」上での原則の一つとした。彼は正直に、

我々の態度は「修正」の態度であり、誰が政権についているかは問題にせ
ず、ただ偏向を正し欠陥を直したいと思っているのだ。一分を補正すれば
一分なおり、一つの弊害を除けば一つの利益が生まれるのだ[31]。

と述べる。羅隆基と胡適は、党国訓政体制という現実の否定を立論の前提にし
ていないと言えよう。よって、国民党員が「専門家政治」の企図をもって解釈
した孫文の理論と、国民党批判者の想定する理想との間に、実際のところ大し
た懸隔はなかったのである。さらには、双方の論調を合流させて、やりやすい
ところから手をつけて「専門家政治」の観念を幅広く根づかせ、「公民認識論」
の要素に育て上げることで、この観念が伝播・敷衍されていき、永続するまで
になることもあり得た。

　ところで、同じく党国訓政体制の批判者であっても、それぞれが重きを置く
方向性は様々であるが、「専門家政治」の論者という点では、彼らはむしろ共
通している。

　胡適は、孫文のすべての学説を「金科玉条」として遵奉すべきではなく、孫
文の「知難行易説」は「無学無策の軍人・政客たちの守り札」であり、「治国
は最も複雑で最も煩瑣ながら最も重要な技術」なのだから、近代学術による訓
練を受けていない人間たちは、近代の物質的基礎のない大国を統治することは
決してできない、と主張する。解決方法は、「十分に専門家に教えを請い、十
分に科学を運用する以外にない」というわけである[32]。

　羅隆基が批判している現実とは、「現今中国政治は混乱した状況にあるが、
政治に暗い人間が国家の政権を掌握し、行政に暗い人間が国家の行政を請け負っ
ていることにその根源的原因があり」、「武人政治」と「分け前政治」という2つ
の「悪勢力」の挟み撃ちに遭っている、というものだ。ここから、羅隆基は「正
当な選挙と公開の試験がなければ、まっとうな専門家政治を生み出し得ない。
専門家政治がなければ、現在の中国を救うことはできない」と主張する[33]。

　胡適や羅隆基は、基本的に剣を持つかわりに筆を取って国民党政府を批判す
るにとどまった。これに対して、張君勱（1887-1968）と張東蓀（1887-1973）
は、国家社会党という政党を組織し、さらに踏み込んで現状打開の方法を模索

60 二、第一分科会　制度と公共圏

した。しかしながら彼らも、各党派連合のうえ「挙国一致」の政府を組織して
外敵に抵抗するという理念を、決して放棄しなかった[34]。たとえ彼らが「国
民党は政権を人民に帰し、一般政党の一つに引き下がる」ことを主張したにせ
よ[35]、不完全ながら国民党の党国訓政体制による一強政権を承認したのは、
理の当然であった。彼らが唱えた「修正的民主政治」もまた、「専門家」の地
位を重視したものである。

　　我々は、専門家の知識を頼りにすることだけを主張しているのではない。
　　専門家が地位を獲得し、この地位が党派の影響によって左右されないよう
　　に、あるいは政治情勢に揺さぶられないようにしなくてはならないのであ
　　る。政務各部門に専門知識にもとづいて政務を処理させる点のみをもって、
　　このような主張をしているのではない。政務の大部分が、専門家の立案に
　　よって比較的に堅実で安定したものとなり、常に無用な変化を発生するよ
　　うな事態にならずに済むのだ[36]。

張君勱は専門家による政策決定の役割をより強調し、構想を出している。彼
は、「理性と労力を結集した国家の民主政治」を実現するには、当然公民の選
挙によって成立した「国民代表会議」によって組織されるべきだが、かつまた
「国民代表会議の議員については、そのうちの何割かが農業・工業・商業の技
術家もしくは科学者の資格を持つ者とするように規定するのがよい」と主張す
る。さらに、「行政および経済の計画については、国民代表会議による話し合
いによって大綱を定めるものの、計画の細部は専門家が決定する」ものとする。
これは「議員内に専門家を含め、行政の計画を専門家によって決定することで
行政の専門化と科学化を進める」目的によるものだった[37]。つまり、実際の
政治に積極的に関与した張君勱などの人物にとってみれば、彼らが人々に呼び
かけ説得して支持をとりつけることで自らの勢力を拡大してゆくにあたり、
「専門家」の影響力と地位は、思考や立論のうえで組み込まねばならない、不
可欠の道理となっていたのだ。

　さて、党国訓政体制を思想上の敵とするのでなく、また「文化的近衛兵」の
一般論客によるものでもなければ、「専門家政治」の意義に疑義を呈するわけ

でもない議論もある。その議論の内容と応用については、他山の石として検討材料になるだろう。「騰霞」という筆名で、一貫して『国聞週報』の重要な執筆者だった人物は、まさにその一例である[38]。彼は「整頓吏治模範之美国専門家政治」という一文を発表しているが、当時国民党政府が標榜していた「刷新政治、整頓吏治」の政治方針が、避けて通れない問題であるとの見解を示し、アメリカの著名な歴史学者ビアード（Charles A. Beard）主編になる『文明に向かって（Toward Civilization）』から要点を抜粋している。彼がとりわけ抄訳のうえアレンジを加えたのが、論文集に収録されたウォレス（L. W. Wallace, 1881－?）[39]「政府における工学（Engineering in Government）」である[40]。彼はこの文章をたよりに、「専門家政治」が「現代政治上の必然的趨勢」となっている理由を解説している。かれはまた、自己の立論を補強するため、自ら文章を書いている。例えば、駐外アメリカ領事館が、「月平均5000分もの時間を自国商人の陳情（への対応）にあてている」というくだり、彼は原書の表現を忠実に訳しているが、その後の一文で「騰霞」の話題は一変し、「アメリカのこれらの領事はみな商業の専門知識を有し、長期の訓練を受けたがゆえに円滑につとめを果たすことができるのだ。アメリカがこのように対外貿易を重視し、商業組織がこのように行き届いているからには、米ドルが全世界を支配しているのも納得がゆく」と称賛する。実のところ、これは全く原書にない議論である[41]。つまり、「政府統治の道具とは、科学の手法と一致した組織と技術であり」、この「道具」をもって人々を統治するにはどうしたらよいか、「専門家でなければ到底議論し実行することができない」というわけである。これら「道具」により人々を管理するにはどうすればよいか、これは「専門家」でなければ議論したり執行したりできないのだ。ここから、「騰霞」は以下のような共通認識を立ち上げるように呼び掛ける。「政府は切実に試験制度を実施し、本当に才能のある人間を選抜しなくてはならない」、青年は「実学に努め学問を追求し、実用に耐える能力を身につける」べきであり、「全国人民は専門家を尊敬し、専門家政治を信頼する気風を育むべきである」[42]。「騰霞」の思想と観念は、『東方雑誌』の編者も認めたものと思しい。『東方雑誌』は「騰霞」のこの文章を摘録し、

62　二、第一分科会　制度と公共圏

また「我が国の行政の整理に留意する者の参考に供す」という按語をつけ加え
て、周知されるようにとりはからっている[43]。

　一般の新聞や雑誌の評論も、同じように「専門家政治」の理想性のため、旗
を振った。1931年、『申報』は中国の「こんにちの政治は、一言で断ずるなら、
『官僚政治』と言えよう」と批評した。官職につく者が「政治を行う能力や才
覚を有するか否か、才能がその職と見合うか否か、職掌がその才能を発揮でき
るものか否か、そんなことには他人が口を挟むものではなく、とりわけ小民が
口を挟むものではない」。このような状況を打開しようとするならば、「政治に
参与するのは専門家でなくてはならない。……政治に参与する人間は、それぞ
れ専門知識と特定の責任を持たなくてはならない。才があれば国のために働か
ねばならず、国もその才を活用しなくてはならない。政治に参与する者の才能
が職務と釣り合い、彼がその能力を存分に発揮できるようにしてから、政務を
存分に実行したのなら、国家は円滑に滞ることなく機能することができる」。
よって『申報』は「党の政治指導者は絶大な努力をもって、下の者は絶大な決
心をもって、官僚政治の基盤を打ち壊し、専門家政治を実行することができる
のだ。後世の者がこんにちを見るのが、今の人が昔を見るような人を慨嘆・傷
心させるようなものにならぬようつとめなくてはならない」と呼びかけた[44]。

　端的に言って、1930年代以降、中国論壇で展開されていた「専門家政治」論
は、国民党の党国訓政体制も、この体制の批判者も、さらには論壇中の一般人
士も、みなが否定することのできない理想を追求していたのである。よって、
「公民認識論」の局地にあって、「専門家政治」のもつ意味は、確実に一定の地
位を占めている。ただ、「専門家政治」の実践が万一徒労に終わり失敗したな
らどうすればよいのだろうか。自ら政治勢力を組織した張君勱と張東蓀ですら
立論に際し、「修正的民主主義」の何らかの原則に基づいて、「専門家」に「政
治」の責任を負わせようとは考えもしなかった。「専門家政治」を至高の理想
とする論客（ないし民主の先生とあがめられていた胡適）に至っては、「専門家政
治」が幻に終わる可能性など想像もつかなかった。「民主実践」と「専門家政
治」のギャップについては、なおのこと彼らの思考の外にあった。

四

　文化大革命の時期に非業の死を遂げた李平心（1907-1966）は、中国マルクス主義史学および近代史研究の分野で、一定の地位を占めることだろう(45)。しかし、詳細に彼の歴史学の著作を読むと、実際にはその文章には常に濃厚な論争的意思が含まれていることを看取できる。彼が『中国現代史初稿』（1940）で、意外にも一節を割いて「『専門家政治』は中国人民の需要を満足させることができるか？」という議論にあてているのは、その一例である。彼は、あたかも世界の共通認識となっているかとも思れる「専門家政治」論に、堂々と疑義を呈している。

　李平心から見れば、「健全な近代国家を建設しようとするならば、多くの賢く有能な専門家が必要になる」。しかし、「専門家政治説」の現実は、むしろ「新たな形式の寡頭政治を真正の民主政体ととり換える」ことになっており、これを批判しないわけにはいかなかった。「もし民衆が国家の主体とならなければ、これは無条件に専門家を信用するだけになり、専門家が民衆の利益に反しないことをどうして保証できようか」というのが、彼の言い分である。彼は、そうである以上、「自分たちの統治専門家を人民に発見させ選ばせる」必要があり、さらに「民衆の中で専門家を教育し訓練する」必要がある、とする。そうして、「すべての人民に平等に教育を受ける権利を持たせ、平等に現実政治の訓練を受ける機会を持たせ、それと同時に、平等に選挙に参加し国家に服務する資格を持たせる」。彼にとって、「真正の人民主体の民主憲政によって官僚主義の請負制度もしくは所謂専門家政治を代替せねばならぬ」ことは、道理から言って明らかなのであった(46)。より正確に言えば、実は李平心も「専門家」と「健全な近代国家」の建設との関係を疑問視しているわけではなく、「正真正銘の人民主体の民主憲政」という枠組みが「専門家政治」を機能させることを期待しているわけだ。

　李平心の思考と孫文の関心を比較すると、その趣旨や内容において根本的な

64   二、第一分科会　制度と公共圏

違いがあるわけではない。孫文のもともとの思考に立ち返ると、現在の言葉で言えば、それは「民主実践」の欠陥とその補完方法になっている。彼自身は次のように説明している。

> 欧米の学者は、こんにち、人民の政府に対する態度が誤りで改めなければならないということまでしか研究していない。どんな方法で改めればよいかは、まだ考えついていません。いま、わたしは、その方法をすでに発見した。その方法は、権と能をわけることであります。国家の政治についていうと、根本的に人民には権がなければならないし、政府を管理するものには有能な専門家をあてる必要があります[47]。
>
> ……人民がこのように大きな権力をもち、このように多くのブレーキをもてば、政府が万能となっても、管理する力がなくなる恐れはありません。政府の一挙一動をいつでも指図できるのであります。こういう状態になれば、政府の威力を発展させ、人民の権力も拡げることができます。また、こういう政権と治権をもってこそ、……万能政府をつくり、人民のために幸福をはかることができます。このような政権と治権とを実行することができたなら、中国は地球上に破天荒な新しい世界を建設できるのであります[48]。

理論的に言って、「専門家政治」と正真正銘の「民主実践」の間には、以下のような弁証法的関係が存在するはずである。人民は、有効に、また責務として、政府の政策決定をコントロールでき、政府は人民全体の需要を十分に満たすことができる[49]。孫文と李平心それぞれが考えた意見は、趣旨としてよく似ている。ただ、「専門家政治」と真正の「民主実践」が反対の方向に歩み、水と油の関係になった歴史的な経験と現実的な状況があった。民主は、各人が自己の経験に基づいて立法に参与することで、まったく技術の専断を頼りとしない。しかし、あいにくと現代社会にあって「人々の事」を決めるにあたっては、技術の存在感は増す一方であり、人民の主権は日ましに侵害されることとなった。民主を主張し、民主を拡大することは、人々が政治決定への参加を己が責任と見做すことを意味する。しかし、近代社会の発展という客観的状況下にあって、

孫文「専門家政治」論と開発志向国としての現代中国国家の起源　65

人々が漸次政治決定の資格を喪失していくのは明らかである⁽⁵⁰⁾。民主理論の系統では、その民主についての議論が重要視され、民主的エリート論（competitive elitism）の創始者とみなされてきた、シュンペーター（Joseph A. Schumpeter 1883 - 1950）がいる。彼の見解では、民主は一つの方法や手順にすぎず、むしろ人民の投票を勝ち取ることで政治決定の権力を獲得するという調整の制度であり、選挙民が政策内容を決定できず、また政治エリートの意志を支配できないのは、近代社会における専門化の必然的現象であった⁽⁵¹⁾。「民主実践」がこの状況に直面した時、どのように補完するかについて、シュンペーターは考慮していない。つまり、この世界全体の文脈において、孫文と李平心の主張は、「民主実践」の問題点を補完する方法を考え提案するものだったのである。

　照会してみると、近代中国の「専門家政治」の解釈と志向は、実は孫文のもともとの考えを犠牲にしたものであったことがわかる。近代中国の「専門家政治」の解釈と志向は、ただただ「専門家政治」の側に重点を置き、正真正銘の「民主実践」を実現する方法については、ほとんど検討しなかった。現在の生活世界にあって、専門技術官僚による政治権力の掌握を可能ならしめた歴史過程を描き出し、「開発志向国家」概念の歴史的方向性をつかむことは、もとより我々が歴史に対する解釈と理解を深める一助となろう。しかし、専門技術官僚や「開発志向国家」などの観念もまた、「民主実践」をいかに機能させるかという点を全く考慮しておらず、「存在するものは合理的である」式の解釈の限界を露わにしている。専門技術官僚や「開発志向国家」などの概念を検討・議論するにあたっては、それらの概念が、「専門家政治」の理論と実践が「概念的拡張」をした結果である可能性が高いことに留意しなくてはならない。しかし、それは自明のものではなく、またこれらの言葉も長期の歴史過程と現実の必要とが絡み合いつつ生み出されたものである以上、「歴史化」されて理解されなくてはならない⁽⁵²⁾。

　以上、本稿は、孫文の「専門家政治」論の出現と伝播の歴史過程をとりあげてきた。「文脈化」の方向性いかんによって、孫文の思想世界とその遺産に対する、より妥当な理解の可能性を示すことができたと思う。この拙い報告が、

66 二、第一分科会 制度と公共圏

「孫文研究」に取りくむ学界同志に、このような認識を喚起できたなら幸いである。

注

（1） 張知本と20世紀中国憲政史の関係については、中村元哉の優れた研究がある。中村元哉「中華民国憲法制定史にみる自由・人権とナショナリズム——張知本の憲法論を中心に」『近きに在りて』53号、東京、2008年5月、16〜28頁。中村元哉「国民党「党治」下の憲法制定活動——張知本と呉経熊の自由・権利論」中央大学人文科学研究所（編）『中華民国の模索と苦境 1928-1949』東京、中央大学出版部、2010年、43〜80頁。中村元哉「相反する日本憲政観——美濃部達吉と張知本を中心に」劉傑・川島眞編『対立と共存の歴史認識——日中関係150年』東京、東京大学出版会、2013年、171〜190頁。中村元哉「世界の憲政潮流と中華民国憲法——張知本の憲法論を中心に」村田雄二郎編『リベラリズムの中国』東京、有志舎、2011年、225〜244頁。

（2） 「憲政想像」とは、憲法が何ゆえ現代政治の権威の泉源たり得るのかという文脈において、人々が思想・条文と行動との多重で錯綜した関係性をどのように認識するのかという方式を指し、それによって現代政治共同体の憲法を生み出し、そしてまた憲法の条文に「世界創造」の力を持たせるものである。cf. Martin Loughlin（London School of Economics, Law Department）, "The Constitutional Imagination," *The Modern Law Review,* Vol.78, Issue 1（January 2015）, pp.1-25.

（3） 張知本「憲法問題——怎様才是五権憲法」『東方雑誌』31巻8期（1934年4月）、7〜15頁。

（4） 「五権憲法」については、孫文「五権憲法（1921年3月20日）」『国父全集』第2冊、台北、中国国民党党史委員会、1973年、8頁。「全民政治」については孫文『三民主義』「民権主義」第6講（1924年4月26日）『国父全集』第1冊、144頁、の「……人民能夠実行四個民権、才叫做全民政治……」という記述を参照。

（5） 以下に、原文の一例をあげる。「……欧美学者現在只研究到了人民対於政府的態度不対、応該要改変、但是用什麼方法来改変、他們還没有想到、我現在把這個方法已経発明了、這個方法是要権与能分開、講到国家的政治、根本上要人民有権。至於管理政府的人、便要付之於有能的専門家……」（孫文『三民主義』「民権主義」第6講（1924年4月20日）、『国父全集』第1冊、129頁）。

（6） 中国における「専家政治」議論については、鄧麗蘭の優れた研究がある（鄧麗蘭『域外観念与本土政制変遷——20世紀20-30年代中国知識界的政制設計与参政』

（中国社会史研究叢書）、北京、中国人民大学出版社、2003年）。本稿では割愛す
るが、ほかにも研究成果が出ている。

（7）「規範的語彙」についてはスキナー（Quentin Skinner）の表現を借用した。当然
ながら、スキナーの「規範的語彙」の議論は彼の思想史における方法論と密接に
関係しているが、本報告では割愛する。cf. Quentin Skinner, *The Foundations of
Modern Political Thought*（Cambridge: Cambridge University Press, 1985）, Vol.1,
pp.x-xi.

（8）羅隆基「専家政治」『新月』2巻2号、上海、1929年4月10日（『人権論集』上
海、新月書店、1930年、所収、169～184頁）。なお『新月』2巻2号の出版日に
誤りがあると思われる。同じ号に掲載された胡適「人権与約法」は、1929年5月
6日に執筆されたとされている（曹伯言〔整理〕『胡適日記全集』台北、聯経出版
事業有限公司、2004年、第5冊、581頁）。また、『人権論集』所収の羅隆基「専
家政治」は、『新月』原本と、文字の異同がある。本稿で引用するにあたり、適
宜版本による文字の異同についても註記しておく。

（9）劉志強『中国現代人権論戦──羅隆基人権理論構建』（人権研究叢書）、北京、
社会科学文献出版社、2009年。

（10）セイラ・ヤサノフは、「市民認識論」という語句によって、特定の文化内で政
治や歴史を土台に生み出された民衆の知識形態を指摘し、制度化実現の過程を洞
察するとともに、それが集団的選択のナレッジ・クレーム（knowledge claims）と
なってゆく姿を捉え一般化しようとした。Cf. Sheila Jasanoff, *Designs on Nature:
Science and Democracy in Europe and the United States,* Princeton, NJ: Princeton
University Press, 2005, p.249, p.255.

（11）「概念的拡張」は、サルトーリ（Giovanni Sartori）の表現を借用した。当然な
がらサルトーリの提起した「概念的拡張」の議論は、その比較政治学的概念研究
を生み出す方法論と密接に関係し、また後になって批判を受けたが、本稿では割
愛する。Cf. Giovanni Sartori, "Concept Misformation in Comparative Politics," *The
American Political Science Review,* Vol. 64, No. 4 （1970#）, pp. 1033- 1053.

（12）瞿宛文「台湾経済奇蹟的中国背景──超克分断体制経済史的盲点」『台湾社会
研究』第74期、49～93頁、台北、2009年6月。瞿宛文「民主化与経済発展──台
湾発展型国家的不成功転型」『台湾社会研究』第84期、243～288頁、台北、2011
年9月。William C. Kirby, "Engineering China: Birth of the Developmental State,
1928－1937," Wen-hsin Yeh, edited, *Becoming Chinese: Passages to Modernity and
Beyond*（Berkeley, CA: University of California Press, 2000）, pp.137-160, J. Megan
Greene, *The Origins of the Developmental State in Taiwan: Science Policy and the*

68　二、第一分科会　制度と公共圏

Quest for Modernization（Cambridge, MA: Harvard University Press, 2008）, Robert Ash and J. Megan Greene, edited, *Taiwan in the 21st Century: Aspects and Limitations of a Development Model*（London & New York: Routledge, 2007）. Yongmou Liu（劉永謀）"American technocracy and Chinese response: Theories and practices of Chinese expert politics in the period of the Nanjing Government, 1927－1949," *Technology in Society,* vol.43（November 2015）, pp.75-85.

(13)　張国暉「国族渇望的巨霊──台湾科技官僚治理的中国脈絡」『国家発展研究』第12巻第 2 期、73〜132頁、台北、2013年 6 月。寇健文『中共菁英政治的演変──制度化与権力転移　1978－2010』（中国大陸研究系列叢書）台北、五南、2010年〔3 版〕。寇健文が述べるように、当然ながらテクノクラシーという観点から中国共産党の政治を研究することについては論争が存在するが、ここでは立ち入らない。Li Cheng and Lynn White, "Elite Transformation and Modern Change in Mainland China and Taiwan: Empirical Data and the Theory of Technocracy," *China Quarterly,* 121（March 1990）, pp.1-35, Li Cheng and Lynn T. White, III, "China's Technocratic Movement and the World Economic Herald," *Modern China,* Vol.17, No.3（July 1991）, pp.342-388.

(14)　西村成雄「歴史連続性与二十世紀中国的政治」『二十一世紀』第50期、香港、1998年12月、39〜46頁。William C. Kirby, "Continuity and Change in Modern China: Chinese Economic Planning on the Mainland and on Taiwan, 1943－1958," *Australian Journal of Chinese Affairs,* No.24（July 1990）, pp.121-141, William C. Kirby, "Engineers and the State in Modern China," William P. Alford, William Kirby and Kenneth Winston, edited, *Prospects for the Professions in China*（London & New York: Routledge, 2011）, pp.283-314. 当然ながら、西村成雄と William C. Kirby それぞれが論証した方面は異なる。西村は、20世紀中国の政治空間では一貫して、国民国家（nation state）建設という目標が底流していたと強調する。他方、William C. Kirby はエンジニアや専門技術官僚の役割と地位に注目している。

(15)　例えば、瞿宛文「台湾経済奇蹟的中国背景──超克分断体制経済史的盲点」、張国暉「国族渇望的巨霊──台湾科技官僚治理的中国脈絡」、Greene, *The Origins of the Developmental State in Taiwan,* Yongmou Liu（劉永謀）, "American technocracy and Chinese response: Theories and practices of Chinese expert politics in the period of the Nanjing Government." があるが、いずれも孫文の学説と関連する思想的方向性については留意していない。

(16)　陳鵬仁『孫中山先生思想初探』台北、近代中国出版社、2000年、17頁。

(17)　呉漢全『高一涵五四時期的政治思想研究』長春、吉林人民出版社、2012年、を

孫文「専門家政治」論と開発志向国としての現代中国国家の起源　69

参照。

(18)　高一涵は1931年に監察委員の職についている（高大同編『高一涵先生年譜』上
　　　海、上海文化出版社、2011年、96頁。彭勃主編『中華監察執紀執法大典』北京、
　　　中国方正出版社、2002年、第 2 巻、869頁）。

(19)　高一涵「専家政治」『上海法政学院季刊』第 1 巻 1 期、1933年、1～8 頁。

(20)　邵元冲「政治進化与専家政治」（〔民国〕二十一年五月三十日在立法院紀念週講）
　　　『建国月刊』第 7 巻 1 期、1～3 頁、1932年。

(21)　楊幼炯『国父的政治学説』（国父百年誕辰紀念叢書）台北、幼獅書店、1965年。

(22)　楊幼炯「実現専家政治」『学術月刊』1 巻 1 期、1～3 頁、1931年。

(23)　高信「専家政治問題」『政治評論』4 期、15～18頁、1932年（文末に1932年 6
　　　月13日と執筆時期を自署している）。

(24)　陸宝千は、胡漢民の解釈と相反している蔣介石のそれは、戴季陶の知識に依拠
　　　した部分が大きく、1936年に胡適がなくなったことで、戴季陶の解釈に「統一さ
　　　れた」とする。陸宝千「中国国民党対総理遺教解釈之確定」『抗戦前十年国家建
　　　設史研討会論文集』台北、中央研究院近代史研究所、1984年、上冊、22～23頁。

(25)　蔣介石『国父遺教概要』「第二講　政治建設之要義」（中華民国二十四年九月十
　　　四日至十九日在峨嵋軍訓団講）『総統蔣公思想言論総集』巻 3 、42～43頁。

(26)　関連する議論については、以下の研究を参照。Lynn Hunt, *Politics, Culture, and
　　　Class in the French Revolution*（Berkeley, CA: University of California Press, 1984)，
　　　esp. pp.14-15, 24-25.

(27)　当然ながら、政治指導者が構築した「革命政治論述」は、「革命言語」のプロ
　　　パガンダであり、「政治実践」の主張であって、彼らが望む効果をもたらすとは
　　　限らない。例えば Orlando Figes と Boris Kolonitskii は、20世紀のロシア革命を研
　　　究するなかで、「革命言語」の政治アイデンティティーの形成および論述への作
　　　用には注意すべきであるが、異なった社会集団が革命言語を受容したならば、各
　　　社会それぞれの形に沿った解釈と援用（appropriation）が進行する、との認識を示
　　　している。そのほかにも関連する研究が存在するが、ここでは割愛する。Cf. Orlando
　　　Figes and Boris Kolonitskii, *Interpreting the Russian Revolution: The Language and
　　　Symbols of 1917*（New Haven & London: Yale University Press, 1999).

(28)　胡適「知難、行也不易——孫中山先生的『行易知難説』述評」1928年 7 月作、
　　　1929年 5 月 8 日改定、『新月』第 2 巻 4 号、1929年 6 月10日、『人権論集』所収、
　　　162頁。

(29)　羅隆基「専家政治」『人権論集』183～184頁。この引文部分は『新月』原本と
　　　異同はない。

70　二、第一分科会　制度と公共圏

(30)　胡適と宋子文は同じ時期に留学し、一緒に『留美学生季刊』を編集した。この経験が二人の後の政治的結びつきを培った。章清『学術与社会——近代中国「社会重心」的転移与読書人新的角色』上海、上海人民出版社、2012年、266頁。

(31)　『胡適日記全集』「1929年7月2日日記」第5冊、657〜758頁。

(32)　胡適「知難、行也不易孫中山先生的「行易知難説」述評」『人権論集』、168頁。

(33)　羅隆基「専家政治」『人権論集』177頁、184頁。この引文部分は『新月』原本と異同はない。

(34)　薛化元『民族主義与民主憲政的弁証発展——張君勱思想研究』台北、稲禾出版社、1994年、18〜25頁。当然ながら、薛化元も述べるように、国民党の北伐開始後、張君勱はすぐさま自らの政党を組織して対抗している。

(35)　張君勱「国民党党政之新歧路」『再生』1巻2期、北平、1932年6月、14頁。

(36)　記者「我們所要説的話」『再生』創刊号、北平、1932年5月、15〜16頁。この文章を執筆した中心人物が何者か、いまだ見解が分かれている。

(37)　張君勱「国家民主政治与国家社会主義」『再生』1巻2期、30〜32頁。

(38)　騰霞「整頓吏治模範之美国専家政治制度」『国聞週報』8巻6期、1931年2月2日、1〜6頁。なお、「騰霞」の身元については現在も明らかでない。ただ、『国聞週報』には彼の文章が多く掲載されているので、ここで列挙しておく。騰霞「蘇俄有計画生産之経済組織」『国聞週報』第8巻30期、1931年8月3日。騰霞「蘇聯第二五年計画決案」『国聞週報』9巻20期、1932年5月23日。騰霞「国難中青年応該怎様？」『国聞週報』9巻37期、1932年9月19日。

(39)　彼のフルネームは、Lawrence Wilkerson Wallaceといい、1921年より1934年にかけてAmerican Engineering Council の Executive Secretary をつとめた。Cf. LAWRENCE WILKERSON WALLACE PAPERS（http://www.ecommcode 2 .com/hoover/research/historicalmaterials/other/wallace.htm）【閲覧時間　2016/ 09/30】。

(40)　L. W. Wallace, "Engineering in Government," Charles A. Beard, edited, *Toward Civilization*（London: Longmans, Green and Co., 1930）, pp. 176-195.「騰霞」も同所収のLillian M. Gilbreth, "Work and Leisure" によって、エンジニア（engineer）の定義を紹介している（騰霞「整頓吏治模範之美国専家政治制度」2頁。原文は *Toward Civilization*, p.232）。

(41)　騰霞「整頓吏治模範之美国専家政治制度」2頁およびWallace, "Engineering in Government," p.177を対比・参照のこと。

(42)　騰霞「整頓吏治模範之美国専家政治制度」5〜6頁。

(43)　L. W. Wallace「美国之専家政治」『東方雑志』28巻3期、1931年2月10日、44〜48頁。

孫文「専門家政治」論と開発志向国としての現代中国国家の起源　71

（44）　「官僚政治与専家政治」『申報』1931年12月18日、第 6 面。

（45）　胡逢祥「李平心与中国近現代史研究」『江西社会科学』2005年 4 期、225～233
　　　頁。

（46）　李平心『中国現代史初稿』香港、国泰出版、1940年、117～119頁。

（47）　孫中山「民権主義」第 5 講（1924年 4 月20日）、『三民主義』、『国父全集』第 1
　　　冊、136頁。

（48）　孫中山「民権主義」第 6 講（1924年 4 月26日）『三民主義』、『国父全集』第 1
　　　冊、155頁。

（49）　Robert A. Dahl and Edward R. Tufte, *Size and Democracy*（Stanford, CA: Stanford
　　　University Press, 1973), p.20.

（50）　Cf. Norberto Bobbio（1909-2004）, *Which Socialism?: Marxism, Socialism, and
　　　Democracy,* edited and introduced by Richard Bellamy, translated by Roger Griffin
　　　（Cambridge: Polity Press, 1987）, pp.122-124.

（51）　David Held, Model of Democracy（Stanford, CA : Stanford University Press, 2006
　　　〔3rd edition〕, pp.141-157.

（52）　当然ながら、専門技術官僚（technocracy）、「開発志向国家」（developmental state）
　　　などの概念については、その論述の歴史を整理・解明する必要がある。これは別
　　　稿にゆだねたい。

　　　（本報告は、台湾行政院科技部助成の個別テーマ研究プロジェクト「蒋介石と近
　　　代中国知識人集団」【プロジェクト番号MOST- 103-2410-H- 001-MY2】の研究成
　　　果の一部です。あらためて謝意を表します。）

　　※『三民主義』の訳文は、伊藤秀一ほか訳『孫文選集』（社会思想社、1985年）
　　　によった。

孫文とガンディー
──両者の政治的提言が一致点を見いだせなかったのはなぜか

モニカ・デ・トーニ
（トリノ大学）

（訳：須藤瑞代）

「国父」孫文（1866‐1925）は、しばしば平和について論じ、それに即して行動した。彼は日清戦争の直前に、李鴻章（1823‐1901）に対して、中国を引き裂いていた深刻な危機に対する平和的解決を提案した手紙を書き、そこから政治に関わるようになった。人生の後半においても、彼は単一の、近代的で強力な共和国という彼の政治的計画を支持するよう軍閥を説得し、中国を主として平和的手段によって再統合しようと試みた。したがって、孫文は中国の軍事化を弱めることには成功しなかったとはいえ、彼をもう一人の「国父」、すなわち非暴力の象徴として広く知られているモーハンダース・カラムチャンド・ガンディー（Mohandas Karamchand Gandhi, 1869‐1948）と比較することは、意味のあることだと思われる。ガンディーは、タゴール（Rabindranath Tagore, 1861‐1941）から贈られた名「マハトマ（偉大なる魂）」としても知られる、インド独立運動の指導者であり、英国の支配からインドを真に自由にするために、「サティヤーグラハ（真理の把握）」[1]を用いた人物である。

ガンディーと比較して、孫文の人生については未解明なところが多く[2]、彼の思想と行動についての理解を深める意味は大きい。それはまた、彼の指導的政治家としての役割に対する評価が、各所で議論を呼んでいるためでもある[3]。ガンディーと孫文は、それぞれの国の民族解放運動にとってきわめて重要な存在で、銭実甫が1939年に発表した『孫文主義とレーニン主義、ガンディー主義（孫文主義与列寧主義甘地主義）』以来、この二人の指導者についてはさまざまに比較がなされてきたが[4]、我々は、さらに理解を深めていく必要がある。

郭晋平が述べたように、中国とインドそれぞれの「父」は、伝統的要素と革

新的要素とを融合した独特の理論体系を作り上げた[5]。彼らは、それぞれの文化的バックグラウンドに特定の要素を見出し、平和的政治活動構想の支えとしたのである。

ガンディーの構想においては、「なぜなら真実は最上の原理であり〔……〕絶対の真実、永遠の原理、すなわち神である」[6]とされた。真実の探求は人生のありとあらゆる局面の基礎となるものであり、ガンディーは彼の人生のすべてをこの探求に費やした。精神性は、政治や経済を含めたその他全てに優越した。政治や経済などは精神性の観点からとらえられねばならず、精神の結果であり精神と調和すべきものとされた。したがって、ガンディーの自叙伝を通して述べられているとおり、非暴力以外の方法を取ることはあり得なかったのである。「インドにおいては"宗教は政治を包含する"」のであるから、ガンディーの構想は他から孤立したものではなかったが[7]、しかし彼はそれを、他に類を見ない程度までに歴史に持ち込み、それによりインドの歴史に革命的な結果をもたらした。

ガンディーの読んだ書籍は、彼の思想の文化的背景の基礎を明らかにしている[8]。ガンディーのヒンドゥー教および精神的な遺産の起源は、ガンディーが複数の翻訳で読んだ『ウパニシャッド』にあった。同時に、彼がそこに飛び込み『バガヴァッド・ギーター（Bhagavad Gita）』を通して世界を理解し決断を下したヒンドゥー教に源泉があった[9]。さらに彼はそのインド的ルーツに、他の文化の精神性に基づく書物の影響も受け入れていた。最も関係するものとしては、福音書の『山上の垂訓（Sermon on the Mount）』があり、さらにレフ・トルストイ（Lev Tolstoj）の『神の国は汝らのうちにあり（The Kingdom of God Is within You）』やジョン・ラスキン（John Ruskin）の『この最後の者に——原理に対する四つのエッセイ（Unto This Last: Four Essays on the Frst Principles of Political Economy）』などのヨーロッパの思想があった[10]。これら全ての思想によって、ガンディーは、自らに「非暴力の行動によって社会をより良くする責任もしくは道義的義務という考え方」[11]を忠実に守ることを求め、生命の精神的あり方において卓越していたインドに根ざした、全人類に関わる提案を作り

74 二、第一分科会 制度と公共圏

上げたのだった。個人的責任の集団的責任との連結は、中国で2千年以上前から儒教による解釈がなされてきた「心」の概念と響き合ったはずである。それが、中国の文化的伝統の中で必ずしも非暴力とは関連しておらず、政治活動に内在する道徳的責任と関わるものとされ、人類のために生きるには避けて通れない、究極の根拠とされていたものだったとしても。孫文もまた、儒教のこうした面に深く根ざしたルーツを持っていた。それは、孫文がその人生全てを中国の「再生」に捧げたという事実の中に、また孫文の「大同」についての語りの中に見ることができる。この理想郷のようなユートピア的な調和は、国が再統合されてはじめて可能であり、さらに「中国固有の道徳は〔……〕まず忠孝、次に仁愛、その次に信義、さらにその次に平和」[12]とされる、その道徳を取り戻さなくては実現できない。したがって平和とは、個人個人が美徳を実践した結果であった。それは、孔子と墨子とを想起させるもので、そうした実践が新中国を秩序立てるとされたのであった。

　しかしながら、孫文の大同は、ひとつにまとまった民主主義的で平和な中国において貧困に終止符を打つために、彼のとなえた三民主義[13]、とりわけ「民生主義」[14]を通して作り上げられた社会の進歩の結果であるべきだった。こうした解決策を提起していく中で、孫文はフランス革命の原則「自由・平等・博愛（liberté, égalité, fraternité）を取り入れ、中国の儒教的伝統を革新していった。この混合は、三民主義についての彼のほぼ全てのディスコースに反映されている。

　さらに孫文は、中国的伝統と中国外のものとの間にもうひとつのつながりを作り上げている。それは、墨子の「兼愛」とイエス・キリストの「博愛（universal love）」との関連についての彼の語りに表れており[15]、ここに我々は彼の宗教的信念を垣間見ることができる。ガンディーとは異なり、孫文の宗教的信念は、彼の書いたものにはあまりはっきり見られないのだが、彼の選択においては非常に重要なものであった。「彼は次のように語ったことがある。"私は教会のキリスト教ではなく、革命者であるイエス・キリストのキリスト教に属しているのだ"と」[16]。イエス・キリストが革命者であるべきだとする考え方は、孫文

がその人生において強固に保持していたものと見られる。そして彼は、死ぬまでかなり型破りな方法で自身の信条を実践した[17]。したがって、彼の平和志向はその信仰に由来するものだと考えられる[18]。しかしながら、孫文の私的な著作物の多くは、1922年6月に陳炯明が広州の孫文邸を攻撃した際に破壊されてしまったため、孫文の思考の変化と基盤に関しては多くが推測のまま残されていることも想起しておかなくてはならない[19]。

このように、ガンディーと孫文それぞれの政治活動には、それぞれの精神的ルーツがあった。しかし、二人は宗教と政治のどちらを最重要と考えるかという点では異なっていた。ガンディーは宗教を第一とし、宗教を政治の中に深く取り入れた。一方孫文は、ある方法で政治から宗教を取り去った。 共和国の建設過程において国家祭祀を消去せねばならなかったからである[20]。国家祭祀は、清朝最末期には決定的に変容しており、孫文は、皇帝に支配されない、新しい共和制を正当化するための近代的儀礼を見つけ出す必要があった。新生の中華民国を強化し「再生」するためには、宗教的要素を取り除き、それに代わって国家の統合を明確に示す非宗教的な儀礼を見つけ出さなくてはならなかったのである。この目的のために、孫文は外国の要素と中国の要素、すなわち、臨時大総統就任の誓いと、明朝の創始者太祖（洪武帝）の陵墓〔孝陵〕における2つの儀式とを結びつけ、共和主義革命における反満的要素を明白に示した[21]。

孫文はその生涯において、平和的解決策を見つけることに尽力したが、軍事力をちらつかせて脅すこともいとわなかった[22]。しかし、軍閥は孫文の言葉に耳を傾けず、中国を統合し諸外国の干渉から自由にしようとはしなかったため、平和的手段に忠実であろうとする孫文の試みは失敗した。孫文と比較すると、ガンディーは真実を探求し続け、彼が1948年に暗殺されるまで平和的手段を用い続けた。そして、インド政府が国の近代化のためにガンディーとは異なる道をとったとしても、ガンディーの非暴力の遍歴はインドの独立に寄与したのだった。

結局のところ、孫文は、常に平和的手段を用いようとしていたわけではなかっ

76   二、第一分科会　制度と公共圏

た。彼は、1894年に李鴻章に面会の申し込みを拒否されたあと、暴力を用いる行動へとシフトしたと考えられる。その面会は、彼が出した請願について李鴻章と論じようとして申し込んだものであった。その請願の内容は、孫文がおそらくは、鄭観応（1842-1923）の考え方とつながりを持つ王韜（1828-1897）と共に再検討したもので[23]、「人々の才、土地、物資を正しく用い、貨幣の流通を自由にするという4つの方法」[24]によって中国を強化するため、中国の数多くの問題についての解決策を提示するものであった。

　孫文は、満州の皇帝が退位させられるまで、武器の使用を強く求めた。皇帝退位の数か月後、孫文は以下のように述べている。

　　現在の世界では、武力を有する国家は繁栄し、列強の中で一等の地位につける。武力を持たない国家は滅亡するしかない。今、世界の文明の進化は依然として競争時代にあり、大同の時期ではない。この競争の激烈な世では、人々は愛国保種を前提としなくてはならない。内乱で乱れた国内の安定を維持するためには軍人に頼り、外敵の侵入から守るためにも軍人に頼る。したがって、中華民国の存亡は、すべて軍人にかかっているのだ[25]。

　第1次世界大戦中の1917年に、日本政府が21か条要求を袁世凱に突き付け、中国を新たな保護領にしようとしたにもかかわらず、孫文は中国を英米の食指から自由にするために、日本はドイツと同盟を結べたかもしれないと考えていた[26]。

　それでも、第1次世界大戦の終わりのヴェルサイユ条約交渉の余波の中、平和は孫文の晩年において再び主要なテーマとなった[27]。それはおそらく、武器を使用しても効果がなく、自ら軍閥と顔をつきあわせて説得することで中国を再統合しようと試みてもうまくいかず、どの軍閥も外国勢力に支配されていたためであろう。しかしながら、彼の努力に効果がなかったのは、「平和は常に政治の目的であり、戦争はこの目標にたどりつくための手段の一つにすぎない」[28]と考えていたことに起因するのかもしれない。私見では、このことは、

孫文とガンディーの主たる相違のひとつを示すものであり、二人の政治的提言が一致点を見出すことができなかった主たる原因である。ガンディーは平和的手段のみが平和的な結果を保証できるとしたのに対し、孫文は、平和が武器を使用して敵に打ち勝った結果であると考えたが、それは中国で最も一般的な見方のようである。

　二人の「国父」の間には他にもさまざまな違いがある。興味深いことに、それは彼らそれぞれが帰属する人々の文化を特徴づける文化的バックグラウンドにおける要素の探求と結びついていた。ガンディーは近代化・工業化を求めることはせず、経済的独立と政治的独立を達成するため、自己生産を大量消費に代わる理想的な選択肢として提案した。それは、チャルカ〔つむぎ車〕とカディ〔手つむぎ、手織りの布〕[29]に象徴された。逆に、孫文は中国の工業化にしばらく非常に関心を持っており、アメリカがその発想の源であった[30]。ここにおいて、彼は矛盾に陥ってしまった。すなわち、米国・英国を含む諸外国の干渉から中国を自由にする必要と、彼自身が1921年に執筆した*The International Development of China*〔『実業計画』〕で述べているように、外国からの経済的援助の必要との矛盾である。このように政治的独立は必ずしも経済的独立と一体である必要はなかった。

　しかし孫文は後に考えを変えた。それは、広州での「民族主義」についての第5講（1924年2月24日）[31]で、マハトマ・ガンディーと、インドの人々の総体的な参加によって成功した不服従運動に言及したときの言葉に表れている。孫文は、中国は「いまだ滅びていない」とし、彼らの国家を護るために、中国の人々は、能動的・受動的な手段によって外国の経済的影響に反対し、つまり外国との経済的関係を断ち、また海外製品・外貨をボイコットするというインド人の例に従ってもよいと言った[32]。この点に関連して、ガンディーが、スワデーシ〔国産品愛用〕運動から1930年の「塩の行進」までのさまざまな機会において、産業の近代化を目指さずに資源と生産手段を再分配するために、大衆を平和的手段によって動員することがいかに可能で効果的であるかを示していたことを想起しておくことも重要である。

78　二、第一分科会　制度と公共圏

　1924年 2 月24日の孫文のディスコースは、ある意味では、1923年に張東蓀[33]が『東方雑誌』に発表した「誰が中国を救えるのか」[34]という文章に対する返答であるように見える。張東蓀はこの文章で、南北政府それぞれのリーダーである孫文と呉佩孚にともに言及しつつも、誰か特定の政治家への肩入れを明確には述べていない。しかし張は、中国の衰退の責任は、知識階級の退廃にあると述べ、国の安全は、積極的な解決策によるのであり、不服従にあるのではないとした。彼は、不服従を受動的な手段だと考えており、「ゆえに不服従主義は亡国のインドのみで実行できるものなのだ」と述べている。中国を救うためには、もっと多くの積極的な知識階級の人々が必要であった。そうした知識人たちは、湘軍の兵士のように国のために死ぬことを恐れず、人々を主導する熱意を抱くべきだと考えたのである。結局のところ、孫文と張東蓀との間に共通していたのは、国家全体に広がるべき民族への自己犠牲精神の要請であった。そして、孫文はその精神を持っていたと筆者は考える。

　国家の解放のための平和的手段としての人民についての見方は、孫文とガンディーで異なっていた。ガンディーは、人民を解放のプロセスの基礎となる主体と考えており、それはある意味では湘軍兵士を想起させるようなものであった。一方孫文は、国民党に必要とされた訓政という考え方を持っていたため、人民をむしろターゲットのように考えていたと思われる。

　ガンディーは人民が彼についてくることを疑わなかった。彼は、そのカリスマ性のおかげもあって、インドの人民に常に非暴力的手段によってイギリスの支配に抵抗するよう呼びかけた。対照的に孫文は、人々は政治領域に積極的に参加することができるようになる前に教育を受ける必要があると仮定して、自身の政治的行動の計画を立てた。そこには儒教的態度とプラトン――『国家』で著名な――学派的態度の混在が見られ[35]、それは彼の考え方の社会的基盤と社会的受容とを狭める結果となった。孫文の思想の帰結として、この海外の文化的要素と中国の文化的要素の混合は、新しく誕生した中華民国の組織制度の中に見られることとなった。それが、モンテスキュー（Montesquieu）のいう三権〔立法・行政・司法〕と中国の考試・監察とを合わせたもの〔五権分立〕

であった。

　ガンディーは、彼のなした努力の成果を見ることができた。1947年8月15日にインドは大英帝国からの独立を宣言したのである。それは、ガンディーが、ヒンドゥー原理主義者ナートゥーラーム・ヴィナーヤク・ゴードセー（Nathuram Vinayak Godse）に狙撃されて死亡する少し前のことであった[36]。一方孫文は、彼の人生の全てを通じて、帝国主義の干渉・支配から中国を自由にし、中国を統合するために戦ったのだが、彼が世を去ったとき、中国はまだばらばらで軍閥が割拠しているさなかであった。しかし、孫文の人生そのものに、また彼の文章に表れているきわめて強い願望は、1980年代以降の台湾で現実のものとなったと考えられる。そのとき台湾では、軍事力の行使はさておき、戒厳令は解除され、民権主義が効果的に実施されたのである。

　孫文とガンディーの二人は、それぞれの国を救うために自らの人生を捧げた。ガンディーは平和を手段であり目的でもあると考えていたが、孫文は平和を〔手段ではなく〕目的としており、それぞれの平和に対する態度は異なっていた。ここに最も説得的な理由があると考えられるが、さらに二人の社会的・歴史的バックグラウンドは非常に異なっていたこと、彼らの近代化に対する態度が異なっていたことも、彼らの政治的提言が一致点を見出せなかった主要な理由として挙げられるだろう。

　注
（1）　この言葉は、不服従活動を指すものとしてガンディー自身によって南アフリカにもたらされた。道徳的・精神的な真実の探求に基づく非暴力活動に関連するものである。M. K. Gandhi, *Non-Violent Resistance*（*Satyagraha*）, New York: Schocken Books, 1961, p.3. Daniel M. Mayton II, *Nonviolence and Peace Psychology,* Springer, 2009, p.6.

（2）　最近の研究状況に関しては、以下を参照。Theresa Man Ling Lee, "Modernity and Postcolonial Nationhood: Revisiting Mahatma Gandhi and Sun Yat-sen a Century Later," *Philosophy and Social Criticism,* Vol.41, No.2, 2015, pp.131-2.

（3）　Theresa Man Ling Lee, *op. cit.,* p.150. Marie-Claire Bergére, *Sun Yat-sen,* Stanford: Stanford University Press, 1998, pp.2-3. ベルジェールの研究が出版された後、たとえ

80　二、第一分科会　制度と公共圏

ば欧米では ヘンリエッタ・ハリソンは、孫文を「非神話化」して、つまり理想化した見方をとらずに分析している。Henrietta Harrison, *The Making of the Republican Citizen-Political Ceremonies and Symbols in China, 1911-1929,* Oxford, New York: Oxford University Press, 2000.

（ 4 ）　銭実甫の論文は民団周刊社から出版された。ガンディーと孫文に関する主な著作には、以下のものがある。李平民「甘地和孫中山所設想的社会主義」『中国青年政治学院学報』第 5 号、1993年、51～56頁。郭晋平「甘地主義与孫中山思想形成諸因素之比較」『滄桑』第 5 号、2008年、40～41、51頁。徐衛洪「略論甘地和孫中山在経済思想上的分歧」『安徽文学（下半月）』第 9 号、2010年、254～255頁。Wang Huiyun, *Discourses on Tradition and Modernization: Perspectives of Gandhi and Sun Yat-sen on Social Change,* Delhi: Maadhyam Book Services, 2001. Theresa Man Ling Lee, *op.cit.,* pp.131-15. 唐文権「甘地両次不合作運動在当年中国的反響」『南亜研究』第 4 号、1988年、34～39頁。 王波「孫中山与甘地民族主義思想比較研究」（修士論文）、華僑大学、2013年。

（ 5 ）　前掲、郭晋平「甘地主義与孫中山思想形成諸因素之比較」40～41、51頁。

（ 6 ）　M. K. Gandhi, *Gandhi's Autobiography: The Story of My Experiments with Truth,* Washington D.C.: Public Affairs Press, 1948, p.6.

（ 7 ）　Prasenjit Duara, "The Critique of Modernity in India and China", in Tan Chung（ed.）, *Across the Himalayan Gap: A Chinese Quest for Understanding India,* New Delhi: Indira Gandhi National Center for the Arts, 1998, http://ignca.nic.in/ks_41015.htm.

（ 8 ）　これは彼の『自伝』に明らかである。ガンディーの読んだ書籍は多数に上るが、ここではガンディー自身が重要と認めたもののうち、ごく一部のみを引用する。ガンディーが読んだ書籍のリストは、以下を参照（http://www.gandhi-manibhavan.org/eduresources/bks_read_by_g.htm）。

（ 9 ）　彼が最初に『バガヴァッド・ギーター』を読んだのは、弁護士になるためにロンドンに滞在していた時期であった。M. K. Gandhi, *op.cit.,* pp. 322-324, *passim.*

（10）　彼の自伝を参照。M. K. Gandhi, *op.cit.,* pp.114, 172, 364-5.

（11）　Dennis Dalton, Mahatma Gandhi: *Nonviolent Power in Action,* New York: Columbia University Press, 2000, p.xi.

（12）　Sun Yat-Sen, L. T. Chen（ed.）, *San Min Chu I: The Three Principles of the People,*（translated by Frank W. Price）, Shanghai: China Committee, Institute of Pacific Relations, 1927, p.126. 孫中山「民族主義」第 6 講『孫中山選集』北京人民出版社、1957年、649頁。

（13）　付啓元「儒家思想視域中的孫中山和平思想再認識」『斉魯学刊』総第246期、第 3

期、2015年、24～26頁。

（14）　Key Ray Chong, "Cheng Kuan-ying（1841－1920）: A Source of Sun Yat-sen's Nati onalist Ideology?," *Journal of Asian Studies,* Vol.28, No.2, 1969, pp.254-55.

（15）　Sun Yat-Sen, L. T. Chen（ed.）, *op. cit.,* p. 128. 孫中山「民族主義」第 6 講 『孫中山選集』650頁。

（16）　Sharman Lyon, *Sun Yat-Sen, His Life and Its Meaning: A Critical Biography,* New York: John Day, 1934, p.310.

（17）　Audrey Wells, *The Political Thought of Sun Yat-sen: Development and Impact,* Basingstoke: Palgrave, 2001, pp.102-112.

（18）　史芸軍・徐旭「孫中山和平思想解析」『遼寧師範大学学報（社会科学版）』第38巻第 3 期、2015年、411頁。

（19）　孫中山「民族主義」自序『孫中山選集』588頁。

（20）　Marianne Bastid-Bruguière, "Sacrifices d'État et légitimité à la fin des Qing," *T'oung Pao,* LXXXIII, 1997, pp.162-173.

（21）　Edmond Rottach, *La Chine en révolution,* Paris: Perrin, 1914, pp.144-145.

（22）　1922年に何が起きたかについては、たとえば以下を参照。Marie-Claire Bergère, *op. cit.,* p.302.

（23）　Key Ray Chong, *op. cit.,* pp.249-250; Marie-Claire Bergère, *op. cit.,* pp. 39-41; Paul. A. Cohen, *China Unbound. Evolving Perspectives on the Chinese Past,* London, New York: Routledge Curzon, 2003, p.23.

（24）　Marius B. Jansen, *The Japanese and Sun Yat-sen,* Stanford: Stanford University Press, 1954, pp.61-62. 請願のテクストは次を参照。孫中山「上李鴻章書」『孫中山選集』7 ～18頁。

（25）　孫文「造成共和因果及国民責任」（民国元年10月26日在南昌軍政学聯合歓迎会演講）『国父選集』第 2 冊、中国国民党中央委員会党史委員会、1973年、316頁。引用は次の文献による。A. James Gregor, Maria Hsia Chang, "Marxism, Sun Yat-sen, and the Concept of 'Imperialism'," *Pacific Affairs,* Vol. 55, No.1, 1982, p.73, note 57.

（26）　Marius B. Jansen, *op. cit.,* pp.206-7.

（27）　Sun Yat-sen, *The International Development of China,* New York: Putman's, 1929, p. 232.

（28）　趙曉華「簡論孫中山的和平観」『華南師範大学学報（社会科学版）』第 1 期、2005年、18頁からの引用による。

（29）　ガンディーの繊維生産とインドの社会的影響については、以下を参照。Peter Gonsalves, *Clothing for Liberation: A Communication Analysis of Gandhi's Swadeshi*

82　二、第一分科会　制度と公共圏

Revolution, Los Angeles: SAGE, 2010.

（30）　Peter van der Veer, "Religion, Secularism and National Development in India and China," *Third World Quarterly,* Vol. 33, No.4, 2012, pp.729-731.

（31）　タゴールが1924年4月に中国を訪問する少し前のことである。Hay Stephen, *Asian Idea of East and West: Tagore and His Critics in Japan, China and India,* Cambridge （Mass.）: Harvard University Press, 1970, ch.5-6.

（32）　孫中山「民族主義」第5講『孫中山選集』北京人民出版社、1957年、646〜7頁。

（33）　Edmund Fung, "Socialism, Capitalism, and Democracy in Republican China: the Political Thought of Zhang Dongsun," *Modern China,* Vol.28, No.4, 2002, pp.399-431. 張耀南『張東蓀』東大図書公司、1998年。

（34）　張東蓀「誰能救中国」『東方雑誌』第20巻第12期、1923年、23〜25頁。

（35）　たとえば次を参照。Audrey Wells, *op. cit.,* pp.51-53. Daniel A. Bell, *The China Model: Political Meritocracy and the Limits of Democracy,* Princeton: Princeton University Press, 2015, pp.157-159.

（36）　ガンディー暗殺のさまざまな背景については一定の関心が寄せられてきた。以下の著作参照。Dewan Ram Prakash, *Gandhi Murder Trial,* Delhi: Tagore Memorial Publ. 1949. Vinayak Damodar Savarkar, *Gandhi Murder Trial: Official Account of the Trial of Godse, Apte and Others for Murder and Conspiracy with Verbatim Reports of Speeches by Godse and Savarkar,* Glasgow: Strickland Press, 1950. V.T. Rajshekar Shetty, *Why Godse Killed Gandhi?,* Bangalore: Dalit Sahitya Akademy, 1986. および、ヒンドゥーよりの編集者のThe Voice of India によって出版された、クンラート・エルスト（Koenraad Elst）による近年の著作もある。

永租と登記——重畳する制度

田 口 宏 二 朗
（大阪大学）

1．孫文の土地論

　清朝に代わり道統を継いだ中華民国、とりわけ北伐後の南京国民政府期の制度設計の多くを規定した孫文の構想にて、土地に関わる諸政策（地政）がきわめて枢要な位置を占めていたのは比較的よく知られている。孫文の「平均地権」「耕者有其田」といったフレーズが象徴するのは、当時、「地主」たちの集積する土地資本が、農業生産性の向上にまったく資していないのみならず、国民＝国家形成期における資産・所得の分配を大きく歪ませているという問題意識だった。

　だがその意識は、国内の再分配構造だけに注がれていたわけではない。かれが1924年の1月から8月にかけ、広東高等師範学校にて行った、かの名高い「三民主義」演説中で以下のように述べられる。

　　（かつて列国から引きも切らず朝貢を受けていた中国が、今や外国に対して貢ぎ続ける存在と堕した、という記述に続き）たとえば香港・台湾・上海・天津・大連・漢口といった租界や割譲地の中国人が、毎年外国人に収める賦税（土地税）は少なくとも2億元以上はあろう。（……）その他、地租（賃料）については中国人・外国人の収入となるものの双方あり、それぞれの規模についてはまともに調査されていないのでよく分からないが、全体として、外国人の収入となる方が多数を占めるのは言を俟たない。かかる地租の総額は、賦税の十倍はあるに違いない。地価となると、毎年上昇の一途である。外国人は経済の権益を握っているだけでなく、生まれながらの商売上

84 　二、第一分科会　制度と公共圏

　　手ゆえ、租界内の土地使用権（地皮）を安く買い高く売っている。そのた
　　めこれら賦税・地租・地価だけで、中国人が受ける損失は毎年4、5億元
　　以上はあるはずだ[1]〔（　）内・傍点は引用者、以下同〕。

　要は、香港・台湾、および上海・天津・大連・漢口等の租界から、不動産関連
の財富が年額にして4億〜5億元分、外国人の手中に流れ込んでいる、という
ことである。ちなみに1925年段階で、民国政府の財政収入（借款・公債を除く）
が4億数千万元程度だったことからすれば[2]、この数値は決して小さくない。
　この現状認識と推計が妥当なものだったかを確認する作業は、現時点では、
報告者の手に余る。ただ少なくとも、孫文、そして当時の北京政府や後の南京
国民政府にとって、修約（条約改正）・国権回収は単なる主権国家としての体面
だけの問題でなく、見逃すことのできない国民経済上の課題をも随伴していた。
つまりは、国内における「不労所得」の淵叢たる地主のみならず、海外の各ア
クターたちもが国家建設の障碍としてここでは名指されているわけであり、そ
の点で、やがては中国共産党の公式な20世紀初頭の歴史把握モデルともなる、
「半植民地半封建」と通底する認識が示されている。
　もっとも、以上のような土地にかかわる国際的資金流動への孫文の（なかば）
怒りに満ちた口吻が、どれだけその対外認識と整合性を有していたか（そもそ
も一貫した対外認識をかれが持っていたか）、というのは難しい問題である[3]。従
来の研究では、三民主義における上記の半植民地モデル＝反帝国主義的スタン
スが、かれのいかなる現状把握、そして国際的契機・国内的政治要因に基礎づ
けを有しているのかがひとつの焦点となった[4]。コミンテルン・中国共産党
との接近という状況のなか、孫文の三民主義における論調が果たして単なる機
会主義的なものだったか否かは、かれの議論を評価するにあたって重要な問題
ではあろう。
　じつは孫文が「外国人の土地支配」という問題について論及したのは比較的
に早く、1912年の10月、中国社会党にて行った演説にて、「社会が進化すれば
20−30年で土地価格は一万倍となる。外人はこのあたりを重々理解しているた

永租と登記　85

め、こぞって他人名義で投資して土地を購入している（「出資託名購地」）。良法で対策を講じないかぎり中国の広大な国土における社会的生産物はかれらの好き放題となろう」云々という趣旨の発言をしている[5]。1924年における三民主義演説での議論は、かれにとって必ずしも短いスパンでの着想に出るものではなかったといえる。

　だが、本稿の論題として特に取り上げたい点は別にある。そもそも孫文が俎上にあげた「外国人の土地支配」という事項じたい、いかなる実務的な現実を前提としていたか、そしてどのような具体的解決のオプションがあったかについて、より掘り下げる価値があるのではないかと思われる。かれにおいては、ほんらい民国政府へ納められるべき公租公課が外部の公的機関の収入となっている点、租界および租借地での賃料・不動産転売益が外国人の利潤に帰している点、といった複数の事項が土地という媒介項をもとに国富流出問題としてまとめられている。ただ、北伐宣言直前のこのメッセージについて、反帝国主義、つまり独占的金融資本の告発や経済的ナショナリズムといった理念いかんに議論が集中することで、ある意味、清末いらいの排外的革命路線（その多くは梁啓超ら保皇派との論争を通じて漸次的に彫琢された）を既定のものとして実体化してしまい、中国共産党の「反帝国主義」へと収斂するというコースを自明視してしまう。むしろ、土地制度と対外関係との重なり合いに、当時における「外国人の土地支配」という領域のもつ固有の問題系を見出すことができるのであり、これを丁寧に腑分けしてこそ、孫文が（そして19世紀以降の中国が）直面した、事態の困難さと問題の拡がりが把握可能となる。問題は外国人たちが「名を託して地を購う」ことがどのような現実を名指しているのか、ということである。

　旧来の研究が明らかにしたとおり、19世紀後半期、開港都市への人口流入とともに、（少なくとも金融恐慌が発生する1930年代半ばまでは）都市部の不動産価格も、顕著な上昇傾向を示すようになっており、これが租界内外において土地担保を通じた公共・民間セクタへの資本移入の重要な一環を構成していた[6]。

86　二、第一分科会　制度と公共圏

さらに20世紀に入り、上海や広東・北平・南京など大都市では、政府による基
盤開発と絡み合うかたちで不動産価値も増大する。たとえば、南京のばあい、
1927年の国民政府成立とともに中華民国の首都となったため、市内不動産物件
の売買価格は1928年以降の 3 年間で、平均値で 3 倍近くの高騰を見せてい
る(7)。

　その結果、1920－30年代、都市不動産は公債（これもしばしば官有地を担保と
していた）と並んで有利な資産運用対象ともなる。1930年代前半期より華中工
業が不振に陥りつつある中、内外の投資を引きつけ資本の流動性を高めるため
には、都市不動産の評価額が上昇している現状は、財政金融・産業政策担当者
にとって数少ない好条件を提供した。ただ、土地資産の価値増大は国民経済の
発展に起因するものと捉えられたため、地価上昇による利得は国民全体に均霑
されるべきであって、一部の地主が「壟断」するのは許されない事態だった。
だからこそ、不動産価値全体の膨張部分は人民が享受すべきだと、わざわざ孫
文はその国家建設計画中に書き込んだのであり(8)、爾後、国民党にとっては
なかば政府の正統性に関わる事項として、地価税・土地増値税等の税制上の枠
組みが考案されねばならなかったのである。民国当時、外国人の土地取得は、
投資の活発化と資産再分配という複数の政策領域(9)にまたがるきわめて微妙
かつアンビバレントな問題だった。

2 ．清末いらいの諸条約と外国人による実質的土地所有

　問題は、外資導入と土地資本との絡みのみにとどまらなかった。特にここで
は、不動産支配主体の問題と、制度的輪郭を鮮明に現しつつあった国民＝国家
体制(10)（および国家間体制）そのものとの関係について見逃せない（なお、中国に
て国籍法が成立したのは清末1909年のことである）。通常の商品交易にも増して、不
動産の売買は、国民＝国家を基軸とする取り決めの枠組みにより強く拘束され
る。今日でも、外国人が自由に土地を買えるかという問題は一定の社会的論議
を惹起するものである。とりわけ20世紀初頭、外国人の法的地位を定義しよう

とする動きは、ネイティヴィズムのあおりも受け、移民抑制や国籍条項など人的移動を制御するための枠組が整備される過程とも複雑に絡み合って進行していた。

18世紀の「華人の時代」いらい、南部中国は東南アジアやオーストラリア、北米大陸へと数多の単純労働力を移出するようになっていた。19世紀後半期より米国西海岸などで華人労働者を排斥する潮流が広がると、移民抑制の清米間エンジェル条約締結（1880）、米国における移民禁止の立法（1882）などの動きが20世紀初に至るまで継続する（なお日本人を主対象としたものであるが、外国人土地法が米国カリフォルニア州で1910年代初頭に成立、1924年には日本でも同様の法が制定され、今なお有効な法令として存続している）。こうなると、「各国の人々がわが中国に来て金儲けをしようとしているのに、わが中国人が相手国で金儲けをしようとしてもこれを禁ずる」[11]状況の非対称性を指弾する声が澎湃と沸き起こる。

また租界での外国領事裁判権の問題が懸案のまま、1940年代まで外交交渉が継続していたこともあり、外国人の土地領有・保有を媒介とした資金流動が、「国権の喪失」としていわゆる治外法権とも一体化した領域を構成するようになったのである。孫文の議論は、以上のような時代的文脈でも読み込まれるべきであろう。

ただ同時に、「治外法権」問題化の機運、つまり中国の開港都市内部での司法・行政的権限が外国によって担われる事態を改変しようとする動きが、一定の流動的情勢のなかで徐々に醸成されたものであることも忘れてはならない。19世紀いらい、鉱山・鉄道開発にともなう外資の導入が「国土の瓜分」という空間的表象とともに激しい社会的非難を招いたのは事実だとしても、こうした論調がつねに現場の実務的状況に基礎づけを有していたわけではないだろうし、言論界のすべてを覆っていたわけでもない。じっさい、清末の外交政策を批判する急先鋒だった胡漢民にしても、租界での領事裁判は国際慣例に基づく警察権の行使に過ぎないとして、旅順や膠州湾等の租借とは次元の異なるものと捉

えている[12]。第 1 次大戦後の国際会議における交渉失敗まで、中国国内での治外法権コンプレックスは必ずしも支配的ではなかったのである[13]。

　ワシントン会議（1922）に参加した中華民国代表・顧維鈞が1912年にコロンビア大学で博士号を取得した際、その学位論文の主題は奇しくも「中国における外国人の地位」、まさしく「治外法権」というかたちで開港後の対外関係を告発するものだった。つまり広域にわたる学知の交流を通じてはじめて、ウェストファリア的準則がすぐれて理念的なかたちで徐々に一定のパラダイムを構成するようになり、現実の国際交渉のみならず、過去をも遡及的に把握するうえで決定的な役割を果たすようになったといえよう。逆にいえば、アヘン戦争いらいの開港都市では（各利害関係者が同意のうえではたらくような）実務上のシステムおよび／あるいは制度が、数十年にわたって機能していた[14]。

　要は法権といったお題目以前に、当時の生活世界を律していた諸制度により目を向ける必要があるということであるが、具体的には、われわれが行政とよぶもの——時には手続き的ルールを定立し、公権力行使の適法性いかんを裁定するはたらきをも含む——の領域にて、当事者たちは日々ルールの策定と各方面への調整に追われていた。以上の日常的営為を通じて制度は立ち上がる[15]。いわゆる条約港体制の下、領事裁判権と並んで懸案化したのは、外国人の居住地およびここでの課税や治安維持、および私有財産権の特定とその保護といった公法・私法双方にまたがる問題であった。

　アヘン戦争後の中国内における外国人の土地問題は、まずは商業行為に従事する人々の居住権とその範囲確定、およびかれらの土地・家屋に関する公法・私法上の権利義務をめぐって主題化する。1843年の虎門寨追加協定第 7 条では、開港都市の土地・家屋を英国民および家族が借り上げることが定められていた。条約改正にともない1899年に外国人の内地雑居を認めるまで居留地を設けていた日本と同じく、中国でも条約所定の開港都市周辺に、外国人の居住空間を限定した。たとえば上海県城外で公認された租界では、英国人は地元の者が所有する家屋を賃借、現地の官衙に登録せねばならないむね、1845年の土地章程にて定められている。なお、1858年の清仏天津条約第40条および1865年の清・ベ

ルギー北京条約第14条の規定により、最恵国待遇を有する国の民は、原則上中国の課税権に服さない特権を有していた[16]。

　問題となるのは、外国人が占有する不動産の扱いである。これには、不動産課税にかかわる公法上の領域と、私人間の不動産取引を安定化させる私法上の領域の双方が絡んでいた。比較対象として日本の例をみてみよう。不動産売買が公認された明治以降、外国人に居留地・雑居地での不動産売買を認めんとする動きもあったが、かれらへの不動産課税（および税滞納時の裁判権）という条約改正交渉上の微妙な問題を不可避的に内包していたため、結局沙汰やみになっている[17]。他方、中国のばあい、19世紀末から1920年代に至るまで、条約改正交渉の前提となる成文法典の公布・施行に手間取った上に、交渉の主体となる政体じたいも定まらなかった。その分、日本ではなかば緊急避難的に設けられていた永代借地のごときやりかたが、清から民国期の開港都市では「永租」というかたちで独自の発展を遂げてゆく。以下、上海の事例を簡単に紹介する。

　1854年、英仏米の3か国が清朝の官衙立ち合いの下、第2次土地章程を起草するが、これにより外国人が上海租界内の不動産を取得する際のルーティーンが明確に定められる。このばあい私人間の契約上は永租＝無期限の賃貸借であっても、賃借人は立ち退きを要求されず、期限や賃料の条項が契約内に記載されないばあいが多かった。加えて賃借権を第3者に移譲することも可能である以上、実質上、永租は売買＝所有権の移転と同様の効果を持つとされる。貸借両当事者の契約書（永租契）に当地の顔役たる地保が記名押印、これに貸主の土地権限を証する文書（かつての測量記録、不動産取得税や土地税納付の憑証）を付し、本国領事館で登録を行う。登録の際には、会丈局の測量を経て、分巡蘇松太常等地兵備道（租界を管掌する清朝官衙。通称上海道台）および本国領事が押印した正式な地券 title deed＝永租契として永租人（つまり外国人）へ地図とともに交付される。上海道台と本国領事館にも同様の地券（漢文／欧文）1通ずつが送られ、それぞれ保管された[18]。この永租契は「道契」とも称される。

　永租というかたちで営まれる不動産取引のあり方をめぐって、指摘すべきは以下の点である。

90　二、第一分科会　制度と公共圏

　(1)永租契（漢文）の書式自体は、旧来における租佃契を基礎としている。また、地保等を介在させつつ官衙の認証を経る手続きも、不動産取引から契税支払いに至る既往のそれと原理的には大差ない。無期限の賃借という点にしても一般的な租佃契と同様であり、一種の緊急避難的な措置として永租名目を用いるのも、マカオ等での先行事例があった。そもそも帝政期中国での土地取引法上、出租と売は連続線上にあり、いずれも使用・用益の配分を決する体系の一要素として、土地分配秩序の一環を構成していた[19]。

　(2)中国での土地売買は、実務上、ほんらい個人ではなく戸を単位とするものである。土地を有する戸はその面積等に応じて土地税や徭役を負担、また土地売買の際には土地税負担の名義を変更（過割）すべし（そして契約中に杜絶と明記しないかぎり、不動産取得者は回贖に応じて原主の守墓に協力すべし）、という規範・準則では、土地税の担税者として、祖先祭祀のために香火を絶やさぬ定着的農耕民＝編戸の民が前提とされる。したがって帝政期の通念として、土地税負担の主体の変更を（建前上は）ともなうべき不動産の売買に、そもそも「立戸」せざる外国人が参入するのは（特に農村部のばあい）想定外だったろう。

　(3)他方、外国人の側からすれば、不動産取得後の産権保護の効果さえ担保されれば、所有か永租といった名目は二義的な問題である。所有権なる権原が民法典に明記されたのは、1911年に編纂された大清民律草案（未施行）以降のことであり、爾後、実体法自体が未施行のままだった。この永租システムをしばしば英国人は代理人による所有 vicarious ownership と称しており、このばあい所有に一種の委託が組み合わさったものとして理解されているようである。

　先に若干触れた通り、19世紀後半以降の上海は地価の上昇、およびこれを裏付けとする金融マーケットの発展がみられたが、以上紹介したような永租契・領事館での登記のあり方が一定の制度的基盤となっていたのは疑いのないところである。租界の華人から無期限で借り上げた不動産は、この道契（永租契）という地券を媒介として市場性を高めていた。やがて、ほんらい想定されていた外国人のみならず、華人までもが永租権取引の主体として参加するようになる。このばあい、華人たちはむろん永租権登記ができないので、権柄単 Declaration of Trust という地券を通した使用権取引という形式をとった。上海租界内の不動産のうち7割は、こうした取引により華人が支配するようになっていたという[20]。加藤雄三がすでに紹介しているように、測量図をともなった地券・租税回避といった要素が相俟って、租界における不動産取引が華人を強く誘引するようになった[21]。1920年代末に至っても、「銀行融資の担保とするには、詳密な測量図があるため道契の信用が最も高く、当地の人々はこぞって(不動産取引に)参入する」と称されるゆえんである[22]。

ただ不動産公示のあり方からいえば、上海道契のような領事館・現地官衙が認証、地券の写しも保管するという仕組みは、ある種の登記簿が整備されるごとき効果を有したとはいえ、旧来とは異質なものだったかどうかは難しいところである(そもそも地券の信用性云々が定量的に論じられることじたい、不動産公示制度としての一元的登記システムが欠如している事態の裏返しである)。当事者間での地券のやりとりのみで効力が生ずるという土地取引のやり方が、特段新しかったわけではなく、むしろ私法的領域と公法的領域が極度に分離する従前のシステムの延長でもあった。道契に付属する測量図の正確性についても、20世紀初頭のフランス租界にてそのいい加減さがしばしば問題化していた点[23]、あるいはわが国の地租改正時における公図の精度に鑑みるかぎり、問題の核心とはいいがたい。また公的機関での登記簿閲覧手続きが当初から定められたわけではなかった以上、公示性そのものは限られるため(つまり無疵な不動産だと万人に示すことができないため)、ある意味、道契冊といえども土地税賦課のための旧来の土地台帳と原理上は同断だったといえる。さらに、民事紛争の際、総領事館の証明などよりは地券・県知事の認証の方が効力があるという、同時代における天津租界での観察[24]に徴すれば、領事館等、外国の公的機関に登記されていたことが(不動産情報の信頼性を高め)不動産の市場性を向上させたとの解釈も、あまり一般化できないだろう。

となると、当時の「グローバル化」の趨勢のなか生成した、永租による登記システムは、近代化をめぐる素朴な目的論から一歩掘り下げたかたちで叙述する余地があるということになる。ここで明らかなのは、地券の移転を以て不動

92 二、第一分科会 制度と公共圏

産取引が完結する（公的機関の認証・登記は部分的な意味しかもたない）英米法系のルーティーンが、もともと中国における既往のそれと親和性が高かったという点である。他方、領事館のような公的機関が物権保護のため不動産情報を集積するというやり方じたいは、19世紀なかばの英国で導入が試みられた証書登記 registration of deeds 方式と近似する。ただ英国においても、1840年代から1860年代にかけて、この種の登記システムを（フランス・プロシアの先行例に倣い）全国的に広げようと模索されたが、結果的には挫折している(25)。つまりは英本国ですら制度化に失敗したシステムが中国の租界に持ち込まれたわけであり、その意味で租界は一種の実験台としての機能を帯びていたことになる。

　道契と永租のシステムは、いわば、法体系・慣行を異にする複数の社会の交錯点で生成した一種のアマルガムだった。当事者からすれば、長期・短期さまざまなスパンで形成された制度から何らかの範型をあり合わせでルーティーンを策定したことになる。

　と同時に、この永租システムは必ずしも「（他者の排除を要件とする）所有権の確定とその保護」という理念を体現するかたちで、爾後、国制的な落ち着きどころを見出したわけではない。事態はより流動的かつ複合的であった。以下節を改め、こんどは南京での事例をみてみよう(26)。

3．永租と土地登記——南京のばあい

　江寧（南京）が開港都市（通商口岸）の列にあらたに加えられるのは、アロー号戦争後の天津条約（1858）以降のことであったが、当時の南京は太平天国軍の支配下にあり、外国人の居住や営業の詳細について清朝と各国とが実務的に詰めてゆく作業が永らく実現しなかった。このため、以後の南京は、1840年代いらい外国人の諸活動をめぐって各種の「取り決め」が整備されてきた上海等の開港都市とはまた異なった歩みを示す。1901年、外国人の定住地として長江沿いの内陸港、下関周辺に設定されるものの、外国の各領事館が認識する南京における通商口岸の範囲と清朝側のそれとは、以後30年以上にわたって食い違

いをみせていた[27]。この結果、江寧城内および城門外の繁華街（関廂）でも外国人が徐々に目立ち始め、民国成立直後の1914年段階で、英国人24名・ドイツ人 3 名・米国人 2 名・日本人67人が居住・営業しているのが報告されている[28]。

　しかもかれら外国人のなかには永租ではなく、不動産を「購入」したうえに地券の認証まで求めてきた者もあった。県衙門にて受付を拒否したところ、英国・ドイツ領事館より条約違反のむね抗議を受けるに至る。これに対し民国の外交部は、条約では英独両国人が中華民国内にて不動産を「購入」することを認めておらず、またかれらの居住空間まで特定していないゆえ、下関に居住空間を限定するのは条約に違背しないはずだと反論している。同時に、外人たちが境界を越えてくるのは押し止めがたい、ほとんど習慣化しているとなかば諦念も交えて述懐されているのが興味深い[29]。同様の事例は雲南のような地でもみられ[30]、永租のシステム自体、空間的に「内地」へと拡大していたものと思われる。と同時に、かかるなかば過渡的状況のなか、外国人の不動産取得に協力する数多の華人が前述のアマルガム＝永租システムを支えていた点にも留意しておきたい。各国領事館の行政ルーティーンが比較的早期に確立されていた租界内部とは異なり、外国人の居住範囲が未確定な南京などの都市（あるいは上海・天津でも外国人居住地が拡大しつつあった外延部分）では、外国人はあらたに居を構えるごとにそのつど華人と永租契約を結ばねばならなかった。ただしこうした「内地」空間の課税は地方行政機関の管掌下にあるため、土地税・不動産取得税の担税主体は華人名義である必要があり、ここに名義貸しビジネスに従事する華人（買弁 comprador と称された）がその活動空間を拡大してゆくわけである。

　ところが以上のような外国人の内地居住・不動産保有問題は、民国期以降、実体法としての民法典および不動産登記に関わる手続法が次々と整備されるや、やがて岐路を迎えることになる。19世紀末から20世紀の前半にかけ、国籍法や戸籍の整備を通じて、国民＝国家が「国民」を稠密かつ定量的に把捉してゆく

94 二、第一分科会　制度と公共圏

動態が加速していた。南京国民政府期の1920年代末、都市部を皮切りに組織的な戸口調査が進められている。とりわけ、あらたに首都となった南京では、都市計画の進行にともない、測量・地籍図の作成を通じた地権者の確定と土地収用が着実に成果を挙げつつあった。1930年代以降、戸口調査に基づき都市不動産への課税に注力されるとともに、国民党中央の旗振りで、政権の威信をかけた地価税の導入に向け不動産登記の普及が大いに目指される。

　当該事業が推進される背景にはより構造的な事情があった。前節で紹介した通り、帝政期いらいの中国では、不動産売買や遺産相続といった物権変動が発生する場にて、当事者間の私文書をオーソライズする一元的な枠組みは特段なかった。地方官衙等の公的機関は一定の認証を行い、また官衙の憑証はしばしば一種の地券として流通したものの、官衙どうしのコーディネーションが図られなかったため、結果的に、1930年代南京のばあい数十種類もの憑証が存在することとなる。そもそも無届けの不動産交易＝白契交易も多かった。このように、不動産の物理的現況および「権利」に関わる情報を公示簿として集積するシステムは、構築されていなかったのである。

　この種の「私契秩序」は、部分社会でのみ安定性をもつにすぎず、英国・米国のごとき権原保険も発達させたわけではない以上、不動産交易からリスクを低減させる仕組みは、社会関係のネットワーク機能以外には求めえない。不動産情報が標準化されたかたちで示されていないという以上のあり方は、私法面でいえば、紛争解決のコストを（登記制度が完備された状況に比すれば）高めていたであろう。公法面でも、白契による交易に象徴されるごとく、物権変動、あるいは国民資産の物理的現況そのものに対する政府の把握度を制限し、農村部における中央権力浸透の不徹底とあいまって不動産交易・固定資産に対する課税強化の障碍ともなる。こうした私法・公法双方の領域にまたがる状況は、地籍紊乱・経界不清などと表現された。いわば、不動産登記という汎用的ツールの出現を通じて、旧来の「陋習」がより浮き彫りにされてゆくわけである。私人間で永租契（や権柄単）がやりとりされることで不動産が移転し、領事館・現地官衙がこれに対し部分的にしか関与しえないという租界内外でのシステム

も、これを上書きするものに過ぎなかったといえる。

　南京のばあい、首都として全国的な政策推進のモデルケースを示さねばならなかったのは無論だが、加えて、政府機関建設に際しての公有地の設定、そして何より人口流入にともなう地価高騰が、地権者の確定と不動産課税の強化を焦眉の課題としていた。と同時に、公的機関・都市インフラの用地を確保すべく、積極的に土地収用が行われたため、これまた都市空間内の権利関係の把握が強く要請された。かくて1934年7月より南京市政府により所有権登記申請の受付が開始（いわゆる全市登記）、3年間のうちに総計3万筆にものぼる不動産情報（所有権者・所在・面積・建物現状および不動産価格 etc.）が集積され登記簿に載せられる。加えて、抵当権などの「他項権利」についても、数千筆分が市政府のもと登記されることとなった。なお中華民国民法物権編（1929年11月公布、1930年5月施行）では、当事者どうしの契約だけではなく登記を通じてはじめて、物権変動は発効するという、ドイツ式の登記要件主義が採用されており、この点フランスや日本の登記制度における対抗要件主義以上に公示強制・公示促進機能を帯びている。こうして集積された情報を基に、地価税・土地増値税の導入へ進んだ矢先、日中戦争が勃発したのである。

　さて問題は、登記政策中における外国人の位置づけである。登記事業の根拠法となる土地法（1930年6月公布、1936年3月施行）の施行に先立ち公布された、土地法施行法（1935年4月5日公布、1936年3月施行）には、以下のように規定される。条約に定められざる不動産の権利を、外国人に移転等することはできない（第10条）、違反すれば、その土地は国有に帰すとともに2倍以下の罰款を納めねばならない（第9条）、と。要は条約改正・租界返還が実現し、条約国民の民法上の地位が定められないかぎり、いかなる外国人に対しても不動産の売却は許されない、違背すれば不動産は没収、売却金額の2倍の罰金を取るということである。

　外国人が「租用」する土地は、当地の地方政府が公有土地所有権をみずから登記し、賃借者たる外国人も賃貸登記を行わねばならないが（第31条）、不動産

96 二、第一分科会 制度と公共圏

所有権者が支払うべき一切の公租公課は、賃借者たる外国人も負担するよう規定される（同前）。したがって、不動産を永租する外国人も、賃料や不動産税を支払わねばならないことになる。当時の立法院立法委員、陳顧遠による土地法の解説書では、所有権同様の権利を享受する者が負うべき義務負担の条項を設け、公平を期しているのだとの説明を加えられている[31]。この条項の制定過程については不明だが、1930年代における不動産登記事業の推進が、外国人への不動産課税を射程に入れたものだったのは間違いない。条約改正交渉のなりゆきいかんでは、（互恵主義を採るかぎり）外国人にも内地居住の権利を保証せねばならないのだが、当面は不平等条約下にて生成したデファクトの所有システム、永租を地価税制の裡に組み込もうとしたごとくである。

　ところが、全市登記を鋭意進行中の南京市内において、問題は発生する。これについては、英国の国立公文書館所蔵の外務省文書（FO676/216, "Rights of foreigners to hold lands"）中に対応する史料が多数収められており、参考に値する[32]。紙幅の関係上、詳細については別稿で紹介することとして、大枠のみ示すならば以下の通りである。1934年の7月以降、市内不動産の産権を悉皆的に調査するプロジェクトが始動するや、永租権者たる外国人たちは自らの権原（永租権）を保存するため、本国領事館での登記のみならず南京市政府での登記申請を行おうとする。ただ、市政府での登記のフォーマットを定めた市土地登記暫行規則（1932）中に対応するタイトルがなかったため、現場での混乱を大いに惹起する。

　何より問題は、永租権者の実質的不動産所有をあぶり出すという国民党の姿勢が徐々に明らかになったため、華人の買弁たちが全市登記の際、名義貸しに難色を示すようになった点である。英国南京総領事のプリドー=ブリュンは、市政府に対し、買弁たちの所有権保存登記申請が無事受理されるよう保証を求めるが、事態は首尾よく進まない。第1次南京事件や漢口英租界返還の際に顕在化した対外世論悪化をうけ、英外務省側も強硬な対応を避け、極力市政府の登記事業に協力する姿勢を示す。ただし永租契約が無効となって自国民の所有財産が侵害される事態に対しては大いに異議を唱えている。他方、市政府から

永租と登記 97

問い合わせを受けた国民政府外交部の側は、自ら交渉の前面に立つことに対しては及び腰だった。このように外国人の不動産にかかわる権原のあり方は、当事者のあいだで棚上げにされてゆく。長老会系のプロテスタント教会の所有財産保全が問題化した、米国人においても事態は同様だったようである[33]。

　以上のように、100年近くにわたり開港場にて一種のフィクションとして営まれ続けてきた永租のシステム（外国人側の認識では売買／所有、中国側では形式として賃貸借）は、国民党政府の土地政策により整理の対象となる。私法上の不動産支配主体と公法上の担税主体が一致せねばならないという理念的準則から乖離しているかぎりにおいてやはり、永租は旧来の「地籍紊乱」の一角を構成していたのである。

　孫文が取り上げた「外国人と土地」問題の裏にあったのは、英米法的な地券取引制度と中国既存の土地分配秩序とが重畳したものに、19世紀いらいヨーロッパ各国で導入された不動産公示システムが接ぎ木され、租界周辺に外国人・華人が入り乱れて用益権（孫文のいう「地皮」）交易に蝟集する状況だった。ここに外国領事館の行政権も絡んでいたゆえに、国民＝国家として一元的な政策的整備が加えられる過程と、「外部的」ファクタを制御・排除する過程とが並行せざるを得なかったわけである。

　注
（1）　孫文『三民主義』「民族主義」第2講（1924.2）［『孫中山全集』第9巻、北京：
　　　中華書局、1986］：pp. 207-209。
（2）　楊蔭溥『民国財政史』北京：中国財政経済出版社、1985、p.5。
（3）　この点については高嶋航氏よりご指摘いただいた。
（4）　孫文研究の分厚い蓄積を網羅することは叶わないが、当面、参照しえた範囲内
　　　でいうならば、その一貫した「反帝国主義」的スタンスを強調する安藤久美子
　　　「孫文の外資導入論と反帝国主義革命構想」（『中国研究月報』49〜11、1995）、そ
　　　の中途半端さを指摘する藤井省三「孫文の反帝国主義」（孫文研究会編『孫中山
　　　研究日中国際学術討論会報告集』東京：法律文化社、1986）、三民主義講演の直
　　　前に発せられた、中国国民党第1次全国代表大会宣言における「反帝国主義」の

98　二、第一分科会　制度と公共圏

　　論調が、コミンテルン執行委員会・在外華僑や国民党内の反容共派といった各ア
　　クターの角逐のなかで形成・修正された点を指摘する高綱博文「孫文の帝国主義
　　観に関する再検討」（『経済科学研究所紀要』21、1996）を挙げたい。

（５）　「在上海中国社会党的演説」（1912.10）［『孫中山全集』第２巻、北京：中華書局、
　　1986］：p.522。むろん、志向性を共有する政治団体向けの発言という点は考慮す
　　べきだろうが、中国社会党じたいが公開政党だったこと、本演説が同盟会の中部
　　総会機関紙『民立報』でも広告されたこと（同前書：p.506）からすれば、当該議
　　論はより広い対象へ向けられていたとみなして差支えないだろう。

（６）　佐々波智子「戦前期、上海租界地区に於ける不動産取引と都市発展」（『社会経
　　済史学』62-6、1997）、城山智子『大恐慌下の中国』名古屋: 名古屋大学出版会、
　　2011。

（７）　田口「登記の時代」（村上衛編『近現代中国における社会経済制度の再編』京
　　都：京都大学人文科学研究所、2017）：pp.140-141。

（８）　「建国大綱」（1924年４月）第10条。

（９）　この点については、Philip Huang, *Code, Custom and Legal Practice in China,*
　　Stanford: Stanford University Press, 2001, pp.62-65.

（10）　帝国から国民＝国家へ、という単純な発展図式を19世紀いらいの中国に適用す
　　ることは妥当ではない、との論点［吉澤誠一郎『愛国主義の創成』東京：岩波書
　　店、2003］、そして共和制帝国や文明国家 Civilizational state 等、あらたな範型が
　　模索されていることは承知しているが［池田嘉郎「国民、帝国、そして共和制の
　　帝国」（『Quadrante』14、2012）；Zhang Weiwei, *The China Wave,* New Jersey: World
　　Century Publishing Corporation, 2012]、本稿では（内実のいかんに関わらず）「国
　　家」等々をめぐる一定の議題が共有されようとする志向性そのものに焦点を当て
　　たい。1949年以降の中国が、（欧米諸国以上に）過剰にウェストファリア的準則に
　　従っている点については、Lei Guang, "Realpolitik nationalism," *Modern China* 31-
　　4, 2005: pp.490-492参照。

（11）　無名「異哉我国民於世界之地位」（『東方雑誌』2 - 1、1905）：p.7。

（12）　漢民「排外与国際法」（『民報』6、1907. 1 .10）：p.4。

（13）　William Kirby, "The internationalization of China," *The China Quarterly* 150, 1997,
　　p.440.

（14）　条約により外国人の司法的取り扱いに関して不平等な体制が構築された、とい
　　う顧維鈞の論点については、夙に矢野仁一により反論が加えられている［矢野
　　「南京条約以前の治外法権問題に就いて（下）」（『経済論叢』21－ 4、1925）：pp.
　　72-76]。荒野泰典は、領事裁判権という問題が日本の幕末～明治期にかけて既往

の社会集団内における（なかば属人的な）紛争解決という文脈にて処理されていたのに対し、19世紀も末となるに従い、旧幕藩体制への否定的論調が高まるなかで、「不平等条約体制」というとらえ方が固定化されていった点を強調する。荒野「言説としての「不平等」条約説」（貴志俊彦編著『近代アジアの自画像と他者』京都：京都大学学術出版会、2011）。

(15)　この点について参考になるのは、浅野豊美『帝国日本の植民地法制』名古屋：名古屋大学出版会、2008、および五百旗頭薫『条約改正史』東京：有斐閣、2010である。

(16)　以上、中濱義久『上海外国居留地行政概論』大連：南満洲鉄道株式会社（満鉄調査資料第55篇）、1926および牛場信彦・大澤長俊『治外法権に関する慣行調査報告書』東京：東亜研究所（資料甲第6号A）、1941。

(17)　条約改正後、外国人への不動産所有権問題が最終的に解決するのは1942年のことであった。大山梓「日本における外国人居留地」（『アジア研究』7－3、1961）、神木哲夫「神戸外国人居留地と永代借地権問題」（『国民経済雑誌』171－2、1995）。

(18)　中濱『上海外国居留地行政概論』pp.48-57、佐々波「戦前期、上海租界地区に於ける不動産取引と都市発展」。また、加藤雄三「租界社会と取引」（加藤雄三他編『東アジア内海世界の交流史』京都: 人文書院、2008）にも租界の不動産取引の手続きが明快にまとめられている。

(19)　寺田浩明「中国近世における自然の領有」（板垣雄三他編『歴史における自然』東京: 岩波書店、1989）。

(20)　植田捷雄『支那に於ける外国行政地域の慣行調査報告書』東京：東亜研究所（資料丙第276号C）、1942：p.59。

(21)　加藤「租界社会と取引」：pp.273-274。

(22)　外交部档案、内政部公函「禁止人民以地産向外人押款或出売由」（中央研究院近代史研究所蔵11-32-99-10-158、1929年10月）。

(23)　牟振宇「近代上海法租界地籍辦公室及法国的淵源」（『史林』2002－5、2002）。

(24)　橘僕「租界内の土地所有権」[『京津日日新聞』1923年2月9日夕刊（『橘僕　翻刻と研究』東京：慶応大学出版会、2005）：p.198]。

(25)　当時、地券を登記する証書登記方式と、所有権などの権利を登記する権原登記 registration of title 方式とで事業方針に論争があったが、結局いずれも定着しなかったという [幾代通「英法における不動産取引法と登記制度（1）」（『法学協会雑誌』68－7、1951）：pp.71-78]。英国にて各国の登記政策の参考事例が収集された例としては Reginald Morris, *A Summary of the Law of Land and Mortgage Registration in the British Empire and Foreign Countries,* London: William Clowes and Sons Ltd.,

100 二、第一分科会　制度と公共圏

1895: pp.98-114参照。

(26)　以下の行論は、南京国民政府期の土地登記文書を分析する作業を出発点としているため、素材は南京という都市に限定される（作業の中間報告については、片山剛編『近代東アジア土地調査事業研究』大阪：大阪大学出版会、2017参照）。したがって上海・天津等、その他の都市については今後の史料渉猟に俟たねばならない。

(27)　外交部档案、行政院公函所引、石瑛南京市長呈（中央研究院近代史研究所蔵11-32-99-10-100、1934年7月）。

(28)　北洋政府外交档案、江蘇行政公署呈「南京通商口岸界址准令外人界内居住勿得越居界外以符約章並抄案列表呈送由」（中央研究院近代史研究所蔵03-16-008-01-005、1914年2月）。

(29)　同、江蘇省行政公署咨「咨明英徳両国商人違約在江寧県城内購置地由」所引、外交部咨（03-16-008-01-003、1913年11月）。

(30)　同、内政部公函「不動産禁押外人一案拠約照会公使団由」（03-16-059-01-001、1914年5月）。

(31)　陳顧遠/増渕俊一（訳）『中国土地法』京都: 大雅堂、1944［1942初出］、16〜17頁。

(32)　本文書の提供を受けた加藤雄三氏に、記して謝意を表したい。なお、満鉄上海事務所の中支不動産慣行調査でも、英南京総領事と市政府との本交渉に言及しているが、その内容については一切触れられない［満鉄上海事務所調査室「南京ニ於ケル不動産慣行調査報告其ノ五　外国人ノ不動産権益」上海：満鉄上海事務所調査室、1942（東京大学東洋文化研究所、我妻栄旧蔵資料）：p.2。

(33)　外交部档案、南京市政府公函（中央研究院近代史研究所蔵11-07-02-17-09-022、1935年1月）

［本研究は科学研究費補助金（課題番号：16H03643）による成果の一部である。］

「五五憲草」解釈から見る五権憲法
――雷震と薩孟武の所論をめぐって

森 川 裕 貫
(京都大学)

は じ め に

　真に独創的であるかどうかは議論の余地があるにせよ、孫文が自らを独創的
な思想を練り上げ提示できる人物だと位置づけていたのは確実である。その彼
の代表的成果が、三民主義であり、それに次ぐ成果として五権憲法を挙げるこ
とができるだろう。

　孫文が五権憲法について明確に説き始めたのは1906年であり、以後1925年に
死去するまで、彼は関連する言論を断続的に発表している。その内容は必ずし
も首尾一貫していないが[1]、孫文が1924年1月から8月にかけて行った連続
公開講演『三民主義』の「民権主義」第6講に、比較的詳細な説明が示されて
いる。

　それによると、孫文は国家の政治大権を「権」と「能」に区分する。「権」
は「政権」とも呼ばれ、選挙権、罷免権、創制権(人民が法律を制定する権)、
複決権(人民が立法部により制定された法律につき可否を決定する権)の「四権」か
ら構成される。「能」は「治権」とも呼ばれ、行政権、立法権、司法権、考試
権、監察権の「五権」から構成される。このような区分の施された五権憲法の
下では、高い知見を有する人材が「治権」を行使して政治を行う一方、一般の
人々は「政権」の主体としてその政治を監督する役割を担うとされた。「権」
「能」の区別に基づく政治は、民国において「権能分治」「権能分別」と称され
ることもあった。なお「民権主義」では明示されていないが、「国民政府建国
大綱」(1924年1月18日)によると、「政権」は、中央のレベルでは人民の直接選

挙により組織される国民代表が構成する国民大会が、県のレベルでは人民が直接行使するとされた。したがって、中央レベルでは、「四権」は人民が直接行使できるわけではないという理解が生じ、このことは後述するような批判を招くことになる。

　五権憲法は孫文生前も一定の注目を集めたが、重要視されるようになったのは、むしろその死後である。中国国民党が執政の任を担うようになったことにともない、国民党の絶対的領袖としての孫文の権威も高められ、五権憲法も含めたその主張は「遺教」として尊重・参照されるものとなったためである。

　五権憲法具体化のための努力は、1931年の満洲事変の勃発により本格化する。未曾有の国難を乗り切るために、憲政を実施し国民の力を結集する体制の構築が求められたためである。国民党は孫科を委員長とする憲法起草委員会を1933年1月に設置し、憲法制定に向けた動きを本格化させていった。

　憲法起草委員会は当初、国民大会に強力な権限を与え、「政権」を十分に行使させることで、民意を尊重し「治権」の暴走を抑制しようとしていたが、1936年5月に発表された「中華民国憲法草案」いわゆる「五五憲草」では、この理念は形骸化されたといわねばなるまい。顕著な表象が、総統にあまりにも強い権力を与えたことである。総統は元首として遇され、行政院長・副院長の任免、陸海軍の統率などが認められており、立法院の議決案に対する再議要求も可能であった。総統による再議については、立法院委員の出席3分の2以上の多数で否決するという方策も導入されてはおり、総統の権力に一定の制約がかけられてはいた。ただし、過渡的措置とはいえ、「五五憲草」下では立法委員の半数を総統が任命することとなっており、この方策は事実上骨抜きにされていた。立法院が総統の権力を抑制できるようにはなっていなかったと考えるべきであろう。またこれとは別に、総統には緊急命令権が与えられていた。緊急命令とは、国家に緊急の事変が生じ迅速な対応が必要な際に、総統が発令し「必要な処置」の実施を可能とするものである。緊急命令の発令には行政院の同意が必要であり、さらに3か月以内に立法院の追認を得ることが必要であったとはいえ、「必要な処置」の内容が不明確であり、総統の恣意的権力行使に

「五五憲草」解釈から見る五権憲法　103

道を開く可能性が濃厚であった。「政権」が強力に機能すれば、問題はないのかもしれない。しかし、総統が体現する「治権」をコントロールする役割を果たすはずの国民大会は、3年に1回1か月間開催されるに過ぎない。強力な権限を有する総統麾下の政府を、このような仕組みで十分に掣肘できるのか、強い危惧の念が示されていた。

こうした危惧の念から、国民参政会に集った複数の知識人により「五五憲草」の修正が目論まれ、それは「五五憲草修正草案」（1940年3月）にまとめられた。「修正草案」は、国民大会の下に常設機関として国民大会議政会を設け、この議政会に総統と行政院の権力を監督する権限を与えた。同時に、総統には議政会解散を国民大会に請求する権限を認め、総統と議政会の間に権力均衡を実現することを企図した。

だが、日本との戦争の勝利を受けて開始された1946年1月以降の制憲論議において、「五五憲草」を基礎にした憲法を制定しようと画策する動きが、国民党の一部人士の間で生じた。これに対しては異論が噴出し、制憲の場となった政治協商会議で、「五五憲草」は大幅な修正を加えられることになる。11月には「政協憲草」が成立して制憲国民大会に提出され、翌月にはその内容をほぼ踏襲するかたちで「中華民国憲法」の内容が確定した。

「政協憲草」「中華民国憲法」は、国民大会と総統の役割を大きく縮減する一方で、立法院を欧米式の議会として構成し、それに対して行政院が政治的責任を負うとしていた。つまり、議院内閣制に近い仕組みの導入をねらったものだといえ、「五五憲草」の性格を大きく変える内実をもっていたと判断できる。国共内戦の深刻化とその後の中華人民共和国の成立により、「中華民国憲法」は中国本土においては本格的に運用され定着する機会を得なかったが、台湾においては2005年に国民大会廃止が実現し、1946年時点で提示された理念がかなりの程度実現されたと評価できるようである。

以上の点の詳細は、先行研究ですでに検討が加えられている。そのなかでもとりわけ詳細な論証を展開している金子肇氏は、「五五憲草修正草案」「政協憲草」「中華民国憲法」の制定を、権力の均衡と相互抑制を核心とする西欧型の

104　二、第一分科会　制度と公共圏

三権分立構想が孫文の五権構想に挑戦するあらわれとして描きつつ、台湾における国民大会廃止を前者が後者に最終的に勝利した象徴として捉えている[2]。台湾の統治機構の変遷に関し、本稿は評価を下すことはできないが、少なくとも「五五憲草」から「中華民国憲法」にいたる過程において、金子氏の指摘するような事態を見て取ることは十分に可能である。ただし、五権憲法に基づき構成された「五五憲草」をいかに評価するのかについては、実に多くの議論が戦わされており、まだ活用されていない史料も少なくない。本稿では、そうした史料を用い、「五五憲草」そして五権憲法評価に関する議論を改めて見直すことで、先行研究が十分に注意していない部分に光を当てるよう試みたい。

一　議会制民主主義の擁護──雷震の所論

（1）「五五憲草」否定と新しい構想

　本章でまず取り上げたいのは、雷震（1897-1979）の論述である。雷震は、蔣介石統治下の台湾で、雑誌『自由中国』を主宰し、自由主義的立場から、ときに蔣介石を鋭く批判する論陣を張ったために、逮捕・投獄された人物として知られる。雷震は1917年に孫文を絶対的指導者として奉戴する中華革命党に入党、国民政府成立以降は、政府や国民党の役職を勤め上げている。1946年には蔣介石の意向の下、政治協商会議秘書長、制憲国民大会副秘書長に任じられ、「政協憲草」および「中華民国憲法」制定の現場に立ち会い、そのとりまとめに尽力している。晩年になって、「政協憲草」および「中華民国憲法」制定作業の記録をまとめており、それらはのちに『中華民国制憲史』（全三冊）として、整理・公刊されている[3]。

　雷震はこの記録のなかで、当時の彼が目指していたのが「民主政治」であり、その実現のために「人民あるいはその代表に対して責任を負う政府が必要である」との思いを議論の場で語っていたことを明らかにしている[4]。そしてその立場から、「五五憲草」そしてそれが依拠する五権憲法に雷震は批判を加えている。

雷震の批判の力点は、「五五憲草」が総統に権力を集中しすぎていることにある。上述したように、「五五憲草」は総統に様々な権限を与えていた。雷震はこれを、「総統の権力はあまりに大きく、かつての日本の天皇の権力と比較してもなお大きい。第2次世界大戦以前のドイツの大独裁者ヒトラーの権力のみが、総統の権力と匹敵しうる」と形容し、非常に危険視していた[5]。

　何より問題なのは、この大きすぎる権限を有する総統が、責任を負う仕組みが構築されていないことである。たとえば、「五五憲草」第64条は、「立法院は、法律案・予算案・戒厳案・大赦案・宣戦案・講和案・条約案およびその他の重要な国際事項を議決する権限を有する」と定めているが、雷震の考えではこれは「政権機関」の権限を、「治権機関」の「手中に置いてしまっている」ことにほかならず[6]、「政権」と「治権」のありようを混淆してしまっている。これでは、「政権」による「治権」のコントロールは有効に機能しないというのである。

　また、コントロールを果たすべき国民大会のありようにも、雷震は懸念を隠さない。孫文は「民権主義」第6講において、国民大会を「直接民権」を体現する機関として構成した。「直接民権」とは、民衆の権利や意見を直接的に政治に反映させることを指しており、「間接民権」と相対するものと考えられている。「間接民権」とは、民権の間接的表出、つまり何らかの媒介を経由して民衆の権利や意見を政治に反映させることである。媒介とは具体的には議会を指し、「間接民権」は要するに議会政治を通じ実現されることになる。

　この「間接民権」そして議会政治を、孫文が徹底して退けていることはよく知られている。孫文は「民権主義」第4講で、議会政治の担い手である代議士を「猪仔議員」と呼び、彼らが金銭の前に身を屈して利益をむさぼっているために、全国の人民から相手にされておらず、各国で議会政治が危機に瀕していること、その程度は中国では特にひどく国家の前途が危険なものとなっていると論難している。

　そこで孫文は、問題の多い議会を経由することなく民権を政治に直接生かそうと考え、そのために国民大会の設置を構想したのである。しかし雷震の見る

106 二、第一分科会　制度と公共圏

ところ、国民大会の設置は問題をはらんでいた。それは、「建国大綱」第14条が各県が国民代表を選出すると定めている以上、国民大会も「代議機関」であることを免れず、それが体現する民権は「孫文が批判する外国の代議機関が体現する間接民権と同一のもの」となってしまっているからである[7]。

　問題を抱える「五五憲草」に代えて雷震が構想したのは、「五五憲草」では等閑視されていた行政部が立法部に責任を負う仕組み、具体的には議院内閣制に近いかたちを再構築することであった。そして実際にそうした仕組みを備えたものとして、「中華民国憲法」は構成された。ただし雷震によると、そのありようは他国の議院内閣制と比較して、行政部が立法部に優位していると解釈するのが適当である。それは「中華民国憲法」が、次のような特徴を備えているからである。

　第一に、総統による行政院政務委員・各部長の任命は、立法院の同意を必要とせず、同意を必要とするのは行政院長の任命についてのみである。第二に、立法院の決議につき、総統・行政院長が賛同できないとき、出席者の3分の2以上の得票が得られなければ、立法院は原案を維持できない。つまり、3分の1より1票でも多い票数を獲得していれば、行政部はその意思を貫徹でき、出席議員の過半数の支持を得ずとも政府の安定的運営が可能となる。第三に、通常、内閣制に附随している連帯責任制を中華民国憲法は採用していない。そのため、内閣が総辞職にまでいたる可能性はほとんど存在せず、行政院は高い安定を享受できる。第四に、立法院と行政院の対立が生じた場合、行政部を率いる総統は行政院に直接は所属していないという立場から、その対立を調停するという積極的役割を果たしうる。これにより、総統の地位は超然としたものとなり、総統の威光も維持できる。雷震は、こうした仕組みを備えた政府は、「「軟弱無能」な政府とはいえない」とし[8]、行政部が立法部に責任を負うよう求めつつも、行政部が強力な政治指導を行う余地も残した。そのような措置をとったのは、「建国時期、とりわけ政局が乱れて不安定な情勢にあっては、安定した力量を生み出すことが自ずと必要である」と雷震が認識していたためである[9]。

なお、議院内閣制に接近しつつ、立法院の権限を抑制して行政部を優位させるという雷震の以上の構想は、彼独自のものではなく、先行研究がすでに明らかにしている張君勱の構想と共通点が多い[10]。張君勱は「中華民国憲法」起草に中心的な役割を果たした人物として知られるが、彼は行政部が責任を負う必要を追求しつつ、行政部の立法部に対する立場をイギリスなどと比較してはるかに強くしようと試みていたからである。

雷震によると、張君勱は「梁啓超の子分であり、〔張君勱らが結党した〕国家社会党は「研究系」の残党であり、研究系もまた康有為の「保皇党」の系統を継承しており、一貫して国民党と敵対してきた」と蔣介石にみなされたために特務機関により軟禁状態に置かれ、このことは張の夫人である王世瑛の死の遠因ともなった[11]。元々張君勱は、青年時代から「中国の憲政運動と民主政治に熱心であった」が、家族をも巻き込む迫害を受けたことで蔣介石の独裁政治に強烈な憤りを抱くようになり[12]、「五五憲草」の書き換えに駆り立てられていったのである。

（2）五権憲法・「五五憲草」批判の背景

張君勱は国民党と距離のある人物だと考えられていたし、実際にそのような道を歩んできた。そうした人物が、「五五憲草」を批判し「中華民国憲法」を起草したことは十分に理解できる。

しかし張君勱とちがい、雷震は当時国民党員であった。それも単なる一党員ではなく、制憲論議のとりまとめを任されるほどの人物であった。そうした人物が、「五五憲草」さらには五権憲法を批判する視点を獲得できた要因は複数考えられるが、とりわけ重要なのは日本での学びである。

雷震は、1919年夏より第一高等学校に附設された中国学生特別予科（文科）に学び、翌年、名古屋の第八高等学校に入学、1923年3月に同校を卒業して、京都帝国大学法学部政治学科に入学している。1926年3月に同校を卒業、引き続き大学院に進学し憲法学を専攻するが、同年のうちに中国に帰国している。

雷震が日本に留学していた頃は、大正デモクラシーが昂進し、議会政治が発

108　二、第一分科会　制度と公共圏

展していくかに見えた時期である。議会政治を支持する多くの著述が溢れたのであり、雷震もそれらを親しく手に取っていたと想像される。さらに、雷震に強い影響を及ぼしたのが、当時京都帝国大学法学部助教授として国法学を講じていた森口繁治という人物である。

　雷震は後年執筆した回想のなかで、森口の著作の1冊である『近世民主政治論』(内外出版、1920年) を参照し、その基本思想を解説している。それによると、森口は「国家のあらゆる権力は、人民自身から生じるのであり、その最高権力は国民自身が掌握する。だから、政府の官吏は人民の委託を受けている公僕なのであって、人民に対して責任を負わなければならない」と考え[13]、「全民政治」としての「民主政治、議会政治、そして政党政治に終生心酔していた」「一人の完全な民主主義者である」[14]。この立場から森口は、「軍人が権力を弄ぶこと」、「武人が政治に干渉すること」に極力反対してもいる。

　雷震は森口の姿勢を、「天皇を神聖不可侵とする政治状況下、このように率直に民主政治を鼓吹するその勇敢な精神は本当にすばらしい」と絶賛している[15]。森口は1933年の滝川事件により、京都帝国大学から立命館大学に移ることを余儀なくされたのみならず、1935年の天皇機関説事件以降、その学説を問題視されて著作を絶版するという措置を強いられた。森口のこうした境遇は、台湾にあって獄中生活をおくらざるを得なかった雷震にとり、他人事とは思えないものであっただろうから、後年の回想で森口への強い尊敬が示されるのは自然である。だが尊敬の念は、制憲論議の時点でも十分に強かったであろう。1930年の森口の中国訪問の際には、胡漢民や戴季陶の下で雷震は応対にあたり、また書簡のやりとりを行うなど親しい関係にあったからである。雷震が「五五憲草」に鋭い批判を加えていたとき、民主政治そして議会政治を毅然として支持する森口の姿勢が、脳裏に浮かんでいたのではないだろうか。

　日本での学びと並び雷震の批判的視点獲得にとって重要なのが、「五五憲草」や五権憲法に対し、国民党内にそもそも根強い不満が存在していたという事実である。

　たとえば法学の専門家で、国民政府の下、各種の法律の制定に参与した林彬

は、「五五憲草」起草の際、多くの困難を感じたと雷震に吐露していた。特に3つの要素を重視しなければならなかったためである。第一に現実政治、とりわけ蒋介石が総統を担当するという前提の考慮、第二に五権憲法と「建国大綱」の内容からの乖離の厳禁、第三に中華民国が民主国家を標榜する以上、その憲法の説き及ぶ政治制度は民主制度でなければならないということである。林彬の考えでは、この3つの要素はトリレンマの関係に立っており、3つすべてを実現するのは不可能である。そのため林彬は「進むにせよ退くにせよいずれも難しいと感じ、結果として自家撞着に陥って訳のわからないことになってしまった」とも述懐していた[16]。これでは「五五憲草」は、勢い問題を抱えたものとならざるを得ない。

　さらに辛辣な論評が、国民党を代表する法学者で、外交総長や司法院長などの要職を歴任していた王寵恵によってなされている。彼の論評は、五権憲法にまでさかのぼったものである。王寵恵が雷震に語ったところによると、五権憲法は孫文が「ほかとはことなる新たな見解」そして彼独自の「創設」を誇るために、先進的な民主国家で採用されていた「三権憲法」との区別を強く意識して提唱されたものである。しかし、孫文のいう「権能分治」は「説として完結しようがなく、理論的に話にならないばかりか、実際上も運用のしようがない」代物でしかなかった。またその要となるべき国民大会は、「直接民権」を謳いながら、実態は「代議制度」であることを免れていないという問題があった。

　こうした重大な問題があるにもかかわらず、五権憲法に基づいて「建国大綱」が作成され、さらに「建国大綱」を具体化するべく「五五憲草」が起草された。王寵恵の観察では、「五五憲草」に五権の分立を見て取るのは不可能であり、実際には「一権憲法」と呼ぶのがふさわしい。総統が「絶対的独裁」を可能とする存在であったからである。こうした総統を中心に組織される「万能政府」とは、「過去の専制政府の別名に過ぎない」のである[17]。

　王寵恵の指摘を俟つまでもなく、孫文の構想には確かに問題があった。加えて、孫文自身が一貫していなかったことが、問題をさらに複雑にした。雷震が指摘するように、孫文は民国元年の時点では、議会政治、具体的には2大政党

110　二、第一分科会　制度と公共圏

の交代を主軸とした議院内閣制に賛同しており、五権憲法や権能分治とは距離を置いていたためである[18]。

　また、1922年6月の陳炯明との戦闘により、孫文がそれまで書きためていた草稿や参考とした書籍が焼失したことも影響している可能性がある。そのなかには五権憲法の詳細を記した草稿も含まれていたようだが、それらが活字化されなかったために、五権憲法については断片のみが残存するかたちとなり、不明確な点が多く残されることとなってしまったのは確かである。

　にもかかわらず、孫文の遺教ということで、五権憲法は尊崇の対象となり実現のための努力が求められ、「五五憲草」が起草されるにいたった。孫文の威光そしてのちには蔣介石の実力を背景にしているために表立っての批判は難しいにせよ、上述のような不満や問題を含みこむ五権憲法そしてそれに基づく「五五憲草」が、私的な会話の場で批判を招くのは当然であろう。雷震の批判の背後には、林彬や王寵恵らのような不満が渦巻いていたのであり、その鋭い論難は孤立した振る舞いではなかったのである。そして雷震による説明は、「五五憲草」が大幅修正を迫られ「中華民国憲法」が制定されたこと、行政部が一定の優位を保障されるかたちで「中華民国憲法」がまとめられたこと、その作業において張君勱が大きな役割を発揮していたという先行研究の論証と整理を裏打ちしているといえるだろう。

　ただし、うまく説明できない事柄も残る。雷震の整理によると、国民党内の人士は内心では不満を抱えながらも、「五五憲草」や五権憲法そしてそれが目指す国民党の独裁的統治を渋々支持していたという側面が強調されることになる。しかし20世紀前半、特に「五五憲草」が完成を見た1930年代は、世界的に議会政治への不信が根強く、独裁と呼ぶかどうかはともかく、強力な政治指導が渇望されていた時期である。実のところ、「五五憲草」がそうした不信を克服し渇望に応えるものとして受け止められていた可能性は高かったように思われる。

　一つの有力な傍証として、日本の気鋭の法学者が執筆した「五五憲草」の註解書において、「五五憲草」の規定する総統の緊急命令発布につき、当時次の

ような説明がなされていたことが挙げられる。

彼らは「緊急命令といふものは典型的な議会制度からは破門せられた制度である」と指摘しつつ、「それにもかかはらず大戦後の執行権強化の傾向と共にそれが諸国憲法において新に設けられたり、また頻繁に利用されたりする状態にある」と緊急命令が第1次世界大戦後、世界的にその存在感を増していることに注意を促す。その上で中華民国について、「かういふ緊急命令の制度を全く設けないといふことは民国憲法にとつて妥当とは思はれない。さういふ制度を全くみとめないとすると、却つてクーデタなどの発生する危険が非常に多くなるに違ひない」との判断を下す。民国のように成熟していない民主国家では、ときに総統が強力な措置を発動できる方が政治的安定に寄与するとの考慮があったためである。以上の点から、「従つて第3次草案〔「五五憲草」〕が緊急命令をみとめたことを我々ははなはだ適当だと考へる」との結論が下されることになる[19]。緊急命令の事例に限らず、この註解書は総統による強力な権限行使が承認されている点を、時代の要請にかなうこととして読み解こうとしていた。

以下で議論するように、民国にもこうした問題関心を共有して、「五五憲草」を解釈する人士が存在していた。そうである以上、雷震の説明は、事態の一つの側面のみを強調している可能性が高い。したがって、雷震が制憲論議の記録をとりまとめた時期から時計の針を巻き戻し、「五五憲草」さらにはそれが基づく五権憲法が支持された背景を丁寧に見ていく必要があろう。この作業を実施するにあたり、本章では特に薩孟武（1897−1984）という人物に着目したい。

二　独裁を支える論理──薩孟武の所論

（1）「権能分別」の強調

薩孟武は、中山大学や台湾大学の教授を務めた法学者・政治学者であるが、国民党員として国民党系の雑誌に多くの論説を発表したことでも知られる。その人生に大きな影響を及ぼしたのが、約10年におよぶ日本留学であった。1913

112 二、第一分科会 制度と公共圏

年に成城中学で学び始めたのを皮切りに、第一高等学校予科、第三高等学校を経て、京都帝国大学法学部政治学科に入学、1923年に卒業して中国に帰国している。

以上の経歴から、雷震とほぼ同時期に京都帝国大学で学んでいたことが見て取れるが、実は薩孟武も森口繁治の強い影響を受けていたことが確実視される人物である。森口の著作『近世民主政治論』を翻訳しているからである20。だが、「五五憲草」や五権憲法をめぐる薩孟武と雷震の議論には大きなちがいが存在していた。

「五五憲草」の完成した翌年、薩孟武は世界の趨勢につき次のような観察を示している。

> 国際関係が日に日に険悪となり、階級衝突が日に日に激しくなっているので、日々無数の法律を制定する必要があり、日々無数の政策を決定する必要がある。民主政治は権力を分散して集中させず（分権制度）、行政を緩慢にして迅速な処理をさせない（立法権による行政権の支配）のだから、時勢の要求に当然適応できない。唯一の方法は、すべての権力を一つの機関に集中し、それに自由に手腕を発揮させ、自由に政策を決定させ、種々の危機のなかで大きな道を切り開き、国家の安全を維持することである。このようにして分権主義のあるいは立法権優越主義の民主政治はついに崩壊に帰し、代わって成立したのが、行政権が立法権を支配する独裁政治である[21]。

薩孟武は従来の民主政治の機能不全から、独裁がその解決策として実施されていることに読者の注意を促している。そして中国でも同様の事態が進行しており、独裁政治を具体的に実現する必要が生じているとの見解に基づき、それに適合する統治機構の構想を訴えていった。

薩孟武は統治機構検討の根本に位置する五権憲法につき、自らが正当と考える理解を明示している。まず五権憲法に、「権力分立」と「権能分別」の２つ

の解釈を可能とする側面が存在することを指摘した上で、「権力分立」が提唱されたのは中国同盟会組織のときであったのに対し、「権能分別」が提唱されたのは「民権主義」においてであったと指摘し、後者を孫文の真意として受け止めるべきだと主張した。「偉大な人物の学説は随時修正され随時進化するものである。それは随時修正されるので随時進化でき、最終的に偉大な学説へと成熟するのである」との立場を抱く薩孟武からすれば[22]、1906年よりも1924年の孫文の主張の方が、疑問の余地なく正しいものとなるからである。

「権能分別」に立つ薩孟武の解釈では、五つの治権は「分立」しているのではなく、「分業」して独裁政治を担っている。そしてこの独裁政治推進のために、五権を統制する「総中枢」の存在が必要である。それが総統であった。五院は総統の下にあってその統治を輔佐する機関にすぎず、総統を頂点とする強力な体制を志向したのである。

薩孟武のこうした議論は、国民党、特に蒋介石を総統として奉戴し、その立場を民国の統治機構において強めるという意義を果たすと同時に、「五五憲草」を支える論拠を提供するものでもあった[23]。ただし、ただ単純に蒋介石を支持するためだけに薩孟武はこうした主張をしたわけではなかろう。彼の立論の背景には、強い危機意識が存在していた。つまり、中国内外の情勢が不安定であり、議会政治では対応しきれない様々な政治課題が山積している状況下、それらの迅速な処理のために総統中心の独裁が必要だと考えていたのである。

（2）独裁と民主の接合

しかしながら中華民国が民主国家を標榜する以上、独裁の側面のみの強調はもはや容認されない。独裁は民主的側面によって正統性を付与されなければならないし、独裁が行き過ぎた程度にいたらぬよう一定の制限をかける必要も当然生じるだろう。

正統性付与の点につき薩孟武が注目したのは、国民投票制である。ワイマール憲法が国民投票により大統領の直接選挙と罷免を可能とし、またイニシアティブとレファレンダムを導入して、議会を経由せずに民意を直接政治に反映する

114 二、第一分科会　制度と公共圏

道を開いた点は、薩孟武もつとに述べているところである[24]。さらにその注意は、ナチス・ドイツにもおよぶ。薩孟武によると、「ヒトラー政府は独裁権を取得したけれども、公民投票制については廃止しておらず、むしろ積極的に利用している」[25]。ナチスは「公民投票」、すなわち国民投票により民衆の支持を調達して「政府の地位を高めている」のであり[26]、そのことによって「民主と独裁の結合」を実現していると賛辞を惜しまない[27]。

　独裁のコントロールという点につき、薩孟武が注目したのが国民大会であり、国民大会を利用して過度の独裁に歯止めをかけようとした。この国民大会が、議会と同様、「間接民権」を体現する機関に過ぎないのではないかとの疑念にも薩孟武は自覚的である。この疑念が現実のものとなれば、国民大会による独裁のコントロールは国民の手から離れたものとなり、十分に機能しない恐れが生じる。

　薩孟武はこの懸念に対し、「国民大会は国民が代表を選挙して組織されるもので、その構成からいえば実際に議会と同様にやはり代議機関である」とはっきり認める地点にまずは立脚する[28]。ただしこれは懸念を放置しているのではなく、彼は代表関係を「法定代表」と「委任代表」に区分することで懸念の解消を試みている。

　薩孟武によると、「法定代表」においては、代表関係はその本人の意思によってではなく、法律の規定により生じると理解される。被代表者は代表者に訓令を与えることも代表者の権利を取り消すこともできない一方、代表者は自己の判断に基づいて自由に代表権を行使することが許されている。これに対し「委任代表」においては、代表関係は双方の授権により生じると理解される。被代表者はその本人の意思により、代表者に一定の事項の処理を委任するのであり、したがって代表者に随時訓令を与えうる。本来、人民とその代議機関の関係は「委任代表」として構成されていたのだが、近代民主国家の段階にいたり、代議機関は「法定代表」として位置づけられるようになった。しかし薩孟武の見るところ、この移行は「代議」の2字のありようと明らかに矛盾するものであり、そのため近年になって世界的に「委任代表」への回帰が生じつつある[29]。

そこで、中国もまた「委任代表」に則り代議機関、つまり国民大会を構成し直すべきであるというのが薩孟武の考えであった。

国民大会の「委任代表」的性格を担保するのは、人民の国民大会代表罷免権である。人民による委任に適切に応えられていないと判断されれば、国民大会代表はその地位を失うのである。しかし、人民に許されているのは罷免権のみであって、人民が創制権と複決権を直接行使することは容認されない。薩孟武によると、スイスでは人民の創制権と複決権行使を認めるが罷免権行使は認められない。ソ連ではその逆で、罷免権行使を認める一方、創制権と複決権行使は認められない。スイスとソ連の事例から明らかなように、罷免権と創制権・複決権とは相剋の関係に立っているのであり、中国では罷免権のみの行使というありかたを選択すればよいと薩孟武は主張した[30]。

森口繁治は『近世民主政治論』において、ワイマール憲法における大統領直接選挙や罷免の導入、レファレンダムなどに着目し、新動向として注視していた。薩孟武はこの知見を自説に積極的に組み込んだ可能性があるだろう。ただし、森口はあくまで議会政治を擁護する姿勢を崩さなかったが、薩孟武はそれをいったんは躊躇せずに捨て去った。その背景には、ナチス・ドイツの台頭があったように思われる。議会を経由した政治を否定し、強力な政治指導により敗戦以後の苦境から、世界の覇権を争う強国の地位に短期間で上り詰めたナチス・ドイツに、薩孟武は魅惑されていたのではないか[31]。また、幅広い読書も当然に影響していたであろう。第三高等学校在学時、薩孟武は同級生であった赤松五百麿の感化で、ブハーリン、レーニン、カウツキーの著作に親しむようになっていた。早くからこれらの著作に親しんでいたために、従来の議会政治に飽き足りない意識を薩孟武はつとに抱いていたと考えられる[32]。

結びにかえて

薩孟武の如上の構想は実現するどころか潰えることとなり、「中華民国憲法」制定を迎えた。この段階において薩孟武は、それまでの持論を取り下げ、国民

116　二、第一分科会　制度と公共圏

大会が2院制の第2院に相当する機関に過ぎず、「政権」機関として特別視する必要はないとの立場を表明する。つまり、国民大会を議会と同一してその「治権」監督機能をはぎ取り、議会政治の可能性を探り始めたのである[33]。この転換の理由を薩孟武は説明していないが、その背景にはナチスの敗北が関係していたのであろうし、また新しい憲法が制定された以上、それを前提として議論を組み立て直そうとしていたのかもしれない。なお、この薩孟武の変化は、雷震も取り上げており、それは議会政治への支持の確かさを証拠立てるためであった[34]。

　雷震の叙述、そしてそれが裏打ちする先行研究の論証には確かに説得力があるということになるだろう。一見すると、薩孟武も雷震の語りに回収可能であるように思われるからである。しかし、薩孟武の独裁そしてそこから派生する「五五憲草」に対する支持が、当初から消極的であったとは到底考えられない。それらに対する支持はむしろきわめて積極的であったと考えるべきである。雷震の語りのみに注意すると、この点は覆い隠されてしまいがちであり、注意が必要である。

　見落とせないのは、薩孟武が指摘した議会政治の抱える難点は、雷震の示した構想で消尽するわけではないということである。この事実は、張君勱によって理解されていたように思われる。

　張君勱は議院内閣制に類似した仕組みを通じた強い執政の実現を求めつつ、県レベルにおいて自治を実施して「直接民権」を発現させ、中央における代議政治の弊害を是正する必要を訴えている[35]。代表に政治を任せるかたちをとる「間接民権」に、弊害が内在していることを自覚していたための措置であろう。雷震が主導する『自由中国』も、台湾における地方自治を熱心に唱えることになるが[36]、それを支えた動機にも張君勱と共通するものがあったのかもしれない。

　こうした主張は、実のところ孫文自身の問題意識を引き継いだものともいえる。著名な政治学者であった蕭公権は「中華民国憲法」制定直後に執筆した文章で、「直接民権」つまり「政権」に相当する四権は、広大な中国においては

県レベルでのみ実現可能であり、中央政府のコントロールについては、国民大会の代表すなわち「間接民権」を通じて実行するとの構想を孫文が抱いていたのではないかと指摘している[37]。地方自治を重視する張君勱や雷震らの発想は、彼らの意図にかかわらず孫文と共鳴していたようである。

　孫文の五権憲法論は、圧倒的な権威を帯びており、それを無視した憲法論議は民国において困難であった。だが、それは断片的で矛盾を含んだものであるが故に、実際の解釈では多様な見解を生み出すことにもなった。「五五憲草」はその一つの有力な解釈の所産であり、その独裁の側面をより明確に議論したのが薩孟武であった。これに対し、「五五憲草」を拒絶し「中華民国憲法」制定を推進した雷震や張君勱にしても、「間接民権」への弊害への対処という点では孫文の問題意識を継承していた。

　従来、ともすれば雷震らと孫文の間の断絶ばかりが強調されてきたが、両者の間には連続している側面もあったことには注意が必要である。また、提示した回答こそ異なっているとはいえ、薩孟武も「間接民権」の弊害を強く意識して独裁を支持したのだった。この主張は、結局は彼自身によって清算されたことが示すように非常なもろさをはらんでいるが、しかし張君勱のように地方自治に依拠して「間接民権」の不十分な点を補うという方策が、それを十分に代替できるのか、必ずしも明らかではない。また、中央政治における「間接民権」と地方自治における「直接民権」を接合するといっても、具体的にそれをどのように実行するのかについては複雑な思考を要するはずである。

　ここで問われている事柄は、我々にとって縁遠い過去の問題ではない。議会政治や代表制のあり方について、様々な議論が現在も戦わされているからである。こうした議論に唯一の正解はなく、その都度の文脈に応じて考えをめぐらしていくことが今後も求められるだろうが、その際、本稿で取り上げた人々の案出した構想は、参照に値する具体例として振り返ってみる価値を有するだろう。

118　二、第一分科会　制度と公共圏

注

（1）　この点は、次の研究に詳しい。孫宏雲（村上衛訳）「孫文「五権憲法」思想の変遷」『孫文研究』第37号、2005年1月。

（2）　金子肇「知識人と政治体制の民主的変革」村田雄二郎編『リベラリズムの中国』有志舎、2011年。

（3）　雷震（薛化元主編）『中華民国制憲史——制憲的歴史軌跡（1912−1945）』自由思想学術基金会、2010年。同『中華民国制憲史——政治協商会議憲法草案』自由思想学術基金会、2010年。同『中華民国制憲史——制憲国民大会』自由思想学術基金会、2011年。

（4）　雷震『中華民国制憲史——制憲国民大会』147頁。

（5）　雷震『中華民国制憲史——政治協商会議憲法草案』263頁。

（6）　同、162頁。

（7）　同、163〜164頁。

（8）　雷震『中華民国制憲史——制憲国民大会』270頁。

（9）　同、272頁。

（10）　金子肇「知識人と政治体制の民主的変革」295〜305頁。

（11）　雷震『中華民国制憲史——制憲国民大会』220頁。

（12）　同、207頁。

（13）　雷震『我的学生時代（一）』（傅正主編『雷震全集』第9巻）桂冠図書、1989年、166頁。

（14）　同、166〜167頁。

（15）　同、167頁。

（16）　雷震『中華民国制憲史——政治協商会議憲法草案』177頁。

（17）　雷震『中華民国制憲史——制憲国民大会』261頁。

（18）　雷震が証拠としてあげるのは、孫文の以下の著述である。「政党之要義在為国家造幸福為人民謀楽利」（1913年3月1日）。「党争乃代流血之争」（1913年3月13日）。

（19）　宮澤俊義・田中二郎『中華民国憲法確定草案』中央大学、1936年、185〜186頁。

（20）　薩孟武訳『近世民主政治論』商務印書館、1921年。

（21）　薩孟武「権力分立与権能分別」『時事月報』第17巻第1期、1937年7月、5頁。

（22）　同、6頁。

（23）　ただし、「五五憲草」に不満がなかったわけではない。薩孟武は「五五憲草」が従来の三権分立理解になお引きずられ、五権相互の権力均衡・抑制に一定の配慮を示していると苦言を呈していた。薩孟武「五五憲草論」『三民主義半月刊』

第 9 巻第 2 号、1946年 5 月、17頁。

(24)　薩孟武「由三権憲法到五権憲法」『新生命』第 3 巻第 8 号、1930年 8 月 1 日、7
　　　～ 8 頁。

(25)　薩孟武「憲法草案的精神――民主与独裁的結合」『時事月報』第15巻第 1 期、
　　　1936年 7 月、 6 頁。

(26)　同、 7 頁。

(27)　同、 1 頁。

(28)　薩孟武『憲法新論』中国方正出版社、2006年（初版は1943年）、29頁。

(29)　同、30頁。

(30)　同上。

(31)　薩孟武の唱える独裁と民主の結合は、ナチスの実施している制度と「ほとんど
　　　同様」であるとの指摘もなされていた。金鳴盛「憲法草案与総統独裁」『東方雑
　　　誌』第33巻第15号、1936年 8 月 1 日、39頁。

(32)　薩孟武『学生時代』広西師範大学出版社、2005年（初版は1967年）、134～135頁。

(33)　薩孟武「立法院与議会政治」『社会科学論叢』第 1 巻、1948年。この文章は、
　　　1947年12月に行った講演記録である。なお、国民大会議政会の存在を否定すると
　　　いう側面からではあるが、1945年 5 月の時点で薩孟武は治権機関たる立法院が、
　　　政権機関として政府を監督する役割を果たしうると言明しており、「五五憲草」
　　　に対する擁護は揺らぎを見せていた。この点については、金子肇「知識人と政治
　　　体制の民主的変革」294頁参照。

(34)　雷震『中華民国制憲史――政治協商会議憲法草案』169、195～197頁。雷震が
　　　言及するのは、薩孟武『中華民国憲法概要』（聯合図書、1960年）である。

(35)　張君勱「間接方式之直接民権――国大問題」『再生週刊』1946年 4 月 1 日。

(36)　雷震『雷震回憶録之新党運動黒皮書』遠流出版、2003年、199～200頁。

(37)　蕭公権「憲法与憲草」『憲政与民主』聯経出版、1982年。

附記　本稿は、平成28年度三島海雲記念財団学術研究奨励金（個人研究奨励金）の成
　　　果の一部である。

三、第二分科会

孫文思想を継ぐ者

蔣介石『革命哲学』における
孫文と王陽明の思想の関係性

戚　学　民
(清華大学)
(都留俊太郎・訳)

　孫文が近代中国に与えた巨大な思想的影響について、学界では多くの研究が蓄積されてきた[1]。本稿では、国民党の指導者蔣介石による孫文思想に対する理解と運用について検討を行う。蔣が国民党の指導者になれた背景には孫文の後押しがあり、蔣の孫文に対する敬意と尊敬は生涯変わることはなかった。本稿では蔣介石が孫文を尊重した具体例として『革命哲学』を検討する。

　1932年5月から6月にかけて蔣介石は3度目の中枢への復帰を果たし、国民党のリーダーとなってまもなく、一連の講演と報告を行った。その際の原稿に、翌年2月の講演録を加えて、1933年に『革命哲学』が刊行されることになる[2]。これらの文章において蔣介石が提起した力行哲学とよばれる考え方は、1930年代から1940年代にかけて南京国民政府における公認の哲学となった。『革命哲学』はその力行哲学を最も明確に体現した作品であった。力行哲学は学界において早くから注目されており、既にいくらかの研究蓄積があるが[3]、なお検討の余地も少なくない[4]。

　力行哲学に関する研究では、孫文の「知難行易」学説と王陽明の「致良知」・「知行合一」との関係性が核心として指摘されてきた。既存の研究成果においては、この課題を解き明かすべく、蔣介石が孫文の「知難行易」学説と王陽明の「致良知」・「知行合一」の一貫性を繰り返し強調したことに関心が集中してきたが、実際にはその経緯はより複雑である。つまり、時期によって、蔣及び『革命哲学』における両思想の関係性に関する記述は、ズレをはらむものであり、従来の研究ではこの変化が見逃されてきたのである。

　『革命哲学』において、孫文・王陽明両思想の関係はどのように論じられた

かという問題は、蔣の孫文に対する敬意を典型的に映し出すものであり、掘り下げて分析するに値する。しかし、その前に、蔣による関連記述の変化を明らかにしておく必要があろう。そこで、拙稿ではまず、『革命哲学』における孫文・王陽明思想に関する記述の変化を跡づけることにする。その過程は、『革命哲学』の成立、変容、後景化、という3段階の命運を照らし出すことになる。

　すなわち、第1段階として1932年から1938年にかけて時局に対応して抗日戦略の要点を提出せんとしたものであり、蔣は孫文の「治国方略」にあった壮大な計画の具体的な項目を奉じるとともに手本とした。それは、孫文が提起した救国方策を手本とすると同時に、孫文そのものを奉じるという2つの強固なアプローチであった。かくて孫文の「知難行易」と王陽明の「致良知」・「知行合一」との関係の問題が提起されることになるわけだが、この時点では、蔣は両者が一貫するという立場をとっていた。

　第2段階は1939年から1949年で、『革命哲学』の新版が出版され、両思想の関係に関する記述が修正されることになる。第3段階は、蔣介石が台湾に移ってのちのことで、両思想が一貫するという立場に回帰し、新たな橋渡しの解釈が試みられる。ただし、『革命哲学』はそのなかで後景化していくことになるのである。

一

　1932年5月から6月にかけ、深刻な国難の渦中にあった蔣介石は軍官学校で一連の講演を行い、その抗日救国戦略を提示した。のちにこれらの講演は、『革命哲学』としてまとめられ、出版された。ここに、新たな公認の哲学たる力行哲学が表舞台に現れることになるわけである。蔣は『革命哲学』において、王陽明の「致良知」・「知行合一」と孫文の「知難行易」の関係の問題をとりあげた。『革命哲学』は蔣の力行哲学を代表する著作であり、この問題を最も明晰かつ端的に述べている。『革命哲学』の内容全体を見渡してみると、両思想の関係性という問題は同書の中核に位置するものである。

124 三、第二分科会　孫文思想を継ぐ者

　これまでの研究はこの問題について、その哲理の面を敷衍・考察するものが大半で[5]、おおむね力行哲学に対する評価は低かった。いわば、素人による「哲学への横好き」と考えられてきたのである。だが、孫文と王陽明の思想の関係は『革命哲学』の中でも比較的哲学的色彩が濃い論点であり、それをもとに『革命哲学』を考察することで、これまでとは異なった見方へと到達することができる。孫文と王陽明という両思想の関係の問題の生成過程からみてみると、蔣は当初、必ずしも哲学や思想そのものに関する考えを打ち出そうと思っていたわけではなかった。『革命哲学』は手すさびに編まれたものではないし、哲学・思想への耽溺でもない。それは、厳しい時局における現実的要請の上に著されたものであった。

　具体的にいえば、蔣は国民党のリーダーとして、日本の侵略に抵抗するための戦略を提示する必要があった。そこで、蔣が孫文の『建国方略』にのっとってまっさきに提起したのが、『心理建設』を模倣した抗日戦略であった。蔣は国民党のリーダーとして、おのれの救国戦略に国民党の理論的特色を帯びさせねばならず、しかも孫文を継承するという形式を通じて党を主導することの合法性を主張し、党内の団結を固める必要があった。救国戦略の提起と国民党統治の合法性の主張という2つの目的を並行して達成せんと目論むと同時に、この2つの目標を孫文思想の尊重によって基礎づけようとしたのである。かくて、本来は問われる必要のなかった孫文と王陽明の思想の関係という問題が浮かび上がることになった。

　孫文・王陽明思想の関係が論点となったのは、おおまかに言えば、厳しい時局へ対応する必要があったからだが、なぜ両思想の関係が具体的に記述されていくことになったか、確認しておく必要がある。当時の蔣介石は国民党のリーダーとして、国破党辱の苦境に向き合い、国と党の双方を救い出すための包括的戦略を打ち出さねばならなかった。その上でかれは、国民党のリーダーとして、おのれの主張が国民党的特色を有したものであることを明示する必要があった。この点について彼は孫文の『建国方略』にならうことになる。より細かく見るならば、その狙いは1932年初頭に蔣介石が国内外の形勢を鑑みて提起した

全体的な救国方策の一部分であった。いわゆる「国破党辱」の状況とは、主に
1931年の「9・18事変」による東北失陥という国難の深刻化を指し、蔣介石は
これにより下野した。その後、かれは1932年に復帰するが、すぐに「1・28事
変」[第1次上海事変]に直面し、2月から5月にかけて、この厄介な問題に
取り組むことになったのであった。

　同じ頃、蔣は1931年春に胡漢民を軟禁し、国民党の分裂を招いていた。国民
党内部における胡漢民派、孫科派などは蔣介石に対して強い不満を持っており、
東北の国難は国民党内部におけるまさに分裂内乱の局面において生じたのであっ
た。孫文の長男である孫科は蔣介石の政敵であり、1・28事変の際には蔣介石
を最も強く批判した[6]。他方で、西南政務委員会も手強い相手だった。胡漢
民のような党内きっての理論家を有し、同様に強固な反対派を形成していたた
め、蔣の側も相応の理論を構築して向き合わねばならなかったのである。胡漢
民以外にも、新桂系や山西の閻錫山などの実力派勢力もあり、彼らは彼らで、
それぞれさまざまな議論を展開し、蔣介石の不抵抗姿勢を批判していた[7]。
そして、国民党の外では、中国共産党が勢力を増しつつあった。

　内外の苦境の中にあって、国民党におけるリーダーシップの合法性は極めて
重要な問題であった。団結して外敵を打ち破ることは、国民の幅広い要求となっ
た。日本の侵略が迫りくるなか、対日戦略を打ち出して、国民党の団結を保っ
ていくことは、新たなリーダーが早急に取り組むべき課題にほかならなかった
のである。

　しかし当時、確固たる統率力を持つ人物はおらず、議論はまとまらない状態
にあった。蔣は1932年3月20日の日記に、「午前午後いずれも励志社にて、委
員諸氏と対日戦略について検討した。何れも胸中不安ばかり、名案などなく、
みな目を合わせるだけで誰もハッキリしたことを言わぬ。くだらぬ書生論議は
依然として庚子年の拳匪[義和団の乱]の域をでない。5時間以上も会議して
も、成果はなかった」と記している[8]。党内外の反対派も、しばしば抗日を
名目にして蔣政権への挑戦を試みた。つまりは、国家のリーダーとして侵略に
抵抗する戦略を示さなければ、国民の期待に応えることはできなかったのであ

126 三、第二分科会　孫文思想を継ぐ者

る。

　蔣介石は1932年の初頭から、日本の侵略に抵抗する方策について思考しつづけることになる。彼は日本の侵略の意図を繰り返し把握しようと試みた。例えば、1932年2月19日から22日にかけて『日本侵略中国計画（中国を侵略せんとする日本の計画)』を読み終え[9]、2月25日から27日の午前にかけては、日本人の手になる「田中上奏文」に目を通している[10]。かくて、蔣介石もまた応急の策として、まず精神面の問題を考えるに至ったのであった。「公［蔣介石］は慨然として曰く、日本の侵略に抵抗するのは当然の責任であり、改めて言うまでもない。しかし、抵抗には少なくとも一年の計画を立てる必要があり、また全国の精神を一つにせねばならない。これが目下の最重要課題である。迅速に実行せねばならぬ」とある[11]。3月23日、「午後、公は病に臥せ、静かに抗日持久戦の計画を構想した」[12]。『革命哲学』は蔣介石の思考の早い段階での成果であった。

　蔣介石の抗日戦略がカバーする範囲は広く、先行研究で既に指摘されているように、そこには物質的側面、経済的側面、軍事的側面、戦略的側面が含まれていた。しかし、このうちの政治・経済・軍事面の施策の多くは、後に加えられたものであり、1932年に3たび政権を得た蔣介石が1・28事変への対処と並行して考え出した第一の成果は、抗日のための精神的戦略であった。『革命哲学』こそは、まさにその熟慮の産物に他ならない。

　蔣介石は国民党のリーダー、そして国民政府の実質的な指導者として、国民党にふさわしい救国策を打ち出すことで政権の合法性を担保するとともに、党内における自身の合法性をも確立する必要があった。この2つの要求を重ね合わせた時、孫文の尊重が選択されるのは、必然のなりゆきだった[13]。

　しかし孫文を表面的に尊重するのとは別に、具体的な政策も立てねばならない。蔣は早くも1932年3月29日の時点で、すでに王陽明の「知行合一」と孫文の「知難行易」を同時に取り上げて論じている。「午前、励志社に至り力行社の成立式を挙行、訓話では以下のように論じた。王陽明の知行合一と、総理［孫文］の知難行易、努力して行い、努めて行うことで公は達成される、つま

り中庸にいう『愚かでも必ず明らかに、柔らかでも必ず強くなりうる［虽愚必明、虽柔必強］』で、必ず目的に達することができる」[14]。これは『革命哲学』が収録した講演の思想的核心の先触れとみなすべきもので、注目に値する。蔣が言及した「知難行易」こそは、まさしく孫文が『建国方略』の「心理建設」で提示した主要な観点であり、蔣の思考が孫文の「心理建設」をモデルとしていたことを明白に示している。このようなやり方には多くの合理性があった。まず、『建国方略』は孫文の遺嘱で列記された政治構想に関する著作の筆頭に来るものであり[15]、かつ「心理建設」（「孫文学説」とも呼ばれる）はその『建国方略』の冒頭に配されているのである。1932年初頭に最高指導者の地位に復帰した蔣が、抗日戦略を構想したとき、「心理建設」の手順にしたがって心理から説き起こすのは、自然な流れだった。

　以上から、蔣介石が1932年5月に繰返し論じた抗日戦略とは、孫文の「心理建設」に依拠したものだったことが容易に見てとれる。日本の侵略への抵抗について、蔣は精神をもって反侵略の中心とし、『革命哲学』では抗日の精神戦略の方策を提起したわけだが、そこには、孫文の影響が直接に看てとれる。すなわち、その基本的な方途は、『建国方略』のなかの心理建設に由来するものである。そして、そのさらなる遠因として、私たちは中国の伝統である「学術」へのこだわり、すなわち学術をもって社会・政治問題を解決せんとする基本的な思考回路を指摘することもできよう。『建国方略』は「心理建設」をもって建国の基礎の一つとしたわけだが、それは中国の伝統である「学術経世」精神の延長線上にあるものだった。「心理建設」は『建国方略』の第1章とされた。蔣介石による救国のための処方箋もまた孫文の「知難行易」哲学であった[16]。

　数ヶ月の検討と思考をへて、蔣介石は1935年5月から陸軍大学で、自身の抗日策を論じはじめた。この方策は、道徳で勝つというものだった。かれによれば、日本は本来中国のものであるはずの「致良知」の思想を盗み取り、それを使って中国を圧迫しているのであった。他方で〔蔣介石によれば〕、中国を救うための処方箋は革命哲学、すなわち孫文の「知難行易」の哲学である。したがって救国の道の根幹は民族性を復興することにあり、中国の新民族哲学は

「知難行易」となる。また、〔蔣によれば〕革命の学は『大学』であり、革命の道は『大学』の道である。そして、国民党の三民主義とは、〔『大学』に言う〕明徳親民の道理にほかならず、中国固有の東方民族精神であり、すなわち「忠孝仁愛信義和平」という中国固有の美徳なのだった。

　つまるところ、これは中国固有の道徳を復興させ、忠孝仁愛信義和平と「知難行易」の哲学を基礎とし、中国の「致良知」道徳の一部を盗んだ日本に打ち勝つための一つの方策であった。孫文と王陽明の思想の関係は救国策の焦点であり、建国と抗日の結節点でもあったがゆえに、『革命哲学』においては実質的に中核的位置を占めたのであった。ただし、〔このことを論じるためには〕蔣は王陽明の「知行合一」・「致良知」と孫文の「知難行易」との関係を、掘り下げて検討せざるをえなくなる。だが、蔣の議論には一つ弱点があった。すなわち、孫文の「心理建設」には、王陽明の知行合一学説を明確に批判する箇所があったのである。その結果、蔣の議論と孫文の文章には明らかな矛盾があり、孫文の「知難行易」と王陽明の「知行合一」・「致良知」をいかに縫合するかは、なお課題として残されることとなった。

　1933年、蔣介石の6篇の講演はまとめられて『革命哲学』として刊行された。蔣が孫文を崇敬したのは『革命哲学』がはじめてではなかったが、理論的側面から系統だって孫文の思想を論じ、それを継承せんとしたのは、これがはじめてだった。この努力は蔣の生涯にわたって継続されることになる。

二

　蔣介石が孫文の「知難行易」と王陽明の「知行合一」・「致良知」の思想を結びつけようとしたことは、先行研究で既に指摘されているところであるが、蔣が終始両者の溝を埋めようとしていたという理解は、『革命哲学』から考察される様相とは一致しない。『革命哲学』には複数の異なる内容の版が存在し、その理論的立場にはズレが見られる。特に孫文の「知難行易」と王陽明の「知行合一」・「致良知」の間に差異を認めるか否かに関しては、異なる整理がなさ

蔣介石『革命哲学』における孫文と王陽明の思想の関係性　129

れている。

　『革命哲学』の出版後、1934年に蔣介石は孫文の『心理建設』を再読し、孫
文思想に対する自らの理解に誤りがあったことに気づく。孫文の王陽明に対す
る態度、日本の勃興が王陽明思想に起因するか否か、という２つの論点につい
て、孫文の元来の考えと合致しない点が浮かび上がってきた。日記には、「本
日『心理建設』を復習し、かつて『力行叢書』にて記した内容に、総理の意見
と異なるところがあまりに多いことに気づく。総理が王陽明の知行合一を受け
入れなかっただけではなく、それに反対していたことが最も重大である。次に、
倭寇［日本］の強さと王陽明思想は無関係で、これは総理が国民を励まそうと
してやむを得ず大げさに表現したものである。書き改めねばならない」とあ
る(17)。

　抗日戦争期のある版本では、蔣は陽明学の「知行合一」に対する孫文の批判
を受け入れている。そこでは調和論は放棄され、孫文の「知難行易」が唯一無
二の哲学的基礎であることが徹底的に擁護される。このことは、蔣介石日記に
おいても看取される。1939年４月22日の日記には、「［民国］24年に論じた哲学
研究の経緯と革命哲学の講演原稿を修正する。王陽明の学説と総理の学説のバ
ランスをとるようにする。思い返して、後悔する。……午前、訓練班に対して
訓話・点呼を行う。正午、参事会議。午後、講演原稿を修正、イギリス大使と
談話。夜、自述哲学篇を修正する」とある(18)。

　かかる修正をへて、『革命哲学』の内容はどうなったのだろうか。〔先述のよ
うに〕『革命哲学』には複数の版が存在し、収録された論考の内容が異なる上
に部分的に改訂が行われている。現在知られる最も初期の版は、1933年（民国
22）出版の『革命哲学』と題された活字本で、今日では林慶彰編『民国時期哲
学思想双書』第一編第110冊に収録されている。筆者の知る限りでは、２つ目
の版は1939（民国28）年８月８日に戦時出版社から出版され、五五書店が取次
販売した蔣委員長著『革命与哲学』である。第三は、1939（民国28）年10月10
日に出版された、第９戦区司令長官司令部の復刻になる『総裁訓詞』の版で、
これには『革命哲学』全体が収められているうえに、第一類「哲学之部」とし

130 三、第二分科会　孫文思想を継ぐ者

て分類されている。また他にも蔣の教育・党政・軍事訓練に関する一連の演説
が収録されている。4つ目の版は台湾時代の改訂版で、台北の国史館が出版し
た『事略稿本』に収録されている。

　すなわち、『革命哲学』は、初版のほかに抗日戦争期に少なくとも2つの重
要な版が刊行されたというわけである。そしてこれらの版はいずれも初版と異
なるものであった。とはいえ、戦時出版社による1939年8月の版と初版との差
はそれほど大きくはなく[19]、修正もまた多くは中国共産党に関連する箇所で
あり、ここではさしあたり取り上げない[20]。

　本稿が主に検討するのは、もう一方の版、すなわち1939（民国28）年10月10
日の版である。この版では革命哲学の体系に対して改訂が行われ、文章につい
ても微妙な修正が加えられている。とりわけ重要ないくつかの加筆は、まさし
く孫文の「知難行易」学説と王陽明思想の関係に関する部分でなされている。

　1939（民国28）年10月の版（以下では3版と略す）である『総裁訓詞』は政府公
認の版で、抗日戦争時に第9戦区司令部により復刻・出版された。扉ページに
は薛岳自らの手によって「総裁訓詞」と題されており、本文の前にはさらに薛
岳の「研究心得」と蔣介石の「総裁書翰」が付されている。後者には以下のよ
うな訓示がある。「自修と治人を目指す者、何れにとっても必読の書である。
深く検討してその感想が報告されることを期待する。前線にて現地で複写し、
それぞれの長官の研究の参考となれば幸いである」。1939（民国28）年7月1日
に記されたこの書翰によれば、この版が蔣介石自らの認可のもとで出版された
ことは明らかである（また、薛岳の「研究心得」の字句を先に言及した2版の前文と
比べると、語気や表現において顕著な違いがみられる）。『総裁訓詞』版は『革命哲
学』初版の大部分（6篇のうち5篇）、戦時出版社の版に既にあった「政治の哲
学」と「行の哲学」を収録していたが、体裁には変更が加えられており、改訂
が行われたといってよい。

　本稿では第9戦区司令部翻刻版の『総裁訓詞』を中心に検討するが、まずこ
れが政府公認の版であったことは確認しておく必要がある。また、より重要な
のは、この版と『革命哲学』と題された1933年の初版を比べると多くの変更が

加えられており[21]、双方に収録された論考についても微妙な加筆修正がなされていることである。中でもいくつかの重要な修正は、王陽明に関わる箇所において行われている。

「革命哲学を研究した経緯の段階を自ら述ぶ」は1932（民国21）年5月16日に行われた講演だが、3版と初版を比べると、多くの箇所で異同が見られる。3版の論考の冒頭には、1939（民国28）年5月に校正されたとある。比較的大きな修正は何れも孫文と王陽明の思想に関する論述に集中している。紙幅の関係で全てを示すことはできないので、ここではそのうちの2箇所を指摘するにとどめたい。

1. 初版2頁の第1段落

　日本は立国以来、国を挙げて私たち中国の何を学んだか？　中国の儒学である。そして、儒学の中でも最も役に立ったのは、王陽明の「知行合一」・「致良知」の哲学である。彼らはこの「致良知」哲学の断片を盗むことで、衰弱してしおれきった日本を改造し、支離滅裂の封建国家を統一し、覇を唱えることができる今日の民族を作り上げることに成功したのであった。私たち中国人自身は自らの立国の精神を忘れ、自らに内在した最良の武器を放り捨て、日本人に盗み取られてしまった。そして逆に我々はそのせいで圧迫され、滅亡させられようとしている。なんと恥ずべき、痛ましきことか[22]。

それに対して3版の同様の箇所には以下のようにある（24頁）。

　日本は立国以来、国を挙げて私たち中国の何を学んだか？　中国の儒学である。そして、彼ら自身の説明によれば、最も役に立ったのは、王陽明の「知行合一」・「致良知」の哲学である。彼らはこの儒道の断片を盗むことで、衰弱してしおれきった日本を改造し、支離滅裂の封建国家を統一し、覇を唱えることができる今日の民族を作り上げることに成功したのであった。しかしこの王陽明の「知行合一」学説に、我らが総理［孫文］は反対

132 三、第二分科会 孫文思想を継ぐ者

していた。「真理と相反し、世の中の道徳と人々の心に対して資する所が
ない」と考えられたのであった。しかし、日本人はこれを盗みとり、彼ら
の立国の唯一無二の武器とした。そして逆に我々はそのせいで圧迫され、
滅亡させられようとしている。我らが中国にはそもそも独自の哲学精神が
備わっていたが、さらに総理が現実に即して発明した、その上を行く「行
易知難」の革命哲学がある。なのに、私たちはそれを真面目に行わず、む
しろ中国哲学の断片を拾った日本が逆に我ら中国をあなどっている。なん
と恥ずべき、痛ましきことか[23]。

2．初版12頁の第2段落に対して、3版の36～37頁の対応箇所は、以下のよう
　な加筆を行っている。

初版は以下の通りであった：
　　本日論じる「致良知」の3文字は、私たちが現在革命主義を実行する上で、
　　最も核心に位置する「心法」であり、総理の「知難行易」の学説と相反し
　　ないのみならず、両学説は相互に照らし合い、補い合うものである[24]。

3版では、以下のように加筆・修正されている：
　　ここで私は一つ重要なことをあらかじめ論じなくてはならない。それは、
　　総理は「知行合一」の哲学に反対しておられたが、ここで最も重要なのは、
　　王陽明の時代と現在とでは、時代の状況が全く異なるという点である。明
　　代当時の環境に照らし合わせてみれば、王陽明がこの哲学を発明したこと
　　は、中国哲学思想上においてまさしく重要な位置にあることは疑いない。
　　私が今日論じる「致良知」の道理について、もし私たちが以前の読書人の
　　ように机上の議論で満足することなく、この哲学をうまく応用できるなら、
　　そしてさらに、良知の知とは内在の生により知ることのできる知であって、
　　総理が「知難」として指摘した外求の困により知ることの知ではないこと
　　を理解できるなら、この「致良知」の3文字は、我らが総理の「知難行易」

蔣介石『革命哲学』における孫文と王陽明の思想の関係性　133

の革命の心法とぶつかることはない(25)。

　この講演について言えば、初版に対して3版で加えられた改訂は、何れも王
陽明の「知行合一」と孫文の「知難行易」の関係をめぐる箇所である。初版で
は蔣介石は明らかに王陽明思想と孫文の考えが矛盾せず、相補うものであり、
しかも前者を理解することは後者を解き明かすことにつながるとされていた。
しかし、3版では蔣の態度に変化が見られ、王陽明の地位は下げられている。
王陽明の議論は貴重で中国伝統思想の真髄の一つであるとされたものの、孫文
と比べると物足りず、孫文の思想はさらに一歩進み、優れているとされる(26)。

　「革命哲学の重要性」は『革命哲学』に収録された2つ目の講演録だが、3
版では明らかにいくつか修正が加えられている。ここでは1箇所のみ検討して
おく。

1．初版：

　　これまでの中国の哲学では、「知易行難」と言われ、「知ることは容易だが、
　　行うことは難しい」という考えが幾千年ものあいだ中国人の心理と行動を
　　支配してきたが、これが民族衰退の重要な原因となったのであった。王陽
　　明に至り「知行合一」が唱えられ、知ることは行うこと、行うことは知る
　　こと、という考えにより人心をたてなおし、時代的危機を解決しようと試
　　みられた。しかし、それも後に満清によって抑圧され、ついには日本によ
　　り掠め取られることになり、中国に益するところはなかった。我らが総理
　　にいたって、更に「知難行易」の真理が提示され、以前の哲学を完全にひっ
　　くり返し、新中国の民族哲学を打ちたてたのであった(27)。

3版：

　　これまでの中国の哲学では、「知易行難」と言われ、「知ることは容易だが、
　　行うことは難しい」という考えが幾千年ものあいだ中国人の心理と行動を

支配してきたが、これが民族衰退の重要な原因となったのであった。王陽明に至り「知行合一」が唱えられ、知ることは行うこと、行うことは知ること、という考えにより人心をたてなおし、時代的危機を解決しようと試みられた。しかし彼はまだ真の核心をつかむには至っておらず、「行易」の道理をきちんと発揮させることができず、したがって中国に益するところはなかった。我らが総理にいたって、更に「知難行易」の真理が提示され、以前の哲学を完全にひっくり返し、新中国の民族哲学を打ちたてたのであった[28]。

「中華民族衰退の原因と日本の立国精神の所在を考察す」についての修正は1939（民国28）年5月になされ、3版にはそれが収録されている。修正は四箇所だが、多くは文章表現に関するものであって、内容に変更はない。主な修正はやはり王陽明思想に関するものだった。ここでは紙幅の関係で1箇所だけ提示する。

1．初版：

それゆえ、彼ら［日本人］は義侠をよくし忠君愛国を重んじ、今日では世界に覇を唱え、私たちの中国を侵略し、私たちを圧迫するようになれた。それに対して私たち中国人は、このように素晴らしい宝物を自ら持ち、このようなよい武器を持っていたのに、それをうち捨て、逆に日本にそれを学ばせ、私たち中国を侵略するようにさせてしまった。まさに、日本人はわが中国の民族精神を使って、逆にわれらの民族精神を消滅させようとしているのであって、最も悲しむべき惨事である[29]。

同じ箇所について3版では以下のようにある：

それゆえ、彼らは義侠をよくし忠君愛国を重んじ、今日では世界に覇を唱え、私たちの中国を侵略するようになれた。それに対して私たち中国人は自ら奮起できず、私たち固有の民族精神を発揚できず、知難行易の学説を

広められず、致良知の道理を実行できず、逆に日本にそれを学ばせ、私たち中国を侵略するようにさせてしまった。まさに、日本人はわが中国の民族精神を使って、逆にわれらの民族精神を消滅させようとしているのであって、最も悲しむべき惨事である。しかし、逆にもし私たちが中国固有の精神と完全な哲学全体、すなわち私たちの総理の三民主義と知難行易の学説を発揚することができれば、私たちの民族は無限の発展をとげることになるだろう[30]。

　この講演の3版では、四箇所で改訂がなされているが、「革命哲学を研究した経緯の段階を自ら述ぶ」と同様に、それは王陽明の思想と孫文の関係に関するものである。孫文による王陽明に対する批判が強調されており、また両者の思想を接合させる初版の記述は削除されている[31]。

　「日本帝国主義に抵抗するには、まず日本の武士道精神に抵抗せねばならない」についてみると、3版では多くの改訂がなされている。ここでは1箇所だけ取り上げておく。

1．初版68頁には以下のようなくだりがある：
　　しかし、中国の陳腐な理学は改革しがたく、王陽明の哲学もなお決定的に広まることはなかった。逆に日本人に発見されて、王陽明の「致良知」・「知行合一」思想の一部が拾われるやすぐに実行され、今日では侵略民族の成功例となった。日本民族の今日があるのは、まさに王陽明哲学の一部から教訓を得たことによるのである。彼らは中国の儒教から一部を切り取り、侵略民族たることに成功したともいえる。私たちの中国はどうだろうか。もし王陽明の「知行合一」の哲学と私たちの総理の「知難行易」の哲学によって立国の精神を成立させたら、侵略民族になるのだろうか？　中国人がもし数千年にわたり受け継がれてきた固有の民族道徳、王陽明の「知行合一」という動の精神、さらに総理の「知難行易」という行の哲学

136 三、第二分科会 孫文思想を継ぐ者

に基づき、一つの新たな民族精神に融合させれば、中国は侵略民族になることなく世界における平和の主導者に必ずなる、と私は確信している[32]。

3版では、王陽明に対する評価が修正されている：

しかし、中国の陳腐な理学は改革しがたく、王陽明の哲学もなお決定的に広まることはなかった。逆に日本人に発見されて、王陽明の「致良知」と「知行合一」の一部が拾われるやすぐに実行され、今日では侵略民族の成功例となった。これは彼ら日本人の自ら認めるところである。しかし私たちの総理は、王陽明の知行合一学説がなお「行」を困難なものとしてとらえており、「行うことは難しい」という観念を徹底的には取り除けていないことから、陽明学説に反対し、それが現代に裨益するところ少なしとした。総理はしかも日本の維新の成功は陽明学説と無関係とみなし、知難行易学説を提出することで、それが王陽明の「知行合一」学説に代わって立国の精神になるとした。中国人がもし数千年にわたり受け継がれてきた固有の民族道徳、さらに総理の「知難行易」という哲学に基づき、一つの新たな民族精神に融合させれば、中国は侵略民族になることなく世界における平和の主導者に必ずなる、と私は確信している[33]。

総じて言えば、『革命哲学』の改訂版は、王陽明に対する孫文の批判的態度を認め、強調している。この変化と抗日戦争期の情勢及び蔣介石の具体的な政治戦略は呼応するものであった。日中戦争が膠着状態に入ると、国民政府は日本の総力戦に対応するために、精神総動員を目指した。リーダーの絶対的地位の強化は、現実の政治的計算に基づいたものであり、相応して関連する宣伝の論調も調整する必要があった。孫文の位置づけは、かかる形勢のもとで一層高められ、1940年には国父として奉じられた。これは実際には蔣介石本人の指導者としての地位を高めるための施策であった。『革命哲学』の改訂はこうした政局の産物だったのである。第9戦区司令部版と1933年版を比べると、多くの修正が加えられていることがわかるが、内容の面では、基本的に何れの修正も

同一の論点、すなわち王陽明の思想と孫文の「知難行易」学説との関係に関する部分であることを確認できる。1933年版では蔣介石は王陽明を高く評価していたわけだが、これは彼が当時目指していた「理論革新」に必要な手段だったようである。即ち孫文思想を理解し解明するための唯一の手段として王陽明を位置づけ、それによりイデオロギーと革命理論上における自らの地位を高めようとしたと考えられる。しかし、第9戦区版では、蔣は王陽明に対する孫文の批判的姿勢を強調し、王陽明が依然として「行うことの困難（行亦難）」という発想の桎梏から抜け切れていないことを指摘した。したがって王陽明の思想は大変重要であっても、孫文と比べて格下げされたのであった。興味深いのは、その際も蔣が王陽明の地位を完全におとしめるのではなく、依然として「致良知」の概念を強調し続けたことである。しかし、第9線区版では「知行合一」に関する箇所は何れも削除・修正されたことを明確に確認できる。

　実際には、抗日戦争期の『総裁訓詞』に収められた『革命哲学』と1933年版を比較すると、前者においては孫文への尊重がより一層押し出され、王陽明に対するそれが薄められている。蔣介石による孫文と王陽明の思想の関係の記述における変化は、時局の変化に対応するための政策的営為だったのである。

三

　『革命哲学』は1933年に出版され、蔣介石の「力行哲学」の相貌をあきらかにした。しかし、1939年の版において、蔣介石の「革命哲学」には新たなバージョンが登場した。陽明学と孫文の「知難行易」学説との関係の基本的な部分について、なお多くの研究の余地が残されている。しかし、『革命哲学』の命運は政治状況の変化とともに終止符を打たれたわけではなかった。

　抗日戦争の終結後、特に蔣介石と国民政府が台湾に移転して以降は、『革命哲学』が再版されることはなく、また重視されることもなかったようである。報告者はかつて台北の「国史館」にて蔣介石档案を調査した際、「革命哲学」をキーワードに検索してみたが、めぼしいものはヒットせず、蔣経国档案の中

138　三、第二分科会　孫文思想を継ぐ者

に『革命教育的基礎』（『革命哲学入門』とも題されている）という題名の史料が見つかるだけであった[34]。「革命哲学」なるものは、次第に蔣介石から見放されていったかに見えるが、その内容は孫文と王陽明の思想の関係に触れており、蔣は両者が一致するという立場へと回帰していた。

　紙幅の関係で本稿では検討することはできないが、蔣介石は『革命哲学』の出版を規制しようとしたようである。それもまた一つの現実に対応する方法だったのかもしれない。本稿は蔣介石における孫文と王陽明思想の関係という論点について、初歩的な検討を行ったものにすぎない。より本格的な検討については、今後の課題としたい。

　　注
（ 1 ）　陳蘊茜『崇拝与記憶――孫中山符号的建構与伝播』南京大学出版社、2009年。
　　　張軍民『対接与衝突――三民主義在孫中山身後的流変』天津古籍出版社、2005年。
（ 2 ）　『革命哲学』の初版は以下の六篇を収録している：（ 1 ）革命哲学を研究した経緯の段階を自ら述ぶ（1932（民国21）年 5 月16日講演）、（ 2 ）革命哲学の重要性（1932（民国21）年 5 月23日講演）、（ 3 ）いかに中華民族を復興させるか（1933（民国22）年 2 月18日講演）、（ 4 ）中華民族衰退の原因と日本の立国精神の所在を考察す（1932（民国21）年 5 月 9 日講演）、（ 5 ）日本帝国主義に抵抗するにはまず日本の武士道精神に抵抗せねばならない（1932（民国21）年 6 月 6 日講演）、（ 6 ）信徒と叛逆の分別（1932（民国21）年 5 月 2 日講演）。
（ 3 ）　黄道炫「力行哲学的思想脈絡」『近代史研究』第127巻第 1 号、2002年、179～199頁。関志剛「陽明心学与蔣介石力行哲学」『深圳大学学報』（人文社会科学版）、第17巻第 5 号、2000年、74～80頁。
（ 4 ）　力行哲学の各篇の発表時間は異なり、また内容にも異同がある。先行研究では力行哲学のコンテクストについて検討しており、「力行哲学」の「行」をキーとなる概念とみなして分析がなされている。しかし『行的道理（行的哲学）』という中心的文献は1939年 3 月15日に発表されたもので、『革命哲学』に当初から収録されていたわけではない。つまり、1933年に世に問われた「力行哲学」の代表作において示された力行哲学の輪郭は、著者が示唆するような完全なものではなくて、徐々に成熟する過程がそこにあったと見るべきである。
（ 5 ）　前掲黄道炫論文と関志剛論文を参照。黄論文の分析は示唆に富むが、「力行哲学」については、概括的な検討にとどまり、また孫文と王陽明の思想の関係とい

う論点については、1節が割かれるにとどまる。関論文の記述はさらに簡略なものとなっている。孫文と王陽明の思想の関係という論点について、いまだ本格的な検討はなされていない。

（6）『蔣中正総統档案事略稿本』第13巻、国史館、2004年、150、183〜185、220、274〜275頁。

（7）『蔣中正総統档案事略稿本』第13巻、国史館、2004年、344〜345、350頁。

（8）『蔣中正総統档案事略稿本』第13巻、国史館、2004年、255頁。

（9）『蔣中正総統档案事略稿本』第13巻、国史館、2004年、242、259、275頁。

（10）『蔣中正総統档案事略稿本』第13巻、国史館、2004年、289、295、299頁。〔「日本人の手になる「田中上奏文」」は原文のままである──訳者注〕。

（11）『蔣中正総統档案事略稿本』第13巻、国史館、2004年、255頁。

（12）『蔣中正総統档案事略稿本』第13巻、国史館、2004年、284頁。

（13）かかる態度は表面的な装いでは決してなく、実際に蔣は孫文を尊敬していた。『革命哲学』に収録された「信徒と叛逆の分別」において、蔣は自らが孫文を尊敬していることを強調している。この著作全体の基調は孫文の尊重で一貫している。

（14）『蔣中正総統档案事略稿本』第13巻、国史館、2004年、311〜312頁。

（15）「総理遺嘱」には、「およそ我が同志は、必ず余の著せる『建国方略』、『建国大綱』、『三民主義』、および「第1次全国代表大会宣言」に依拠して努力を継続し、もって貫徹を求むべし」とある。

（16）「自述研究革命哲学経過的階段」『総統蔣公言論総集』第10巻、536頁。また、「知行合一」のほか、蔣介石は陽明学を「致良知」と「知行合一」に帰納し、しかも日本の武士道の重要な由来としているが、ここに「知難行易」学説の影響を見出すことができる。日本の立国精神を陽明学を軸とした武士道として概括する態度は大雑把にも見えるが、『建国方略』からの影響を見て取ることもできる。『心理建設』において孫文は、明治維新が陽明学の影響を受けたと一部で考えられていることを批判している。孫文の「知難行易」学説は王陽明の「知行合一」を直接的に批判しているので、蔣介石は王陽明を高く評価しているにもかかわらず王陽明の学説の解釈について変更する必要があった。もちろん蔣介石本人の明治日本の生活経験が彼の所論の支えとなったという考えも、全くの誤りというわけではない。日本の陽明学は、中国の陽明学とは相当に違いがあり、実際には明治の国家主義精神を体現するものであった。この点については近年の研究により論証されている。

（17）『蔣中正日記』、1934年9月20日の条。本文で引用した蔣介石日記の記事は、中

140 三、第二分科会　孫文思想を継ぐ者

国社会科学院近代史研究所研究員の羅敏氏の御教示による。謹んで御礼申し上げる。

(18)　『蔣中正日記』、1939年4月22日の条。

(19)　戦時出版社版の『革命哲学』と初版を比べると、「いかに中華民族を復興させるか」（1932年2月18日作成）のうちの2箇所において比較的大きな修正がなされていることがわかる（第9戦区司令部版の『革命哲学』にはこの論考は収録されていない）。戦時出版社の削除・修正は何れも中国共産党に関わるもので、蔣介石による中国共産党に対するネガティブな評価は全て削除されたが、他の部分については全く修正されていない。この版に存在する中国共産党色を鑑みると、このような改変は当時頻繁に行われていたようだが、しかしまた深い意味があるようにも思われる。

(20)　6番目の論考以外の5篇の論考は何れも収録されており（以下、第2版と表記する）、ただ順序が異なる――第4篇と第5篇の位置が入れ替わっている。また、新たに2篇の比較的新しい講演録が加えられている。それぞれ「政治的哲学」（1939（民国28）年3月28日講演）と「行的哲学」（この版と『総裁訓示』には講演時期が記載されていないが、秦孝儀編『先総統蔣公思想言論総集』にこの論考が収録された際の記録から1939（民国28）年3月15日の中央訓練団党政訓練班における講演から採られたことがわかる）である。「戦時出版社」・「五五書店」と中国共産党との間に緊密な連絡があったことは興味深い（この版では出版地が明記されていない）。

(21)　主な違いは、「信徒と叛逆」論考が1933年版にのみ収録されており戦時出版社版と第九戦区司令部による復刻版にはいずれも収録されていないこと、第9戦区司令部の復刻版では『革命哲学』に収録されていなかった「10年来の革命の経過の回顧」が加えられている一方で、『革命哲学』初版と戦時出版社版の両者が収録していた「いかに中華民族を復興させるか」が削除されていること、がある。また、第9戦区司令部版『総裁訓示』に収録された「政治の道理」は、戦時出版社版の『革命哲学』における「政治の哲学」に相当し、『総裁訓示』の「行の道理」は戦時出版社版の「行の哲学」に相当するが、両者は『革命哲学』1933年版には収録されていない。

(22)　『革命哲学』、林慶彰主編『民国時期哲学思想叢書』第1編、第110冊、2頁。

(23)　蔣介石「自述研究革命哲学経過的階段」『総裁訓詞』第9戦区司令部による復刻、1939年、24頁。

(24)　『革命哲学』、林慶彰主編『民国時期哲学思想叢書』第1編、第110冊、12頁。

(25)　蔣介石「自述研究革命哲学経過的階段」『総裁訓詞』、1939年、36～37頁。

(26) この論考は秦孝儀編『先総統蔣公思想言論総集』に収録されたが、その際に利用されたのは 3 版ではなく初版で、 3 版における改訂が全く反映されなかったことは興味深い。

(27) 『革命哲学』、林慶彰主編『民国時期哲学思想叢書』第 1 編、第110冊、20頁。

(28) 蔣介石「自述研究革命哲学経過的階段」『総裁訓詞』、1939年、 4〜5 頁。

(29) 『革命哲学』、林慶彰主編『民国時期哲学思想叢書』第 1 編、第110冊、54頁。

(30) 蔣介石「中華民族衰退の原因と日本の立国精神の所在を考察す」『総裁訓詞』、117〜118頁。

(31) この論考は、秦孝儀編『先総統蔣公思想言論総集』と、大陸の蔡尚思編『中国現代史資料簡編』の第 3 巻にそれぞれ収録された。何れも初版を採用しており、 2 版と 3 版における改訂は反映されていない。

(32) 『革命哲学』、林慶彰主編『民国時期哲学思想叢書』第 1 編、第110冊、68頁。

(33) 蔣介石「日本帝国主義に抵抗するにはまず日本の武士道精神に抵抗せねばならない」『総裁訓詞』、133頁。

(34) 『革命教育的基礎』(一名『革命哲学入門』)、国史館所蔵、蔣経国総統文物典蔵番号 005-010504-000026-001。

「主憂臣辱、主辱臣死」
──蔣介石が描いた孫文（1917－1925）

羅　　敏
（中国社会科学院）
（訳：岩本真利絵）

　蔣介石は1906年に陳其美の紹介により日本人の宮崎滔天の家で孫中山に面会
し、それ以後1925年3月12日に孫中山が病死するまで、二人の交際期間は蔣介
石の20歳から39歳までの「生活史」の中の最も鍵となる「壮年時代」にあたる。
孫中山との20年にも及ぶ交際は蔣介石の全人生の形成にきわめて重要だった。
1934年2月1日、蔣介石は日記に、「今日のわたしは幼年期の家庭教育で父母
に鍛えられ、青年時代の日本の軍事教育で磨かれ、壮年時代の総理の革命教育
で陶冶されてできた」と書いている[1]。

　蔣介石が弱冠の年に孫中山に従って革命に参加してから、不惑の年にようや
く重任を託されるまで、その期間は20年の長さに及ぶ。蔣介石は孫中山との交
際期間を追憶しながら下記のように記した。

　　わたしは21歳で入党したのだが、26歳の時に辛亥革命があり、27歳になっ
　　て総理はやっとわたしを単独で引見した。以後、総理は絶え間なくわたし
　　を教導し、わたしにいくつかの重要な任務を担当させたが、わたしは総理
　　に対していかなる職位も要求したことがなく、総理もわたしを公の高い職
　　位につけることはなく、わたしは40歳になってやっと中央委員に推薦され
　　た。入党から党の中央委員になるまで、おおよそ20年の長きに及んだが、
　　これはどんな道理だろうか。まさしくわたしを理解し、わたしを鍛え、わ
　　たしを育成しようとする総理の慈しみのお気持ちだったのだ[2]。

　蔣介石が孫中山の後継者の立場で当時を追憶した時、そこには革命における
自身の正統性を打ち立てる意味が含まれ、孫中山が自分の意志を育成し磨き上
げたことが肯定的に強調される。実は、蔣介石と孫中山の関係は、後日に記述

しているように始終信頼し合っていたということはなく、対立と衝突を経ていた。逝去前までずっと孫中山は蔣介石に対する信頼を留保しており、信頼は基本的に軍事分野に限られていた。1924年1月に国民党第1次全国代表大会が開催された時、蔣介石は出席していたが、孫中山の勧告により中央委員に当選しなかった。孫中山の逝去後、蔣介石は2度の東征の赫赫たる戦績のため、名声が高まり、国民党第2次全国代表大会では、満票を獲得し中央執行委員に当選した。ここから蔣介石の国民党内での地位の獲得は孫中山の死後であって生前ではないことがわかる[3]。

　長きにわたって政治的な原因により、大陸と台湾の学界における孫中山と蔣介石の関係についての研究はそれぞれ極端に走り、「反逆者」と「継承者」という2つの対立する歴史描写がなされてきた。注目すべきは、アメリカの学者陸培勇（Pichon P. Y. Loh）がすでに1970年代に心理分析の手法を用いて、蔣介石の早年の経歴から蔣介石の個性の特徴と政治選択との関係を提示したことである[4]。ここ数年、学術環境の変化と海外の貴重档案資料の発見・利用によって、学界における蔣介石の早年の政治生活および彼と孫中山の関係の研究は極端な二項対立の叙述から脱した[5]。本稿は先行研究を参照したうえで、蔣介石が書き残した孫中山との交際に関する記述を比較対照することを通じて、蔣介石の個人の成長史の視点から、政治史の背景の考察を結合し、蔣介石と孫中山の関係の歴史の渦の中における起伏の激しい変化の経過を再現することを通して、蔣介石が功成り名遂げた後に形成した革命における正統性に関する自己イメージを乗り越えることを目的とする。

不 即 不 離

　1916年5月18日の陳其美暗殺は、而立の年にあった蔣介石にとって、全人生の方向性に影響する大事件だったといえる。陳其美は蔣介石の革命における先導者というだけではなく、早くに父を亡くした蔣介石にとって、むしろ父であり兄であるような人生の師だった。陳其美の暗殺後、蔣介石は悲しみに明け暮

144　三、第二分科会　孫文思想を継ぐ者

れ、「今後、この世であなたのようにわたしを理解し、わたしを愛してくれる人はいない」[6]と詠嘆した。陳其美の暗殺は彼を大いに悲しませたが、蔣介石のその後の認識の中では、彼の後日の革命事業の新たな出発点となった。1929年 8 月、蔣介石は自分の革命思想の由来を追憶した時、陳其美の暗殺の後、「英士（陳其美）の革命事業の継承を自任し、総理と同志たちにますます大切にされた」、「わたしの革命の基礎は民国二年の袁世凱討伐失敗の後にうちたてられ、民国五年の英士の没後、自立自強の時に完成した」[7]とのべた。

　実は、陳其美の死後、蔣介石は孫中山と直接の連絡を取るようになったが、7 ～ 8 年間は彼と孫中山の関係はずっと不即不離の状態にあった[8]。1917年11月に成立した援閩粤軍は孫中山が参与した護法運動の重要な成果だった。1918年 1 月、援閩粤軍司令部が成立し、陳炯明が総司令となり、鄧鏗が参謀長となり、許崇智が第 2 支隊司令となった。蔣介石は孫中山の軍事幕僚として、1918年 3 月15日に汕頭に行って援閩粤軍総司令部作戦科主任の職に就いた。蔣介石は自分が而立の年を過ぎたばかりで「上校参謀職」に就くことができたので、内心では得意満面であり、日記に「忍耐 5 年、努力 5 年、しかし30歳あまりだ、何事かできないことがあろうか、成らないことがあろうか」[9]と書いている。

　蔣介石が粤軍作戦科主任だった間、彼は職業軍人として良好な軍事的素養を示し、任職半年で参謀事務を担当する作戦科の主任から独立して一部隊を担当する第 2 支隊司令官に昇任した。陳炯明はかつて「粤軍が百敗してもあなた一人を欠くことはできない」と蔣介石の軍事指揮能力を称賛していた。永泰戦役の失敗後、陳炯明は「あなたの処置の不当や軍事作戦の失敗ではない。いろいろな原因によるもので、戦いの罪ではない」[10]と表明していたが、蔣介石は陳炯明が自分をいくらか遠ざけたように感じた。1919年 5 月 2 日、蔣介石は上海での休暇から戻って漳州に行って陳炯明と話し合った後、「彼はわたしに対して、以前のようには信頼しなくなった」ことを発見した。10日、彼はさらに日記に「漳州から今に至るまで、すでに10日間も他人行儀にされ、上からも下からも迫られ、内からも外からも攻められ、精神的にきわめて辛い」[11]と記した。

　蔣介石は上においては陳炯明の信任を獲得することができず、下においては

粤軍内部の地方本位主義のくびきに苦しみ、7月12日にコロンス島から孫中山に「辞去第二支隊司令官書（第2支隊司令官辞任書）」を提出した。蔣介石は粤軍における発展が挫折した後、「費用を捻出して、欧米を3年間遊歴し、それから進退を決めよう」[12]と考えるようになった。蔣介石の「欧米遊歴」計画は孫中山の反対に遭った。孫中山は蔣介石が国内で軍事を補佐することを必要としていたので、彼が遠くに行くことを許さなかった[13]。広東に帰って居候状態になるのは望まないうえに、外国遊歴も「中師（孫中山先生）」の反対に遭い、すでに而立の年を過ぎていた蔣介石は「世界は広いが、介石が立つ土地はない」と痛感し、茫然としてどうしたらよいのかわからない人生の危機に陥った。

　人生の方向性を見失った蔣介石は、建設と破壊の間でもがき苦しみ、彼の孫中山に対する態度も消極と積極の間を徘徊した。「中師」が自分を見捨てず「懇々と何度も教えてくれる」のを見て、彼は心の中で「慙愧に堪えない」、「恐らくはご所望にそえない」[14]と感じた。彼は孫中山が日本の友人の前で自分を「とてもほめてくれた」こと、「どれだけ愛されているか言い尽くせない」ことに対して、「中師の称賛には全くふさわしくないのが恥ずかしい」とさらに感じた[15]。蔣介石は孫中山に「ますます師事する」と同時に、孫中山が自分を福建に行かせて軍事を補佐させようとすることに対してはずっと危険な道だと見なしていた。1920年4月8日、彼は孫中山・陳炯明・許崇智・朱執信・廖仲愷ら多方面からの催促により、福建に行くことに無理矢理同意させられた。しかし彼は11日に漳州に着くと、わずか数日とどまっただけで針の筵の状態であるのを感じ、16日に挨拶もせずに立ち去ってしまった[16]。6月中旬、蔣介石は孫中山が「すでに福建に行く意思はないのに、わたしだけ行くように命じた」ことを知り、内心で不満を募らせ、「わたしは福建に行かないことにした。人のためにあくせくして、職位に恋々としたりはしない」[17]と表明した。

　蔣介石は体調不良を理由に3週間引き延ばした後、孫中山の度重なる催促により7月8日に上海を離れて福建に行った。陳炯明は当時実力の保全を旨としており、この機に乗じて孫中山に軍費と武器の援助を要求したが、実際には広東に戻る意志はなかった。蔣介石は「粤軍の戦いに望みはない」[18]のを見て、

146 三、第二分科会　孫文思想を継ぐ者

8月5日に孫中山の電報での呼び出しを受けると、上海に戻って粤軍の軍情を報告した。孫中山・陳炯明・廖仲愷・戴季陶らが何度も彼に広東に行って桂軍討伐戦に参加するよう勧め、蔣介石は「固執しすぎると情誼を傷つけるかもしれないので」、条件付きで広東に行くと答えた[19]。9月22日、孫中山は蔣介石を電報で上海に呼び出して出処進退を相談し、彼にロシア・四川・広東の3地域の中から一つを選ばせた。蔣介石は選択肢を比較して「広東に行くのは公の利益は大きいが個人の損失は小さくない。四川に行くのはわたしの望みだ。ただロシアについては同行者をよく知らないので、当面は行くことができない」[20]と考えた。蔣介石は本当は四川に行くつもりだったが、廖仲愷が彼を広東に行かせることを主張し続け、さらに朱執信の虎門での受難に奮い立たされて、10月5日に汕頭に到着し、桂軍討伐戦に参加した。蔣介石は第2軍を率いて老隆を出発し、河源・恵州を攻め落とし、順調に広州を占領した。

　この時、蔣介石は孫中山の心の中ではすでに朱執信のあとを継ぐ最も信頼の置ける軍事的人材になっていた。10月29日、孫中山は蔣介石宛の手紙の中で、「執信が突然この世を去り、まるで両腕が失われたかのようだ。我が党の中で軍事を理解し勇気の優れた人物を考えてみると、もはや数少なくなってしまった。ただあなたの勇敢さと誠実さは執信に匹敵し、軍事についてはそれ以上だ」と記した。孫中山は蔣介石の「軍事」の長所を称賛すると同時に、彼の性格面の短所である「頑なで非常に嫉妬深く、だから常に齟齬が起きて人と合いにくい」ことを指摘し、「党のために重大な責任を負う」立場に立って、個人的な見解を犠牲にして陳炯明と誠実に協力することを希望し、広東の陳炯明は「主義・政策においてはわたしと一致し」、「わたしの30年来の共和主義に従っている」ため、陳炯明が言論面で自分に違反しているかどうかは重要ではないと考えていた。

政見の分岐

　蔣介石の陳炯明に対する見方は孫中山とは明確に違っていた。孫中山の考え

るところ、陳炯明が「今回、広東に戻ったのは、本当に全身全霊をあげて党を思い国を思うため」であり、そのため蔣介石に「全力を惜しまず、競兄（陳炯明）を助ける」よう勧告した。孫中山は陳炯明が「民国元年の克強（黄興）、民国二年以後の英士」になれるように希望し、「当時、克強・英士を信じていたように彼を信じ」なくてはならないと表明し、蔣介石がこの意向を陳炯明に伝達することを望んだ[21]。蔣介石は広東の問題について、「ずっと疑念を抱いて」おり、さらには「今日の競存（陳炯明）が総理に対して、克強や英士のように振る舞うのなら、将来何の結果も出ないことが断言できる」[22]とのべた。

　陳炯明は広東省長に就任後、広東を拠点にして自治しようと望み、出兵して隣の省を討伐することは望まなかったので、既定の戦略を変更して、西江の戦略の要所である肇慶は顧みず、逆に粤軍の主力を北江に派遣した。蔣介石は陳炯明の戦略変更を非難する書置きを残し、11月6日に毅然とした態度で離任した。11月下旬、孫中山が部隊を率いて広東に戻り軍政府を組織した時、蔣介石は武嶺の家に身を寄せ、「家庭内の問題が終わっていない」、「母の病状が重い」ことを理由に、何度も上海へ戻ってくるようにという孫中山からの電報の催促を拒絶した[23]。蔣介石の消極的な隠棲と勝手は廖仲愷・戴季陶ら党内の友人たちの不満を引き起こしたが、蔣介石は動じず、12月28日に日記に「わたしの性質は本当に社会と相容れることができず、世間から離れて自己保全をはからないわけにはいかず、だから決して広東に行ってくだらない怒りを起こしたりはしない」[24]と記した。

　1921年1月7日、孫中山は再び蔣介石に「早く助けに来い」、「もう遅らせるな」と打電した[25]。以前の広東赴任問題が引き起こした諍いを緩和し、「情誼を傷つけない」ために、蔣介石は親友の張静江を出向かせて代わりに返事をさせ、広東赴任に同意する条件を提示した。「一、動員の日に出発する。二、戴季陶を同行させる。三、すみやかに周淡游・邵元沖の金を送金されたし。四、個人の私的な交際によって戦争に従事し、名誉はいらない」[26]。2月6日、蔣介石は広州に着き、粤軍の桂軍援助作戦計画の策定に参与したが、10日もしないうちに、軍事の進展が緩慢で、粤軍内部では「仲元（鄧鏗）は仇敵を避け、

148　三、第二分科会　孫文思想を継ぐ者

競公（陳炯明）は地を争っている」状態だったため、彼は「困窮して辛く」な
り、広東を離れ香港に行った⁽²⁷⁾。

　蔣介石が広東を離れたのは、一つには孫中山が軍事面で過度に陳炯明の武力
に依存していることへの不満のためだった。もう一つには彼は政治面で「言う
に忍びないが言わずにはいられないこと」、つまり孫中山が早く総統を選ぼう
としていることについて反対していたためだった。蔣介石が見るところ、孫中
山の主張の理由は、「その目的としては、外交を重視することと、北京政府に
対抗することが最大の鍵になっている」のであり、蔣介石は外国を頼る外交に
反対し、「我が党の失敗の歴史を振り返ると、外交の重視で失敗しなかったこ
とがない」、「我が党がただ内部で団結し、外交を放棄し、ソ連の自強自立を手
本とする」ことができたら、「内部は結束し、実力は充実し、自然と発展の余
地が出てくる」と指摘した⁽²⁸⁾。

　蔣介石の上述の建議は孫中山に採用されなかった。孫中山が見るところ、自
分と陳炯明の間の「意見の不一致は確かに隠せない」が、「決して公に破綻し
ているわけではない」ので、外部で伝えられている孫中山と陳炯明は不仲でま
もなく破綻するという情報はすべて反対派が流したデマであり、「実際にわた
しと陳炯明は長年にわたって艱難を共にし、その関係は離れようとしても離れ
られないものだ」った⁽²⁹⁾。総統選挙の問題については、孫中山は主張を曲げ
ず、外部に対して談話を発表し、「このたび無数の力を費やしてやっと広東に
戻ってこられた。もし総統を選ばなければ、西南に発展する望みはない。わた
しが今回広東に戻ったのは、背水の陣を敷いて広東と生死を共にするためだ」
とのべた⁽³⁰⁾。

　孫中山との政見の分岐により、蔣介石は広東赴任についてかなり消極的で、
「母の病状が危険で離れるに忍びなく、親孝行のために」⁽³¹⁾、何度も広東に行
く日程を遅らせた。蔣介石の母が 6 月14日に病死した後、蔣介石は楊庶堪・胡
漢民・汪精衛・邵元沖・孫中山らからの、喪中でも従軍して広東に行って戦い
を助けよという勧告を顧みず⁽³²⁾、「母の埋葬の前に身を国に捧げることはでき
ない」と返事をした⁽³³⁾。 9 月初めまで引き延ばして、蔣介石は「田舎が煩わ

しい」[34]ことに耐えられなくなったので、出発して広東に行き北伐について話し合うことにした。この時、粤軍はすでに桂軍援助戦で勝利し、孫中山は北伐の準備を始めていた。蔣介石は9月10日に広州に到着した後、孫中山・胡漢民・廖仲愷らと北伐の開始時期を話し合った。17日、蔣介石は南寧に着いた後、陳炯明たち広東人が「最も道義がない」、「最下流で最もどうしようもない」ことを痛感し、10月1日にまた広州を離れた[35]。

この年末、蔣介石は故郷で母の柩を埋葬し、数年間困っていた家庭内の妻妾問題を解決した後、「全身全霊で革命を行う」ため、再び孫中山を補佐しなくてはいけないと決心した。蔣介石は12月15日に出発して広東に行き、22日に広州に到着したが、旅程の中ではずっと「北伐作戦計画書」の草稿を書き、半月かけてやっと完成させた[36]。蔣介石は桂林到着後、孫中山が北伐作戦計画を策定するのを助けることに専念した。陳炯明と湖南省長趙恒錫が結託して北伐を阻止したので、蔣介石は兵を戻して陳炯明を討伐することを主張した[37]。意見が採用されなかったので、蔣介石は辞任を決意し、「すべてから抜け出して、渦の中には入らない」[38]とのべ、4月26日に辞職して広東を離れた。

その後、蔣介石は広東の情勢を気にかけ、汪精衛・胡漢民・廖仲愷・許崇智らに打電して「先に後方を固めて、それから前進をはかることを主張し、省城に盤踞し命令に逆らって混乱を引き起こしている者がいることに激しく憤っている」[39]と打電したが、結局広東に行って危機に対処することには同意しなかった。6月18日になって、陳炯明が総統府を砲撃し、孫中山が危険を脱して軍艦「楚豫」号に搭乗したという情報を得た後、蔣介石はやっと後悔し、日記の中では「わたしが早く広東に戻って遅れていなかったら、このことはこういう風にはならなかったかもしれない。わたしも有罪だ」[40]と痛感している。蔣介石は6月29日に「永豊」号に搭乗し孫中山に付き添い、一緒に1か月余りの海上での冒険を経て、8月9日にやっと孫中山に従って上陸して香港に行った。孫中山は蔣介石が危険を冒して「永豊」を進めて助けに来てくれたことに感動し、蔣介石が作成した「孫中山広州蒙難記」のために書いた序言の中で、「陳逆（陳炯明）の変では、介石は危地に赴き広東に来て、船に乗ってわたしのそばに

150　三、第二分科会　孫文思想を継ぐ者

付き添い、計略の多くは当たり、喜んでわたしや海軍の将軍・兵士と生死を共にした」[41]と称賛した。

負けるが勝ち

1922年10月18日、孫中山は福建にあった各軍を「東路討賊軍」に改編することを打電し、許崇智を討賊軍総司令兼第2軍軍長に任命し、蔣介石を本部参謀長とし、部隊の改編の仕事を助けさせることにした。蔣介石は22日に福州に着いたが、1か月もたたないうちに、東路討賊軍内部の派閥争いに嫌気がさし、辞任を考えるようになった。11月21日、孫中山は蔣介石に打電して福州を堅守するよう激励し、「わたしは自ら福建に行くことができず、あなたに討賊の任務を託したのに、あなたはどうして急にこのように退任の意向を芽生えさせたのか。そもそも天下のことは、人の思い通りにいかないことが十中八九であり、辛抱を重ねて、労力をかけることや恨みを買うことを避けずして、やっと成功を期すことができるのだ。もし10日間進歩がなければやらないとしたら、何も成功できない」とのべた。孫中山は蔣介石が福州を堅守するよう激励すると同時に、また代わりにソ連に行くことに関連付けて「誘導」し、蔣介石の西洋留学が順調に行くかどうかは「根本的には、わたしたちには少々よりどころが必要で、それでやっと行うことができる」、「よりどころを得るには、広東を回復しなければならない。今回広東を回復すれば、西南は必ず統一できる。もし西南数省をよりどころとすることができれば、大いに望みがある。今回のトルコの革命党の成功がこれだ。だからあなたの前々からの希望の成否は、完全に福州をどうするかで決まる」とのべた[42]。

蔣介石は孫中山の激励と「誘導」を顧みず、総司令許崇智の第1軍軍長黄大偉の部隊に対する改編方法に不満を感じ、11月24日に黄大偉を連れて上海に行った。翌年1月中旬、彼はさらに討賊軍内部の軋轢に耐えられず、「人心は悪しく、世道は拙い」と痛感し、憤然として離職した。この間、蔣介石の辞職には以前とは性質の変化が生じていた。以前は下級の地位だったので、彼も「現在

「主憂臣辱、主辱臣死」 151

の地位では防御によって攻撃をすることしかできず、退任によって昇進はできない」[43]とわかっており、そのため彼は辞職後に往々にして財貨や女色にふけって何もしなかった。陳炯明の裏切りという試練を経験した後、蔣介石は「護衛」に功績があったため、徐々に孫中山から重んじられるようになっていった。その後、自身の地位が依然として政治に関与しないものであっても、蔣介石は軍の指導者としての自己の政治的な理想を発展させるよう努力するようになった。1923年1月26日、蔣介石は離職していたが上海から自発的に廖仲愷・孫中山に手紙を送り、広東の今後の情勢の展開のために計略を示した。蔣介石は党義と政府は「暫定的に2つに分ける」べきで、「政府を組織するには、まず中国式の政治家を登用するのを妨げない」、「そうではなくて、今日の中国の情勢の中で以前からの主張にいつまでも固執すれば、政府が中国を統一する望みは決してない。我が党の政府が何度も失敗したのは、その最大の原因でこれに端を発しないものはない」と考えていた[44]。

　政権をとるためには党義にこだわるべきではなく、旧来の政治家を招聘することで政権を組織することができるという、蔣介石のこの政治理念は明らかに実用主義の色彩を帯びている。彼は個人的な出処進退の問題でも負けるが勝ちの極意をよく心得ていた。1923年2月、陳炯明は東路・西路討賊軍に挟撃され、広州の放棄を迫られ、恵州に逃げた。孫中山は2月21日に広東に着き、大本営を発足させ、中華民国陸海軍大元帥の職権を続いて行使した。3月17日に、孫中山は蔣介石に速やかに広東に来て職務に当たるように打電した。蔣介石は孫中山が広東赴任を急ぎ求めている状況を利用し、広東赴任に同意する条件を出した。1つ目は政治面で、まず財政を整理し、廖仲愷を広東省財政庁長にすることだった。2つ目は軍事面で、許崇智の軍を期限を定めて広州へと送り、各軍が集合するのを待ってから、共同で「作戦方案」を制定することだった[45]。蔣介石は要求が満たされた後、4月19日に広州に戻り、大本営参謀長に就任した。このようにして、蔣介石は許崇智の配下から孫中山に直属するようになったのである。

　蔣介石が孫中山の全軍の統率の補佐をする過程で、孫中山との交際は日に日

に密接になっていった[46]。しかし、中山先生のような七転び八起きの革命の
リーダーが身近で不断に激励してくれても、蒋介石は依然として内側から来る
怨恨と嫉妬に耐え切れず、粤軍総司令許崇智との関係が悪化した[47]ので、7
月12日に孫中山に暇乞いをした。翌日、彼は親友の楊庶堪に宛てた手紙の中で
広東の情勢に対する不満を漏らして、「もう一度広東を離れなければ、昔の同
志に侮辱されるし、公的には何も裨益するところがないうえに、私的にも個人
の情誼が断絶してしまいそうだ」とのべた。今後の身の振り方については、ソ
連に行くのに同意することが目下の窮状を脱する唯一の選択肢だとして、「今
あなたに約束する。もしわたしがロシアに行くことを許してくれなければ、わ
たしは消極的に自分のことだけを考え、保身をはかるしかない」とのべた[48]。

ソ連訪問前後

　蒋介石の負けるが勝ちの手法は再び功を奏し、8月5日、蒋介石は孫中山の
名のもとに孫逸仙博士代表団を組織してソ連に視察調査に出た[49]。1950年代、
蒋介石は「中国におけるソ連」を書いたとき、当時の特殊な政治情勢の影響を
受けて、1923年のソ連視察調査を自身の反ソ反共政策の起点と見做した[50]。
後日、蒋介石によって反共反ソ政策の起点に作り上げられたこのソ連訪問は、
当時とにかく広東内部の窮状を脱したかった蒋介石にとっては、人生の得難い
チャンスだったということができる。彼は1919年の「欧米遊学」の計画が孫中
山の反対により放棄を迫られてから、ロシア語を独習で学び、ロシア人作家の
トルストイの作品を読み始めた[51]。ロシア革命の成功の影響を受けて、彼は
「世界革命」に参加しようと思い始めた[52]。5年間もあこがれ続けたソ連遊学
計画がついに実現し、蒋介石は自分が去った後に孫中山の周囲に人材が不足す
ることに悲しみを感じていたが、同時にむしろ自分の「前途有望」に喜びを感
じ、「広東に行くより得るところが大きい」と考えていた[53]。

　蒋介石のソ連に対する感想は期待したほどには美しくはなかったが、後に追
憶した時のように悪くもなかった[54]。彼はソ連の赤軍の軍隊組織と武器の装

備を賛嘆してやまなかった[55]が、一方でソ連の外交官が「無礼で怠慢」であることを嫌悪し、怒って帰国しそうになった[56]。蔣介石のソ連訪問の主要目的はソ連に軍事援助を要求し、国民党が西北で軍事基地を建設し、北方から北京政府に攻撃を仕掛けるのを助けてもらうことだった。ソ連は当時のドイツの事態の展開が不透明なので、軽率に東方で孫中山の軍事計画を支持するわけにはいかなかった。11月11日、ソ連赤軍軍事委員会副主席スクランスキは蔣介石が持ってきた「軍事計画書」を面と向かって拒絶し、孫中山と国民党は政治工作に専念すべきで、そうでなければ現在の状況ではすべての軍事行動は必ず失敗すると勧告した[57]。蔣介石は西北軍事計画を拒絶され、内心では非常に失望し、「外国の力」は「最も頼みにすることができない」と実感した[58]。

　1923年後半は、広東の政局はまさに急激な変化の中にあった。蔣介石はソ連訪問の間に自分が「ずっとおそばにいて、補佐して代わりに苦労する」ことができず、「中師」を危険な状況に陥れていたことについて深い自責の念を感じていた[59]。孫中山の安否のほかに、蔣介石は広東の内部の政局の変動についても憂慮してやまなかった。帰国前夜、彼は友人からの手紙で許崇智が広東省長に働きかけ、胡漢民と廖仲愷を排除しているという情報を知り、「嫌気と消極」の気持ちが芽生え、日記の中で「人心ははかりがたく、我が中師は本当にずっと他人から被害を受けてきたが、これでは党にも国にも得るところはない」と嘆いた[60]。ソ連の中国革命支援の前途についての憂慮と広東内部の許崇智の専行に対する不満により、蔣介石のソ連帰国後の身の振り方はなかなか定まらなかった。12月15日、蔣介石は上海に戻った後も、すぐに広東に行ってソ連視察調査の結果を報告することはなく、地元に戻って墓参りをすることを口実に、広東に行くタイミングを窺っていた。

　1924年1月16日、国民党第1次全国代表大会開催の前夜、蔣介石は上海から広州に戻った。国民党第1次全国代表大会は連ソ容共政策を打ち立て、国民党の政治動向に大きな影響を与えた。ボロディンはこの時に中国共産党員瞿秋白と国民党員廖仲愷と会談したが、彼は蔣介石について、基本的には普通の軍事指導者で政治知識には限界があり、ソ連が外モンゴル独立を支持することに非

154 三、第二分科会　孫文思想を継ぐ者

常に不満をもっていたが、孫中山が「唯一の友人はソ連」と通知したので、蒋介石のソ連に対する態度は「少々軟化」し、「よくない見方はほとんどなくなった」と見做していた[61]。

　ボロディンの見解はある程度、国民党改組前後の過渡期において蒋介石が党員の間ではただの軍事指導者に過ぎず、国民党内では政治資産を持っていなかったということを反映している。そのせいかもしれないが、38歳の蒋介石は国民党第1次代表大会では中央委員に当選することなく、黄埔陸軍軍官学校準備委員会委員長に任命されただけだった。このことはプライドの高い蒋介石にとって小さくない打撃となったに違いない。20年以上たってから、蒋介石は国民党第6次代表大会開催前夜に自ら息子の蒋経国の名前を中央委員会候補者名簿から削除した時、彼はようやく孫中山が当時自分を守ろうとした苦心を悟り、日記に「わたしは経国を名簿の中に入れず、その願いをかなえることにした。彼は絶対に入ることを望まず、母を候補者にしたいのだ。これによって、第1次全国代表大会で、総理がわたしを入れなかったのはなぜだったのかわかった」と書いた[62]。

　しかし、蒋介石の当時の失望は覆いがたく、辞職という方法で内心の不満を表現した。1924年3月2日、彼は孫中山に手紙を書いて辞職の理由を説明し、孫中山の自分に対する信頼が不足していることを恨んで、「もし我が党の同志がわたしのことをよく理解して、全面的に委任して疑わなかったら、仕事に専念できてすばらしい才能を見せられます。敵の動向を神のごとく予測したり、千里先の戦争で勝利を得たりすることはできなくても、進撃も防御も臨機応変に対処することについては一日の長があり、断じて取り乱して危地に陥れるようなことはなく、現状を維持し、旧領土を回復することができ、軍を編成できることをお約束します。さらに元首を驚かせて、行方が分からないといった事件を引き起こしたりはしません」、「先生はかつての英士のように先生に仕えることをわたしに期待したのではないのですか。今、先生には英士がわたしを信じてくれたようにわたしを信じてくれることを望みます。先生は今日のわたしに対して、深く信じていらっしゃいますか。あまり信じておられないのですか。

これ以上申し上げることはいたしません」とのべた[63]。

結　語

　蔣介石と孫中山の関係はアイデンティティの危機と政見の分岐を経ており、蔣介石はしばしば辞職という方法で自分の処遇に対する不満を発露させていたが、彼の「中師」個人に対する忠誠は揺らぐことがなかった。蔣介石はもともとソ連訪問の機会を利用して、引き続いて海外を遊歴したかったが、石龍が陥落し孫中山の行方がわからなくなったという情報を知って、自分を責めて「これはすべてわたしが辛抱してずっとおそばにいることができなかった罪だ」と考えた。そこで、彼は義憤に燃えて帰国を決心し、朝晩孫中山の傍に仕え、恩返しをしようとした[64]。しかし、指摘しなければならないのは、蔣介石の孫中山に対するこの種の「忠誠」は孫中山の人格の魅力に対する敬慕に多くを負っており、孫中山の革命理論に対する信仰によるものではないということである。孫中山は護法運動の失敗後、1918年6月から1920年12月まで上海に居を定めて著述に専念し、自分の革命理論を系統的に説明した作品、『孫文学説』と『実業計画』を完成した。蔣介石は孫中山の著作を限定的にしか読んでおらず、日記の記述によれば、1919年7月27日に『孫文学説』を読み始め、29日までの2日間だけで読み終わっているが、大した印象はなかったようで、いかなる感想の言葉も残していない。

　怒りっぽく心が狭い蔣介石は、「中師」の寛容で度量が大きく公正で温厚な人格の魅力に憧憬を抱いていた。1921年初め、蔣介石は自分勝手に怒って是が非でも広東に行こうとせず、親友の戴季陶と言い争いになった。蔣介石は自分の性格について「世渡りのうえで悩みなのが極端さであり、だから生死や艱難を共にする親友はいても、ありふれた人付き合いの相手はいない」[65]と率直に認めた。戴季陶は、蔣介石は孫中山の「公正で温厚（中正和平）」な偉大な人格を学習すべきだと勧め、「中正和平の四文字が彼の生まれながらの性格で、その他の思想学識のすばらしさはその偉大な人格を涵養するための道具に過ぎず、

156　三、第二分科会　孫文思想を継ぐ者

決して偉大な人格の本質ではない。我々は日々先生と一緒にいるが、この点を見極めた者は多くなく、この点を学習できる者はさらに少ない」[66]と言った。5月23日、蔣介石は日記に「中師の度量に従い、陳其美・陳炯明と精神力を争い、胡漢民・汪精衛の言行に学べば、国家の責任を担うことができる」[67]と記した。三つ子の魂百までとはよく言ったものだ。1936年になっても、蔣介石は自分の度量が大きくなく、挙措がせせこましいことにまだ悩んでおり、日記の中で自分を戒めた。「物腰も言動も総理のようにゆったりとすることができない。がんばらなくては」[68]。

　蔣介石が若い時に孫中山に従ったのは個人的な情誼に由来し、革命理論に賛成したからではなかった。このため蔣介石の孫中山に対する忠誠は一定程度中国の伝統的な忠臣報国の色彩を帯びていた。1923年末、蔣介石はソ連訪問の期間中、共産党加入問題で孫中山の返事を待たなければならなかったので、当時の「ソ連留学していた同志」から「忠臣は多くて同志は少ない」と揶揄された。これは当時の蔣介石にとっては「読んで大変驚いた」悪口だった[69]が、後日の彼にとっては求めてやまない最高の境地になった。蔣介石は2回目の下野から再起した後、内憂外患に迫られ、配下にその困難を解決してくれる人材がいないことを嘆き、1932年6月6日の日記に「君主が憂えれば臣下は恥じる、君主が辱められれば臣下は死す（「主憂臣辱、主辱臣死」）。わたしが総理に対して抱いていた精神を持っている者は、現在では得ることができなくなった。これが我が党の失敗した理由である」[70]と記した。

　　注
（1）　『蔣介石日記』1934年2月1日（アメリカスタンフォード大学フーヴァー研究所所蔵。以下、所蔵機関は省略）。
（2）　蔣介石「我們復国的精神志節和建国的目標方略」（1963年11月12日）（秦孝儀主編『先総統蔣公思想言論集』28巻（中国国民党中央委員会党史委員会、1984年）265頁）。
（3）　何甫「三中全会前之国民党各派系」（『現代史料』第二集（海天出版社、1934年3月）3～4頁）。

「主憂臣辱、主辱臣死」　157

（ 4 ）　Pichon P.Y.Loh, *The Early Chiang Kai-shek: A Study of his personality and politics, 1887-1924,* Columbia University Press, 1971.

（ 5 ）　余敏玲「蔣介石与聯俄政策之再思」（『中央研究院近代史研究集刊』第34期、2000年12月）、黄自進「青年蔣中正的革命歴練（1906－1924）」（『中央研究院近代史研究所集刊』第65期、2009年 9 月）参照。

（ 6 ）　呂芳上主編『蔣中正先生年譜長編』第一冊（台湾国史館・中正紀念堂・中正文教基金会、2014年）64頁。

（ 7 ）　『蔣介石日記』1929年 8 月31日。

（ 8 ）　王奇生「従孤児寡母到孤家寡人──蔣介石的早年成長経歴与個性特質」（汪朝光主編『蔣介石的人際網絡』（社会科学文献出版社、2011年））18頁。

（ 9 ）　『蔣介石日記』1918年 3 月15日。

（10）　呂芳上主編『蔣中正先生年譜長編』第一冊、95頁。

（11）　『蔣介石日記』1919年 5 月 2 日、10日。

（12）　『蔣介石日記』1919年 7 月29日、 8 月12日。

（13）　呂芳上主編『蔣中正先生年譜長編』第一冊、 103頁。

（14）　『蔣介石日記』1919年10月24日。

（15）　『蔣介石日記』1920年 2 月22日。

（16）　『蔣介石日記』1920年 4 月16日。

（17）　『蔣介石日記』1920年 6 月13日。

（18）　『蔣介石日記』1920年 7 月19日。

（19）　『蔣介石日記』1920年 8 月31日。

（20）　『蔣介石日記』1920年 9 月22日。

（21）　呂芳上主編『蔣中正先生年譜長編』第一冊、123～124頁。

（22）　「覆展堂仲愷書」1921年 1 月 4 日（『蔣中正自反録』第一集（香港中和出版有限公司、2016年）161頁）。

（23）　『蔣介石日記』1920年11月21日、呂芳上主編『蔣中正先生年譜長編』第一冊、126頁。

（24）　『蔣介石日記』1920年12月28日。

（25）　陳錫祺主編『孫中山年譜長編』下冊（中華書局、1991年）1330頁。

（26）　呂芳上主編『蔣中正先生年譜長編』第一冊、131頁。

（27）　『蔣介石日記』1921年 2 月14日。

（28）　「蔣介石致孫中山函」1921年 3 月 5 日（桑兵主編『各方致孫中山函電匯』第六冊（社会科学文献出版社、2012年）22～23頁）。

（29）　陳錫祺主編『孫中山年譜長編』下冊（中華書局、1991年）1335、1338頁。

158 三、第二分科会　孫文思想を継ぐ者

(30)　陳錫祺主編『孫中山年譜長編』下冊（中華書局、1991年）1342頁。

(31)　『蔣介石日記』1921年5月1日。

(32)　呂芳上主編『蔣中正先生年譜長編』第一冊、141頁。

(33)　『蔣介石日記』1921年6月27日。

(34)　『蔣介石日記』1921年8月31日。

(35)　『蔣介石日記』1921年10月1日。

(36)　『蔣介石日記』1921年12月22日。

(37)　呂芳上主編『蔣中正先生年譜長編』第一冊、155、156頁

(38)　『蔣介石日記』1922年4月22日。

(39)　『蔣介石日記』1922年5月25日。

(40)　『蔣介石日記』1922年6月18日。

(41)　呂芳上主編『蔣中正先生年譜長編』第一冊、172頁。

(42)　呂芳上主編『蔣中正先生年譜長編』第一冊、178～179頁。

(43)　『蔣介石日記』1919年6月7日。

(44)　「蔣介石致廖仲愷・孫中山函」1923年1月26日（桑兵主編・曹天忠・敖光旭編『各方致孫中山函電匯編』第七冊、35～36頁）。

(45)　呂芳上主編『蔣中正先生年譜長編』第一冊、190頁。

(46)　『蔣介石日記』1923年4月30日、5月15日、20日、6月14日、23日。

(47)　『蔣介石日記』1923年7月5日。

(48)　『先総統蔣公思想言論総集』巻36、別録、91～92頁。

(49)　蔣介石の1923年のソ連訪問の具体的な過程は、楊奎松「孫中山的西北軍事計画及其夭折──国民党謀求蘇俄軍事援助的最初嘗試」（黄修栄主編『蘇聯・共産国際与中国革命的関係新探』（中共党史出版社、1995年）200～223頁）、楊天石「孫逸仙博士代表団団長的蘇聯之行──1923年蔣介石訪問蘇聯紀実」（『找尋真実的蔣介石──蔣介石日記解読』（山西人民出版社、2008年）85～126頁）参照。

(50)　余敏玲「蔣介石与聯俄政策之再思」（『中央研究院近代史研究集刊』第34期、2000年12月）54頁。

(51)　『蔣介石日記』1919年12月2日、3日。

(52)　『蔣介石日記』1920年3月14日。

(53)　『蔣介石日記』1923年8月7日、17日。

(54)　最新の研究成果は余敏玲「蔣介石与聯俄政策之再思」（『中央研究院近代史研究集刊』第34期、2000年12月）49～84頁参照。

(55)　『蔣介石日記』1923年9月17日、22日。

(56)　『蔣介石日記』1923年9月23日、24日。

「主憂臣辱、主辱臣死」　159

- (57)　「巴拉諾夫斯基関于孫逸仙代表団拝会斯克良斯基同志和総司令加米涅夫同志的書面報告」1923年11月13日（中共中央党史研究室第一研究部訳『聯共（布）・共産国際与中国国民革命運動（1920 - 1925)』第一冊（北京図書館出版社、1997年）310〜311頁）。
- (58)　『蔣介石日記』1923年11月11日。
- (59)　『蔣介石日記』1923年11月 5 日、 8 日、17日。
- (60)　『蔣介石日記』1923年11月27日。
- (61)　「鮑羅廷同瞿秋白的談話記録」1923年12月16日（『聯共（布）・共産国際与中国国民革命運動（1920 - 1925)』第一冊、383〜385頁）。
- (62)　『蔣介石日記』1945年 5 月16日。
- (63)　「覆上総理書」1924年 3 月 2 日（『蔣中正自反録』第一集、138頁、142頁）。
- (64)　「覆上総理書」1924年 3 月 2 日（『蔣中正自反録』第一集、137頁）。
- (65)　「蔣介石致戴季陶函」1921年 1 月20日（中国第二歴史档案館編『蔣介石年譜初稿』（档案出版社、1992年）52頁）。
- (66)　「戴季陶致蔣介石函」1921年 1 月20日（中国第二歴史档案館編『蔣介石年譜初稿』（档案出版社、1992年）54頁）。
- (67)　『蔣介石日記』1921年 5 月23日。
- (68)　『蔣介石日記』1936年 3 月 5 日。
- (69)　『蔣介石日記』1923年12月13日。
- (70)　『蔣介石日記』1932年 6 月 6 日。

現代台湾史における
蔣介石『民生主義育楽両篇補述』(1953年)

若 松 大 祐
(常葉大学)

は じ め に

　本稿は、蔣介石『民生主義育楽両篇補述』(1953年、以下では『補述』と略記する)が現代台湾史(1945年-現在)において果たした意義を考える試みである。そもそも第2次世界大戦後の台湾で出版された『三民主義』には、たいていの場合は『補述』が付いている。とりわけ学校教育(大学や高等学校)で開講されていた三民主義や国父思想という科目では、必ず『補述』に言及していた。ここから『補述』の重要性が推測できるものの、同書を対象とする研究は今までなされていない。したがって、同書がなぜ重要なのかは実のところ不明瞭のままである。

　そこで、本稿ではまず、『補述』の背景や内容を整理して概観する。そして、歴史的な背景を踏まえ、同書が当時の台湾で各種の社会建設を展開する際の根拠に位置づけられていたのだ、と巨視的に指摘しよう。さらには、この『補述』という官製の著作を、現代台湾で後に結実する民主憲政のスタートの一つとして、意義付けたい。

　なお、筆者には現代台湾史像を再検討するという課題があり、これまで官製言論への注目を通じ、断絶的ではなく、連続的な態度で現代史を理解してきた[1]。特に本稿では、現代台湾史における国家の根本法規がいかなるものだったのかという関心から、『補述』に着目している。したがって、本研究の性格は国家イデオロギーを対象とした思想史であり、政治史ではない。

現代台湾史における蔣介石『民生主義育楽両篇補述』（1953年）　161

第一節　本書の背景──国民党が自らを改造するため

　ここでは、『補述』の背景について、次の3点から考察したい。第一に同書の書誌情報を確認した上で、第二に同書が出版された時代について概観する。さらには第三に、同書に前後して蔣介石の名義で出版された書籍を並べ、同時代の状況から同書の出版の目的を考えてみよう。なお同書に関する先行研究については、管見の限り、体系的で本稿の議論に関係しそうなものが見当たらなかった[2]。ただし、特定のテーマに関して同書に言及したものは存在するので、本稿の議論を展開する際に必要に応じて言及する。

　第一に、書誌情報を示そう。ついでに英訳本二種と和訳本を併記しておく。

・蔣中正『民生主義育楽両篇補述』台北：中央文物供応社、1953年11月[3]。

・Chiang, Kai-shek（written）, Chen, Durham S. F.（rendered）, *Chapters on National Fecundity, Social Welfare, Education, and Health and Happiness Written as Supplements to Dr. Sun Yat-sen's Lectures on the Principle of People Livelihood*, Taipei: China Cultural Service（中央文物供応社）, 1953.[4]

・Chiang, Kai-shek（auth.）; Tseng, Beauson（trans.）, *Min Sheng Chu I Yü Lo Liang P'ien Pu Shu, On Nurture and Recreation: Being Texts to Continue and Complete the Late Dr. Sun Yat-Sen's Discourse on the Principle of People's Livelihood*, Taipei: Commercial Press（台湾商務印書館）, 1968.[5]

・蔣介石（著）、木下彪（訳）『民生主義の補述：育楽両篇』台北：正中書局、1968年8月[6]。

なお、1968年に刊行された英訳と和訳はともに、中山学術文化基金会（中山学術文化基金董事会）の名著編訳委員会叢書であり、それぞれこの叢書の1冊目と2冊目にあたる。

　『補述』の作成には、どうやら半年以上の時間がかかった。蔣介石が起稿した年月日は、詳らかでない。『総統　蔣公大事長編初稿』（以下、『大事長編』と略記する）[7]によると、蔣は1953年5月26日に『民生主義育楽両章補述』の初稿

162 三、第二分科会　孫文思想を継ぐ者

を読んでいる。蔣は「育篇」と「楽篇」の内、とりわけ後者に加筆修正の必要
を大いに感じ、陶希聖に加筆修正を指示したという（『大事長編』巻12、pp.114-
115）。蔣介石『中国の命運』（1943）と同様に、『補述』にも陶希聖などのゴー
ストライターが存在したようである。

　また、1953年7月20日正午には、「育楽篇補述の第三稿の加筆修正を終え」、
すなわち3か月間かかりっきりで、そもそもは20年来取り組もうと思いつつも
なかなか果たせなかった重大任務をようやく終えてほっとする。とはいえ、午
後に再び加筆修正するほど、蔣は『補述』の作成に力を注いでいた（『大事長編』
巻12、pp.151-153）。ここでいう20年来というのは、恐らく1935年9月14日から
19日までに峨媚で軍人に向けて「国父遺教概要」を講じて以来という意味だろ
う[8]。

　そして4ヶ月後の1953年11月12日（孫文の誕生日）には、中国国民党第7届
中央委員第3次全体会議が開催され、蔣はこの会議中に「自著である『三民主
義育楽両篇補述』を発表し、（…中略…）国父の民生主義をさらに優れたものに
した」（『大事長編』巻8、pp.30-31）と誇る。この会議が閉幕する翌々日の11月
14日には、蔣介石が「楽與育二篇補述」の全文を読み上げたという（『大事長編』
巻12、pp.236-237）。読むのも聞くのも、どちらも疲れたに違いない。

　第二に、同書の出版された1953年という時代について概観しよう。とりわけ
中華民国や中国国民党の台湾統治に関係する出来事を、時系列的に挙げる。

・1945年8月、日本の敗戦に際し、中華民国が台湾を接収して自らの統治に組
　み込む。

・1949年12月、中国国民党が中国大陸での国共内戦に敗北し、中華民国政府を
　率いて台湾へ逃げ込む。

・1950年1月、米国が台湾海峡を挟む国共対立に対し、不介入を声明する。

・1950年6月、朝鮮戦争が勃発する。米国は翻意して台湾海峡の中立化を宣言
　し、第7艦隊を派遣する。こうした軍事的な緊張に伴い、ほぼ台湾規模の統
　治空間が現実に出現し、それを中華民国が統べた。朝鮮戦争は1953年7月に
　休戦する。

現代台湾史における蒋介石『民生主義育楽両篇補述』（1953年）　163

・1954年12月2日、米華相互防衛条約（翌1955年3月3日発効）[9]が締結される。中華民国による台湾統治を、米国が法理的に支援することになる。

　以上から理解できるように、国際社会において台湾規模の主体が1949年末に事実として出現したのみならず、1955年には法理的根拠を伴って存在するようになっている。1953年の時点では、中華民国による台湾統治は米華両国の軍事活動に支えられて、事実上成立していたに過ぎなかった。つまり、その統治は法理的な基礎付けを欠いていたのである。1953年というのは、中華民国が自らの台湾統治に対して、米華両国の法理的な基礎付けを獲得しようと模索していた時代なのだった。ちょうど台北で『補述』の発表された1953年11月12日には、米国ニューヨークで「中美聯誼会」（米華親睦会）が開幕し、蒋介石と米国大統領アイゼンハワーが同時に記念告辞を発表して、米華の古くからの友誼の重要性を強調し合ったという（『大事長編』巻8、pp.30-31）。

　第三に、『補述』に前後して蒋介石の名義で出版された書籍を並べよう。1950年代には、以下のような出版や再版があった（〔　〕内は原著名）[10]。

・『国父遺教概要』（台湾で刊行する際に以下の三篇を合併した？）

　　「国父遺教概要」峨嵋：1935年9月14-19日。

　　「三民主義の体系およびその実行手順」〔三民主義之体系及其実行程序〕
　　　重慶：1939年5月7日。

　　「三民主義の本質：倫理、民主、科学」〔三民主義的本質：倫理、民主、
　　　科学〕台北：1952年7月7日。

・『民生主義育楽両篇補述』台北：1953年11月。

・『中国の命運』〔中国之命運〕重慶：正中書局、1943年。（以下の付録を含めて
　台北で1953年に刊行。）

　　「敵か？　友か？」〔敵乎？　友乎？〕1950年9月[11]。

・『中国経済学説』重慶：1943年3月10日。（以下の二篇を付録に含めて台湾で刊行。）

　　「国民経済建設運動の意義およびその実施」〔国民経済建設運動之意義及
　　　其実施〕南京：1935年10月14日。

　　「土地国有の要義：並びに総理の説いた「民生主義すなわち共産主義」の

164　三、第二分科会　孫文思想を継ぐ者

意味を闡明する（名付けて「民生主義と共産主義は根本的に相容れず」）」〔土
地国有的要義：並闡明総理所説「民生主義就是共産主義」的意旨（一名
「民生主義与共産主義是根本不能相容的」）〕陽明山：1952年4月21日 [12]。

・『反共抗ソ基本論』〔反共抗俄基本論〕台北：1952年10月16日。（実際の刊行は
　1953年？）

・『中国の中のソ連』〔蘇俄在中国〕台北：中央文物供応社、1956年12月。（実
　際は1957年6月に刊行。）

・董顕光『蔣総統伝』台北：中華文化出版事業委員会、1952年 [13]。

　出版年からもわかるように、蔣介石名義の書籍の刊行や再刊行は1950年代前
半に集中している。中華民国にとって1950年代前半は、対外的には前述の通り
台湾統治に法理的な基礎付けを必要としていた時代であり、対内的には特に革
命政党たる国民党の立て直しを必要としていた時代だった。対内的には、中国
大陸の喪失という大失敗を反省して大陸を奪還するために、党組織のみならず、
党員の思想を改造することになった。そこで改造の際に用いるべく、蔣介石名
義の書籍が刊行（または再刊行）されたのである。

　蔣介石の主著である『中国の命運』(1943) や『中国の中のソ連』(1957) で
は、孫文を「国父」と呼んでいた。しかし、『補述』(1953) では、「総理」と
いう語が孫文を指しており、「国父」という語は使われない。また、『補述』で
は、第3章第3節において「本党」（つまり国民党）という語が2回登場する。
いずれも国家を率いる革命政党という文脈で、「本党」が使われている。さら
に前述したように、『補述』の公表は国民党の党大会であった。つまり、『補述』
の主な読者には党員が位置づけられていた。要するに、出版当時の状況から考
えると、『補述』を出版する主な目的は国民党員の改造なのだったと言えよう。

第二節　本書の内容──国民党が民生主義の優位を説くため

　ここでは、『補述』の内容について次の3点から考察したい。第一に同書の
位置づけを確認した上で、第二に目次を示して各章各節の概要を述べる。ここ

現代台湾史における蔣介石『民生主義育楽両篇補述』（1953年）　165

までは単純にテキストの内容を整理するものである。これに対し、第三に『補述』のテキストが想定しているコンテキストを指摘する。こうして、同書がテキストとして提示する目的に言及したい。

（1）三民主義における本書の位置づけ

　第一に、『補述』の位置づけを確認しよう。蔣介石は民生主義に育と楽という2篇を補述するに至った理由について、次のように説明する。そもそも「総理」（孫文）は三民主義を説くにあたりそれぞれを6講ずつに分け、民族主義の6講と民権主義の6講を順に述べた。民生主義でも6講（原理、平均地権と節制資本、食、衣、住、行）を述べるはずだったものの、住と行を述べる前に死去してしまった。そのため、補述する必要が生じたのである。

　蔣介石によると、住と行については孫文の実業計画から理解することができる。しかし、孫文の生前の発言に基づけば、「育と楽の2つの問題と、食、衣、住、行の4つの問題とを一緒に研究しないと、総理の民生主義の全ての精神と目的の在りかを把握することはできない」のだという（『補述』pp.191-192）[14]。

　三民主義全体の中で育と楽の補述は、次の図のように位置づけることができる。

三民主義	内　　　　容	作　　　者
民族主義（6講）	（省略）	孫文
民権主義（6講）	（省略）	孫文
民生主義（6講）	第1講：民生主義の原理、	孫文
	第2講：平均地権、節制資本	孫文
	第3講：食	孫文
	第4講：衣	孫文
	第5講：住（未完）	
	第6講：行（未完）	
	補述：育篇	蔣介石
	補述：楽篇	蔣介石

（2）**各章各節の概要**

　第二に、『補述』の内容を章節ごとに概説しよう。そもそも同書の目次は次の通りである。

	原　　　文	日本語訳
第1章	序言	序言
第1節	育楽両篇的補述	育楽両篇の補述
第2節	自由安全社会的建設	自由で安全な社会の建設
第2章	育的問題	育の問題
第1節	生育問題	生育問題
第2節	養育問題	養育問題
第3節	教育問題	教育問題
第3章	楽的問題	楽の問題
第1節	康楽的意義	健康と娯楽の意義
第2節	康楽的環境	健康と娯楽の環境
第3節	心理的康楽	心理的な健康と娯楽
第4節	身体的康楽	身体的な健康と娯楽
第4章	結論	結論
第1節	民生主義建設的物質與精神条件	民生主義建設のための物質的かつ精神的な条件
第2節	民生主義建設的最高理想	民生主義建設における最高の理想

　第1章は序論であり、2つの節で本書の執筆理由を述べる。第1節は民生主義に育楽を補述する必要性について、反共抗ソの現状から解説している（なお、反共抗ソについては、後述する）。

　第2節は、近代中国の社会変動から、育楽を補述する必要性を説明する。「民生主義の主旨は実業の発展にある」（『補述』p.192）と述べた上で、中国社会を次のように分析する。中国社会は産業革命（原文は「工業革命」）によって、農業社会から工業社会へ大転換しており、この大転換に社会組織が適応できず、「我が中国の最近30年の趨勢の最も主要なのは、農業が凋落し、工業が順調に

発達していないことである。古い社会組織は瓦解したものの、新しい社会組織がまだ形成されていない」のだという（『補述』p.194）。『補述』はこうした状況を打開すべく、孫文学説に基づき、自由放任ではなく、計画的に社会改革を展開して自由で安全な社会を建設すると説く（『補述』p.196）。そして、民生主義が理想とする社会では、「競争ではなく、合作を基礎にする。そして各階級が互いに頼り、互いに信じて愛す状況下でともに生き、人々は自らが支払った労力に比例してその利益を得ることができる。このように全ての人民は生きるチャンス、完全な自由、充分な娯楽や幸福を持つ」のだと述べる（『補述』p.197）。ここでの計画といい、またまるで「能力に応じて働き、労働に応じて受け取る」を想像するような文言といい、読者としてはどうも社会主義を想起してしまう[15]。ともあれ『補述』は、自由で安全な社会を建設するために民生主義があり、民生主義を理解するためには食、衣、住、行に加えて育と楽が必要であると主張する（『補述』p.197）。

　第2章は3つの節で構成され、人々が工業社会という新しい社会で生きていくために必要な教育について、生育と養育と教育という3つの観点からそれぞれ順に考察する。第1節は生育が議題であり、社会の工業化に伴い生育率が低減しないように、国家が教育政策や社会政策を打ち出すべきだと提案する。ここでは、家と子供の関係に分析が及ぶ。つまり、かつての農業社会を構成した大家族は生産組織であり、それ故に家族の命脈として子供を必要とした。これに対し、今や工業社会を構成する小家庭は単なる消費単位であり、それ故に子供の存在を負担に感じるようになったのだと指摘している（『補述』p.201、204）。

　第2節は養育が議題であり、その範囲は児童から、病人と障害、死別と孤独、老後、そして葬儀に渉る。問題解決は中央政府や地方自治体に委ねていて、解決策は述べられず、問題点の指摘にとどまっている。

　第3節は教育が議題であり、全18頁を占めているから、ここが第2章（全39頁）のみならず『補述』全体（全70頁）の中心的な議題であると言っても過言でない。まず冒頭で「我が中国が農業社会から工業社会へ進む過程で、古い社会組織は瓦解しようとしつつも、新しい社会組織はまだ形が定まっていない。

168　三、第二分科会　孫文思想を継ぐ者

一個人はどのように変動する社会に適応しながら、生存し発展できるだろうか？」
と問う。そして「教育こそが、国民を指導して古い社会の瓦解から新しい社会
を建設するための唯一の方法であり、とりわけ青少年を指導して新しい社会生
活に適応させるための唯一の道である」と答える（『補述』pp.219-220）。

　『補述』は、民生主義教育の目的に、「一般国民を民生主義の社会生活に適せ
しめて、革命建国の人材になるよう教え導くこと」を位置づける（『補述』p.227）。
その際、「民生主義教育はあらゆる青少年を想定し、特に上級学校へ進学でき
ない学生をしっかり就職させる」（『補述』p.231）。つまり、誰彼もが大学教育を
受けているわけではないため、「民生主義の社会を建設するためには、成人教
育を教育の主流に位置づけなければならない」（『補述』p.234）のであった。ま
た、「教育を社会改革と民族復興の根本だと考える」（『補述』p.232）ため、公民
教育には軍事訓練（原文は「軍訓」）や労働奉仕を含む（『補述』pp.235-236）[16]。

　なお、第2章には全体に一貫する概念として「家」があった[17]。「生育」
（『補述』p.202）、「養育」（『補述』p.205）、「教育」（『補述』p.229）という各節には、
「個人―家―国家社会」（ここでは国家と社会がほぼ同等に扱われている）という構
図が想定されている。そのために『補述』は、「我々は家庭問題を重視し、教
育の中で「国の本は家にあり」という倫理観念を改めて樹立しなければならな
い」（『補述』p.205）し、また「家庭生活教育がすなわち社会および公民生活教
育の起点となる」（『補述』p.229）と説くのだった。

　第3章は4つの節で構成され、国民の健康を維持するために必要な娯楽やレ
ジャー（原文は「閒暇」）について考察する。第1節では、健康と娯楽の持つ意
義が議題になる。「健全な国民があってこそ健全な民族があり、健全な民族が
あってこそ富強の国家を建設できる」と述べる（『補述』p.237）。『補述』が言う
に、工業社会は人口が都市に集中するから、特に都会人は疲労という敵に直面
する（『補述』p.238）。こうした敵を打ち破るのが娯楽でありレジャーだった。
しかし、工業社会では娯楽は商業化して低俗なものになっていた。そこで健全
な国民を創出するためには、国家が進んで計画を立て、国民の娯楽やレジャー
の問題を解決しなければならないと説く（『補述』p.240）。

現代台湾史における蔣介石『民生主義育楽両篇補述』（1953年）　169

　第2節では、健康と娯楽を実現するために、都市の農村化（充分な空間の確保）と農村の都市化（充分なインフラストラクチャーの確保）を訴える（『補述』p.241）。

　第3節と第4節では、中国古来の六芸を挙げ、そこに文芸と武芸の含まれていることを指摘した上で、第3節は文芸に即して心理的健康の、第4節は武芸に即して生理的健康の保持と増進をそれぞれ説く。特に第3節では、「本節は（…中略…）民生主義社会の文芸政策を探究する」（『補述』p.244）と述べている[18]。また第4節では中国国民にとっての普遍的な娯楽として、尚武精神をもつ娯楽を挙げている。その際、漢代や唐代を理想視しているのが興味深い（『補述』p.254）[19]。

　第4章は結論であり、2つの節で構成され、食、衣、住、行と育楽の合計六つを踏まえ、民生主義の建設全般を述べる。第1節は民生主義建設のための物質的かつ精神的な条件として、前者に財政と経済の力を（『補述』p.254）、後者に社会道徳と国民の学問や知識とをそれぞれ挙げる（『補述』pp.256-257）。第2節は、民生主義建設における最高の理想として、自由で安全な社会、すなわち『礼記』「礼運篇」にいう大同の社会の実現を掲げる（『補述』p.260）。

　要するに本書の内容は、蔣介石が孫文の民生主義に育と楽を補足して三民主義を補強し、そして蔣がこの新しい民生主義を、中国が農業社会から工業社会へうまく転換して三民主義の目標とする大同社会へ到達するための方策として、提示するというものだった。

　ただし、育と楽の関係について明瞭な説明がそもそも見当たらない。楽篇の冒頭（つまり第3章第1節）の記述から強引に判断するに、育（教育）を通じて形成された国民が健全なままでいられるように、楽（娯楽）が必要であるという関係なのだろう。このように本書を通読しても実のところ理解しにくい箇所が散見する。理解しにくく感じる原因は、恐らく分析概念の欠如にある。例えば、そもそも民生主義をどのような概念で分析すれば食、衣、住、行さらには育、楽が登場するのか。本書は孫文の言葉を単に引用しているものの、それでも4つなり6つなりの概念を単に並べただけであり、読者はこうした概念の内在的連関が不明なままである。また例えば、本書では大同社会つまり自由安全

な社会と、食、衣、住、行、育、楽とを内在的に一貫する概念で統括できていない。そのために、読者は民生主義建設における最高の理想が大同社会であるという本書の主張をとりあえず把握したとしても、どうすればその理想が達成できるのかを理解できないままなのであろう。さらに、本書は「応該知道」（知らなければならない）や「必須研究」（研究すべきである）といった類の語を全編で多用し、問題点や現状を指摘するにとどまる場合が多い。したがって、実のところ本書が理想社会の実現のための方策を提示していると言えるのか、どうも疑わしい。

（3）本書に内在するコンテキスト

　第三に、『補述』に内在するコンテキストを確認しよう。『補述』には独自のコンテキストがあった。ここでのコンテキストとは、党の改造や、米華両国による安全保障体制の確立といった外在的なものではない。『補述』というテキストが内在的に持つコンテキストである。それは、テキストの端々に登場する「反共抗ソ」という当時のスローガンに関係していた。

　反共抗ソとは、ソ連が各国の共産党を使って世界侵略を展開しており、その一環として中国大陸を占拠したため、中華民国は台湾を拠点にして大陸の奪還を目指すのだという、当時の中華民国や中国国民党のイデオロギーを表現するスローガンである。上述したように、『補述』第1章第1節では、民生主義を補述するという本書執筆の理由として、反共抗ソという現実への貢献を挙げていた。

　　「我が中国は対日長期抗戦を経て、さらに匪賊どもによる全面的な破壊に遭い、富強で健康で娯楽あふれる国家の建設に至らなかったのみならず、かえってロシア帝国の奴隷や牛馬といった境遇に陥った。（…中略…）しかしながら我々はこの反共抗ソ戦争において、中国という国家を独立自由の民主国家に建て直そうとするのなら、必ずや計画を立てて順序を決め、中国社会を自由で安全な社会に立て直して、それを独立民主の国家の基礎にしなければならない。したがって民生主義の社会政策に関する研究と確立

は、一刻の猶予も許されない。そして育楽両篇の補充もまた、重要な作業となってきた。（…中略…）こうして　総理の民生主義の講義録の未完の部分を少しでも補えるだろう。」（『補述』p.192）

　また、『補述』によると、中国は農村社会から工業社会へ変化する際に、社会組織がその変化に適応できなかった。その際に生じた「重大な社会的病態がロシア帝国の侵略の手段である中共匪徒どものつけ入るところとなった。すなわち、大陸を陥落されるという惨禍の主要原因の一つとなったのである」（『補述』p.194）という。このように、中国で社会的病態が発生した原因に関して、『補述』は近代社会一般に共通する原因に加え、人為の災禍として清末以来の不平等条約による束縛と、抗日戦争勝利後のソ連帝国主義による侵略という中国独自の原因を挙げているのである（『補述』pp.194-195）。

　そこで、中国は社会問題を解決しなければならない。

　　「現在、我々が中国大陸奪還後の経済社会の建設に関する問題を研究するには、まず一つの信念を抱かなければならない。すなわち反共抗ソ戦争に勝利した後、我が中華民国は独立自由の統一された国家として、経済社会の建設を完成させるということである。（…中略…）問題は、我々は社会の自然な発展に任せるのか、あるいは社会の改革を計画すべきなのか。」
　　（『補述』p.195）

『補述』はこのように問い、孫文の思想に基づき、「我々は計画的に社会を改革し自由で安全な社会を作るべきである」と結論付ける（『補述』p.196）。

　さらに、反共抗ソへの貢献という『補述』の動機は、本編にも表れている。育篇では次のように言う。

　　「社会変化の過程で、（…中略…）家族の中に常に矛盾が存在し、これが共産匪賊に闘争を煽動する機会を与えてしまった。しかし（…中略…）、親子兄弟夫婦の愛が天性のものとして爆発して登場し、それこそが（…中略…）我が中華民族の反共抗ソの救国復国するための力の源になる。」（『補述』p.216）

つまり、『補述』は大陸喪失の原因を共産主義者に求め、大陸奪還の勝機を家

172 三、第二分科会　孫文思想を継ぐ者

族愛に求めている。

　また、楽篇では次のように言う。

　　「国家が群衆のレジャーを放任し不問に付す時、ここから国際共産党匪徒
　　どもは手を付けるのである。」(『補述』p.240)

　　「一般国民は黄色〔引用者註：エロ〕の害を受けるのでなければ、赤色の
　　毒に中ったのである。」(『補述』p.245) [20]

楽篇では次のようにも言っており、こうなるとどうも本来の育楽を補述すると
いう作業の範囲を超えてしまい、蔣介石の主張が滲み出てしまっている。

　　「ロシアの侵略者と共産匪賊が我が中国を滅ぼそうとして、最初に取り組
　　んだのは我が同胞を奴隷牛馬にしてしまい、残忍で兇暴な事物を使って我
　　が児童や青年を教育し、彼らをして世界に人類愛のあること、世間に恥ず
　　べきことのあることを知らしめず、さらには芸術の鑑賞や愛護が何なのか
　　を知らしめない。そして、ロシアの侵略者と共産匪賊が自らの残忍で醜悪
　　なやり方を弁解するために使ったのが、唯物主義であった。今日、我々は
　　反共抗ソ戦争において、民族の文化を守り、文化の復興を計画するために、
　　民族の仁愛という徳性を守り続け、民族の審美という気持ちを養わなけれ
　　ばならない。(…中略…) 特に体得しなければならないのは、内在的な真が
　　あってこそ、発して外在的な美になるということである。」(『補述』p.248)

　『補述』をざっと通読すれば判明するように、序論と結論に比べ、本篇であ
る育篇や楽篇では孫文からの引用がずいぶんと減る。大部分は蔣介石が独自に
展開する育や楽に関する話題である。その中で時々現れるのが、社会建設の方
法に関する主張である。その方法こそが民生主義であり、共産主義を意識し、
敵視して構成されていた。つまり、『補述』には、国共両党のどちらが中国社
会を建設するための良策を持っているのかという、国共内戦の枠組みがあっ
た[21]。しかもその枠組みが表向きは国共内戦ではなく、共産帝国主義陣営の
ロシアの侵略と民主主義陣営の中国の抵抗という東西冷戦として、説明されて
いた。

　要するに、東西冷戦を装う国共内戦の枠組が反共抗ソというスローガンの

背後にあり、こうした雰囲気（コンテキスト）の中で、『補述』は、民生主義に基づく自らの社会改革が中国大陸で展開されている社会改革（新民主主義革命あるいは社会主義革命）よりも優れていると訴え、内外からの支持を得ようと望んだのである。これこそが蔣介石が『補述』を執筆した現実的な執筆目的であった。

第三節　本書の意義——歴史家が民主憲政を理解するため

すでに『補述』の背景と内容を確認した。ここではようやく『補述』の意義を考えよう。ただし、その意義は現代台湾史において位置づけたい。つまり、国共内戦史（≒現代中国史）や三民主義の歴史的展開においてではない[22]。

現代台湾（1945‐現在）の政治の展開を眺めると、以党領政から民主憲政への変化が見て取れる。つまり、革命政党が国家を率いるという統治から、国民が選挙を通じて代表者を選出し国家を運営するという統治への変化である。この変化は、1987年の戒厳令解除あるいは1991年の動員戡乱時期の終了（内戦の終結）という一大転換点からだけでは説明しにくい。それは、すでに多くの先行研究が指摘するように、1991年以降に大々的に始まる政治的な民主化は、蔣経国時代（1970年代‐1988年）に種が蒔かれていたからである。とはいえ、蔣介石時代（1945年‐1970年代）すべてを非民主的な時代だと固定的にみなすのも禁物である。蔣介石時代に形成され、後の政治的な民主化をもたらした（あるいは、もたらしてしまった）ことがらにも注意を払うべきであろう。

例えば、自由や民主や人権という現在の台湾では普遍的に価値を持つと考えられている理念は、蔣介石時代にも存在しており、半世紀の歴史を経て現在の意味を獲得している。自由は Nation （中国という国家や民族）の自由から個人の自由へ意味を変えた[23]。民主は民主陣営から民主憲政を経て選挙民主主義へ変わった。人権という理念は革命民権（革命の主体に与えられる人権）から天賦人権（万人に与えられる人権）へというふうに意味を変えたのである。

こうした現代台湾史における一連の変化を念頭に置き、ここで注目したいの

174　三、第二分科会　孫文思想を継ぐ者

は国家による各種建設が基づく大義名分である。現在の台湾では、国家建設や
社会建設が民主憲政の名の下に展開されている。つまり、憲法という大義名分
の下で各種建設が実施されるのである。しかし、当初からそうであったわけで
はない。『補述』を通じ、これまでに本稿が考察したように、1950年代前半は
民生主義の名の下に展開されていた。しかも民生主義とは「補述された民生主
義」であった。したがって、現代台湾史の展開の中で、各種建設の根拠は三民
主義から憲法へ変化したのだと言え、さらにこのことは国憲（国家の根本となる
法規）の変化を示しているのである。

	建設の策定	建設の実施	根本法規
1950年代−1991年	革命政党（＞ 国家）	革命政党と国民	三民主義（民生主義）
1991年−現在	国民	国民	中華民国憲法

　図示したように、国家が各項建設を推進する際の根拠が、三民主義であった
場合、以党領政のため、建設の策定に国民は参与することが想定されていない。
（しかも、国家と社会はどちらも革命政党が指導する対象になるから、どちらにも自律
性が認められない。）ただし国民は策定に参与できなくても、実施には参与でき
る余地があった。『補述』が述べているように、育（生育、幼時と老後の養育、青
年時と成年時の教育）と楽（レジャー）は広範な国民の実際生活に深く関わる。
憲法機能が凍結した上に戒厳令が布かれ、国民一人一人の人生が国家に方向づ
けられるという非常に制限された状況下でも、国民は「補述された民生主義」
の建設、つまり教育と娯楽の建設の実施に関わっていく。

　これに対して、国家が各項建設を推進するための根拠が、憲法（1991年以降
に修正された中華民国憲法）になった場合、主権在民の理念の下、国民が建設を
策定し実施するものだと想定されている。国家と社会はどちらも自律性を持つ
ものとしてみなされ、両者は時に対立することもある。

　革命政党が「補述された民生主義」の建設を策定したところ、その実施のた
めに、台湾規模の統治領域において国民の広範な参与が1950年代中ごろから始
まったのである。この『補述』がもたらした（あるいはもたらしてしまった）「教
育と娯楽という分野の建設事業の実施に際しての国民の不完全な参与」は、半

世紀後に結実する民主憲政のスタートの一つに位置づけられるだろう。ならば、『補述』の意義は、独裁から民主主義へという現実政治的な思考パターンではなく、民主主義の変容という歴史学的な思考パターンで、私たちが現代台湾史を理解するきっかけになり得るところにある。

お わ り に

　現代台湾史上、国家による各種建設は、台湾規模の統治領域が一つの主体として存在するという事実を、国際社会に対して徐々に知らしめてきた。各種建設は憲法（民主憲政）の名の下に展開されてきたとみなされがちであるものの、当初からそうであったわけではない。少なくとも1950年代前半は、三民主義、とりわけ民生主義の名の下に展開されていた。しかも民生主義とは「補述された民生主義」である。『補述』は、当時の事実上の国憲である三民主義の内容を具体的に説き示す官製のガイドブックとして登場し、図らずも国際社会における台湾規模の主体を形成していくきっかけになったのである。

　では、国家建設や社会建設を展開するための根拠が、いつごろ民生主義から民主憲政に変わったのか。筆者は1960年代の前半あるいは1970年代初めだと推測しており、このあたりの考察は今後の課題としたい。

注
（1）　若松大祐「現代台湾における官製歴史叙述：中国革命史観と台湾本土史観の連続的理解に向けて」（東京：東京大学大学院総合文化研究科地域文化研究専攻博士論文、2014年3月）。
（2）　『補述』の内容や意義について、次のような台湾の大学教科書が言及しているものの、総じていずれも『補述』の約言や換言という性格を出ない。代表的なものとして、周世輔（編著）、周陽山（修訂）『国父思想綱要』〔大学用書〕（台北：三民書局、初版1992、修訂7版2003）が挙がる。これは、もともと高専の教科書として出版された周世輔『国父思想綱要』（台北：三民書局、1979）であった。対して、長らく大学の教科書として使われていたのは、周世輔（著）、周陽山（修訂）『国父思想要義』〔大学用書〕（台北：三民書局、初版1976、増訂初版1982、

176　三、第二分科会　孫文思想を継ぐ者

修訂 8 版2003）である。この 2 著よりも古いものに、周世輔、周陽山『国父思想』
〔大学用書〕（台北：三民書局、初版1968、修訂 6 版2002、修訂 7 版2007）がある。
大学などでの三民主義課程の沿革については、こうした書籍の序文や『国父思想』
（修訂 6 版2002、pp.529-530）に簡単な説明がある。

　　また、台湾における孫文研究の歩みを考察した劉阿栄も、『補述』には言及し
ていない。劉阿栄（著）、梁蘊嫻、村田省一（訳）「台湾孫学研究の回顧と展望」
〔日台国際シンポジウム特集〕、『孫文研究』53号（神戸：孫文研究会、2014年 2
月）、pp.2-18。

　　さらに『補述』を宣伝するための同時代の解説書は大量に存在しただろう。例
えば、姚輔仁（編著）『三民主義問答, 民生主義育楽両篇補述問答, 総統訓詞問答,
中国之命運問答』（台北：大中国図書有限公司、1956年11月、第 4 版、161頁）が
ある。筆者は参照できていない。

（ 3 ）　本稿では秦孝儀（主編）『（先）総統　蔣公思想言論総集』〔全40冊〕（台北：中
国国民党中央委員会党史委員会、1984）の巻三（pp.183-260）に所収の文章を典
拠とする。

（ 4 ）　Durham S. F. Chen とは、陳石孚（1899 - 1979）のこと。彼は産児制限を提唱し
たマーガレット・サンガーの賛同者だったようである。「国家教育研究院 > 教育
大辞書 > 陳石孚（林万義著）」（http://terms.naer.edu.tw/detail/1310929/）〔2016年 4
月23日確認〕。

（ 5 ）　訳者の Beauson Tseng とは曾約農（1893 - 1986）のこと。幼くして英国で生活
し、ロンドン大学を卒業する。1919年にラッセルとデューイが長沙で講演した際
には、曾が通訳を担当した。『補述』の英訳を担当したほかに、蔣介石『蘇俄在
中国』（1957）の英訳最終稿を監修した。「国家教育研究院 > 教育大辞書 > 曾約
農（林万義著）」（http://terms.naer.edu.tw/detail/1311318/?index=162）〔2016年 4 月23
日確認〕。なお彼は曾国藩の曾孫にあたる。

（ 6 ）　訳者の木下彪（きのした ことら）は、宮内省御用掛や岡山大学教授を歴任し、
終戦の詔書（大東亜戦争終結ニ関スル詔勅、1945年 8 月14日）の起草過程を知る
人物でもある。彼は1967年 3 月に岡山大学を退職した後、同年 9 月から台湾の大
学でも教鞭を取った。『補述』の邦訳は彼の渡台からほぼ 1 年後に台湾で刊行さ
れたことになる。木下彪「終戦詔勅の起草者と関与者」（上）（中）（下ノ一）（下ノ
二）、および「増補・終戦詔勅の起草者と関与者」。この 5 篇は、1984年 1 月以降
の月刊誌『師と友』（東京：師友会、1954 - 1984）に収録されたようである。本
稿は「エドガー・ケイシー学園」（http://www.welovecayce.com/）〔2017年 1 月31日
確認〕から 5 篇の抜き刷りのスキャン画像を入手するも、収録雑誌の情報（特に

現代台湾史における蔣介石『民生主義育楽両篇補述』(1953年)　177

発行年月）が得られなかった。

（7）　秦孝儀『総統 蔣公大事長編初稿』〔13冊〕（台北：中国国民党党史委員会、1978－
　　　2008）。

（8）　秦孝儀（主編）『（先）総統　蔣公思想言論総集』〔巻三 国父遺教概要〕（台北：
　　　中国国民党中央委員会党史委員会、1984）、pp.33-34, 96。

（9）　正式名称は「アメリカ合衆国と中華民国との間の相互防衛条約」であり、中国
　　　語が「美利堅合衆国中華民国共同防禦条約」（通称、中美共同防衛条約）、英語は
　　　"Mutual Defense Treaty between the United States of America and the Republic of
　　　China"（which is commonly called as 'Sino-American Mutual Defense Treaty.'）であ
　　　る。先行研究によれば、同条約は中英文のいずれを正文にするという明記がなく、
　　　中華民国による台湾統治の正しさをめぐり、関連する用語が中英文のそれぞれで
　　　実は意味が微妙に異なっているという。彭明敏、黄昭堂『台湾の法的地位』（東
　　　京：東京大学出版会、初版1976、第 2 版1983）、pp.170-183。

（10）　蔣介石名義の著作の序列や発表年（≒刊行年）については、秦孝儀（主編）
　　　『（先）総統　蔣公思想言論総集』〔全40冊〕（台北：中国国民党中央委員会党史会、
　　　1984）を参照した。また原著のほとんどは、著者が蔣中正というふうに表記され
　　　ている。

（11）　もとは雑誌『外交評論』（1934年12月）に徐道鄰の名義で掲載されたもの。

（12）　同文は、『反共抗俄基本論』の付録になったこともあるよう。

（13）　Tong, Hollington K., *Chiang Kai-shek*（1937）の中国語訳。英文原著出版以降の
　　　蔣介石の人生（1937－1955）が追加されている。

（14）　孫文の民生主義にとって育と楽が重要な要素であると主張したのは、1950年代
　　　の蔣介石が最初ではない。本稿で前述の通り、蔣介石は1935年に峨媚で「国父遺
　　　教概要」を講じる中ですでに育と楽に言及していた。こうした蔣のアイデアは、
　　　戴季陶『孫文主義之哲学的基礎』（上海：民智書局、1925年 7 月）の第 2 版（1925
　　　年 8 月）にさかのぼれそうである。
　　　　なお、『孫文主義之哲学的基礎』の初版と第 2 版に異同があるのは、久保純太
　　　郎の指摘したところであり、久保によると、第 2 版が1940年に重慶で再版した
　　　『三民主義之哲学的基礎』と同一のテキストなのだという。久保純太郎「戴季陶
　　　『孫文主義之哲学的基礎』の初版と第 2 版の異同に関する一考察」〔日台国際シン
　　　ポジウム特集（2）〕、『孫文研究』54号（神戸：孫文研究会、2014年 6 月）、pp.37-
　　　59。

（15）　また、本書は第 2 章第 1 節「四、開暇與娯楽」における 3 つのレジャー利用問
　　　題の第一で、「機械工業時代になると、（…中略…）一人一人の労働者の個性は労

178　三、第二分科会　孫文思想を継ぐ者

働過程の中にすっかり埋没してしまう」と説く（『補述』p.239）。この埋没という
用語からは、マルクス主義的な「疎外」を想起できる。なお、三民主義（特に民
生主義）を社会主義の一つとみなす研究もあり、これについては後述する。

(16)　『補述』において蔣介石は中国の伝統的な観念を打ち破り、労働に価値を置い
たのだというふうに述べる先行研究がある。「国家教育研究院 > 教育大辞書 >
〔民生主義育楽両篇補述〕（徐宗林著）」（http://terms.naer.edu.tw/detail/1304097/）
［2016年10月10日確認］。

(17)　『補述』は「家族」と「家庭」を少し異なる意味で使用している。すなわち、
かつての農業社会に存在した大家族が、今日の工業社会になって小家庭に分散し
たと説明しているのである（『補述』p.205）。

(18)　そのため先行研究ではこれを以って、『補述』を国民党の文芸政策に位置づけ、
1950年代の中国大陸の中国共産党の文芸政策（毛沢東「文芸講話」1942年5月に
基づく文芸政策）と対置することもあるようである。Edwin A. Winckler, "Cultural
Policy on Postwar Taiwan," Stevan Harrell and Huang Chun-chieh, *Cultural Change in
Postwar Taiwan*（Boulder, Colorado: Westview Press, 1994）, pp.30-31.

(19)　これに対し、本書は宋代や明代への評価が低い。本書第2章第3節乙「一、教
育の内容は四育と六芸」の中で、「漢唐の全盛時代は六芸教育の成果である。惜
しむらくは、宋明以後にはすっかり科挙を教育と位置付けてしまい、一般の知識
人は（…中略…）頭脳を使っても手足を使わず、（…中略…）そのために国政は
衰退してしまった」という（『補述』p.223）。

(20)　ここは社会が変動する中での文芸について述べており、この直後に「今日の台
湾省ではこの方面での顕著な進歩がある。民族主義の文学作品がようやく台頭し、
反共抗ソの台湾語劇が一般民衆を大いに感動させている。」（『補述』p.245）とあ
る。台湾語でも宣伝工作がなされていたようである。

(21)　社会建設の方法に関する国共対立は、安藤久美子の議論に即すと1920年代以来
の対立になる。それは、平和的、妥協的、漸進的な方法を採る孫文や国民党の民
生主義と、暴力的、非妥協的、急進的な方法を採る中国共産党やコミンテルンの
社会主義という、社会主義同士の対立として理解できよう。安藤は、三民主義は
マルクス主義と目的を同じくするものの、方法が違うのだという孫文の思想に基
づき、孫文を社会主義者とみなす。安藤久美子『孫文の社会主義思想――中国変
革の道』（東京：汲古書院、2013）。特に序章、第1章、第2章。

(22)　『補述』の意義を国共内戦史において考えるなら、例えば『補述』を冷戦期に
おける国民党の文芸政策の代表事例に位置づけられるだろう。ただし、この論点
はすでに前述のWincklerが、毛沢東の「文芸講話」と蔣介石の『補述』という構

現代台湾史における蔣介石『民生主義育楽両篇補述』(1953年) 179

図で指摘している。

　また、『補述』の意義を三民主義の歴史的展開において考えるなら、例えば『補述』を冷戦初期の民生主義として位置づけられるだろう。冷戦初期の民族主義に1957年出版の蔣介石『中国の中のソ連』(蘇俄在中国) を充てて、当時の三民主義の内容がどのようだったのかを考察できよう。当時の民権主義の内容を知るための文章の特定を含め、今後の課題である。

(23)　さらに自由は、1990年代以降は国家や民族としての台湾の自由独立を主張する際にも用いられた。それは、かつて他国の侵略から自由になり、国際社会で独立した国家になろうと主張した1940年代前半の中国での用い方(蔣介石『中国の命運』1943年) と重なる。

［追記］

　本稿は、「孫文生誕150周年記念国際学術シンポジウム」(2016年11月26日(土)－27日(日)、神戸大学統合研究拠点) で発表した原稿に加筆修正したものです。とりわけシンポジウムにて、参考文献を挙げながらアドバイスくださった中村哲夫、西村成雄の両先生に御礼申し上げます。

王道思想、孫文と国際秩序の想像

安 井 伸 介
（致理科技大学）

一、導　論

　ナショナリズム[1]は近代以降、我々人類が直面した政治社会上最大の課題であり、既に百年以上もの間、ナショナリズムの構築、もしくは解体を巡る討論が行われている。周知のように、孫文は中国が「散沙」であることを嘆き、ネイションの構築を試みた。その意味で、孫文は紛れもないナショナリストである。ネイションを構築してこそ、中国は団結により巨大な力を産み、外国勢力に対抗し中国を救うことができる。これは近代中国の主軸であると言えるが、一方で、中国無政府主義者のように、民族主義に反対し、世界主義を主張する者もいた。中国無政府主義者は民族主義を「私」の表れとし、民族主義を原則とすれば、民族帝国主義者に容易に陥ってしまうと主張した。そこで、中国無政府主義者は「相互扶助─世界主義」の世界像を描き、「無我─公」の世界の実現を企図したのである。溝口雄三は中国の公私概念を論ずる際、日本と違い、中国の公私観には倫理性が備わっており、その倫理性が最終的に孫文の国際主義につながると述べたが[2]、その意味では中国無政府主義者の公私観も同様に高度の倫理性を擁しており、近代中国の知識分子がこのような価値観を共有していたことが窺える。しかし、筆者は、このような倫理性は個体の自主性に依拠しておらず、最終的に想像される世界像も多元的ではなく、差異性が融合され一体化された大同思想に向かう傾向があるため、このような世界主義的思惟が全体主義を導く危険性を指摘した[3]。

　中国無政府主義者は民族主義を否定し世界主義を唱えたが、メイスナー、コーウェン、羅志田らが指摘するように、多くの近代中国の知識分子は、民族主義

王道思想、孫文と国際秩序の想像　181

を主張すると共に、世界主義的傾向も有している[4]。民族主義を認める点で中国無政府主義者とは違っているが、では、彼らの究極の世界観は多元的なのだろうか、それとも中国無政府主義者と同様に一元的なのだろうか？　このことが問題となるのは、中国の世界観は近代に重要な転換を迫られたからである。華夏中心主義的「天下」が解体し、多数のネイションから成る「世界」が出現したわけだが、前者は一つの中心のみ存在するのに対し、後者は多数の中心が並存するため、コペルニクス的観念上の転換を求められたといえる[5]。故に、理論上は、民族主義者はネイションが並存する多元的世界観を有し、その上で「世界」を想像することが求められる。

　この問題を討論する上で、孫文は絶好の研究対象といえる。というのも、彼もまたネイションの構築を主張すると同時に、世界主義的理想も擁していたからである。許雅棠が指摘するように、実践の順序としては民族主義が世界主義より先だが、「孫の論理的思考としては世界主義が民族主義より先にあり」、「心のうちに世界主義の崇高な理想と希望がなければ、民族主義の発揚もその方向性を失ってしまう」[6]。孫文の思想における民族主義と世界主義の関係は議論に値する研究テーマであるが、このように考えることも可能であろう。即ち、中国無政府主義者がいうように、民族主義は民族帝国主義へ変質する可能性を含んでいるが故、民族主義が暴走する可能性を抑制するため、究極の理想として世界主義を唱える必要がある、と。ただし、この解釈が成立するには、ここでいう「世界」がネイション並存の多元的世界であり、多元性が融合された一元的世界でないことが前提となる。孫文は基本的に民族が世界の基本的要素であることを認識しており、当時流行していた西洋中心的世界主義を批判し、「我々は世界主義がどこから発生するのか知らなければならない。それは民族主義から発生するのである。世界主義を発達させるには、まず民族主義の基礎固めをしなければならない。民族主義の基礎がなければ、世界主義も発達させることはできないのだ」[7]と述べ、そのような世界主義が帝国主義の口実となる可能性を指摘した。然しながら、孫文は又所謂「大アジア主義演説」において、「王道」が彼の言う大アジア主義の基礎であるとも主張しており、孫文が

182　三、第二分科会　孫文思想を継ぐ者

古代中国の王道理念に惹かれていたことが窺える[8]。ここで一つの疑問が生じる。近代西洋の「世界」と古代中国の「王道」概念の間で、矛盾が生じることはないのだろうか？　王道思想の思惟は本当に民族主義の支えとなるのだろうか？

　以上の問題意識から、本論文はまず『孟子』の王道思想の核心理念である「民本」と「徳治」の含意を分析し、その「自己中心主義」的思惟を指摘する。その次に、その王道思想の思惟を基に、孫文の思想に見られる自己中心的思惟と、ネイションにより構成された「世界」観の間に矛盾が生じることを指摘する。最後に、近年中国で度々論じられる「天下主義」も王道思想との関係が深いことから、この思想潮流に対しての見解を述べることとする。本論文から導かれる結論としては、王道思想は決して美しき理想ではなく、その自己中心主義的思惟は民族帝国主義に変質する可能性があるため、王道思想によりナショナリズムを克服しようとする思想潮流に対しては、その危険性を明確に認識せねばならない、ということである[9]。

二、『孟子』の王道論

　ここでは古代中国の王道思想が持つ含意と思惟について確認する。「王道」の一語は先ず『尚書』洪範篇に見える。「偏無く黨無く、王道蕩蕩たり。黨無く偏無く、王道平平たり。反無く側無く、王道正直たり」。洪範篇は一般には戦国時代に成立したと考えられており、それによりそれ以前に王道概念がなかったと断定できるわけではないが、現時点で確認できる文献から判断するならば、取り敢えずそう判断せざるを得ないだろう。吉永慎次郎は別の角度から王道概念が戦国時代に成立した原因を説明している。吉永によれば、戦国時代は多くの諸侯が稱王しており、王の乱立に対し、真の「王」とは何か人々が考え始めたことが、『孟子』が王道について論じた重要な背景となったという[10]。これは王道概念の起源に対する有力な説明であろう。ただし、実際には『孟子』において「王道」一語は一箇所見られるのみで[11]、より多く見られるのは「先

王之道」の言い方であるが[12]、どれも王道とは何か深く論じたものではない。即ち、王道概念は初め何ら具体的内容を伴っていたわけではなく、ただ過去に託す形で自身の考える理想的統治を示したに過ぎない。内藤湖南もこのように述べている。「「王道」という字面は誠に結構で何人も異議なき所であるが、然らばその内容如何ということになると、誰でも明白に説明すること仲々難しかろうと思う。事実「王道」という字面の生れ出でた支那本国に於てすら、その「王道」が歴史上実現された時代というものは殆んどなかったのであるから、つまり古来から理想として持ち伝えられた教訓たるに過ぎない」[13]。そうであるならば、我々は『孟子』の全体像から『孟子』の王道概念の含意と思惟を探るしかない[14]。王道は本当に「何人も意義なき」美しき理想なのだろうか?

『孟子』の政治思想の核心とは何か。黄俊傑によれば、「民本」と「徳治」、この二つの理念が『孟子』の政治思想の主な内容であり、「徳治」は『孟子』の「王道論」の基礎で、「民本」はその最後の依って帰結する所という[15]。「民本」は決して『孟子』や儒家のみが有する特徴ではなく、古代中国政治思想には殆ど民本的思惟が見られる。民本的思惟とは何か。「民本」と「民主」の概念を比較すれば、その差異がよく分かるだろう。民主思想の主体は民にあり、為政者は民の代表に過ぎない。民は直接または間接的に政治参加ができ、政治の結果には民自身が責任を負う。それに対し、民本思想の核心は為政者が民を重んじる点にある。施政は全て民のためという原則に基づき、民の利益が政治の目的である。しかし、民には政治参加の機会がなく、永遠に消極的役割しか与えられない。そのため、民本思想は所謂「子守政治」の様相を呈す。「人民を嬰児と看做すということは、人民は自主独立することができず、子守のみを頼みとすることとなる。子守の嬰児に対する保育は、必然的に嬰児の需要に合わせることとなるが、保育の方法は最終的に子守に決定権があり、嬰児自身では決められない」[16]。

無論、現代の基準から古代社会を批判するのは妥当ではないし、当時の社会状況からいえば為政者が民のために施政することを期待する他仕方なかった。しかも民本の理念を明確に掲げることには為政者を縛る一面もあり、実際『孟

子』は民本の理念に依拠し度々当時の君主を厳しく批判したが、それが後に易姓革命の礎にもなった。従って、「孟子の政治思想は虐政に対する永遠の抗議」と言えるのである⁽¹⁷⁾。また、民本主義は責任感を生ずることもあり、民本的価値を受け入れた「儒者」は積極的に民のために行動することになる。

　然しながら、これらの利点はあるものの、民本の構造においては民本的価値を受け入れるかどうかの最終的決定権は依然として為政者にあるのであり、事実、殆どの為政者は民本的価値を実践してこなかったのだから、民本思想の為政者に対する束縛が有効であるかには、疑問が残ると言わざるを得ない。更に言えば、民本の構造には必ず中心が存在するため、その中心を縛ることができなければ、その中心から構築する秩序は混乱を招くこととなる。王道の含意について考えるならば、この点を軽視することはできないだろう。

　続いて王道思想のもう一つの特徴である「徳治」について考察する。民のために政治を行うといっても、『商君書』の「農戦」や『老子』の「無為之治」など、方法は様々あり、最終的に民の利益となるならば、すべて民本思想と看做すことができる。そして『孟子』が取ったのは「徳治」という方法である。徳治の構造は「君君たり、臣臣たり、父父たり、子子たり」のように役割で構成され、各々が何らかの役割に属し、その役割に適した言行を要求される。この「義務的当然性」が徳治の本質であり、この儒家的価値観を受け入れた者は、常に「己れを克めて礼に復る」し、他者に要求することなく、「仁を為すこと己れに由る」の道理を理解し、内省する。つまり、儒者は礼制において最大の自主性を獲得するのであり、実際に参政するかに関わらず、民本の構造にて能動者となり、これらの儒者が理想社会を実現する動力となる。

　然しながら、実際には礼制の下で儒者の主体性は容易に実現できない。なぜなら、「このような私人を網の目の中心に据えた「序列構造」においては、各々が具体的且つ適切な関係性に置かれ、費氏が言う所謂「社会圏」——家庭、氏族、隣近所、村落——にて、特定の職分の役割があり、自由に回避することが許されない……伝統的中国社会の構造においては、個人の「主体性」は往々にして「社会性」に屈服してしまう」⁽¹⁸⁾からである。我々が理解せねばならない

のは、「内在化された礼」は四六時中、心の内から自身の言行を監視するため、多大な圧迫感を生み出すこともある点である。それが増大化した時、道徳的主体の良心は往々にして歪曲し、風行草偃が通じぬ場合は、靡かぬ草を踏み倒す可能性もあり得る。

　実は、このような「義務的当然性」の道徳主義には「自己中心主義」を導く可能性がある。というのも、民本的構造では道徳的覚醒を遂げた自我は必然的に中心的役割を演じることとなり、自身が中心であるならば、周囲は自身の感化を受けるはずだという、この論理が人に傲慢さをもたらすからである。『論語』衛霊公篇にある著名な一文「己れの欲せざる所、人に施すこと勿かれ」にも自己中心主義的思惟が見て取れる。なぜなら、ここでは自身の価値観を以って、他人を推し量ることになるからである。現実的には価値観は人により違い、他人を自分とは違う他者として受け入れることも一種の道徳的あり方であるが、自分を基準としてしまった時、真の他者を理解する機会は永遠に失われる。そして、このような自己中心主義的道徳観が政治に応用された時、「道徳主義放伐論」[19] が他国を侵略する口実となる。吉永が論ずるように、民のための征伐が、真に民のために発動されたか判断できる者はおらず、結果的に成功者だけに王政の名が冠せられるため、この命題は 100％成立することとなる[20]。つまり、王道の実践を自称する国家は全て民の名の下に戦争を発動することができるのである。柳条湖事件の首謀者である石原莞爾が「王道楽土」を標語とする満洲を治める際に述べた以下の言葉は決して偶然ではないであろう。「支那人カ果シテ近代国家ヲ造リ得ルヤ頗ル疑問ニシテ寧ロ我国ノ治安維持ノ下ニ漢民族ノ自然的発展ヲ期スルヲ彼等ノ為幸福ナルヲ確信スルモノナリ」[21]。

　王道思想の構造には必ず中心が存在し、その思惟は容易に自己中心主義を導く傾向があり、為政者を有効的に縛ることができない。これが王道思想最大の欠点である。

三、孫文政治論における思惟

　孫文は所謂「大アジア主義演説」にてアジアの文化を王道の文化、王道の含意を仁義道徳と解釈し、それにより西洋の覇道文化を批判した。孫文と伝統思想の関係については学者の間でも議論があるが[22]、ここでは思惟方法の視点から、孫文の言論に見られる、伝統思想との連続性の一端を見ていくことにする。

　辛亥革命前、「排満」は革命の原動力であったが、排満と民族主義が連結した時、満州族を滅ぼそうとする暴力行為に発展するのではないかとの疑念が生じる。中国無政府主義者は、正に民族主義のこのような危険性を批判していたのである。しかし、実際には孫文は決して満州族の排斥を主張していたわけではない。「民族革命の目的は満州民族を滅ぼすことだと言うものがいるが、それは間違いだ……我々は満州人自身を恨んでいるのではなく、漢人を迫害する満州人を恨んでいるのだ」[23]。この捉え方は中国無政府主義者とほぼ同じで、その違いは孫文が革命後に新たに国家を建設しようとしたことにある。理論上、ネイションは漢族や満族といった「民族」と同一である必要はなく、これらの民族を覆う「ネイション」を創造すれば良いのであって、事実、「中華民族」はこの時期に創造されたネイションの概念である。孫文はこのことを深く理解していたため、満族を排斥しないだけでなく、それ以外の民族をも積極的に「中華民族」に組み入れようとしたと言える。然しながら、孫文は決してナショナリズムを研究する理論家ではなく、生けるナショナリストであったのであるから、ネイションを団結させるためには中心が必要だとも考えていた。そして、彼にとって漢民族が依然として中華民族の中心であった。故に、以下の言論はナショナリストとしての孫文の立場に完全に合致する。「中国の民族について言えば、総数は4億人であるが、その中に混じっているのは数百万のモンゴル人、百万強の満州人、数百万のチベット人、百数十万の突厥人に過ぎない。つまり、外から来たものは総数一千万人でしかない。だから、大多数から言えば、

4億人の中国人は完全に漢人と考えてよく、同じ血、同じ言語文字、同じ宗教、同じ習慣を持った完全に一つの民族なのである」[24]。

　前述のように、王道的思惟には自己中心主義的傾向があるが、秩序はその中心から構築される。孫文にとっては漢族こそが中華民族の中心であるが、理論上、これは決して少数民族が圧迫されることに即繋がるわけではない。王道が取るのは道徳主義であり、漢族が王道精神を示せば、周囲の民族は感化されるからである。孫文は「王道により作り上げる団体こそが民族だ」[25]と述べたことがあるが、その意味するところは、王道は人々を団結させ、ネイションを構築するのに役立つということだ。孫文は、中国は家族主義と宗族主義が強大すぎることがネイションの形成を妨げてはいると考えてはいたが、斉家治国の原理に従えば、家族主義とナショナリズム（国族主義）を形成する原理は同じであり、国家レベルで応用できる、家族主義の団結力を生み出すものこそ王道思想に他ならなかった。つまり、王道がネイションを生み出す原理とは、国家レベルで皆に「我々は皆家族だ」と信じ込ませることである。家族の間に所謂平等関係などはなく、尊長・家長が当然の如く中心を演じることになる。

　このような王道思想の原理を国際関係上に適用すれば、その問題点が更に明白になる。趙軍は孫文の大アジア主義を分析した際、主体型世界システム思想と非主体型世界システム思想の概念を引用し、1919年以前の孫文は日本の盟主的地位を認める主体型世界システム思想を受け入れていたが、その後「吾人之大亜細亜主義」という主張により、非主体的世界システム思想に転換したと述べている[26]。もしそうであれば、理論上、国家の大小に関わらずネイション同士は平等の関係にあるはずである。ところが、孫文が「大アジア主義演説」で挙げたネパールの例を鑑みれば、それとは全く違う発想をもっていることに気づく。桑兵と嵯峨隆が述べるように、「孫文は古代中国と周辺諸国との関係を理想化し過ぎていると言えなくはない……依然と王道式の大国中心主義を理想のモデルとしている」[27]、「そこには中国を頂点に据えたアジア権威主義体制に通じるものはあっても、中国と他の被抑圧民族とが平等の関係での連帯が作り出される可能性は存在しないのである」[28]。この例から見るに、孫文はネ

188 三、第二分科会　孫文思想を継ぐ者

イションが並存する「世界」観を持っているとは言い切れず、弱小国家に対しては依然として「天下」的態度で臨んでいる。仮にこれが孫文の想像する「世界主義」の構図であるなら、この国際秩序を受け入れるネイションがどれ程いるか疑問である[29]。

　王道思想の民本的思惟は孫文の思想にも見て取れる。孫文は、中国が度々混乱に陥る最大の原因は皆が皇帝になろうとする点にあると看做し、その考えを破棄させねばならぬと考えていた。今や「四億人皆皇帝」で、人民こそが国家の主人である、とする孫文の主張は、正に民本から民主への思考転換と言えた。しかし、孫文は同時に西洋の民主国家をこのように批判していた。「民権の発達した国家では、大多数の政府は無能になってしまう。民権の発達していない国家では、政府は逆に多くが有能なのだ」[30]。中国を救済するという課題の下で、政府が無能になっては絶対いけない。思想として民主は受け入れるが、政府の能力は引き上げる必要がある。このために提唱されたのが孫文式の民権主義であり、その具体的方法が「権」と「能」の分離であった。その原理を説明するために孫文が用いた諸葛亮と阿斗の比喩は、実に深意があると言えよう。孫文は「四億人皆皇帝」と言ったが、その皇帝とは実は阿斗に過ぎないのであり、形式上の権力を持つのみで、政府の運営は事実上能力のあるエリートに任せられる。このように権と能を分離する必要があるのは、人の素質はそれぞれ違うためである。孫文は、人を「先知先覚者」、「後知後覚者」、「不知不覚者」に分けたが、これを以て孫文が儒家的「性、相い近し」の理念に違反したと考えるのは早急に過ぎる。なぜなら、『論語』陽貨篇にも「唯だ上智と下愚とは移らず」の一言があるからである。当時の状況から言っても、また儒家思想の理念から考えても、政治はエリートの指導を良きものとしており、この考えは完全に民本思想に合致する。

　とはいえ、孫文はエリートが私利を追求する可能性を疑わなかったのだろうか？　孫文は王道理念を受け入れた儒者のような人で、多大な責任感を背負い、皆が自分と同じ考えであれば、必ずこの国家を良い方向に導くことができると考えていたのだろう。だからこそ、人民は彼らに物事を実行する実権を与え、

王道思想、孫文と国際秩序の想像　189

行動を制限しないよう望んでいた。しかし、自分を基準にするのはやはり自己中心主義的発想であり、実際に孫文のように振る舞える者は極少数であったろう。エリートの資質を保証することはできない、これは民本思想永遠の課題である[31]。

　以上の論考は決して孫文批判を企図するものではない。中国が滅亡の危機に瀕している際に自己中心主義的思考をするのは極自然なことである。当時の状況から言えば、中国の救済こそが最優先課題であったことを忘れてはいけない。本論文の問題意識からいえば、孫文の思想には王道の一元的思惟が見られるが、彼はまた民族の多元性も強調しており、孫文の思想は東西思想の混合体と考えるのが妥当であると思われる。孫文の目的は中国の救済であり、彼の国際秩序の想像に関しては、過度の解釈をするべきではない。

四、王道思想と国際秩序論

　『孟子』と孫文の間には確かに同様の思惟が確認されたが、客観的に見れば、王道概念の効用は標語の範囲を出るものではない。だが、標語は常に人を魅きつけ、標語と現実が乖離することで、歪曲された現象が起きる。

　ここでまず述べておきたいのは、王道という標語が曾て日本帝国に利用されたことがあるという点である[32]。日本は満州国を建国する際に「王道楽土」を建国理念に採用した。現実の状況がどうであったかは別にして、「王道」、「民族協和」などの標語が当時の知識分子や青年を魅きつけ、直接又は間接的に満州国の経営に参与せしめたのは事実である。実のところ、満州国建国以前に、王道は既に日本国体の核心概念と捉えられていた。1926年、井上哲次郎が日本国体を探求する際にこう述べている。「天皇意識の内容実質は王道の精神である」[33]。また、日本こそが孔子の真の継承者だとも考えており[34]、そこから日本国の指導原理を組み立てようとした。その結果どうなったか知らぬ者はいない。無論、戦争の原因を王道思想に帰することはできぬが、標語と実際の行動の間にある程度の連帯関係があることも否定できない。若しくは、日本と

190　三、第二分科会　孫文思想を継ぐ者

中国の王道思想には決定的な差異があると主張する者もいるかもしれない。事実、井上哲次郎は、中国の王道思想には「禅譲放伐、易姓革命」が含まれているが、日本の王道思想はこれらを認めないと述べ[35]、両者を区別する為、日本は後に「皇道」の一語を使用するようになる。為政者を縛る思考は、疑いなく王道思想の欠くことのできぬ要素であり、それを故意に日本の皇道から排除したことは、当時の日本学術界最大の過失だったと言えるだろう[36]。然しながら、仮に理論上為政者を縛っていても、民本の構造から言えば、最終決定権は為政者の手中にあるのであり、為政者が王道に反し恐怖政治を取った際、「禅譲放伐、易姓革命」を堅持するものは排除されるのみで、その時如何にして為政者を牽制できるのか？　然も為政者は王道思想の実践者を自認しているかもしれず、王道思想の自己中心主義的思惟は、そもそもこのような為政者の出現を防ぐことはできないのである。

　以上の脈絡から考える時、近年中国大陸で流行している、「王道」、「天下」を強調する思想潮流を無視することはできない[37]。趙汀陽の天下体系論については、既に葛兆光が強烈な批判を行っている。葛兆光が述べるように、天下論の流行は中国の興隆による興奮と刺激が引き起こしたものに他ならず、現実の天下体系は畢竟強者の制定した遊戯規則に過ぎず、弱小国が服従を拒む時、戦禍を間逃れることはできない。また、天下主義の論調が政府、政治、政策の依拠となった時、どうしても問題が起きてしまう[38]。葛兆光は、思想レベルの理想化された天下と歴史上現実の天下は真逆であり、「歴史でない歴史」を利用し、自己中心主義を合理化すべきではない、と主張した。筆者は葛兆光の主張に完全に同意する者であり、歴史学の視点から重要な指摘を行ったと思う。ただ、問題は、所謂天下主義者はそもそも歴史の事実を重要視していないことだ。趙汀陽はこのように述べている。「哲学が興味を持つのは歴史的事実如何ではなく、最上の理論の可能性についてである」[39]。従って、歴史学者と天下主義者の間には対話を行うための土台がなく、往々にただの言い合いに陥ってしまう。この思想潮流を有効に批判するには、歴史だけでなく、思想の角度から王道天下体系の欠陥を指摘する必要があり、それにより同一の土台で対話を

王道思想、孫文と国際秩序の想像　191

展開することができるだろう。

　近年台湾の国際関係学界においても王道思想を提唱する潮流が見られるが、その主要な問題意識は国際秩序の再建にある[40]。これまでの国際秩序は西洋中心の世界観に基づいていたが、非西洋世界の勃興は「一元的近代性」[41]の歴史的枠組みに衝撃を与え、「多元的近代性」の局面をもたらしつつある[42]。このような新しい局面を鑑み、「中国の王道思想は、21世紀のグローバル秩序の再建に新たな指導原理を与えてくれる。なぜならば、王道思想は正に西洋核心思想の欠点を補うことができるからだ」[43]という主張が現れる。前述のように、西洋近代世界はネイションを基本単位とし、それにより多元的ネイション並存の局面を形成した。その意味では、西洋の近代性には多元的一面があると言える。無論、これは西洋のネイションという概念の下での多元性であり、その意味で筆者は朱雲漢によるこれまでの「一元的近代性」への批判と将来の「多元的近代性」への期待に理解を示すことはできる。しかし、王道思想は本当に「多元的近代性」の枠組みを提供できるのだろうか？　朱雲漢は趙汀陽の天下理論を借り、以下のように述べる。「王道思想は「無我、無私、無外」の原則を示し、個人の生存意義が社会福祉の促進にあり、社会に責任を負う必要があることを主張する……この点、西洋の個人主義、ナショナリズムとは全く対照的である」[44]。恐らくこれこそが天下主義者が魅せられている重点なのであろう。「無我、無私、無外」の倫理性は常に高度な道徳性と見做されており、その「度量」も多元性を実現する基礎とされる。ただし、趙汀陽の言うように、その多元性は「一」の下でのみ実現可能である。「中国の基本精神は“化”にあり、しかも肝要なのは自己を持って他者を化し、さらに他者を化すことで自己とする点にある。これは無論多様化を受け入れることを意味するが、この“多”は実際は“一”により受容される。多様性はある枠組みの下で統制してこそ多様性となるのであって、制御不能の多様性はただの混乱に過ぎない」[45]。つまり、王道思想もまた、西洋におけるネイションの概念と同様に一元の下でしか多元性を実現できないのである。そして、この枠組みは正に民本思想の枠組みと共鳴しており、多元性が実現できるか否かは最終的に「一」の態度次第

192 三、第二分科会　孫文思想を継ぐ者

となる。「"多"が枠組みをはみ出た時、"一"は更に度量を増し、それを受け入れられるように自己変革しならなければならない」[46]と言うが、一体誰がそれを保証できるのだろうか？理論上はともかく、現実の為政者若しくは中心を演じる国家は、本当にそれができるのだろうか？　王道思想は家族概念の延長であり、他者を拒否しないのは、「我ら皆家族」だからである。この前提を受け入れ、周りが尊長・家長を尊重してこそ、安定した秩序が形成される。尊長・家長が尊重に値する存在であるかは別として、問題は家族は他者ではない点であり、仮にある者が家族になることを拒み真の他者となった場合、それを受け入れることができるのだろうか？　また、仮に家族内であっても、抑圧が存在しないわけではなく、礼制の下で歪曲された人格が最終的に犯してしまうのは「モラル・ハラスメント」どころか、「DV」である可能性すらある。西洋の覇道に問題があるからと言って、王道に全く問題がないわけではない。我々は王道思想の含む危険性について認識する必要がある。

五、結　語

　以上、本論文は、王道思想には自己中心主義的思惟が見られること、王道を標語とした孫文の思想にも同様の思惟が見られること、王道の理念を以って国際秩序の再建を図るのは危険であること、を指摘した。王道の民本的思惟は必然的にエリート主義的構造を有するが、筆者は決してエリート主義自体を否定するものではない。民主制と比較した時、エリート主義や専制体制の方が行政上の効率が高いのは確実である。ただ、エリートたちが確実に公のために仕事を行う保証はなく、特に最後に依拠するのが一つの中心である時、聖人の出現を期待することなどできはしない。無論、理想と現実は常に乖離するものであるが、問題は、乖離した際に自己中心主義的思惟が重大な惨状をもたらす可能性が高いことである。王道思想にはこのような危険性がつきまとう。

　また、王道思想が尊ぶのは家族的権威主義秩序であり、各々があるべき役割を演じるよう強制された時、東アジアの儒家文化圏に属する我々としては、

「仁義道徳の文化は人を感化するのであって、圧迫するのではない」[47]とは無条件に同意することはできないだろう。我々は道徳主義に含まれる圧迫関係についても直視しなくてはならない。

　近現代に東アジアに蘇った王道の標語は、常に西洋に対抗することを目的とし、アジア主義の核心的価値とされてきた。現在に至っても、我々は依然西洋の近代性に対峙しており、その意味で我々と孫文は同様の課題に直面しているといえる。西洋の衝撃以降の中国の境遇を考えれば、中国が遂に復興したことへの興奮と、中国が西洋の近代性を克服することへの期待は深く理解できる。しかし、ネイションを基本単位とした西洋の国際秩序を否定するために、古代中国の王道概念を利用するのは、それこそ正にナショナリズムの表れであり、このような無自覚な自己中心主義が民族帝国主義に変容する可能性を、我々は否定することはできない。

注
（1）　筆者はナショナリズムを近代的現象と考える立場を取っており、その意味で「ネイション」と ethnicity に基づく「民族」を区別するが、これまでの文献は民族を nation の訳語として採用していることも多い為、近代中国の文脈或いは他の研究者の討論を引用する際は、元の訳語を採用することとする。
（2）　溝口雄三「中国における公・私概念の展開」、『中国の公と私』（研文出版、1995年）、6～9頁。
（3）　中国無政府主義と民族主義の関係については、以下を参照のこと。安井伸介「中國無政府主義、民族主義與世界主義──探析近代中國政治思想中的一種思維模式」、『政治科學論叢』第五十九期、2014年3月。
（4）　Maurice J.Meisner, *Li Ta-Chao and the Origins of Chinese Marxism,* Cambridge: Harvard University Press, 1967. Paul A. Cohen, *Between Tradition and Modernity: Wang T'ao and Reform in Late Ch'ing China,* Cambridge: Harvard University Press, 1974. 羅志田『民族主義與近代中國思想』（東大図書、1998年）など。
（5）　この議論に関しては以下を参考のこと。金觀濤・劉青峰『觀念史研究』（法律、2010年）、226～251頁。
（6）　許雅棠「孫中山的大亞洲主義與中國傳統的天下觀」、『孫學研究』第十五期、2013年11月、35頁。

194 三、第二分科会　孫文思想を継ぐ者

（ 7 ）　孫文「三民主義」、『孫中山全集』第九巻（新華、1986年）、226頁。

（ 8 ）　孫文「對神神戸商業會議所等團體的演説」、『孫中山全集』第十一巻（新華、1986年）、409頁

（ 9 ）　筆者は曾て近代中国無政府主義について研究した際、「思惟」と「価値観」に重点を置く研究方法を提唱した。この研究方法は、単純に伝統思想と近代思想の「内容」を比較するものではなく、時空を超えた影響力として、伝統思想における何らかの思惟方法と価値観を抽出し、伝統思想と近代思想の連続性を分析することを目的とする。以下を参考のこと。安井伸介『中國無政府主義的思想基礎』（五南、2013年）、 8 〜10頁。

（10）　吉永慎次郎「墨家思想と孟子の王道論」、『戦国思想史研究』（朋友、2004年）、654〜655頁。

（11）　「生を養い死を喪して憾無きは、王道の始めなり」（梁惠王上）。

（12）　滕文公上篇にて一回、滕文公下篇にて一回、離婁上篇にて三回。

（13）　内藤湖南「満州国今後の方針に就て」、『内藤湖南全集』第五巻（筑摩、1972年）、182頁。

（14）　『荀子』王覇篇では「義立ちて王たり、信立ちて覇たり、權謀立ちて亡ぶ」の道理を述べ、更に詳しく王道の含意を論述しているが、その論理構造は『孟子』とほぼ軌を一にするため、紙幅の関係から、ここでは詳論しない。

（15）　黄俊傑「「民為貴、社稷次之、君為輕」——孟子的政治思想」、『孟子』（東大、2006年）、87頁。

（16）　孫廣德『中國政治思想專題研究集』（桂冠、1999年）、192〜193頁。

（17）　蕭公權『中國政治思想史』（聯經、1982年）、96頁。

（18）　黄俊傑「孟子的王道政治論及其方法論預設」、『孟學思想史論（卷一）』（東大、1991年）、168〜169頁。

（19）　吉永慎次郎「墨家思想と孟子の王道論」、『戦国思想史研究』、692頁。

（20）　吉永慎次郎「墨家思想と孟子の王道論」、『戦国思想史研究』、682〜683頁。

（21）　石原莞爾「満蒙問題私見」、『石原莞爾資料（増補）——国防論策篇』（原、1971年）、77頁。

（22）　余英時は近代中国における経世学派の角度から、伝統思想の孫文と三民主義思想への影響を論じている。余英時「孫逸仙的學説與中國傳統文化」、『人文與理性的中國』（聯經、2008年）、387〜416頁。一方、桑兵によれば、「孫文は英中対訳版で、しかも英語を主とし、中国語は補助的に読んでおり、中国語の理解は逆に英文より劣っていた……孫文のこのような時間短縮的読書法で理解した儒とは、先秦の古き儒でも中古の新しい儒でも、また近代の孔家店でもなく、洋装欧化の

王道思想、孫文と国際秩序の想像　195

舶来品に過ぎない」。桑兵「孫中山與傳統文化」、『孫中山的活動與思想』（北京師範大學、2015年）、230～231頁。

(23)　孫文「在東京《民報》創刊週年慶祝大會的演説」、『孫中山全集』第一巻（新華、1981年）、325頁。

(24)　孫文「三民主義」、『孫中山全集』第九巻、188頁。

(25)　孫文「三民主義」、『孫中山全集』第九巻、186頁。

(26)　趙軍『大アジア主義と中国』（亜紀書房、1997年）、217～223頁。

(27)　桑兵「孫中山的國際觀與亞洲觀」、『孫中山的活動與思想』（北京師範大學、2015年）、277頁。

(28)　嵯峨隆「孫文の訪日と『大アジア主義』講演について」、『国際関係・比較文化研究』第6巻第1号、2007年9月、115頁。

(29)　孫文の大アジア主義の核心は日中提携にあるが、その基本構造が王道思想であるならば、そこには礼的上下関係が存在する。所謂大アジア主義演説を行った同日、孫文は「数千年の歴史と地位から言えば、中国は兄であり、日本は弟である」と述べている（孫文「在神戸各團體歡迎宴會的演説」、『孫中山全集』第十一巻、414頁）。筆者は、王道思想、アジア主義、天下体系論の枠組で日本と中国が対等な関係を結ぶことは困難だと考える次第である。

(30)　孫文「三民主義」、『孫中山全集』第九巻、321頁。

(31)　周知のように、孫文は罷免権を設計し、民衆に政府を管理する権力を与えており、エリートを縛る機能を考慮しているが、実際の効果には疑問が残る。

(32)　近代日本における王道論研究としては、田崎仁義『王道天下之研究』（内外出版、1926年）、室伏高信『亜細亜主義（第二冊王道の思想）』（批評社、1927年）、安岡正篤『東洋政治哲学──王道の研究』（玄黄社、1932年）、井上哲次郎『王道立國の指導原理』（東亜民族文化協会、1933年）、千葉命吉『満州王道思想批判』（大日本独創学会、1933年）、井上哲次郎『日本の皇道と満洲の王道』（東亜民族協会、1935年）、内田良平『皇道に就いて』（黒竜会、1933年）、里見岸雄『支那の王道論』（錦正社、1963年）などがある。

(33)　井上哲次郎『我が國體と國民道德』（廣文堂、1926年）、15頁。

(34)　井上哲次郎『王道立國の指導原理』、20頁。

(35)　井上哲次郎『日本の皇道と満洲の王道』、4頁。

(36)　里見岸雄は、君臣の覚悟と聡明なる努力がなければ、将来日本で放伐思想が是認される可能性もあると述べ、単純に革命を否定していない。里見岸雄『支那の王道論』、111頁。

(37)　趙汀陽『天下體系──世界制度哲学導論』（江蘇教育、2005年）、干春松『重回

196 三、第二分科会　孫文思想を継ぐ者

王道――儒家與世界秩序』（華東師範大學、2012年）など。天下体系論と王道思想
の関係について、干春松は「趙汀陽は儒家政治理念における究極の次元に関し明
確な議論を行ったといえるが、何が天下制度の内在精神を構成しているかと更に
問うならば、儒家に関して言えば、王道であると言えるだろう。王道こそ現実の
政治的実践がユートピア式天下に繋がる最も重要な連結点となるのである」と述
べている（干春松『重回王道――儒家與世界秩序』、4頁）。

(38)　葛兆光「對『天下』的想像――一個烏托邦想像背後的政治、思想與學術」、『思
想』第29期、2015年、17、19〜20、54頁。

(39)　趙汀陽『天下體系――世界制度哲學導論』、16頁。

(40)　主要な見解としては、朱雲漢「王道思想與世界秩序的重組」、劉兆玄・李誠主
編『王道文化與公義社會』（中央大學、2012年）、陳欣之「全球天下觀――由平面
到球型的國際秩序面貌」、『政治學報』第六十期、2015年12月、黃俊傑「王道文化
與21世紀大中華的道路」、『思想史視野中的東亞』（臺大出版中心、2016年）、など。

(41)　原文は「一元的現代性」。日本の習慣により、modernity の訳語として「近代性」
を採用する。

(42)　朱雲漢「王道思想與世界秩序的重組」、『王道文化與公義社會』、68頁。

(43)　朱雲漢「王道思想與世界秩序的重組」、『王道文化與公義社會』、85頁。

(44)　朱雲漢「王道思想與世界秩序的重組」、『王道文化與公義社會』、86頁。

(45)　趙汀陽『天下體系――世界制度哲學導論』、13頁。

(46)　趙汀陽『天下體系――世界制度哲學導論』、14頁。

(47)　孫文「對神戸商業會議所等團體的演説」、『孫中山全集』第十一卷、405頁。

四、第三分科会

ボーダーを越えて

孫文と世界観を有する南洋知識人との交流と連動[†]

黄賢強（WONG Sin Kiong）
（シンガポール国立大学）
（訳：岡野翔太）

一、はじめに

　孫文の生涯にわたって交遊関係を持った人たちは多彩で幅広く、これは彼が革命を持続的に遂行していく上での必要条件であった。既に学界では、孫文に関する各方面の研究が相当多く蓄積されてきた。それには孫文と交流のあった人物を対象としたものなど、留日中国知識人や日本の友人も含めた、海外の華僑と革命支持者といった国内外における同志に関する研究も多く含まれる。

　地域毎の分類でいうならば、孫文と南洋の友人との関係は、日本の友人との関係に次いで密接なものといえる。しかしながら、これまでの孫文と南洋の支援者たちにまつわる論考はどちらかというと、同盟会シンガポール分会のリーダー陳楚楠、張永福、林義順、同盟会ペナン分会リーダーの呉世栄や黄金慶、マラヤのヌグリ・スンビランの鄧澤如、同盟会ビルマ分会の荘銀安、同盟会シャム分会会長の蕭佛成など、華商身分の革命支持者に集中していた[(1)]。一方、孫文と南洋知識人の関係を取り上げた研究は、まだまだ手薄であるといわざるを得ない。

　そこで本稿では、孫文と世界観を有した南洋知識人との知的交友を含む、孫文と彼らとの交流と連動について検討したい。本稿で述べる世界観を持つ者とは、かつて西洋に留学し、西洋文化とその価値観を幾らか知る者を指す。彼らは南洋生まれで中国に帰国し、かつ西学を修めた東洋の知識人という共通した背景がある。これまで筆者は彼らを「東西南北中人」と称してきた。彼らは南

洋に生まれた華人で、いずれも西洋式の教育及び専門的な訓練を修めつつも、東洋あるいは中国人というアイデンティティを意識し、前後相次いで中国へ帰国し、貢献した人物である。その代表的な人物として、辜鴻銘、林文慶、李登輝、伍連徳らの名を挙げることが出来るが、紙幅の都合上、本稿では孫文との関わりが比較的多い林文慶と李登輝に絞って議論を進めていく。孫文と彼らの親交と連動に関する歴史の場面に即して、特に孫文と彼らの思想、そして国家観が相互に与えた影響についても検討する。

二、林文慶と孫文の交流

林文慶（1869‒1957）は字は夢琴、祖籍を福建海澄にもつシンガポール生まれの華人である。彼は幼少期よりシンガポールで英語教育を受け、1887年に特に優れた成績で高等学校を卒業し、マラヤ・シンガポール地区における、華人初の英女王奨学金の最初の獲得者となった。それによって、彼は英国のエディンバラ大学へと進学し、医学を専攻する。1892年に最高の栄誉である医学学位を得てシンガポールに戻ると、英国植民地政府に重用され、立法議会が任命する政府委嘱の華人委員となり、さらに華人参事局委員や太平紳士（Justice of the Peace）にも任命されるなど、林は現地公認の華人社会指導者となった。そして、現地の社会改革運動にも積極的に参加し、儒学復興運動を提唱した。中国の政治問題に関しては、かつて康有為らの維新運動に共鳴していたため、親保皇派の新聞を創刊するなどしていたのだが、のちに孫文の革命運動を支持するようになる。1921年には陳嘉庚の要請を受け、中国へ帰り厦門大学の学長職を16年間務め（1921‒1937）、退職したのちシンガポールに戻った。林文慶の一生を通観すると、多芸多才な人物であったことがうかがえる。医学を専門として、過去には医師として診療所を開設し、ゴム業や銀行などにも投資するなど華商の身分も有していたが、シンガポールの英国植民地政府の委嘱により任命された華人代表の議員でもあった。同時に華人社会の風俗習慣の改革や儒学復興運動を積極的に促進する第一人者であり、雑誌や専門書を刊行し、詩文を書き綴り、

200　四、第三分科会　ボーダーを越えて

さらには長きにわたって大学の校長職に就くなど、希代のパブリックインテレクチュアルであったといえる。

2-1. 歴史の一場面（一）：辛亥革命期のシンガポール（1900-1911）

　孫文と林文慶がいつ、どのようにして親交を結んだのかを実証してくれる資料はない。目下、文献から考えられる彼らの最初の接触は1900年7月、植民地政府に拘留されていた日本の友人宮崎滔天と清藤幸七郎を救出するために、孫文がはるばるベトナムからシンガポールへと辿り着いた時である。この二人は植民地政府より、孫文の革命派が康有為を暗殺するために送り込んだ日本人刺客という嫌疑を掛けられ、逮捕されていた[2]。孫文は、日本の友人を救い出す過程において、現地で社会的にも政治的にも影響力を持っていた林文慶に支援を求めたのである。

　この接触は、もともとどちらかといえば康有為の維新・保皇思想を支持していた林文慶にとって[3]、自身の政治理念及び国家概念を再考させる機会となった。彼は孫文と接触して以降、孫文の革命思想と中国の将来の発展に多くの知見を得るようになった。翌1901年に、林文慶自ら、康有為・梁啓超らの維新と保皇思想を宣伝する『日新報』を停刊にしたことはその具体的な表れといえ、のちに彼自身が孫文ら革命派への支持へと転身する伏線を張ったものと考えられる[4]。

　孫文は康有為暗殺の容疑でシンガポールのイギリス植民地当局より1900年から5年間の入境を禁止されていたため、次に孫文がシンガポールを訪れたのは、入境禁止処分の解けた1905年であった。この年、孫文は現地にいる革命支持の志士と接触して革命組織の準備に着手した。1906年4月、孫文は再度シンガポールを訪れると、同盟会シンガポール分会の成立に立ち会った。成立初期のメンバー12人のなかに林の名が見当たらなかったため、孫文は同盟会シンガポール分会会長の陳楚楠と副会長の張永福を通じて林文慶との面会にこぎつけ、数時間にも及ぶ説得を三日三晩続けた結果、林を同盟会のメンバーとして取り込むことに成功したという[5]。林は後になって同盟会に入会した人物であるが[6]、

彼のシンガポールでの政商としての立ち位置から考えると、特に武昌蜂起以前の時代において、同盟会でアクティブに活動することは不可能で、その必要もなかった。同盟会シンガポール分会の成立以降、孫文は幾度もシンガポールを訪れ、同盟会の指導層や支持者と写真に映っているが、そのいずれにも林文慶の姿を確認することが出来ない。

　林は表立って同盟会の活動に携わらなかったものの、孫文とは水面下で親交を重ねていたはずである。さもなければ、1911年末、臨時大総統に就任するため孫文が中国へ帰国した際に、林文慶が孫文の側近として付き従い、孫文の要請で政府要職に任命されることはなかったであろう。

2-2. 歴史の一場面（二）：民国元年の中国（1912）

　1911年に武昌蜂起が発生して、辛亥革命が成功し、孫文がアメリカからイギリスとフランスを経由して中国に戻った時、ヨーロッパに滞在していた林文慶もアジアに戻り、南京にやってきた。1912年元旦に孫文が臨時大総統に就任すると、林文慶は臨時大総統の英文機密秘書及び医務官に任命され、重ねて臨時政府内務部衛生司司長にも就任した。林は孫文が南京にある明の孝陵を参拝した際も随行するなど、民国建国まもなくの孫文の傍らには常に林の姿があり、日夜、孫文や共和事業のために奔走していた。だが同年4月1日に孫文が大総統職を辞すと、林も中国での一切の職務を辞し、シンガポールへと戻った[7]。

　1912年初めの時期と1900年に孫文と林文慶がシンガポールで出会った時期とでは、両者をとりまく状況や身分が異なっている。1900年当時の林文慶は、シンガポールでは今を時めく華人指導者で、孫文はというと、拘禁された日本の友人を救い出すために彼に手助けを求めた人物であった。当時の歴史的背景からみて、林文慶は現地で主としての優位な立場にあり、孫文は始終気を揉みつつ、この日本人たちに康有為を暗殺する意図などなかった旨を説明したのみならず、林文慶に自分の革命理念や中国の前途についての考えを話した。以降、二人は互いに尊敬しあう間柄となった。そうであったからこそ、民国建国の際の協力関係が見られたのである。孫文が、林を身辺に置いて英文機密秘書とし

202　四、第三分科会　ボーダーを越えて

て重用したことは、彼を重視していたことの表れである。そのため、林は孫文と仕事を共にし、たびたび意見を交換する機会にも恵まれ、英文の原稿草案の作成を担うに至った。このようなことからも、林文慶の理念と世界観は、孫文に一定の影響力を与えたものと考えられる。

2-3．歴史の一場面（三）：厦門大学（1921-1925）

　孫文は一貫して教育を重視しており、長い政治生活のなかでもその時期その時期で、教育に対する目的には異なるものがあった。革命期には、教育を革命の宣伝に必要な手段と考えており、民国期に入ってからは、教育は社会発展と国家建設に必要な人材を育成するものと考えていた[8]。とはいえ、満洲清王朝に対する革命や、袁世凱に対して行った第二革命ならびに、1917年から1924年までに前後3度にわたって発令して失敗に終わった護法北伐運動など、非常事態に直面し、平和的な救国活動が行えないと判断した場合、孫文は一貫して暴力や流血など犠牲を伴う革命もやむを得ないと考えた。一方で、林文慶は一貫して教育こそ救国の基礎であると主張していた。孫文は林文慶と親交を深めていくにつれ、林の教育救国の考え方を知り、互いに一種暗黙の了解ができていた。言い換えると、林は暴力と流血を伴う革命行動に賛同しない立場であったが、孫文の革命活動を黙って支持し続けた。孫文も自らの革命行動で以て、林が忠実に遵守していた社会改良主義の考えを改めさせようとすることはなかった。

　それを最も具体的に示す事柄が一つある。1921年、陳嘉庚と孫文はほぼ同じタイミングで林文慶に電報を送った。その内容は前者が彼を厦門大学の校長として迎え入れたい旨を記したもので、後者は広州でまもなく成立する非常大総統府の外交活動の手伝いを彼に請うものであった。林はまず孫文に相談して判断を仰いだ。そして孫文はすぐに厦門大学校長を引き受けるよう勧める電報を送り返したのである。ここから孫文と林文慶の二人が以心伝心の仲であったことが見て取れる。林文慶は孫文の要請に背きたくはなかった。そこで、自分に代わって孫文に最終決断を仰いだのである。孫文は林の教育救国の考えを理解

していたため、林の気持ちを読み取り、厦門大学の校長職を引き受けるよう激励したのである[9]。こうしたことから、林文慶が堅持した教育救国思想はすでに孫文に影響を与え、たとえ異なる方法であってもそれぞれの能力を存分に発揮して救国は行えるのだ、ということを認識させたのである。

　林文慶は孫文から重用されていたこともあり、1925年3月12日に孫文の訃報に接した際、悲痛に暮れた。この時、林文慶は中国語で次のように、孫文へ向けた哀悼の対句を書きしたためた。

　　蘭言猶在耳、記当年画策南洋、只為解懸蘇後起;
　　蒿曲已傷心、偏此日観光東島、不堪揮泪哭先生。

　　先生の述べた心打つ言葉は　なおも私の耳にこだましている。
　　当年南洋で策を立てたのは、ただ苦難を解き再起を図るためであったことを思い出す。
　　葬送曲を聴き私の心はすでに悲しみに暮れていた。
　　この日、東の島に立ち悲しみは一層深くなった。
　　私は涙をこらえきれず、ただ先生を想うばかりである。

三、李登輝と孫文の交流

　李登輝（1872-1947）は蘭領東インドのバタヴィア（現インドネシア・ジャカルタ）に生まれ、祖籍は福建同安で、父の名は李開元という。7代目にあたり、現地の富商の出である。李登輝は16歳の時にシンガポールへと渡り、ここで英語教育を受けた後、19歳で渡米し、1899年に優秀な成績でイェール大学の文学士を修得した。文学のほかにも、哲学、社会科学、自然科学、数学といった科目を修め、マレー語、オランダ語、英語、フランス語、ドイツ語など各国の言語も学んだ。1899年9月には、英語教師として南洋のペナンへ渡り、現地の英語学校で英語を教えた。その後、バタヴィアに戻り、1901年から1903年まで現

204 四、第三分科会 ボーダーを越えて

地で最初となる英語学校のイェール学院を創設したが、学校運営の状況は必ずしも順調ではなかった。1904年5月、ペナンに短期間滞在した後、中国へ行くことを決意した[10]。そして、1904年10月、李登輝は上海の地に降り立った。ここでは主に上海基督教青年会に加入して活動し、同会を通じて知り合った同志と共に、寰球中国学生会を立ち上げた。1906年、李登輝は復旦公学英文部主任として招き入れられ、後に教務長を担当した。1911年冬から1912年冬まで、復旦公学を離れていた2年間は『共和西報』の主筆を務めた[11]。1913年1月には校長として復旦公学に戻り、復旦と李は密接な関係で結ばれることとなった。

　李登輝に関しては、彼がかつて華僑代表の身分で南洋に来た孫文の接待を行った際、孫文の大志に共鳴し、孫文の革命思想を宣伝する文章を、南洋の英字新聞上で発表したという論考がある[12]。しかし、1900年7月に数日間シンガポールに滞在して以降、孫文が再び同地を訪れたのは1905年であり、李登輝は1904年には中国へ帰国していたため、李が南洋で孫文を接待することは不可能といえる。たしかに李登輝は1901年から1903年にかけて、林文慶らが主編となって刊行している英文誌 "Straits Chinese Magazine"（海峡華人雑誌）に3度論考を寄せていた。そのうち2篇は宗教と中国社会の関係を論じたもので、3篇目は "The Crisis in the Far East"（極東の危機）と題したものであった[13]。李登輝が早くから時事問題に関心を寄せていたことが見て取れるものの、この時点で孫文から影響を受けていたとみることはできない。

3-1. 歴史の一場面（一）：寰球中国学生会（1912-1919）

　確証のある孫文と李登輝の最初の直接対面は、孫文が1912年10月10日に寰球中国学生会より要請を受けて行った演説の場面である。この日は武昌起義から丸一年経った記念日であり、孫文が寰球中国学生会での公演の要請を引き受けたことは、非常に意義深いものがある。寰球中国学生会は、李登輝の提唱で1905年7月1日に上海で成立した海外から帰国した中国人留学生の団結を目的とする組織であり、李登輝のような海外で生長した華僑のインテリなども包含される、彼らの相互扶助及び知的交流を図る組織であった。同会はまもなく出

国しようとする留学生への情報提供や、帰国した元留学生への職業斡旋ならびに医薬・法律相談などのコンサルティングや仲介を主要な業務とし、その最終目標は祖国の政治、実業、教育、文化事業の発展を推し進めることであった。寰球中国学生会は事務所を有していたことから、上海知識層の重要な活動空間ともなった。各種会議や専門家による講演会はここで開かれ、寰球中国学生会自身も定期的に様々な分野の学者や専門家を講演に招いた。

　孫文はここでの演説の中で「民国が成立したと雖も、今なお危険な時代にあり、内乱は未だおさまらず、外患は頻りである。ビルの基礎はすでに出来ており、あとは建築されるのを待つばかりである。地球上の一等国を造る上で、同胞は須らく冒険の心と堅忍の心を有するべきであり、今後も政府を賛助して協力していくことを願う」[14]と述べ、士農工商各界が向上しようと発奮することができれば中国の未来には大きな希望がある、と聴衆を激励した。講演時には会長の李登輝の他に、講演会の主席で寰球学生会董事の伍廷芳が孫文を接待していた。そしてこの演説を聞いた李登輝は、憂国意識と救国の決心を強めていくのであった。

　1919年10月18日、孫文は会長李登輝からの依頼で再び寰球中国学生会にて演説を行った。それは「五・四学生運動」から間もない特殊な時期での開催で、中国国内の政争も続いており、依然として対外的な憂国意識が強かった。こうした時代背景から、孫文の演題は「救国の急務」[15]というものであった。演説開始まもなく孫文は聴衆に「民国の成立から8年が経ちますが、なぜ今になって救国の話などするのでしょう」と問いかけ、すぐさま「それは今、中国が最も危ない境遇にあるからです。内憂外患が、次から次へと押し寄せてきています。国内では南北で争いがあり、外に目を向けると強大な隣国が我が国の運命を左右しようとしています。そのため、我々は迅速に有力な方法でもって国を救わなければなりません。」と、その理由を説明した。続けて、救国に関してはただ2つの方法しか無いとし、「一つは現状維持、すなわち合法的な国会を回復し、真に恒久的な平和を求めることです。もう一つは、革命事業を新たに遂行し根本的な改革を行うことです」[16]と述べた。続いて孫文はその2つの救国の

206 四、第三分科会　ボーダーを越えて

方法に関する客観条件について詳しく語り、さらに平和的に国会の回復が困難であった場合、ためらうことなく武力による革命を再発動し、これでもって救国の大業を成し遂げなければならないとの考えを示した。そして、集まっている知識人に対し、自分の力量と能力を過小評価せぬよう語り掛け、「国民よ！君たちはみな、民国の主人である」[17]とその場の聴衆を激励したのであった。

　講演会の開催は寰球中国学生会の定例活動の一つであった。研究者による初歩的な集計に基づくと、1911年から1918年までの8年間、同会は正式な講演会を計129回開催し、その内容は多彩で、主に教育、医学衛生、法律、科学、宗教そして実業関係のものが中心であった。中には国際情勢や国内の政争に関する講演も見られたものの、孫文のようにテーマが明確で、国民に対し救国の急務を大声で疾呼したものは極めて稀なものであった。というのも、外部からの講演者の多くは教育界人士、世に知れた紳士、そして学者や医者が主となっており、政界の要人や官僚が招かれて講演を行うこともあった。たとえば、中華民国工商総長王正廷（「公衆道徳と団結の問題について」）、臨時参議院院長湯化龍（「政党の競争及び道徳の関係について」）、前司法部長王寵恵（「中華民国憲法について」）、前教育総長范源廉（「夏休み期間の学業について」）などを招いていた[18]。とはいえ、初代臨時大総統である孫文に、とりわけ政局の混乱と救国の緊急性に関わる演説をお願いし、孫文がそれに応じたことは、李登輝と孫文の国を想う気持ちが通じ合っていたからこそ実現できたといえる。

　実のところ、孫文は講演の依頼を受けて初めて寰球中国学生会の活動に参与したわけではない。孫文は上海に滞在してさえいれば、同会のみならず他の社会団体の活動にも参画していた。李登輝は上海の社会団体では名の知られた人物であったがゆえ、数々の場面で孫文と会う機会があり、関係をより密接にし、意見を交換することが可能であった。例えば、1919年6月下旬には李登輝が発起人兼会長となって上海欧米同学会が成立した。続く同年8月29日には、全国組織となる中華欧米同学会の会合が上海で開催された[19]。当日夜の晩餐会に参加したのは、孫文夫妻、李登輝夫妻、唐紹儀夫妻をはじめとする百人を超える人々であった。『申報』紙上に掲載された記事に基づくと、上海での会合開

催に向けて、上海総幹事の曹雲祥および会長である李登輝が最も尽力したという[20]。晩餐会終了後、孫文がスピーチに立つこととなり、概略「今日、政権は軍人や政客、頑固な党の手に落ちてしまった。国家は危険極まりない状況にあります。」[21]と述べた。さらに、学問への造詣が深く、品性の高い欧米からの帰国留学生や知識人は、国家を守り、世を治め秩序を取り戻す責務がある、との思いも示した。同年10月18日の寰球中国学生会における演説は、このときとほぼ同じ趣旨であった。このほか、1919年8月8日アメリカ大学同学会が上海杜梅路郷野総会でアメリカに旅立つ留学生の歓送会を開催した。留学指導や歓送会の開催も寰球中国学生会の日常の業務であった。この時の歓送会には、孫文、李登輝、唐紹儀、宋子文らがこぞって列席した。

　孫文による絶え間ない宣伝の努力と実践的な救国行動によって、相当濃厚な愛国意識を既に持っていた李登輝の救国信念が更に強まることは避けられなかった。李登輝が孫文に2度も寰球中国学生会で演説するよう要請したことは、李が孫文の救国精神と愛国理念に共鳴していたからといえよう。孫文も李登輝の学校運営を支持し、可能な限り復旦公学とのちの復旦大学の発展に協力した。次に述べるように、やがて復旦公学/復旦大学は、孫文と李登輝のもう一つの交流の舞台として機能していく。

3-2．歴史の一場面（二）：復旦公学/復旦大学（1911-1925）

　孫文と復旦公学の関わりは間接的には辛亥革命の武昌蜂起まで遡ることが出来る。復旦公学では于右任や邵力子ら数十名の教員と学生が革命に参加し、鎮圧に来た清軍と激戦となり、校舎が損壊した。辛亥革命後、馬相伯、于右任、邵力子らは復旦公学の再開に向け動き出す。彼らは上海と南京の間を度々往来して孫文が指導する南京臨時政府に上申書を提出し、その結果臨時大総統孫文など政府指導者の関心を得ることが出来た。孫文も自ら、書面で早急に復旦公学の再開を支援するよう指示した。その後、南京臨時政府は再開時の校舎として上海徐家匯にある李公祠（李鴻章堂）を充て、さらに、特にバタヴィア（現在のインドネシアの首都ジャカルタ）華人社会の指導者陳性初や王敬書などが臨時

208 四、第三分科会　ボーダーを越えて

政府を支援するため送金してきた国民捐（義援金）より1万銀元を学校再開の補助金として充てがったのである[22]。

李登輝は1904年に中国へ渡る以前、バタヴィアに滞在していた頃からすでに陳性初を見知っていた[23]。陳性初（1871-1939）は福建漳平県に生まれ、漳州龍渓を祖籍に持つ。1902年にバタヴィアへ渡り、後に乾元亨号を創業し経営する。後に彼は孫文の革命思想に深く共鳴するようになり、革命活動へも積極的に参加し、1911年には、バタヴィアで王敬書とともに革命の宣伝機関となる華僑智育会を結成した。1912年1月、バタヴィア華僑は、「国民捐（義援金）」運動を展開し、成立間もない中華民国臨時政府を物質的・金銭的に支援したのだが、このとき中心となって奔走したのは、やはり陳性初であった。李登輝は1911年の武昌蜂起前から1912年末までの間、復旦公学を離れ、『共和西報』（*Republican Advocate*）の主筆となっていたとはいえ、復旦に対しては依然として関心を持ち続けていた。それゆえに、陳性初が積極的に義援金を集め提供したことは、当初から革命を支持する気持ちがあったこともさることながら、李の後押しがあったことも否定できない。南京の臨時政府が復旦の再開のためにとして与えた補助金に、バタヴィアの陳性初等から寄せられた国民捐が充てられたことは、偶然の一致ではないのである。

このほか、2つの側面から李登輝の影響力が確認できる。第一に、新政府内における李の位置である。武昌蜂起後、武漢の軍政府は外国語に長けた李登輝に外交を担当してもらおうと交渉を進めていたが、彼は辞退した。南京臨時政府成立後、財政総長陳錦濤は李に対して財政次長就任を依頼したのだが、彼はその依頼も断っていた。これによって、李登輝が新政府内に一定の人脈を有し、財政事務においても一定の影響力があったことが分かる。第二に、1913年1月に李登輝が復旦公学に戻り、校長となって以降の陳性初との関わり合いである。ここからは二人の緊密な関係が見て取れる。復旦公学が復旦大学と改称した1917年の秋、校長の李登輝は校舎の建設と施設拡充のため、学校理事（校董）会での決定に基づき資金調達のため南洋に赴いた。ここで重要な役割を果たしたのが陳性初である。陳はこれを支持し、自ら身銭を切り、さら先頭に立って

孫文と世界観を有する南洋知識人との交流と連動　209

各方面に支援を仰いだのであった[24]。

　孫文と復旦の間で直接的な結びつきが見られるようになったのは、1912年5月に復旦が徐家匯李公祠で再開してからである。復旦の教員と学生は、再開に際する孫文の協力に感激し、孫文に対して復旦公学理事長への就任を熱心に呼びかけた。孫文は喜んでこれを承諾した。そしてすぐに「努力前程」としたためた自筆の書を、邵力子を通じて復旦に贈り、教員と学生を誉め励ました。復旦の理事会は同時に伍廷芳、程徳全、顔惠慶、薩鎮冰、于右任、邵力子ら十人余りを理事に任命し、厳かな成立大会もとり行われた。その半年後、馬相伯校長が高齢を理由に退職を希望した（このときすでに72歳であった）。校董会は協議の結果、かつて教務長を務めていた李登輝を後任の校長として推薦し、馬相柏は理事となった[25]。こうして1913年より、復旦校長の李登輝と理事会主席の孫文は直接のパイプを有することとなった[26]。繰り返しになるが、李登輝と孫文はそれ以前より交友がある。前述の通り、1912年10月10日の中華民国建国一周年の際に寰球中国学生会会長李登輝が孫文に講演を依頼し、実現したことはその好例である。

　1917年、復旦公学が大学に昇格した後、校舎建設の動きは加速せざるを得なくなった。このことは李登輝、孫文とバタヴィアの陳性初らが協力し合う機会を与えた。同年、李登輝は理事会の求めに応じて南洋まで資金調達に赴くことが決まり、1918年1月下旬、彼は三島丸に乗船し、華僑に対して寄付を呼び掛ける目的で南洋（蘭領東インドや英領シンガポールなど）に向かった[27]。南洋において孫文の影響力は依然大きいものであったため、李登輝は理事長孫文の揮毫を携え南洋各地を駆け回った[28]。さらに、バタヴィアでは陳性初の人脈を頼り、少なからずの資金を集めることが出来たという[29]。1928年春、陳性初は福建漳州において長男による南雄百貨公司の創業を手伝うため、中国へと帰国する。陳はその足で上海へ向かい、旧友の李登輝校長と顔を合わせていた。この頃の復旦大学は女子学生の受け入れを始めたばかりで（1927年）あったが、キャンパス内に女子宿舎はまだ建てられていなかった。これを知った陳性初は女子宿舎の建設資金として、その場で気前よく2万両を寄付することを決めた[30]。

210 四、第三分科会 ボーダーを越えて

ここからも、復旦は孫文と李登輝にとって親交を深める第二の舞台であった
ことがうかがえる。さらに、復旦と孫文は、李登輝の人脈を通じ、バタヴィア
の華人リーダー陳性初らより財政上の後押しを受けることが出来たのである。
思想面ではどうだろうか。孫文と李登輝は接する機会が多くあった。孫文との
交流によって、李登輝は救国への熱意をより深め、復旦の教員と学生もまた愛
国の情熱をより深く抱くことが出来るようになった。一方、李登輝は自身の行
動をもって孫文に教育救国と知識救国の力がいかなるものかを示したのである。

四、おわりに：孫文と南洋知識人の相互影響

孫文と南洋知識人の間には、清末から辛亥革命期及び民国成立まもなくの時
期を通じ、それぞれの時期には、交友の対象とその目的には若干の異なりがあ
るものの、相互には少なからずの連動が見られた。辛亥革命期、革命の主たる
支持者は中層商人と下層労働者であり、彼らは資金を提供しさらに力を貸すな
ど貢献も少なくない。しかし、民国成立後は孫文の革命は思い通りのものには
ならなかった。袁世凱や北洋軍閥による独裁的な統治が敷かれ、孫文は相前後
して2次革命を発動し、護法運動に参画した。孫文は海外華人へ財政的な支援
を呼びかけたほか、世論の力及び知識層との連動を重視した。そのなかの一つ
の手段こそが、例えば上海寰球学生会における演説などのように、文化関係や
社会団体の会議や活動に参加することであった。

清末民初期は、一部の南洋知識人が中国に戻り奉仕・奉職した時代でもある。
李登輝と林文慶はこの時期、それぞれ上海と厦門へ渡って活躍した。彼らの中
国での活動拠点は孫文との親交を深める舞台となっていた。李登輝についてい
えば、彼が活動していた寰球中国学生会は、孫文にとっては知識層に対し政治
理念を語るに相応しい場であった。寰球中国学生会で行われた幾つもの講演テー
マのなかで、孫文の演題「救国の急務」は、現代政治をテーマとすることや、
個人の政治理念を語ることが許された数少ない特例であった。この時、李登輝
は国家と民族の前途に対し深い憂いの思いを抱いていた。そのため、彼は孫文

の呼びかけに共鳴し、国民の愛国意識を呼び覚ます一端を担ったのである。李登輝と孫文の救国の手段は、前者は教育、そして後者は革命を通じてと、その道筋は異なるものであったが、目的は一致していた。

　一方の林文慶は、早くも1900年頃に南方へと辿り着いた孫文と親交が始まり、知的交流を重ね、後に孫文の革命組織である中国同盟会シンガポール分会に加入した。林の義弟で防疫の普及に貢献したことで知られる伍連徳は、孫文が清朝政府からの指名手配を理由に海外へ亡命していた間、林文慶の家が孫文の避難場所となっていたことを振り返っている[31]。孫文は1913年に同盟会シンガポール分会を改組し、中華北京国民党駐シンガポール交通部とし、林が正部長に就任した[32]。なかでも注目したいのは、1912年に孫文が帰国して中華民国を建国し臨時大総統に就任した際、林文慶は孫文の側近として英文機密秘書と医務官を務めたばかりでなく、臨時政府の内政部衛生司司長に就任し、明の孝陵にも孫文に伴い一緒に参拝したことである[33]。これは二人の親密な関係と、信頼及び尊敬があってはじめて実現したものといえる。このとき、林文慶は自身の国籍に関し孫文と異なる認識を持っていた。つまり、林文慶を自身を英国臣民の身分であると明確に意識していたが、孫文は彼を血縁から華僑であると判断していたのである。いずれにせよ、彼らは共に中華の伝統文化、特に儒学に特別な思い入れがあった。そして、1926年、すなわち孫文が死去した1年後、林文慶は長年進めてきた儒学運動の理念を具体化させ、さらに孫文が生涯のうち何度も書にしたためてきた「天下為公」と「博愛」[34]の精神を発揚するための教育基地として、国学院を厦門大学内に設立したのであった。

　孫文が林文慶と厦門大学に及ぼした具体的な影響は、孫文の死後に具体的な形となってあらわれた。毎週月曜には「総理紀念周」の活動が実施され、そこでは林文慶が主となって学生を率い、孫文の肖像に対する敬礼、総理遺嘱の朗読、3分間の黙禱が行われた。この他、後に林は『厦大周刊』において「総理遺嘱」の全文を表紙上部に配置し、左右の脇には縦書きにそれぞれ「革命尚未成功」と「同志仍須努力」の2つの言葉を並べた[35]。1929年5月下旬から6月上旬、孫文の棺が北京から南京へと移送された奉安大典の期間、林文慶は政

212　四、第三分科会　ボーダーを越えて

府の訓令を厳格に守り、全ての厦門大学関係者に対して演劇や宴会など一切の娯楽活動を禁じ、半旗を掲げ哀悼の意を表した。さらに、敢えて英文で72行にも及ぶ詩 "ODE TO SUN YAT SEN"（中山挽歌）を書き、その訳は『厦大周刊』第210期（1929年6月22日）に掲載された[36]。中山挽歌には "We bury now our Hero whom we deeply mourn"（我們正在埋葬我們深感悲悼的英雄；私たちは英雄の亡きことをこころから悲悼する。そして私たちは今、英雄を埋葬しようとしている）という一文がある[37]。林文慶が孫文を「私たちの英雄（our Hero）」と称したことは、彼自身の内心から発した孫文への崇敬の念の表れであり、間接的にではあるが、林の国家アイデンティティにある種の変化も見られたものといえよう。1930年、林文慶が提唱していた厦門における公医院の開設が実現した際、林は病院を「中山医院」と名付けた。このことは、孫文が唱えた「天下為公、造福社会」の精神を広める目的の他にも、林文慶の孫文に対する敬慕の思いが込められているということができよう[38]。

　以上をまとめると、孫文と南洋知識人たちの間には、程度はそれぞれ異なるものの、連動と影響が見られたのである。しかも、彼らが相互に与えた影響は完全に対等なものではなかった。孫文の存在は李登輝の救国と愛国の理念を促す働きをもたらした。そして李登輝は孫文に対して革命宣伝の場を提供し、さらには資金調達の面で孫文の革命活動の継続に貢献した。かたや、孫文は林文慶の政治理念に影響を与えたばかりでなく、林文慶に自身の自己認識と国家アイデンティティを再考させる機会を与えた。林文慶が孫文に与えた影響を言えば、李登輝が孫文に与えたものと同様に、教育もまた長い時間をかけ穏やかに進める救国の一つの手段であることを孫文に認知させたことである。民国成立後の孫文の政治理念は、武力革命に限ったものではなくなり、目的達成のためには多方面から同時に活動を行う方法も取り入れられた。この孫文の理念は、南洋から帰国した知識人層の影響を受けていたものといえる。その影響というのは知らず知らずのうちに彼らから感化されたものであり、現実に即した実際的な性質のものであったといえよう。

注

† 本稿は、孫文生誕150周年記念国際シンポジウム「孫文と太平洋——ネイション を越えて」で発表したものである。光栄にも安井三吉先生よりコメントを頂いた。 ここに記して感謝申し上げたい。

（1） 南洋の革命志士についての研究としては、『辛亥革命与南洋華人研討会論文集』 （台北：辛亥革命与南洋華人討論会論文集編輯委員会、1986年）、張希哲・陳三井 主編『華僑与孫中山領導的国民革命学術研討会論文集』（台北：国史館、1997年）、 『南洋華僑与孫中山革命』（台北：国父紀念館、2010年）、張応龍主編『海外華僑 与辛亥革命』（広州：暨南大学出版社、2011年）が参考になる。

（2） この日本人刺客事件に関しては、拙稿「イギリス人と清末の改革及び革命—— 1900年「日本刺客事件」の再検討」『孫文研究』（日本神戸）第39号（2006年3月） 45～58頁を参照されたい。その他、桑兵『庚子勤王与晩清政局』（北京：北京大 学出版社、2004年、259～260頁）、張克宏『亡命天南的歳月：康有為在新馬』（ク アラルンプール：華社研究中心、2006年、165～167頁）、狭間直樹著；肖平訳 「就劉学詢与孫文関係的一個解釈」『学術研究』11（2004年、95～102頁）、などで も関連事件について詳述されているので、ここでは詳述しないことにする。

（3） 林文慶はかつて『星報』を受け継いで『日新報』と改称し、同紙において康有 為・梁啓超らの立憲君主の主張を宣伝していた。

（4） 林文慶が革命派に共鳴し始めたため『日新報』を停刊にしたという具体的な証 拠はない。資金不足に陥ったか、ただ単に、とくに唐才常の自力軍蜂起後の康有 為に失望したためという可能性もある。

（5） 朱水涌『厦大往事』（厦門：厦門大学出版社、2011年）73頁。

（6） 厦門大学には林義順が1929年に提供した会員名簿が所蔵されている。本稿では 陳丁輝主編『星洲同盟会録（再版）』（シンガポール：晩晴園・孫中山南洋紀念館、 2015年）所収の同名簿を参照した。

（7） 朱水涌『厦大往事』（厦門：厦門大学出版社、2011年）73頁。

（8） 孫文の教育思想に関する論考は少なくない。なかでも孫文の教育思想の段階的 な特徴に関しては、王兆祥「孫中山教育思想形成的三個階段」『天津大学学報 （社会科学版）』第8巻第3期（2006年）が参考になる。

（9） 厳春宝『一生真偽有誰知——大学校長林文慶』（福州：福建教育出版社、2010) 106頁。

（10） 李登輝が中国に渡った動機について筆者は別稿で分析しているため、本稿では 言及しない。詳しくは『跨域史学——近代中国與南洋華人研究的新視野』（厦門： 厦門大学出版社、2008年）所収の拙稿「南洋知識分子与晩清国家与社会——再発

214　四、第三分科会　ボーダーを越えて

現辜鴻銘、李登輝和伍連德」を参照されたい。李登輝の帰国は、1950年初頭に新中国建設を志して帰国した者や1960年代に居住国で排華運動に遭い帰国を余儀なくされ、長期にわたって中国に定住することとなった「帰国華僑」と異なるものである。

(11)　「李登輝先生行状」『国史館史籍全文資料庫・伝記・碑伝輯録』（http://linux211. drnh.gov.tw/~textdb/）。資料を提供下さった呉龍雲博士に感謝申し上げます。

(12)　陳于德『孫中山与復旦公学監督李登輝博士』185頁。

(13)　荘欽永「英華校友李登輝博士」『新加坡華人史論叢』（1986年）47頁。"*The Crisis in the Far East*" は *Straits Chinese Magazine,* vol.7, no 4, Singapore（1903）にて発表されたものである。

(14)　「挙行国慶志盛」『申報』（1912年10月12日）。

(15)　「救国之急務——在上海寰球中国学生会的演説」黄彦編『孫文選集（中冊）』（広州：広東人民出版社、2006年）。

(16)　「救国之急務——在上海寰球中国学生会的演説」黄彦編『孫文選集（中冊）』（広州：広東人民出版社、2006年）。

(17)　「救国之急務——在上海寰球中国学生会的演説」黄彦編『孫文選集（中冊）』（広州：広東人民出版社、2006年）。

(18)　高翔宇「寰球中国学生会早期史事考述（1905－1919)」『蘭州学報』第 8 期（2015年）81～88頁。

(19)　貝蓓芝「緬懐欧美同学会創始人李登輝」『海帰学人』第 1 期（2013年）25頁。

(20)　「中華欧美同学会成立記」『申報』1919年 8 月31日、第10版。

(21)　「中華欧美同学会成立記」『申報』1919年 8 月31日、第10版。

(22)　邵黎黎、孫家軒『復旦大学与陳性初先生』（http://www.long1998.com/news.asp?act= content&cid= 4 &id=1732&pid）（2017年 1 月27日閲覧）。

(23)　1906年、李登輝はバタヴィア中華会館（Chung Hwa Guild of Batavia）の名誉会員（Honorary Member）に選ばれた。また、陳性初も当時現地の華人社会でも非常に活躍していた。

(24)　邵黎黎・孫家軒『復旦大学与陳性初先生』。

(25)　邵黎黎・孫家軒『復旦大学与陳性初先生』。

(26)　回憶録によると、馬相伯辞職後の1913年に理事会主席孫文が李登輝の校長就任を推薦したとある。『学府往事』下巻第 3 章を参照。しかし、孫文が理事長を務めたかどうかについては論争がある。復旦が理事会を組織した後、孫文、陳其美、于右任、王寵恵等らが理事として就任し、王寵恵が理事長に就いたという記載もある。『復旦大学誌』第 1 巻（上海：復旦大学出版社、1985）62、205頁参照。

孫文と世界観を有する南洋知識人との交流と連動　215

(27)　「李登輝君回南誌」『中国与南洋』第 1 期（1918年 3 月）。

(28)　邵黎黎・孫家軒『復旦大学与陳性初先生』。

(29)　李登輝は南洋滞在の半年間で、150,000銀元を調達したという。銭益民『李登輝伝』（上海：復旦大学出版社、2005年）292頁。

(30)　銭益民『李登輝伝』114頁。

(31)　Wu Lien-Teh, "Lim Boon Keng: Scholar, linguist and reformer," *The Straits Times* (Singapore), 7 Jan. 1957, p. 6. また伍連徳は、武昌蜂起後、林文慶と孫文は同じ船で中国に帰国したと述べているが、この事に関しては詳しい検証が必要である。

(32)　厳春宝『一生真偽有誰知──大学校長林文慶』99頁。

(33)　Wu Lien-Teh, "Lim Boon Keng: Scholar, linguist and reformer," *The Straits Times*, 7 Jan. 1957, p. 6.

(34)　多くの人は「博愛」を、西洋のキリスト教における神学思想がもとになっていると理解しているが、『論語・顔淵篇』第 5 章で述べられている「四海之内は皆兄弟たり」もまた儒家の博愛思想である。後世の人が言った「博愛これ仁と謂う」にも、儒家の博愛論の基本精神が表れている。

(35)　厳春宝『一生真偽有誰知──大学校長林文慶』105頁。厳春宝教授より『厦大周刊』表紙などの資料閲覧を含め、多大のご協力を得た。ここに記して謝意を表します。

(36)　中山挽歌の中国語訳は厦門大学中文系朱桂曜教授によるもの。厳春宝教授より『厦大周刊』第210期上の中山挽歌の複写を提供して頂いた。ここに記して謝意を表します。

(37)　張亜群『自強不息　止于至善──厦門大学校長林文慶』（済南：山東教育出版社、2012年）。

(38)　厳春宝『一生真偽有誰知──大学校長林文慶』105頁。

孫文と積極的かつ進取に富んだ
オーストラリア華商——南太平洋国民党の創設

郭美芬（Mei-fen Kuo）
（クイーンズランド大学）

（訳：根無新太郎）

は じ め に

　現在、北アメリカと東南アジアにおける華商と孫文の政治運動に関する歴史研究では、すでに素晴らしい成果が挙げられている。にもかかわらず、オーストラリアやオセアニア地域についての研究は依然として不足している。オーストラリアにおける中国国民党の歴史について言えば、1935年に中国国民党駐オーストラリア総支部が広州で自費刊行した『中国国民党駐澳州党務発展実況』があるのみである。近年、総支部の档案が公開され、更に政府档案や新聞、雑誌などの史料のデジタル化が進んだことにより、オーストラリア華人と孫文の政治運動の歴史的関係をさらに究明することが可能となった[1]。

　オーストラリア華商が孫文と国民党組織へ参加した時に果たした役割については、過去の研究においてすでに言及されている。そこで本論文においても、これらのオーストラリア華商の歴史的な役割、特に第1次世界大戦前後にオーストラリア華商がどのようにして南太平洋の各港市に跨った国民党組織を作り上げたのかに重点を置くつもりである。さらに、本論文では、南太平洋における国民党組織と華商による商業活動の関係についても分析を行う。20世紀初頭の海外華商による故郷への実業投資に、民族主義が影響を与えたことについては、過去の学界での研究によってすでに明らかにされている。民族主義は、20世紀の海外華商が積極的に近代中国の商業と工業を打ち立てていく原動力の一つとなったのである[2]。それならば、南太平洋の国民党支部を設立していく

過程における、これらのオーストラリア華商〔の事例〕は、海外華人の民族主義の歴史的発展を補足するものとなりえるのか？　それとも、孫文の革命運動と海外華商資本主義の発展を理解するために新たな視点を提供することができるのか？　オーストラリア国民党設立の過程で華商の演じた役割については、現在総支部に収められている一通の史料があり、そこからはオーストラリア華商の政治と商業ネットワークがどのように重なりあっていたのかが垣間見える。1920年、孫文の上海からの返信中には以下のように書かれている。

　　シドニー救済局　黄柱先生および諸先生
　　昨日、永安より電信為替を受け取りました。貴局よりの2000ポンド、すでに全額拝受いたしました。拝受後、すぐにこの電報を打っておりますが、御覧いただきたく思います。今、財政部より受取書を発行の上、同封いたしますので、どうぞ、ご査収ください。皆様の救国のお気持ちと常のご援助にはたいへん感服しております（以下略）[3]。

シドニー救済局とは、正式名称を「澳州華僑籌款救済局」といい、洪門の「中華民国総公会」と国民党支部が1918年6月に発起したものであり、共同で資金を募って孫文の護法運動を援助し、総公会会長の黄柱を総理に推戴した。この手紙は一世紀近くも国民党文書の中に埋もれていたもので、オーストラリア中国国民党総支部に残されている、唯一の孫中山親筆の手紙でもあり、格別に貴重なものである[4]。1920年の孫文の書簡中にある「永安」公司は、単に送金を請け負っていただけの商社〔店〕ではない。永安公司とは上海で開業したばかりの永安百貨のことであり、その総督理はシドニー国民党支部長の郭標に他ならない。1917年に郭標が上海に帰ってきた後は、永安が上海の党部と南太平洋の国民党をつなぐパイプとなったのである。事実上、郭を中心として、シドニー、上海、香港、広州、東京、スバ（フィジー）、オークランド（ニュージーランド）などにわたる国民党〔所属の〕華商のネットワークが、1917年にはすでに形成されていたのであった。郭標と当時の国民党〔所属の〕商人の南太平

218　四、第三分科会　ボーダーを越えて

洋におけるネットワークを理解するには、まずオーストラリア華商の勃興から説き起こす必要がある。

19世紀末におけるシドニー華商の勃興

オーストラリア、ヴィクトリア州で金鉱が開かれるにつれて、多数の広東籍の華人が海を渡ってオーストラリアの鉱区に行き、金を採掘し始めた。1861年には中国移民の数はピークに達して計38,958人になり、オーストラリアの総人口の約3.3パーセントとなった。しかし、各鉱区において次々に排華の衝突が起こり、各州では華人を制限する規則を制定し始めたため、華人人口はしだいに減少していった。1881年以後に排華のための〔華人〕制限は緩められ、その上、クイーンズランド州では再び金鉱が発見された。そのためオーストラリアの華裔移民の総数は再び増加した。しかし、その後オーストラリアの排華運動は高まり、オーストラリア華人の数は年を追って減っていった（下図参照）。1901年にオーストラリア連邦政府が成立すると、その後には中国移民を制限するための方針が通されていった。すなわち、書き取りテスト（Dictation Test）や「回頭紙」（Certificates of Domicile and Certificates Exempting from the Dictation Test）〔居住者証明とそれによる書き取りテストの免除証明書〕である。これらの規則は、すでにオーストラリアに定住していた華裔移民を、オーストラリアの国家建設の過程における「他者」とするだけではなく、新たな移民を阻止するものでもあった。1921年以前まで、華裔は依然としてオーストラリアにおける最大の非白人のエスニック・グループであったのだが、多くのオーストラリアの文学者、歴史学者、新聞記者、小説家、挿絵画家たちは作品中において華裔をオーストラリアの社会や文化とは相いれない「他者」として描いた[5]。

孫文と積極的かつ進取に富んだオーストラリア華商　219

澳州華裔人口表（1861－2006）[6]

	Male	Female	Persons	%Total
1861	38,247	11	38,258	3.3
1871	28,307	44	28,351	1.8
1881	38,274	259	38,533	1.7
1891	35,523	298	35,821	1.1
1901	30,709	2,008	32,717	0.8
1911	23,374	2,398	25,772	0.6
1921	17,895	2,917	20,826	0.4
1933	11,212	3,137	14,349	0.2
1947	8,193	3,901	12,094	0.2
1954	10,554	5,004	15,558	0.2
1961	15,885	7,683	23,568	0.2
1966	－	－	26,723	0.2
1976	－	－	36,638	0.3
1986	－	－	201,165	1.1
1991	123,381	126,100	249,881	1.5
1996	156,941	246,924	480,412	1.8
2001	266,277	290,277	556,554	3
2006	317,765	357,656	675,629	3.4

　統計上の華裔コミュニティの数は、実際には1880年代以後に華裔の都市移住が進んだという歴史的現象を明示している。1880年から1901年まで、金鉱採掘の減少、その上にオーストラリアの都市化の影響が加わることによって、都市に住む華裔集団は2倍、3倍へと増えていき、その大半は東部の大都市に集中した[7]。それらの大多数は野菜や果物の販売、野菜農家、大工、洗濯人、雑貨商などの職業についていたが、その中でも、シドニーは最も華商の多い都市になっていった[8]。

　シドニーの新興華商は、その商業行為において、かつての華商と全く同じというわけではない。彼らは、地縁関係や同郷会のネットワークが資源と結びつくようなやり方には満足できず、その商業経営と儲けも、華人内の需給から全

220 四、第三分科会　ボーダーを越えて

てがもたらされたわけではなかった（過去の商社が手掛けていた事業は、中国商品の輸出入、乗船切符の購入における援助、貯金や貸付にまで及ぶものであった）。そして、経営方式も共同出資による有限会社方式へと向かっていき、その社会的ネットワーク、さらにキリスト教教会と地区の慈善活動を通じたものとなり、地縁と華人社会に限られただけのものではなくなった[9]。

「永生果欄」は、これらシドニーの新興華商の中でも最も成功した例である。「永生果欄」は郭標（George Kwok Bew, 1867－1932）、蔡興（James Choy Hing, 1869－1957）、馬応彪（Ma Yingbiao / Ma Yin Piu, 1868－1944）、馬祖容（Mark Joe / Ma Joe Young, 1864－?）が1890年以前に設立したものであり[10]、多数による共同出資の形を採っていた。主にバナナを取り扱い、クイーンズランド州とフィジーでは果樹園を保有しており[11]、20世紀初頭のクイーンズランド州のバナナ栽培は、ほとんど華人に独占されたと言っても過言ではない[12]。1903年、永生は有限会社として登録しなおし、郭標は会社の時価総額はおよそ4000ポンドであると公言した[13]。以後の数年において、クイーンズランド州でのバナナ栽培への投資は10,000ポンドにまで達した[14]。1917年に上海に移り、開店したばかりの永安百貨の総督理となるまで、郭標は永生の経営を担い続けた。当時、永安百貨に投資された資金のうち、半分以上（およそ500,000香港ドル）がオーストラリアからの出資であった[15]。郭標が永生を離れた後、永生の経営は馬樹培に代わったが、1923年におけるオーストラリア税関職員の報告では、永生はオーストラリア最大の華人会社であり、中国、オーストラリア、香港間での貿易を請負っていると述べられている。また、1925年の政府報告では、永生の売上は62,803ポンドにまで達しているとされた[16]。

永生が樹立した経営モデルの一つとしては、オーストラリア政府の会社法に依拠し、登記して有限会社となり、法律の保護下において積極的に投資を募り、また香港や広州の各実業に投資を行う、ということがある。その中でも比較的に重要なものとして、香港の「利民興国実業公司」や先施公司、永安公司などがある。1913年、香港と広州での投資の管理やオーストラリアへの輸出入請負いへの利便から、香港永生公司弁公室が設立された。これは1919年に香港で登

記して有限会社となった。そして、1921年には香港、中国、東南アジアにおける投資と貿易を統括する利便性から、香港永生は総公司となった[17]。

　また、永生公司は外国為替業務にも乗り出した。オーストラリアの金融はロンドンの金本位制と大英帝国の強力な経済的庇護下で利益をあげており、加えて、19世紀後半には金鉱が開かれた。そのため19世紀最末期には、オーストラリアはすでに太平洋地域における重要な経済実体となっていた。1895年以後、全世界で銀の価値が下がり、銀本位であった清帝国は輸出において比較的に不利を被った。しかし、多くのオーストラリアの華人にとっては逆に有利であった。彼らが香港と広州に持ち帰った金は為替市場では相対的に価値が高く、加えて、当時の広東の石岐一帯では為替の規制が相対的に緩やかであった[18]。そのため、永生公司だけでなく、その他のシドニーやメルボルンの華商も皆、石岐で為替の商社〔店〕を設けた[19]。1903年から1916年にオーストラリア連邦政府が個人による大量の金持ち出しを禁止するまで、オーストラリアから香港にもたらされた金は5,035,247ポンドに達し、中国に輸出された金も1903年から1916年まででは282,218ポンドにのぼった[20]。その中でも、主な輸出者はすべて華人であった。辛亥革命以前の1910年を例にすると、香港に輸出された金は657,490ポンドであったが、そのうちの583,424ポンドが華商によるものであった[21]。オーストラリア華商が為替のために大量に輸出した金は、為替の値ざやによる儲け以外に、顧客に代わって行う為替以外の業務の原資の一つにもなった。為替業務のために、永生はまず石岐で支店を設立した。そして、20世紀初頭、先施公司と永安公司の広州での設立は、相互投資を行っている出資者が、海外為替業務を引き続き行うことにとってさらに有利なことになった[22]。

　永生の為替業務は、完備した档案が不足しているため、その総額は算出のしようがない。また、永生の為替業務に投じられた金融資本の総額がどれくらいであったのかについても整理のしようがない。しかし、今に残る総領事館の档案と中国語の各種定期刊行物からは、永生の為替が金融業のみに限られたものではなかったことがわかる。その中には、逝去した華人の遺産の中国への送金、

222　四、第三分科会　ボーダーを越えて

地方義学への資金援助、教会の設立、自然災害などによる飢饉への救済なども含まれていたのである。そのため、20世紀最初の10年の間には、永生はすでにシドニー華商の集団的動員活動における主要な組織となっており、単にバナナ売買や国際貿易を行っているだけの一商社ではなかった。更に、第1次世界大戦の前後では、永生は南太平洋地域における国民党の送金を請け負う主力商社へと成長した。

シドニー華人の政治連盟：永生、『民国報』そして初期国民党

　19世紀末から20世紀初めにかけて、永生を中心としたシドニー華商たちは、中国における民族主義風潮と日増しに厳しくなるオーストラリアの人種主義の対立につれ、政治組織を作って自己の権利を守り始めた。1901年にオーストラリア連邦が成立した後、華人のオーストラリア入国が阻まれたため、康有為であれ孫中山であれ、誰もがニュージーランド、オーストラリア一帯へ行き、資金を募り支持を求めることができなくなった。また、情報は各種定期刊行物や港を行き来する水夫からの伝達に頼らざるを得なくなった。オーストラリアにおける国民党の初期の発展の起源は、1902年にメルボルンで作られた「新民啓智社」にある。これは東南アジアの閲読書報社のように保皇派に対抗して作られたものであり、また、オーストラリアにおいて初めて公に同盟会を支持した組織でもあった[23]。

　1911年の辛亥革命前後には、「少年中国会」がメルボルンで設立された。そして、革命に呼応したシドニーの華人も続々とこれに参加した。シドニー国民党の档案の中には「少年中国会」の宣伝ビラが収められている。これによると、辛亥革命前後においてシドニーで孫中山の革命を支持した勢力は、主に商人、長老派教会、義興公司（洪門）の結集したものであったことがわかる。しかし、少年中国会は終始一貫して有力な政治組織であったわけではない。当時の主な活動は寄付金を募ることでしかなかったが、誰に寄付をするかについては1912年以後においても絶え間なく論争が続いた。そのため、孫文支持派と憲政改革

孫文と積極的かつ進取に富んだオーストラリア華商　223

を支持する中華総商会との間には、しばしば論戦が行われた。

　1914年12月に、孫文支持派のメルボルン華商が「中華共和会」を設立し、東京の中華革命党と接触をした。1915年4月にはシドニーにおいても国民党支部が設立されたが、1916年6月になってやっと第1回設立会合が行われた[24]。シドニーの国民党支部はメルボルンの革命勢力に遅れをとった。しかし、シドニー国民党による党員の獲得と動員は次第に拡大していき、メルボルンをはるかに超えるものとなった。1916年までに、シドニー国民党の党員は292名となり、メルボルンの45名をはるかに上回った。シドニー国民党は1915年に成立し、次第にメルボルン国民党に代わり汎太平洋地域での国民党組織の中心となっていった。これには、華商が発行した『民国報』との深い関係がある。

　『民国報』の出版以前では、メルボルンの『警東新報』が孫中山の革命を支持する、オーストラリアで唯一の新聞であった。しかしその経営においては、一貫して安定した財政支援を得られず、1914年以後には『警東新報』の発行が困難に直面した。その編集主幹、黄右公が上海の党部に寄せた書簡によると、1913年の第二革命失敗の後、メルボルンの華裔移民の間における孫中山支持の風潮はもはや以前のようには振わなかった。加えて、当時、第1次世界大戦が勃発し、オーストラリア政府は中国と香港の新聞がオーストラリアに入ることを禁止した。これらによって華字新聞が中国や香港の新聞から、情報を転載することが制限された。こうした多くの原因により、『警東新報』は1914年末には倒産した。そして編集者の劉滌寰もサンフランシスコに赴くこととなった。尚、サンフランシスコで劉滌寰は『少年中国晨報』の編集に携わり、それは第2次世界大戦後まで続けられた。

　『民国報』発行の目的の一つは、オーストラリアで衰えていた孫文派を支えることであった。当時、永生の経営者であった郭標は1908年以後には保皇派を脱退しており、その後は積極的に孫文の革命運動を支持していたのである。1914年2月に郭標、華人長老派教会の牧師周容威、泰生果欄の余栄、洪門の義興公司の指導者である黄柱（黄柱穏）らは、合資によって孫文支持の『民国報』を発行した。そして、その経営は郭標が行った。『民国報』では二人の広東人

224 四、第三分科会　ボーダーを越えて

教師、趙国俊と伍洪培を主筆として招聘し、同時に光華学校を設立した。趙国俊と伍洪培はともに両広優級師範学校の卒業生であり、この学校は後に孫中山によって中山大学と改められた。〔両広優級師範学校卒業後に趙国俊と伍洪培が教鞭をとっていた、広州の〕培正学校はバプテスト会系であり、この新式の教会系学校では孔子崇拝と儒家教育に反対していた。趙国俊と伍洪培も孫文の政治理念を宣伝し、国民党組織の宣伝工作を担った。そして儒家と憲政を崇めるシドニー中華総商会や『東華報』に対抗したのである[25]。

　『民国報』は合資により発行された最初の華字新聞ではない。だが、出資を募る際の宣伝方式は注目に値するものであった。最初の発行からほどなく、『民国報』は読者に向けて出資を募る広告を行った。1914年5月28日、記者の趙国俊と経営者の郭標はシドニーを出発して、郷村地域へと出資を募る旅に出かけた。その目的は『民国報』の資金を募ることである。この旅の途中、趙国俊と郭標はNew England一帯〔ニューサウスウェールズ州〕で比較的に多くの時間を過ごした。この地域が重視されたのには、主に2つの原因がある。第一の原因は、シドニー華商の行っている政治活動への参加に、この地域の商人が相対的に熱心であったことである。19世紀末より、同地域の商人とシドニー方面の商人とは密接な交易を行っており、彼らの社会的ネットワークは貿易への投資と姻戚関係を通じて強固なものとなっていたのである。第二の原因は、かつて梁啓超が1901年にこの地を旅行して保皇派のために寄付を募り、多くの賛意を得たことにある。趙国俊と郭標はこの地域を2週間かけて旅行したが、これには実質的な出資者を募る以外に、康有為、梁啓超の支持者を取り戻せた、という動員力を示す象徴的な意味をもっている。

　この旅行の後、『民国報』と『東華報』は第3革命および国体についての論争へ入ることとなる。袁世凱に反対した趙国俊と伍洪培の激しい言論は、次第に中国領事の曾宗鑑と中華総商会の不満を引き起こし、もはや彼らにビザを発給しないようにとオーストラリア政府に要求せずにいられなくなった。当時、第1次世界大戦の情勢が不安定であり、加えて、オーストラリアではアイルランド〔独立派による〕武力革命の運動が盛んであったので、趙国俊と伍洪培に

孫文と積極的かつ進取に富んだオーストラリア華商　225

よる革命的な言論は、オーストラリア当局の疑念を招いた。最終的に、伍洪培
と趙国俊は1915年に相次いでオーストラリアを離れた。伍洪培は東京に滞在し
て中華革命党に加わり、趙国俊は長老派教会の周容威牧師の手配のもと、ニュー
ジーランドのウエリントンに至り、伝道を名目として当地で国民党への支持を
広めた。伍と趙はオーストラリアを離れた後も、以前のようにシドニーの国民
党と連絡を取ったため、日本とニュージーランドにおける党務の発展に貢献し
た。

　『中国国民党党務発展』〔陳志明『中国国民党駐澳州党務発展実況』〕による
と、伍洪培がシドニーを離れる日の前夜、シドニー国民閣報書社において、あ
る秘密の加盟儀式を取り行った。これらに参加した人々も、最初のシドニー国
民党の党員となった[26]。オーストラリア政府が反袁運動や第3革命に対して
疑義を呈したため、国民党組織は最初から秘密結社の方式をとらざるをえなかっ
たのである。

　以上をまとめると、『民国報』は南太平洋における国民党の機関紙としての
役割を果たしただけではなかった。より重要なのは、郭標とその他の華商の間
での商業を通じて構築されたネットワークを、株式発行を通じて凝集したこと
である。それはやがてシドニー国民党の成立において重要な基礎となった。南
太平洋の中国国民党は『民国報』の影響の下で誕生を促されたものとも言えよ
う。そして、これより先に永生の商業ネットワークを通じて積み重ねてきた信
頼と指導力によって、郭標は〔国民党〕シドニー支部部長となった。他方では、
永生のフィジーにおける事業を通じ、国民党はフィジーでの拠点を設けること
ができた。数年の後にはフィジーにおいて国民党支部が設立され、後の南太平
洋島嶼における国民党組織の先駆けとなったのである[27]。

第1次世界大戦前後、南太平洋の華商政経ネットワークの結合──
「北京楼」と「中澳輪船」

　1915年後半より、『民国報』は国民党党務部からの通告やアメリカ大陸と日

226 四、第三分科会　ボーダーを越えて

本、両本部からの知らせを大量に転載してはいるが、国民党シドニー支部の活動はまだ完全に公なものとはなっていなかった。しかし、1916年3月の「護国軍」起義を受け、ついにシドニー支部は公然と自身の名において資金を調達し、また、党員がそれぞれメルボルン、ブリスベンへと派遣されて党務を組織した。当時、シドニー支部はすでに比較的に組織化された方法で運営され、党の綱領や組織の規則があった。更に、東京の本部とも連絡をもち、同志としての証明書を受けとっていた[28]。1916年からしばらくの間は入党者も増え、組織も拡大された[29]。寄付は次々と増え、4月から年末まで、金額の大小に関わらずすべてが『民国報』に掲載された。合計で3回にわたって東京の孫文に送金されたことが国民党の档案からわかる。その総額は878ポンドに達した（現在の価値にすると約40,000ポンド。為替レートについては National Archives of UK を参照）。また、シドニー国民党支部の組織の発展は、洪門の義興公司の再編にも影響を及ぼした。「中華民國公會」の名で人員を派遣して資金を募ったためである[30]。この資金募集の経験は、国民党と洪門組織がその基礎を拡大するのに役立っただけではない。2年後に両者が提携して「澳州華僑籌款救済局」を設立することをも促したのである。

　1916年6月に、党員の増加によりシドニー支部は新たな場所に移った[31]。『民国報』では、この際の除幕式の様子を詳細に報道しているが、孫文の指導的地位はすでに確立されていた。1916年7月から『民国報』は上海の記者姚公鶴を特派記者に任用し、上海党部との情報の伝達の任にあたらせた[32]。

　1915、16年の後には、シドニー華商たちは北アメリカの国民党が挙行した海外懇親大会に積極的に参加するようになった。政治活動の後では、太平洋沿岸の諸都市の華商間の交流が深められ、シドニー華商たちも新たな商業への投資を呼び込んだのであった。1917年から1918年にかけて、第1次世界大戦末期には、シドニー華商たちはアメリカ華商の影響を受け、彼らに倣って新たな事業への投資を行った。そして、その事業には「北京楼」と「中澳輪船」がある。

　1915年にシドニー国民党は余栄を代表としてサンフランシスコに派遣し、第一回国民党海外懇親大会に参加した[33]。1917年9月には副部長の黄来旺がニュー

ヨークに行き懇親会に参加した[34]。その後、黄来旺は汽船会社の業務について調査するために北アメリカ各地の党部を訪問した[35]。黄来旺は、1917年から1918年に北アメリカを遊歴してオーストラリアへ戻った後、ニューヨークの華人レストランに倣ったシドニー最大規模の華人レストラン「北京楼」を、合資によって建てることを積極的に呼びかけた。1年余りにわたる出資と準備を経て、「北京楼」は1919年に開店した。シドニーとメルボルンの華人16名が株主となり、その資本金は40,000ポンドに達した[36]。「北京楼」は、2階建てのビルに中国式と西洋式が折衷したレストランとなった[37]。「北京楼」の開店は合資方式の一例であり、またアメリカナイズの影響を色濃く受けたものであった。当然、これはすべて黄来旺のニューヨークでの経験によったのではなく、当時のシドニーはすでにアメリカの大衆文化の影響を受けていた[38]。「北京楼」は、当時のシドニーにあったアメリカ式のダンスホールに倣い、毎週、ダンスパーティにも供されていた[39]。また、北京楼の出現は国民党に大型の室内集会場を提供することになった。1919年、シドニー国民党が初めてオーストラリア、ニュージーランド、フィジーなどの党員を招集して「懇親大会」を開催し、党務について討論した時には、「北京楼」が唯一の100人を収容できる宴会場であった。その後数年の間に懇親大会と党務についての会議が何度も行われ、シドニー「北京楼」は南太平洋の国民党の集会場所ともなっていった。

　もう一つの南太平洋の華商による、政治資源と経済資源の結合として重要なできごとは「中澳輪船」の設立である。これは、最初から「中美輪船」に啓発されたものであった[40]。第1次世界大戦の間、汽船が制限されたことは貿易や人間の移動に困難をもたらした。当時、オーストラリアの汽船で香港、中国、オーストラリア間を往来する航路は19世紀末以来、イギリスと日本によって独占されていた。シドニー華商が提議する前においては、すでに Thursday Islands〔木曜島〕とヴィクトリア州の金鉱街 Bendigo〔ベンディゴ〕の華商も建議を行っていたが、関連する事務が膨大なものであったため、議論は棚上げにされたままであった。しかし1916年後半になり、ついにシドニーの華商鄺修瓊が中華総商会の機関紙である『東華報』において経営計画書を発表したのである。

228 四、第三分科会　ボーダーを越えて

〔鄺修瓊は〕中美輪船の資金調達と経営方式に倣ってオーストラリア華人による汽船会社を設立してもよいのではないかと考えた[41]。後にメルボルンの商会もこれに賛同し[42]、国民党〔所属の〕商人も相次いでこの意見を支持した[43]。

　1916年10月に郭標が発起人となり、シドニー華商を集めて相談をしたところ、船の購入は難航したので、まずはアメリカの中国輪船公司と合弁し、資金を募った後に1隻の汽船をオーストラリアに寄港させることを決議した[44]。また、永生を含む8社のシドニーの商社〔店〕が、資金調達と財政の管理を請け負うことが決議された。そして、章程の冒頭では、まずアメリカの中国輪船有限公司と合併して「中美澳郵船有限公司」となることが定められた[45]。この章程が制定された後、一家を挙げて上海に移ることになった郭標は、その途中の香港において、商人たちを招集した。その中でも、特に先施、永安、大新の3つの百貨公司はどれもシドニー発祥であり、その経営者たちはオーストラリア華人と密接な関係を持っていたので、彼らは輪船公司への投資を承諾し、また香港の金山庄の商人たちから資金を募ることを請け負った[46]。また、彼らの中でも永安公司が最大の出資者となり、2000株を保有した[47]。オーストラリア、ニュージーランドの各都市を含む南太平洋各地から資金が集まり、南太平洋の各群島に住む華人たちも次々に資金を投じた。資金が予定額に達した後、アメリカの華商との合弁には差支えや多くの不便が生じたため、中澳輪船は自営を決定して2隻の大型郵船を購入した。当時、董事には中華総商会、国民党、中華民国公会の指導者たちが共同で就任し、当時の総商会会長の女婿であった劉光福が名義上の船主となった。

　当時、「中澳輪船」との競争に対応してイギリス籍と日本籍の郵船会社は次々と値引きを行って顧客を引き寄せており、「中澳輪船」は当初から経営難に陥っていた。損失が長期に亘る中で、中澳輪船の経営を請け負っていた中華総商会も非難を受けた[48]。そして、国民党党員の林有も劉光福を告発した[49]。〔林有は〕劉光福が中澳輪船によって私利を図り、全オーストラリア華人の公共の利益を追求していないとする。これらの出来事は、結局のところ、中澳輪船が追求するのは商業的利益か、それともオーストラリア華人全体の利益かをめぐり、

孫文と積極的かつ進取に富んだオーストラリア華商　229

分裂が起こったことを浮きぼりにしている。更に、商会も国民党〔所属の〕華
商が徹底的には日本製品や日本の汽船会社をボイコットしていないことに不満
であった。そこで、〔中華総商会と国民党の〕双方による論争が再度起こった。
結局、中澳輪船は意図したようには発展せず、長期に亘る損失の下、最後には
倒産した。中澳輪船の結末は、第1次世界大戦後におけるオーストラリア華商
の苦境を示している。

　中澳輪船は、オーストラリア華商が初めて異なったグループと資源とを纏め
併せようとしたものと見なすことができる。南太平洋の華裔コミュニティにとっ
ての最大の利益を求めようとする試みは、外部では政治情勢とオーストラリア
における人種主義の圧力があり、内部では衝突が次第に増加していったため、
国民党と中華総商会は再び分裂をした。そのため、1918年の「澳州華僑籌款救
済局」は商会の支持を得ることができず、国民党と中華総公会が共同で資金を
募り、孫文の護法運動を支持したのであった。

　シドニー華商を中心とした国民党組織は、第1次世界大戦後には総商会の商
人と協力することができなかったのだが、太平洋の港市における国民党の組織
を通じ、却って一つのモデルを確立し、その商業資源と政治資源を纏めるよう
になったのである。上海の郭標を中心としたオーストラリア国民党は、上海の
永安公司と広州の先施公司を通して、定期的に資金を孫文の政治活動に提供し
た(50)。1918年以後も郭標と孫文は密接な交際を持った。1921年に郭標は上海
の私邸に永安百貨の職員たちを招き、孫中山が非常大総統に選ばれたことを盛
大に祝った。

　1920年にシドニー国民党は第一回目の全オーストラリアと南太平洋地域での
懇親大会を主催した。そして、1921年にはシドニー国民党の事務所が落成し、
また、当地の政府に登記して正式に公益団体となった。当時、孫文はオースト
ラリアと南太平洋群島に陳安仁を派遣した。南太平洋において、陳安仁は孫文
の代理として、2年余りに亘って各地の事務所を訪れた。そして、南太平洋で
の国民党の政治的勢力を確立したのであった。

おわりに

　20世紀初めのその他の海外華商たちと同様に、オーストラリア華商の商業活動は、その政治連盟と密接不可分のものであり、相互に影響を及ぼし合っていた。オーストラリア華商を例とすると、19世紀末から既存の同郷会と地縁に基づく組織では、都市にいる華人の要求を満たすことができなくなっていった。更に政治による啓蒙も加わったため、孫文の共和革命運動を支持する組織が出現した。第1次世界大戦前後に、国民党はオーストラリア華商とその他の港市商人の間の連携の基盤になっていった。彼らの商業投資はほかの国民党〔所属の〕商人の影響を受けて、共同出資形式による各種定期刊行物の発行や中国・西洋様式のレストラン、そして輪船公司などへと発展した。オーストラリア華商が、政治組織を通じて次第に既存の地盤をこえ、旧来の商業形態を突破したものと言えよう。

　孫文と積極かつ進取的なオーストラリア華商は、民族主義と資本主義がどのように互いに補い合い発展していくのかについて〔の事例〕を補うものである。しかしそれ以外に、本論文では20世紀初めの積極的、進取的なオーストラリア華商を例に、シドニー、メルボルン、フィジーのスバ、ニュージーランドのオークランド、中国の上海や広州、香港、日本の東京といった地を行き来した、これらのオーストラリア華商が、その資本とネットワークを拡大させていく中で、国家ではなく海港都市を枠組みとして行動していったことを明らかにしようとした。第1次世界大戦前後における資本の積み重ね（国際金為替）、情報流通の創始（定期刊行物）から、国をこえた合資（北京楼、中澳輪船）にいたるまで、〔これらが示すのは〕単にオーストラリア華商が商業的な成果をあげたということのみにとどまらない。彼らの地域をこえるという能力は、南太平洋における国民党のネットワークをも作り上げたのであった。

　20世紀初め、孫中山の革命を支持し続けたオーストラリアの民族主義者たちは、海港都市を基礎とした南太平洋地域でのネットワークを作り上げ、また、

孫文と積極的かつ進取に富んだオーストラリア華商　231

次第に在地の労働者、小規模商人から有限会社への出資者や貿易商へと変わっ
ていった。「永生公司」、「民国報」、「北京楼」と「中澳輪船公司」の発展は、
都市が移民のネットワークにとって持つ重要性を明示している。オーストラリ
ア華商が異なった都市へと移転して積み重ねた金融資本と社会資本は、資本主
義を深化させただけではなく、海港都市という枠組みの下で華商が地域をこえ、
南太平洋地域においてネットワークを作り上げることを可能としたのである。

注

（1）　2013年には、中国国民党オーストラリア総支部が公開した档案を主に用いた
　　『百年回顧――中国国民党駐澳州総支部文物彙編』がオーストラリアにおいて出
　　版された。Mei-fen Kuo and Judith Brett, *Unlocking the History of the Australasian
　　Kuo Min Tang 1911-2013*（Australia: Australian Scholarly Publishing, 2013）.

（2）　関連する研究として以下を参照。Adam McKeown, *Chinese Migrant Networks and
　　Cultural Change: Peru, Chicago and Hawaii 1900-1936*（The University of Chicago
　　Press, 2001）. Huei-Ying Kuo, *Networks beyond Empires: Chinese Business and National-
　　ism in the Hong Kong-Singapore Corridor, 1914-1941*（Brill, 2014）.

（3）　原史料は現在中国国民党駐オーストラリア総支部に収蔵されている。この書簡
　　は『民国報』1920年11月20日、6頁においても見ることができる。

（4）　オーストラリアシドニー国民党は1921年に現在の場所に移ってきたばかりで、
　　残すことができた過去の文書は少ない。これより早い孫文との間の文書は、1916
　　年に東京に送金した際の領収書が数枚ある。初期のオーストラリア国民党の档案
　　の中には党員の寄付と送金についての記録があり、これらは重要な歴史的財産で
　　あり記憶であるとされてきた。これらの寄付は、彼らと孫文、ひいては各地の党
　　員と民族主義者をつなぐものであった。

（5）　J.W. Cushman, "A "Colonial causality": The Chinese Community in Australian
　　Historiography," *Asian Studies Association of Australian Review,* Vol.7, no.3, April
　　1984. Graeme Davison, "Unemployment, race and public opinion: reflections on the Asian
　　immigration controversy of 1888," in Andrew Markus and M. C. Rocklefs (eds.), *Surrender
　　Australia? Essays in the study and uses of history: Geoffery Blainey and Asian Immigration*
　　（Sydney: Allen & Unwin, Australia, 1985）.

（6）　Year Book of Commonwealth Australia, No. 18. Lindsay M. Smith, *The Chinese of
　　Kiandra New South Wales: A Report to the Heritage Office of the New South Wales*

232 四、第三分科会　ボーダーを越えて

Department of Urban Development [i.e. Affairs] and Planning（Sydney: Heritage Offic
e, N.S.W. Dept. of Urban Affairs & Planning, 1997）, pp.17, 43.

（ 7 ）　Paul Jones, *Chinese-Australian Journeys: Records on Travel, Migration and Settlements, 1860-1975*（Canberra: National Archives of Australia, 2005）.

（ 8 ）　シドニーにおける中国人小売業者や商人の数は、1901年までに394人に達して
いた（ニューサウスウェールズ全体では799人）。C.F.Yong, *The New Gold Mountain: the Chinese in Australia, 1901-1921*（Adelaide: Raphael Arts）, p.264を参照。1902年
にオーストラリアを訪れた、シンガポールの中国総領事の報告からは、中国系オー
ストラリア人〔華裔〕の最大のコミュニティはシドニーとメルボルンにあったこ
とがわかる。また、この報告は、シドニーでは最も多くの中国人が貿易に従事し
ていたとも記している（外交檔: 02-13- 008-02-061、台湾、中央研究院近代史研究
所）。

（ 9 ）　Mei-fen Kuo, "The making of a diasporic identity: the case of the Sydney Chinese
Commercial Elite, 1890s-1900s," *Journal of Chinese Overseas,* 5（2）: 336-363.

（10）　City of Sydney Archives, Archive no: SRC19038. George Kwok Bew〔郭標〕は、
自分は1881年にオーストラリアに移住し、1888年に永生を設立したと述べている
（the letter from George Bew to Linebarger dated on 23 Dec 1930 at "Register of the
Paul Myron Wentworth Linebarger Papers, 1889 ‒ 1939" of Hoover Institution of Stanford
University〔スタンフォード大学フーヴァー研究所蔵ラインバーガー文書の1930年
12月23日付郭標からラインバーグ宛て書簡〕）。

（11）　Yong, *The New Gold Mountain,* p.50; Bessie Ng Kumlin Ali, *Chinese in Fiji*
（University of the South Pacific, 2002）.

（12）　*Royal Commission on Customs and Excise 1906-1907:* IV, 849.

（13）　SP244/ 2, N1950/ 2 /3885, National Archives of Australia. 永生は1894年からクイー
ンズランドにおける果物市場を支配した。Testimony of George Bew to the *Royal
Commission on the Fruit Industry,* 1913:1117を見よ。1899年にGeorge Bew〔郭標〕
はバナナ貿易拡大の見込みについて調査を行うため、クイーンズランドを訪れた
（NAA, Attorney-General's Dept, Correspondence files, SP42/1, C1901/652 1/2）。彼
〔郭標〕の努力により、永生は、1899年にはクイーンズランド北部において一週間
に7000房のバナナを取り扱い、1900年にはフィジーとの貿易を始めた（Royal
Commission on the Fruit Industry 1913:1116-1117）。

（14）　'Mar Sha Poi（Lung Yan Soo）- Exemption certificate,' A 1, 1925/11716, National
Archive of Australia.

（15）　例えば、永生は上海の永安百貨の株式をシドニーにおいて代理販売していた。

孫文と積極的かつ進取に富んだオーストラリア華商　233

Shanghai Municipal Archives Q 225-4-1, Q225-4-3 and Q225-4-5を参照。

（16）　'Mar Leong - Ex/c Wife,' National Archive of Australia, A 1, 1937/90.

（17）　Private collection of Gordon Mar（Sydney）.

（18）　林金枝、庄為璣『近代華僑投資国内企業史資料選輯広東巻』福建人民出版社、
1985年、92頁。

（19）　Mei-fen Kuo, "Jinxin（金信）: remittance industry and enterprising Chinese Australians
in the early 20th century," unpublished paper.

（20）　*Annual Statements of the trade of the Commonwealth,* 1903, 1904 and 1905. *Trade
and Customs and Excise Revenue of the Commonwealth of Australia,* 1906-1917.

（21）　*The Daily Commercial News and Shipping List*（Sydney）の1910年における各報告
を見よ。

（22）　*Chinese Australian Herald,* 1 June 1918, p.4.

（23）　陳志明『中国国民党駐澳州党務発展実況』広州、1935年。

（24）　邵銘煌「前進南太平洋──中国国民党在澳州的生根与経営（1910－1924）」
＜http://shao3736.blogspot.com.au/2007/ 04/19101924.html＞（2016年 9 月22日閲覧）

（25）　郭美芬「1914年民族主義者的旅程──《民国報》与雪梨国民党網絡的形成」
Chinese Southern diaspora Studies, vol.2, 2008〔『南方華裔研究雑誌』第 2 巻、2008
年〕, pp.158-164.

（26）　陳志明、前掲書。

（27）　Mei-fen Kuo and Judith Brett, *Unlocking the History of the Australasian Kuo Min
Tang 1911-2013*（Australia: Australian Scholarly Publishing, 2013）を参照。

（28）　『民国報』1 April 1916, p.6.

（29）　『民国報』22 April 1916, p.6.

（30）　『民国報』27 May 1916, p.6 ; 22 July 1916, p.6.

（31）　『民国報』24 June 1916, p.2.

（32）　『民国報』8 July 1916, p.2,5 ; 15 July 1916, p.2,5 ; 22 July 1916, p.5. 29 July 1916,
p.5.

（33）　*Young China Morning Post*（San Francisco）, 28 July 1915.

（34）　*Sydney Morning Herald,* 18 June 1918, p.12.

（35）　『民国報』29 June 1918, p.6.

（36）　National Archives of Australia, 'Kai, Wong Ming - Exemption certificate', A 1, 1924
/24351.

（37）　*Sunday Times,* 28 Sep 1919, p.3.

（38）　Jill Julius Matthews, *Dance Hall and Picture Palace; Sydney's Romance with*

234 四、第三分科会　ボーダーを越えて

Modernity（Sydney, Currency Press, 2005）.

(39)　*Sun*（Sydney）, 7 Dec 1919, p.14.

(40)　『民国報』10 Feb 1917, p.5.

(41)　『東華報』23 June 1917, p.7.

(42)　『東華報』11 Aug 1917, p. 7.

(43)　『民国報』8 Sep 1917, p.7 ; 『東華報』15 Sep 1917, p.7.

(44)　『民国報』20 Oct 1917, p.6.

(45)　『民国報』20 Oct 1917, p.1.

(46)　『民国報』15 Jan 1918, p.5.

(47)　『民国報』8 Dec 1917, p.6 ; 『廣益華報』15 Dec 1917, p.1.

(48)　*Tung Wah Times,* 20 Nov 1918, p.7 ; 7 Dec 1918, p.2,7.

(49)　*Chinese Australian Herald,* 23 March 1922, p.3.

(50)　*Chinese Australian Herald,* 1 June 1918, p.4.

〔　〕は訳者による補足。

民国初年の対日ボイコットにおける
東南アジア華僑と孫文

吉 澤 誠 一 郎
（東京大学）

一、はじめに

1908年の第二辰丸事件以降、いくつかの懸案ごとに対日ボイコット（抵制運動）が展開されたが、その多くの場合には海外に住む華僑が大きな役割を果たしていた。研究史のうえでは、それは華僑に対する愛国主義や革命思想の影響力と関連させて論じられてきた。

ただし、華僑社会によるボイコットは、中国国内の運動とは相当に異なる経済的な意義を有していたことに留意すべきである。中国本土においては、対外ボイコットは国産品愛用運動と深く関係しており、国内の工業発展を促すという側面もあった[1]。しかし、華僑は主に商業に従事しているのであって、ボイコットは実態としては彼らの経済的利益を損なう可能性の高い行為とみるべきであろう。だとすれば、華僑の人々にとってボイコットは、愛国の念に駆り立てられた行動というだけで、経済的な動機とは無関係というべきなのか。この点については、丁寧な考察を必要とする。

本報告では、1912年から1913年にかけて東南アジア華僑が推進した対日ボイコット運動について分析することで、如上の問題について考察を進めることにしたい。この運動については、すでに菅野正氏が詳しく検討している[2]。菅野氏が利用した主要な史料は、日本の外務省記録であり[3]、私もそれを大きく超える史料を見出すことはできなかった。菅野氏の先駆的な研究の意義は高く評価すべきであるが、いくつか残された問題がある。特に、なぜこの時点で、中国大陸ではなく東南アジアの華僑が主導する対日ボイコット運動が発生した

236 四、第三分科会　ボーダーを越えて

のかという疑問については、未解明のままというべきである。

　本稿は、華僑の経済的利害に注目するが、実は菅野氏も華僑が自らの商業権を確保するため「日露協約締結を口実にして、このボイコットという型で運動を発展させた」と指摘していた。ただし、菅野氏としては、「南洋華僑が、本国人以上に祖国の維持・発展に熱誠をもっていた」ことを最も重視しているのに対し、本稿はその理解を批判し、「日露協約締結を口実として」抵制運動を展開したという観点を強調することにしたい[4]。

　加えて、孫文がこの対日ボイコットを抑止しようとしたことにも、注目しなければならない。この点についても菅野氏の指摘があるが、本報告でも、孫文と華僑の関係という古典的な問題の一環として再考してみたい。

　なお、本稿では、日本語史料の引用にあたっては、仮名づかいを現代のものに改めるなど、読みやすく加工した。

二、運動の発端

　1912年10月9日、バタビヤ領事の浮田郷次は、外務大臣内田康哉あてに電報を送り、中部ジャワの華僑の間で日貨ボイコット運動が起こったことを伝えた。つづいて、10月11日づけの文書によって詳しくそれを説明した。

　　月初以来、本島中部一帯に亘る諸都市に於て支那商人間に排日貨運動の萌芽を認め候処、今般、同地方在留本邦商人の報道する処によれば、Solo, Djokja, Cheribon & Semarang の諸市に於ては最近着々実現せられ居るものの如く、運動の中心は「スマラン」市にして、在同市支那豪商建源の如きも之れに加盟し居る由の噂も有之。数日前より別紙告文を市内要所に貼付致し居り候。

　　該運動開始の動機は全く日露新協約、満蒙瓜分に起因し、之が禍首は日人なるを以て当に先（まさ）に先（まず）日貨を抵制し以て我を苦しめんとするに外（ほか）ならず候。

　　右は全く本国団体の勧誘により止むなく実行せるものの如くに候得共（そうらえども）、南洋航路の廻航も（予報の如しとすれば）最早目前に迫り居る矢先と邦人の迷

惑不過之 [5]。

この報告には、いくつか注目すべき点が含まれているが、まずはジャワにおける運動の中心がスマラン（三宝壟 Semarang）であるという指摘がある。スマランは、ジャワ島中部北岸の大港市である。

対日ボイコットを呼びかけるビラとして、浮田領事が報告に添付して東京に送った「敬告同胞実行抵制日貨」が残されている。その末尾には「南洋三宝壟華僑公佈」とある。

　日露が協約し、満蒙を瓜分（領土分割）する。ああ、目下我が民国の国民は、ばらばらにされて一敗地にまみれ、その悲惨は今ここに現れようとしている。〔中略〕我ら華僑は祖国の大事を振り返り、外患がたえず襲ってくることに心を痛め、悲嘆の涙を流す。思い切って我が同胞に告げよう。わが祖国が滅亡の危機にあるのは日本人のせいであり、日露協約は日本人こそが主犯なのだ。甲午の役（日清戦争）では我が藩属（朝鮮）を侵し、我が台湾を割譲させ、我が遼東を占拠したが、その報復はまだなされていない。今また瓜分を提議してロシア人をだまくらかし我が民国を辱めている。同じ黄色人種、同じアジアとしての利害関係は顧みず、民国の国民を全く無視している [6]。

こうして、かつての第二辰丸のときにならって、今回も日貨ボイコットを実行しようと呼びかけるのである。

　浮田領事は報告の末尾に附記して、この抵制運動は広東省または香港あたりに発したものと指摘している [7]。しかし、香港総領事は、香港ではまだボイコットが高揚する実態はないと報告していることから [8]、香港は運動の策源地であるとは考え難い。

　スマラン華僑の名義による上記「敬告同胞実行抵制日貨」ビラは、香港・厦門・汕頭で見つかり [9]、南京でも国民党機関紙『中華報』に掲載された [10]。スマラン華僑の名義であっても、他の土地で印刷された可能性は残されるが、やはりスマランで1912年10月初め頃にボイコットを起こそうとする計画がなされたと考えるのが自然と言えるだろう。

三、ボイコットの背景と動機

先に引用したように、スマラン華僑名義のビラには「日露が協約し満蒙を瓜分する」と記されている。同じビラには、その主要な内容として、（1）日本が遼東半島を租借・支配することを永久に承認する、（2）日露両国は勢力範囲の地点に出兵する自由を得る、（3）その他の国が満洲において鉄道を経営・敷設することを拒絶する、の3点が挙げられている。さらに協約の中では、「日本が北緯44度から東経116度以南を属地として占領することができ、北京もその勢力範囲内とする。ロシアは万里の長城外一帯において自由に行動できる」などと規定されているという。

ここで言及されているのは、一応は1912年7月8日調印の第3次日露協約に相当すると思われる。この協約は、モンゴルのボグド・ハーン政権の成立および辛亥革命という事態を踏まえ、日露両国の「特殊利益」のある地理的範囲を確定しようとしたものである[11]。

しかし、スマラン華僑のビラの説明は非常に不正確であり、極論すれば全く誤った情報に基づいて日露協約の説明をしていると言ってよいだろう。「北緯44度から東経116度以南」という記述も意味が理解しがたい。

第3次日露協約は、秘密とされていた（同協約第3条にその旨が明記されている）。このような秘密協定は、当時の列強外交において珍しくはなかったが、内容が公表されない以上は、人々の猜疑心を招きやすいという傾向を免れなかった。かりに不正確な内容が流布されたとしても、両国政府はそれを訂正することはできず、そもそも協定が存在していること自体を否定し続けるしかない。とすれば、人々の疑惑はますます募ることになる。

ボイコットのための煽動という観点からすると、このような秘密協定の内容は材料として適当なものであった。日本の非道な侵略姿勢を強調することが容易だからである。他方で、架空の内容をふくむ協定をいくら批判しても、現実の外交にとって如何なる効果があるのかということは、いささか疑問である。

その意味で、このビラが意図していることが具体的に何なのかは、不明瞭に思われる。

　もうひとつ、菅野氏がすでに挙げている疑問がある。「原因が日露による満蒙分割の企図から起ったにもかかわらず、なぜそれと地理的に近い中国本土であまり発展せずに、かえってほとんど関係の少ないとみられる南洋華僑の間で組織され、発展したのか」という問いである。その回答として、菅野氏は「祖国を守ろうとする純粋な意欲」の強さを挙げている[12]。しかし、1912年11月の時点でのシンガポール領事の報告すら、ボイコットの動きは蘭領インド方面に限られていたと述べており[13]、やはりジャワ特有の事情を考えてみる必要があるだろう。

　先に引用した浮田領事の報告のなかで心配事として挙げられていたのは、南洋航路がまもなく開かれるということであった。南洋航路とは、日本政府の指導と補助金をうけて、日本の民間業者が蘭領インド方面に定期的に運航することになったものである。当初の航路は、神戸を出て門司・基隆・香港・シンガポール・バタビヤ・スマラン・スラバヤと回り、香港を経て帰港することになっており、第一の船である万里丸は1912年10月21日に神戸を出港した[14]。浮田が、先に引用した10月11日の報告で懸念していたのは、今後の貿易の発展を占うこの船の到着が近日に迫っていたという事情もあった。

　『大阪毎日新聞』には、万里丸に乗った者の報告が掲載されている。「三浦生」とある筆者は同社の記者ないし特派員であろう。万里丸は、排水量3331トンの小さな貨物船であったが、この最初の運航においては、門司で積み込まれた三井物産の石炭が積載貨物重量の8割までを占めていた。石炭が香港やシンガポールで荷揚げされると、残ったのは神戸から積み込まれた雑貨に過ぎなかったという[15]。

　三浦の記事は、日本から「南洋」への商品輸出について、次のように解説している。

　　石炭、燐寸、人力車は、その額最も多く専ら三井物産によって取扱われ、幾分は支那人に直接取引され、鰯、貝柱、椎茸は重に支那人に販売せられ、

240 四、第三分科会　ボーダーを越えて

日本人向きの呉服反物類は多く日本商店に於て販売し、土人向の品は支那人・錫蘭人の手で商われ、洋傘は海峡植民地及び馬来半嶋では需要少く、ジャワ、バタビヤ、スマラン或はセレベス地方の支那人と土人に用いられ、雑貨類は南洋在住日本人の手を経て輸出されるものと支那人・印度人の手を経て取引さるるものとある。売薬類は支那人土人類に持囃され前途有望なる輸出品ではあるが、近時その行商人が不正手段を行うので、幾分の声価を失墜し、新嘉坡に於ては日本売薬株式会社支店あり、ジャワ方面には小川洋行・横山洋行等、売薬専門の店があって、行商人の品行を矯正すべく種々計画中である[16]。

　そもそも、南洋航路開拓とは、日本船による日本製品輸出の推進を意味していたから、三浦が万里丸について報道するにあたっても、上のような解説が加えられることになったとみてよい。そして、南洋航路の開設は、従来シンガポールとジャワ諸港の間の海運を担ってきたオランダ郵船との利害衝突をもたらして、「最初は競争の態度に出て声を大きくして和蘭官憲の援護を求めんとし双方睨み合いの姿となった」が、なんとか妥協の道筋がつけられたという[17]。

　加えて、三浦の解説にあるように、日本製品のなかには華僑の手によって流通させられるものも多くあったことから、日本船による貿易に対して華僑が警戒を強めるのは当然に予想されることであろう[18]。

　前に引用した浮田領事の報告には、豪商建源も日貨排斥に参加しているという風聞が記されている。建源（Kien Guan）とは、製糖業などで巨万の富を築いた黄仲涵（Oui Tiong Ham）の商号である。黄は、スマラン華僑社会の有力者であり、オランダ政庁から華僑を取り仕切る役職に任じられただけでなく、20世紀初頭のジャワにおいて、社会経済の変動にうまく対応しつつ、ビジネスを成功させてきた[19]。

　実は、『大阪毎日新聞』によって派遣された三浦は、建源こそが、反日ボイコットの主導者だと指摘している。

　スマランに於て最も勢力あり且支那人の中心ともいうべきは、建源と郭春秋である。建源は今回の日貨排斥即ちボイコットの親方で、その原由は種々

あるが南洋郵船の航路開始もその一つに数えらる。これは建源の船舶部に対し利害の関係あり、彼が所有する汽船は爪哇を中心として新嘉坡に航海しつつあるのみならず、和蘭郵船の株主で、我が南洋航路の為め自然貨物を減少する虞れもあり、且つ広東辺の小新聞に日露手を握って満洲蒙古を併呑すべしなど根もないことを吹立て人心を動揺させたので、建源等は表面これを口実としてボイコットを企てたのである[20]。

このように、建源には日本の南洋航路に反対するという動機があり、満蒙問題にかこつけて反日運動を行なおうとしたと説明する。

　もとより、建源がどこまでボイコットを主導したのかを明確にすることは難しい。ただし、建源は、1908年にはオランダ系の競争者に対するボイコットを主導したことはある[21]。また、三浦によれば、スマラン在住の日本商人はボイコットで少なからざる打撃を受けたので、万里丸の来航に際して、南洋郵船組の松城理事に会見して善後策を相談したという。「松城理事は建源の船舶部長と会談して意志の疎通を図り、ここに全くスマランのボイコットは解決した」[22]。

　このような経緯をみるならば、建源などのスマラン華僑が、日本による南洋航路開設に危機感を持ち、ボイコットの発動を交渉材料として、南洋郵船に対して運航や運賃についての交渉と妥協を迫ったと理解するのが良いだろう。ボイコットが急速に収束したことも、これを傍証する。もちろん、日露の協約についての猜疑心に由来する愛国の憂憤といった感情が拡がっていたことを無視することはできないが、スマランにおいてなぜ一時的にだけ反日ボイコットが現実の動きとなったのかを説明するためには、華僑の具体的な経済的利益に関わる懸念に注目する必要があるだろう。航路を新設し日本製品の輸出を日本人が手中にしようとする試みが、ジャワ華僑の反撥を招いたことを念頭におけば、ボイコットがこの時点で、中国本国とはあまり関係なく試みられたことがよく説明できるのである。

四、マニラの状況

『大阪毎日新聞』の三浦によれば、スマランで建源と南洋郵船側の話がついてスマランのボイコットが解決したあとも、「その余波はマニラに及び、今尚我が商人は幾分の迷惑を蒙って居る」[23]と指摘していた。確かにマニラでは、他の地域に比べてボイコットの動きが長く継続した。

その発端は、マニラ領事代理杉村恒造の10月29日づけ報告にみえる。これによれば、「中興子」という仮名による檄文が散布され、また、夜陰に乗じて、華僑小売商店の店頭に「日貨免問」「日貨休兌、諸客免問」と墨書した赤紙の小片を張り付けるものがいた。そして、マニラ唯一の中国語新聞『公理報』も外交上の危機を訴えてボイコットを唱え、また「平素憂国の志を以て任ぜる無識者輩中には会同大（おおい）に時局を非議して之に加勢を試みんとするものある」などの動向が見られた。杉村の得た情報によれば、これら反日運動の動因は、日本が満洲に派兵したとか、日本が中華民国を承認せずにかえってその分割を図ろうとしているなどの風説にあった[24]。

マニラでは、12月になっても排日の宣伝は加熱しており、ついには救国社という団体ができてボイコットを推進するに至った。中華民国のマニラ総領事楊書雯は、杉村から要請を受け、北京の外交部の訓令を得て、華僑に対して中日親善を説いた。他方で、杉村は米国のフィリピン当局にも取り締まりを申し入れた[25]。

その後、フィリピンの官憲は、救国社への捜査を進めた。1913年1月時点でのボイコットの効果について、杉村は次のように述べている。

> 目下の処、本邦商店中、当地にて卸売に従事し居れるものは、三井物産会社、伊藤忠兵衛商店、田川商店の三軒にして、其内最も多く之れが影響を蒙むり居るものは伊藤商店とし、予（かね）て支那商人側より是迄（これまで）同店へ注文せし商品も一月以来綿糸を除きては或は注文を取消され或は一時取引を見合され居る趣にて、右は全く旧臘救国社側に於て申合をなしたりと噂せらるる

本年一月以降一切其取引を禁止せんとする決議に基くものの如くに有之。又、三井は余まり其影響を受けざる石炭、蔬菜、綿糸等の如き商品を有するが為め、此度暫らく冷静傍観の態度を採り、漸次時局の開展を俟ち居り、又、田川は勃勃一部の支那人より私かに新注文を受けつつある趣に有之、目下の処、利に慧き支那商人中には香港を経て本邦商品の輸入を試むるもの多き模様に有之候。尤も爾余の本邦商店二十許は孰れも小売商人なるが為め、却て平常に比し顧客を増加し、幾分か諸品の売行良ろしき模様に有之候[26]。

ここでまず注目すべきなのは、ボイコットの対象となって特に攻撃を受けているのが、伊藤商店（のちの伊藤忠）だということである。

伊藤商店は、1910年1月にマニラ出張所を開いたばかりであった（1912年には支店に昇格）。当初は、主に日本の綿布をマニラに輸出しようとし、その後も「その範囲をひろげて、各種の織物、綿糸、メリヤスシャツ、タオルのほか、ろうそく、柱時計、ガラス器、ほうろう鉄器、陶磁器などの雑貨類、寒天、ジャガイモ、玉ねぎなどの天産品までも、とりあつかうようになった」。同社の社史にも、1912年から1913年のボイコットにより「マニラ店は大打撃をうけ、いよいよ引揚げ寸前という最大の危機においつめられた」とある[27]。

このように伊藤商店のみ大きな損害を受けたのはなぜだろうか。確かに、田川商店は、多年マニラで商売をしており、華僑と巧みな交渉が可能であったのに対し[28]、新来の伊藤商店にはそのような人間関係が無かったということが考えられる。

ここで改めて杉村領事代理の報告に、一部の華僑は香港から日本商品を輸入しようとしていると述べられていること、また日本の小売商の損害はなかったとすら指摘していることが注目に値する。こうしてみると、実は攻撃の対象となったのは日本商品というよりも、むしろ日本商社であるとみるのが妥当であろう。

やはり社史によれば、伊藤商店は寧波布（寧波産の綿布を日本で模造したもの）を上海に輸出していたが、それがフィリピンに再輸出されていたことから、フィ

244　四、第三分科会　ボーダーを越えて

リピン市場への直接輸出が可能と考えたという[29]。すなわち伊藤商店は、みずから日本商品をフィリピンに輸出することで商社としての利益を得ようとしたのだが、それは香港などから日本製品をふくむ各種商品の輸入をしていた華僑の利益と正面から衝突するものであったことになる[30]。

　さらに、三井物産は石炭・蔬菜・綿糸を扱っていたため、あまりボイコットの影響を受けなかったというのは、いかなる意味であろうか。石炭は三井が三池炭鉱などにおいて採掘過程から掌握する特殊な商品であり、華僑が取り扱うことはできない。また、馬鈴薯や玉葱の販路としては、アメリカ陸軍も大きな割合を占めていた[31]。そして、日本製の綿糸は、1910年代に日本の紡績企業と日本商社の連携によって華僑の手を経ない輸出が主流となったことが指摘されているうえ[32]、この年の綿糸需要の大きさも関係しているかもしれない[33]。伊藤商店も綿糸だけはボイコットを免れて商うことができたことは、前に引用した杉村の報告にみえる。

　1912年に始まる伊藤商店による直接輸出の試みこそが、マニラにおけるボイコットの動因といえば、言い過ぎかもしれない。しかし、実際に経済的な効果が最も明瞭に現れるのは、現地華僑の利害関係と重なる側面においてであり、それゆえ伊藤商店はボイコットによって大きな打撃を受けたと考えられるのである。

五、孫文の電報による抵制運動の終幕

　孫文は、1913年2月13日から3月23日まで日本を訪問し、政財界の要人と面談した。おりしも、大正政変によって桂内閣が倒れ山本権兵衛内閣が成立する時期にあたっていた。孫文訪日の意味については、本稿で精密に議論することはできないが、彼の具体的な目的としては、孫文が悲願とする鉄道敷設などのため日本から資金を引き出そうとすることが第一にあったと言ってよいだろう[34]。

　日本政府の関係者は、孫文に対してマニラにおけるボイコットを停止させる

ように依頼した。これを受けて、孫文は3月6日頃、マニラの救国社あてに次の電報を送った。

> 日本外務省の者の話によれば、貴港では日貨排斥を実施しているとのことです。私が思うに、中日両国には隣国のよしみがあり、進んで互いに心を通わし東亜の幸福をめざすべきであって、衝突するのはよくない。今や日本の朝野上下をあげて我が国と連携しようと切望しており、全国の人心は一丸となっています。このことをよく理解して日貨排斥を停止し、東亜の幸甚なることを願います[35]。

ここに見えるように孫文は、日本の外務省からの情報を受けてマニラにおけるボイコット運動について知った後、日本が朝野をあげて中日の連携を推進しようとしているとして、排日の運動を停止するようにマニラ華僑に要請したことになる。さらにもう一度、孫文は救国社に電報を送ったが、これを受けて救国社は反日運動をやめることを決議した[36]。

しかし、これで事態が収まったわけではない。楊領事は、3月10日に孫文からの電報を受け取った。

> 商会および救国社の電報によれば、貴殿は日貨排斥を理由としてアメリカの官憲に対し華人の逮捕を求めたとのことです。日本は今まさに我々と親交を深めようとしているところであり、排斥はもとより良くないことです。私はすでに救国社に電報を送り、排斥運動の停止を求めたところ、同意してもらえました。思うにこの事は、ただ説得によるべきであって、強制すべきではありません。共和の国家では民気を傷つけるのはとくに良くないことであり、ましてこの事のために外国の干渉を求めるのは、国の体面を損なうことになります。貴殿個人のために考えたとしても、将来これらの輩が帰国すれば貴殿に対してきっと激しく攻撃を加え、名誉と地位がすべて損なわれるでしょう。貴殿が調停に努めて平和的に解決することを強く願います[37]。

これは楊領事が、救国社の主だった者6名が脅迫や暴力行為に及んでいるとして、フィリピンを統治するアメリカ側官憲に依頼して、中国に強制送還しても

246　四、第三分科会　ボーダーを越えて

らおうとしているのに対し(38)、孫文がその措置に反対したものである。

　さらに孫文は、次の電報を北京の外交部に送った（3月15日受理）。

　　ルソンの華僑たちは、さきに日露協約が満蒙を瓜分すると誤解し、ロシア
　に反対する運動から進んで日貨排斥を行ないました。日本の商人は、これ
　をアメリカの法廷に訴えたものの、アメリカの裁判官は無罪としたので、
　日本人はどうすることもできませんでした。たまたま私が日本に滞在して
　いたおり、日本商人は日本の外務大臣に電報で頼み込み、電報を用いて仲
　裁するように私に求めました。すぐに私は電報を送って排斥の中止を勧告
　し、その返電によれば私の命に従って運動は停止されたとのことでした。
　ところが、楊領事はそれに満足せず、アメリカ当局に対して、外国人に対
　する行政権を用いて排斥運動を行なった者を捕え国外退去とするように要
　請しました。この種の行為は、かつて華人がアメリカ製品を排斥したとき
　〔1905年の運動を指す〕すら、アメリカの官憲も敢えて行なわなかったこ
　とです。今、楊領事がアメリカ当局に国外退去を要請したのは、大いに国
　を辱めるものです。どうかただちに電報で取り消しを命じることで、国の
　体面を維持し、華僑を保護していただければ幸甚です(39)。

　孫文としては、ボイコットの首謀者が、排日運動が収束した後になって国外
退去となるのは、中国という国の体面に関わるとして楊領事の強硬な措置に反
対しており、外交部も孫文の提案に従い、穏便な解決を楊に命じた(40)。他方
で、救国社の側は、楊領事を激しく攻撃し、おそらくこのような紛争をきっか
けとして楊領事の離任という結末に至った(41)。

　以上のように、救国社は孫文の意向を受け入れてボイコットを停止した。こ
こで孫文の意図が問題となる。まず、そもそも孫文は、日本の官民の実力者を
自分の味方に引き寄せることを重視していたといえるだろう。とくにこの1913
年3月の時点では、中国にとって必要な資金を日本から手に入れようと孫文は
努力していたのであった。

　上に引用した北京政府外交部あて電文のなかで孫文は、ボイコットの原因は
「日露協約が満蒙を瓜分する」という誤解に基づくと指摘していた。確かに、

マニラの救国社が正確に日本の政策を理解して抵抗していたのか否か、大いに疑問が残る。それにしても、第3次日露協約が「満蒙を瓜分」しようとしたという理解は、全く見当違いというわけでもない。

しかし、そのようなボイコットが、いかにして日本政府を動かして「瓜分」をやめさせることができるのか、孫文に見通しが持てたとは思われない。孫文にとっては、むしろボイコットを抑止することで日本人に恩を売って、中国にとって必要な投資・借款を獲得しようとするほうが現実的な判断であったであろう。うがった見方をすれば、反日ボイコットの発生は、孫文にとって自分が日中親善をめざしていることを示す機会を提供し、日本と交渉する際に一つの材料ともなりうるものであったとも言えるのである。

なお、同じく孫文の電文では、自分は「排解」を頼まれたと述べており、ここに孫文の立場がよく示されている。孫文としては、紛争の局外者として和解を進めようとしたのであった。救国社はこれに応じて矛を収めたのに対し、楊領事は強硬姿勢を崩さなかったので、孫文の面子をつぶす形となりそうであった。孫文が楊領事に送った電文には、妥協することで相互の衝突を避けるべきことを説いている。北京の外交部に孫文が送った電文には、いつまでも対決姿勢を続ける楊領事を批判する意味合いが込められている。

このボイコットにおける孫文に対する先人の評価として、「日本から真実の情報を提供されず、逆に日本から利用されただけであった」、そして「帝国主義認識の甘さ」があったという指摘があるが[42]、本稿の立場からみれば、孫文の交渉能力を十分に評価したものではない。孫文も、確かにやや機会主義的な姿勢ながら、日本人を信頼させて利用しようとしていたと理解するのが妥当であろう。

六、結びに代えて

1912年から1913年にかけて展開した対日ボイコットは、福建省などと多少の連携はあったものの、主にスマランなどジャワ諸都市やルソンといった東南ア

248　四、第三分科会　ボーダーを越えて

ジアの特定地域を中心としていたという意味で、特殊な性格を持っている。その契機は、第3次日露協約の情報が不正確に流布された点にあるが、この協約に関係する「満蒙」方面から遙か離れた南洋地域の運動であったことが注目されるのである。

　むろん、辛亥革命の前後は、列強による秘密外交の時代であり、しかも日本政府が満洲方面の特殊利益を確保しようと考えていることは明白であったから、潜在的には中国分割の噂などが流れやすい環境にあった。しかし、このボイコットの展開については、ジャワやフィリピンの華僑社会の直面していた現実的な利害関心もまた強く作用していたとみるべきである。

　すなわち、ジャワへの日本船の定期運航の開始、伊藤商店のマニラ進出といった動向に示される日本製品の直接輸出によって、華僑による貿易活動が脅かされかねないという状況が関係していた。それ以前、日本から輸出される商品は、品目にもよるが、華僑が多く取り扱い、香港などを経由して東南アジアに運ばれていた。日本船や日本の商社の登場は、そのような華僑の商業的利益を奪おうとする試みであったと理解すべきであろう。これは、巨視的に言えば、日本人による対アジア直輸出の模索に他ならない[43]。

　研究史のうえでは、ボイコットは国産品愛用と結びついた行動として理解されることが普通であった。しかし、華僑にとっては、具体的な利害関心は運輸や商業にある場合が多い。本稿でみた事例では、排斥されているのは、日本製品というよりも、日本製品を自ら輸出しようとする海運業者や商社などの動きであったというほうが説明しやすい。

　確かに、各地でボイコットを進めた最も急進的な勢力は、現地に根づいている旧来の大商人などではなく、東南アジアに来てまだ長い年月を経ていない華僑のなかから出てくる傾向が強いだろう[44]。これら急進派が、対日ボイコットを商人たちに迫っていくことで運動が展開していく。しかし、ボイコットが実効性をもつか否かにとっては、実際に商売をおこなっている華商有力者の動向が鍵をにぎるはずである。日本の侵略に対する猜疑心は常に抱かれているかもしれないが、それが運動として展開するためには具体的な華僑の経済的利害

と重なることが大切な条件と考えられる。

　孫文は、マニラでの排日運動を抑止しようとした。これは、たまたま日本に
いた孫文が、紛争をうまく収めることによって自分の価値を日本人に印象付け、
両国の親善を図る姿勢を明瞭に示す効果をねらったものであった。これは、日
本商品の直接輸出を快く思わない華僑商人たちや、日本の侵略傾向に憤る愛国
活動家たちとは異なる立場である。しかし、孫文は孫文なりに日本人を巧みに
操作して、自らの目的を達成しようとしたものとみておくべきであろう。

注
（１）　この観点は、菊池貴晴『中国民族運動の基本構造──対外ボイコットの研究』
　　　（大安、1966年）において明瞭である。関連する研究は多いが代表的なものを挙げ
　　　る。林原文子『宋則久と天津の国貨提唱運動』（同朋舎、1983年）。潘君祥主編
　　　『近代中国国貨運動研究』（上海社会科学院出版社、1998年）。Karl Gerth, *China
　　　Made: Consumer Culture and the Creation of the Nation*（Cambridge, Mass.: Harvard
　　　University Asia Center, 2003）.
（２）　菅野正「中華民国成立期、華南・南洋における対日ボイコット──孫文・革命
　　　派の動きをめぐって」（小野川秀美・島田虔次編『辛亥革命の研究』筑摩書房、
　　　1978年）、のちに菅野正『清末日中関係史の研究』（汲古書院、2002年）に収録さ
　　　れた。本稿では、後者によって注記する。
（３）　外務省記録「支那人日本品ボイコット一件」第一巻（3.3.8.3）。
（４）　菅野、前掲書、213〜214頁、226頁。
（５）　1912年10月11日バタビヤ領事浮田郷次より外務大臣内田康哉あて（JACAR（ア
　　　ジア歴史資料センター）Ref. B11090247000第47画像）。
（６）　同前文書の添付資料（JACAR：B11090247000第49画像）。
（７）　同前文書（JACAR：B11090247000第48画像）。
（８）　1912年10月25日香港総領事今井忍郎より外務大臣内田康哉あて（JACAR：B110
　　　90247000第44〜45画像）。
（９）　同前。1912年10月21日厦門領事菊池義郎より外務大臣内田康哉あて文書の添付
　　　資料（JACAR：B11090247000第17画像）。1912年10月31日汕頭領事代理領事官補
　　　矢田部保吉より外務大臣内田康哉あて文書の添付資料（JACAR：B11090247000第
　　　64〜65画像）。
（10）　1912年10月19日南京領事船津辰一郎より外務大臣内田康哉あて（JACAR：B110

250　四、第三分科会　ボーダーを越えて

90247000第19画像）。

(11)　中見立夫『「満蒙問題」の歴史的構図』（東京大学出版会、2013年）、38〜44頁。

(12)　菅野、前掲書、217頁、220頁。

(13)　1912年11月12日シンガポール領事代理副領事岩谷譲吉より外務大臣内田康哉あて（JACAR：B11090247100第62画像）。

(14)　松浦章「南洋郵船会社の航路案内」（『或問』27号、2015年）、2〜12頁。日本海運業の東南アジア進出の試みについては、片山邦雄『近代日本海運とアジア』（御茶の水書房、1996年）、251〜299頁が概観する。

(15)　三浦生「南洋行（上）」（『大阪毎日新聞』1912年12月7日）。三浦は、1911年度の貿易統計によって、日本から「南洋」への輸出高と輸出品を説明している。主な輸出品としては、石炭、マッチ、綿メリヤス肌着、綿縮、羽二重、洋傘、玻璃製品、寒天、縞木綿、綿製タオル、スルメ、綿フランネル、人力車、陶磁器、売薬および薬材、香水および香油、玩具、絹製ハンカチ、貝柱、鉱水、琥珀織、掛置時計、ランプ、漆器、シイタケ、綿製肌着、花筵を列挙している。これらはシンガポール向けの商品も含むはずだが、およそのところ万里丸がジャワに運んだ「雑貨」の内容を推測することができよう。なお、本稿では、『大阪毎日新聞』は、東京大学情報学環附属社会情報研究資料センターに所蔵されるマイクロフィルムを利用した。ただし、三浦生の記事は、神戸大学附属図書館デジタル・アーカイブ新聞記事文庫による検索で見出すことができた。

(16)　同前。なお、ここで特に言及されている日本製の売薬については、メタ・スカル・プジ・アストゥティ「オランダ領東インドにおける日本人売薬商についての一考察──1900年代から1910年代を中心に」（『慶應義塾大学大学大学院社会学研究科紀要』72号、2011年）に詳しい。

(17)　三浦生「南洋行（上）」（前掲）。

(18)　オランダ領東インドにおける日本製品輸入と華僑との関係については、次の論文を参照。Peter Post, "Chinese Business Networks and Japanese Capital in South East Asia, 1880‐1940: Some Preliminary Observations," in Rajeswary Ampalavanar Brown (ed.), *Chinese Buniness Enterprise in Asia* (London: Routledge, 1995).

(19)　白石隆「ジャワの華僑運動: 1900〜1918年──「複合社会」の形成（2）」（『東南アジア──歴史と文化』3号、1973年）、36〜38頁。Donald Earl Willmott, *The Chinese of Semarang: A Changing Minority Community in Indonesia* (Ithaca: Cornell University Press, 1960), pp.49-51. また、工藤裕子「オランダ領東インドにおける華人の経済活動──1900‐1930年のスマランを中心に」（東京大学大学院人文社会系研究科博士論文、2017）に詳しい。

民国初年の対日ボイコットにおける東南アジア華僑と孫文　251

(20)　三浦生「ボイコットの真相」（『大阪毎日新聞』1912年12月31日）。ここに言及
　　　される郭春秧は台湾籍民であり、日本との関係も深い。林満紅「印尼華商、台商
　　　与日本政府之間──台茶東南亜貿易網絡的拓展（1895-1919）」（湯熙勇主編『中
　　　国海洋発展史論文集』第7輯下冊、中央研究院中山人文社会科学研究所、1999年）、
　　　工藤裕子「ジャワの台湾籍民──郭春秧の商業活動をめぐって」（早稲田大学
　　　『歴史民俗』3号、2005年）参照。

(21)　Lea E. Williams, *Overseas Nationalism: The Genesis of the Pan-Chinese Movement
　　　in Indonesia, 1900-1916*（Glencoe, Ill.: The Free Press, 1960）, p.103.

(22)　三浦生「ボイコットの真相」（前掲）。

(23)　三浦生「ボイコットの真相」（前掲）。

(24)　1912年10月29日マニラ領事代理副領事杉村恒造より外務大臣内田康哉あて
　　　（JACAR：B11090247000第73画像）。

(25)　1912年12月21日マニラ領事代理副領事杉村恒造より外務大臣内田康哉あて
　　　（JACAR：B11090247100第90画像）。

(26)　1913年1月25日マニラ領事代理副領事杉村恒造より外務大臣内田康哉あて
　　　（JACAR：B11090247200第1～3画像）。

(27)　伊藤忠商事社史編纂室編『伊藤忠商事100年』（伊藤忠商事株式会社、1969年）、
　　　51～52頁。

(28)　田川商店については、吉川洋子「米領マニラの初期日本人商業、1898-1920
　　　──田川森太郎の南方関与」（『東南アジア研究』18巻3号、1980年）に詳しい。

(29)　丸紅株式会社社史編纂室編『丸紅前史』（丸紅株式会社、1977年）、51頁。

(30)　このボイコットの数年前の状況の調査報告でも、フィリピンへの日本製品の輸
　　　出は華僑の手を経ていることが指摘されている。〔井原家吉〕『比律賓群島事情』
　　　（農商務省商工局、1909年）、234頁。フィリピンにおける日本商品の流通や消費
　　　については、早瀬晋三『フィリピン近現代史のなかの日本人──植民地社会の形
　　　成と移民・商品』（東京大学出版会、2012年）、89～151頁に詳しい。

(31)　『比律賓群島事情』（前掲）、248頁。

(32)　籠谷直人『アジア国際通商秩序と近代日本』（名古屋大学出版会、2000年）、136
　　　～141頁。

(33)　「綿糸在荷と輸出商」（『大阪毎日新聞』1912年12月12日）は、このころ上海へ
　　　の綿糸輸出が好調で価格が高騰していることを指摘し、華僑の手を経ない直接輸
　　　出の将来も占っている。

(34)　この期間における孫文の動静については、陳錫祺主編『孫中山年譜長編』上冊
　　　（中華書局、1991年）、767～791頁参照。

252　四、第三分科会　ボーダーを越えて

（35）　李毓澍・林明徳主編『中日関係史料──一般交渉　中華民国元年至五年』（中央研究院近代史研究所、1986年）、上冊、141頁。これは、楊領事が北京の外交部に送った史料である。ほぼ同文は、杉村領事代理が東京の外務省に送った『公理報』1913年3月8日の切り抜きに掲載されている。1913年3月14日マニラ領事代理副領事杉村恒造より外務大臣牧野伸顕あて文書の添付資料（JACAR：B11090247200第62画像）。尚明軒主編『孫中山全集』（人民出版社、2015年）、第6巻、149頁にも収録。

（36）　やはり杉村が東京に送った『公理報』1913年3月11日の切り抜きに掲載されている（JACAR：B11090247200第64画像）。『孫中山全集』（前掲）、第6巻、150頁にも収録。

（37）　『中日関係史料──一般交渉　中華民国元年至五年』（前掲）、上冊、141頁。楊が電報を受け取った日付については、楊が孫文にあてた電報のなかに記されている（同前、142頁）。

（38）　この事情については、楊から孫文にあてた電報による（同前、142頁）。

（39）　同前、134頁。なお、ここに「日本商人は日本の外務大臣に電報で頼み込み」とあるのは、杉村領事代理の要請と伊藤商会などの依頼とが融合したように曖昧に表現されていると考えておく。

（40）　同前、134頁。

（41）　関係史料は、同前、204～234頁に見える。救国社と楊領事との対峙については、次の研究がマニラの英字新聞に基づいて述べている。Antonio S. Tan, *The Chinese in the Philippines, 1898-1935: A Study of Their National Awaking*（R. P. Garcia: Quezon City, 1972）, pp.222-226.

（42）　菅野、前掲書、216頁、226頁。

（43）　籠谷、前掲書、91～118頁。

（44）　本稿では、このような華僑社会内部の対抗関係については、十分に論じることができなかった。福建系華僑が伝統的に多数を占める地域において広東系との関係がいかなるものであったのかにも留意する必要がある。マニラの華僑社会の変容については以下が参考になる。Andrew R. Wilson, *Ambition and Identity: Chinese Merchant Elites in Colonial Manila, 1880-1916*（Honolulu: University of Hawai'i Press, 2004）, pp. 140-185. Richard T. Chu, *Chinese and Chinese Mestizos of Manila: Family, Identity, and Culture, 1860s－1930s*（Leiden: Brill, 2010）, pp.91-143.

孫文の民生思想とキリスト教者の相互関係

劉　雯
(兵庫県立大学大学院)

はじめに

　近代中国キリスト教布教史研究では、宣教師による布教がはじまり、その後に中国人による教会が成立する様子が論じられてきており[1]、これは、いわゆる教会の「自立」と称される過程であり、中国人信者たちが外国人宣教師の物質的・精神的援助を脱して教会を建設する様子について分析がなされてきた[2]。とりわけ、辛亥革命を境に多くの中国人信徒による自立教会が出現し、辛亥革命が中国教会の自立運動を前進させたといわれる[3]。近年では、宣教師文書を用いた個別地域の教会史や、教会の慈善活動をテーマとする研究が活況を呈しはじめており[4]、日本人研究者による中国キリスト教史に関する概説書も出されている[5]。しかし、キリスト教の布教は外国人宣教師と「自立」を主張した中国人信者だけによって担われたものではなく、信仰の有無を問わず、信者とともに教会や宣教師の活動に参与・協力する一群の「支持者」も存在していたとされる[6]。本稿では、キリスト教信者であり、さらに政界の領袖であった孫文を、キリスト教界の「支持者」として彼らの活動に取り込もうとする動きに注目する。

　また、孫文思想とキリスト教義の間に通じるところがあるとされており、張亦鏡による「中山主義與基督教訓（1928年）」[7]と、王治心による『孫文主義與耶蘇主義（1930年）』[8]がそれに関する最も初期の研究といえる。いずれの研究も、キリスト教徒の視点から三民主義とキリスト教義の関係性について分析がなされている。つまり、孫文主義の中心である三民主義はキリスト教義に立脚しており、民族主義は自由、民権主義は平等、民生主義は博愛の精神が三民主

義の根底にあるとしている。後にこれに関して、三民主義はキリスト教精神と儒教式修養との「会通」の構図から導かれる文明理論であるという議論も展開された[9]。さらに、歴史研究の視点から孫文の信仰の歴史とその特徴に関する研究が90年代に崛起したが[10]、その論点と論述の範囲には限界があるといわざるを得ない。2006年に孫文の生誕140周年を記念して開催された「孫中山与中華民族崛起国際学術討論会」において、キリスト教が孫文の文化思想に与えた影響について論及があり[11]、そのほかにも数多くの孫文とキリスト教の関係に関する報告があり[12]、孫文とキリスト教をテーマとする研究に新風が吹き込まれた。最近では、孫文のキリスト教ネットワークに着目した研究が出現しているが[13]、孫文思想とキリスト教界の実態の相互関係に関する分析は尚不十分といえる。筆者は別稿で孫文を中心とするキリスト教ネットワークの種類は時代の経過に伴い次の3種類に類別することができると指摘した[14]。第一は、青少年期の孫文に影響を与え彼を育んだネットワーク、第二は、孫文の革命を成功させるべく、革命活動を直接ないしは間接的に支援したネットワークである。第三は、孫文と相互の存在を「活用」しあうネットワークで、この中には辛亥革命成功後、民国政府の要職に抜擢されるなど表舞台に出てきたキリスト教徒も少なからず存在する。本稿では、孫文の民生思想形成と普及がこれらキリスト教ネットワークとどのような相互規定の関係にあったかについて分析を加えてゆきたい。

　一方、孫文の民生思想の発展について、次の3つの時期に分けることができる[15]。第1時期は、ロンドンの難を逃れたあとから辛亥革命までの期間で、この時期の孫文は土地所有権の平均化を中心思想としていた。第2時期は、1912年から1922年の『実業計画』出版前までの期間で、孫文は民生問題の解決方法として平均地権と節制資本の二つの具体的方法を提出することに尽力していた。第3時期は、『実業計画』の出版から亡くなる前年の民生主義の講演に至るまでの期間で、この時期には資本主義の発生を予防するために具体的な方策を求めた。この3つの時期区分から、孫文の民生思想は土地問題を根本とする平均地権とともに発展していることがわかる。孫文の平均地権に関する初期

の研究は、中国で文化大革命とそれに続く四人組専権の時期に、孫文はブルジョア出身ということで避けられていたため、日本の研究者によるものがほとんどである[16]。1981年の辛亥革命70周年時に、革命発祥の地武漢に国内外から多数の学者が参加し、辛亥革命国際学術討論会が盛大に開催され、辛亥革命期における経済的基盤などの視点から平均地権に関する研究も頗る盛んになった[17]。また、孫文の平均地権論に関して、特にアメリカ人・キリスト教徒の政治経済学者ヘンリー・ジョージの孫文への影響が大きいとされており、歴史学の観点からそれを考察した研究が蓄積されている[18]。しかし、孫文の民生思想が形成された初期の段階において、なぜ「土地国有」から「平均地権」へと主張を転換したかについての疑問にはまだ明快な回答が出されていないといえる。

　本稿では、孫文思想とキリスト教界の実態の関係性を解明するために、まず孫文の土地所有に関する考えがどのようなものであったかを分析する。また、孫文の民生思想の中枢である農業近代化思想の実現過程と、農村部におけるキリスト教布教（「農村建設」）[19]の道程を明らかにし、さらにそれらの相互関係を論じる。

1　土地改革への着手

（1）民生思想の萌芽

　1894年、孫文は李鴻章に宛てた書簡の中で、「ヨーロッパの富強について深く考えるにあたり、その根本は単に牢固な戦艦、威力のある大砲、強大な陣地と軍隊があるに止まらず、国民がその才能を発揮し、土地がその利用を尽くし、物資がその用途を全うし、貨物が十分流通できる点にある。この四点こそ富強への道であり、国家を治める基本である」[20]と述べている。また、『香港興中会宣言』（1895年）に付された同会規約第3項のなかで「……大事業を創始して民生を厚くし、長年の弊害を除去して国家の命脈を育成する……」[21]と民生について言及している。これらの諸例から、孫文の土地利用を中心解釈とする民

256　四、第三分科会　ボーダーを越えて

生思想がこの頃から萌芽していることがわかる。

（2）民生思想の形成

　孫文が土地問題に着目したのはロンドン亡命中のことである。1896年9月末、イギリス・ロンドンに渡った孫文は、清国の公使館に監禁・幽閉されたが、キリスト教徒であることが功を奏して救出された。その後、大英博物館に足繁く通い、新知識や時代の潮流に大いに触れた。しかし、理想的な先進国であると考えていたイギリスでさえ、資本家と労働者の争いが激化し、貧富の差が拡大しており、深刻な社会問題に直面していた。孫文は、その原因が土地の私有化にあると考えた[22]。孫文はその時のことについて、「危地脱出後、予はしばらく欧州に留まり、その政治風俗を視察し、朝野の賢人、豪傑と交わりを結んだ。2年間の見聞から得たことはきわめて多かった。……予は、一度の苦労で永遠の幸福が得られる計画として、民生主義を取り入れ、民族、民権問題と同時に解決することを考えた。この結果、三民主義の主張は完成をみたのである」[23]と、孫文は「危地脱出後」および「2年間」と述べているように、彼の民生思想が形成されたのはロンドンの難を逃れた後の1897年から1898年にかけてのことだということがわかる。

（3）ヘンリー・ジョージの「土地単税論」を賞賛

　中国に帰国した孫文は1899年から1900年にかけて、馮自由らと土地問題や社会問題を議論しており、アメリカの政治経済学に内包される「制度」要因を媒介し、文明が進歩するという点に孫文は民生主義を確立させる上でその制度に重点を置いた。欧米各国の理論の中では特にヘンリー・ジョージの「土地単税論」を賞賛したといわれる[24]。土地単税論とは、土地利用者が土地所有者に支払う地代は私的所有とするよりも社会全体によって分有されるべきとの主張である[25]。

　1912年10月15日より17日の3日間にわたり、孫文は中国社会党の党員に対して「社会主義の流派とその批判」と題された講義を行っている[26]。孫文は、社会主義を実行に移すためには経済学の分配問題について研究しなければならないと説き、ヘンリーが一船員から金持ちになった経緯や、彼の著書『進歩と

孫文の民生思想とキリスト教者の相互関係　257

貧困』などを紹介した。1922年1月、上海国民党の機関紙『民国日報』が、その6周年記念として『新建設的中国』と題する小冊子を出版した際、それに寄せた「民生主義」中の「地権平均」の説明の中でもヘンリーの論説について言及しているように、孫文は晩年まで彼の議論を引用していた。孫文は自らの地権平均論を確立させる上で、ヘンリーから多くの影響を受けたといえる。

2　土地所有権の平均化

（1）「土地国有」から「平均地権」

　1902年頃孫文は、梁啓超との土地問題に関する議論のなかで、中国農民の実情について、収穫の半分を地主に納めなければならないことが農民を苦しめており、土地を国有にして、耕作する者に田を与え、若干の地代を直接国家に納めるようにすれば、農民は苦しみから解放されると指摘した[27]。しかし、孫文はその当時、農民解放のために「土地国有」を主張していたが、1905年の中国同盟会成立期以降からは土地国有について発言しておらず、その主張を「平均地権」に変えている。同盟会の結成にあたり、入会の誓詞に「平均地権」を取り上げており、翌年、同盟会の「革命方略」において「平均地権」の内容を明らかにしている[28]。つまり革命後は、①全国の地価を固定し、②土地所有者に固定した地価を保障し、③固定された地価の値上がり分は全国民が共有する、という主に将来における地価上昇の弊害を予防するためとして「平均地権」を唱え、国家による土地の買収については触れていない。孫文が土地所有権の平均化を重視したのは、中国は農業をもって立国してきたため、土地問題は一切の経済問題の基礎であると考えたからである。

　だが一方で、同盟会の機関誌である『民報』誌上には、孫文の弟子たちによる土地国有論を如何に実現させるかに関する論文が多数掲載されている。これらは孫文の意を受けたものであったと『民報』の実質的編集長であった胡漢民が明らかにしている[29]。弟子の一人であった朱執信は、「国債（地権）を交付したあとで〔地権所有者に〕償還する方法と、地価固定後の地価上昇分をすべ

258 四、第三分科会　ボーダーを越えて

て国家に帰属させ、随時、固定した価格で買収する方法とがある。両者を同時
に進めても互いに矛盾衝突はしないが、後者の方法のほうがやりやすい」[30] と
している。孫文が唱える「平均地権」の方法の中に、国家は必要に応じて固定
した価格で買収することができる、という説明がみられるようになるのは、
1912年になってからである[31]。久保田文次氏は、孫文の土地国有論について
「同盟会以前、同盟会成立期、辛亥革命期、第 1 次国共合作期の、それぞれの
時期における孫文の平均地権論と、同盟会成立期の孫文の弟子たちの土地国有
論とを、統一的・整合的に検討するならば、土地国有論が、さまざまな表現の
中に、一貫して維持されていることに気がつくであろう」[32] としているように、
孫文は中国同盟会成立期より、「土地国有」ではなく「平均地権」を唱えるよ
うになったが、孫文が土地国有論を一貫して持ち続けていたことを指摘してい
る。

　では、1900年当時、農民解放のために「土地国有」を主張していた孫文が、
「平均地権」へと主張を変え、その一方で、弟子たちに土地国有を主張させた
のはなぜだろうか。同盟会の構成メンバーは大部分が中小地主層出身の知識階
級であり、また、孫文の運動の支持者が土地国有という急進的政策に対して消
極的であったからという見解が現在最も有力視されている[33]。1905年 8 月20
日に東京で開催された中国同盟会成立大会で推挙された同盟会本部の執行メン
バーを見てみると、中国同盟会の本部が東京に設置されたこともあり、そのほ
とんどが日本留学経験者であるが、来日前に西洋の学問を多く取り入れた当時
にあっては先進的な学校で学んだものや、孫文含め欧米へ留学したことのある
知識階級も多い。また、中小地主や地方官吏などの家庭に生まれた者も少なく
ない。

　しかし、当時の時代背景に着目してみると、第 1 次・第 2 次アヘン戦争そし
て日清戦争の敗北を経験し、弱体化した清朝では、列強諸国が清朝から利権を
奪い、帝国主義勢力が沿海地域から農村部にまで浸透していた。帝国主義勢力
に対抗すべく、康有為らは戊戌変法といわれる改革運動を実施し、結果として
この運動は中国の若者を救国の活動に向かわせる導火線となった。その後、列

強の侵略に対して民衆は1900年の義和団事変で怒りを爆発させた。事件の発端
は、山東省におけるドイツの膠済鉄道の建設であったが、外国人に対する反感
から、山東省では後述する反キリスト教暴動（教案）が急増していた。このよ
うな社会情勢を背景に、1898年頃から山東省北部の白蓮教系の義和団員は、中
国各地で農民を引き入れ、外国人やキリスト教会を襲撃した。

　1900年当時、孫文はこのような社会情勢を背景とした民族的危機感から、帝
国勢力から国土を守るために「土地国有」を唱えたと考えられる。しかし、そ
の後は弟子たちに土地国有論の発信を委ね、孫文自身は「平均地権」に発言を
切り替え、民衆の目を外（帝国主義勢力）から内（中国内情勢）に向けさせよう
としたのではないだろうか。この部分については、後で詳述する。

（2）内地伝道と知識人への布教と影響

　ここで、中国人知識人たちを中心とした反キリスト教運動が各地で起こった
背景を整理しておく。1807年に広州へ到着したロンドン伝道会の宣教師ロバー
ト・モリソン（Robert Morrison）によって開始されたプロテスタント・キリスト
教の中国伝道は、広州・マカオおよび東南アジアのイギリス植民地を中心とす
るものであった。キリスト教団体は、アヘン戦争後の天津・北京条約締結
（1860年）により開港場に拠点を作り、都市部を中心とする布教活動を展開した
ため、必然的に外国人宣教師や教会が都市部に集中していた。この背景として
次の2点が挙げられる。第一に、地理的要因である。キリスト教が伝えられた
当初、開港場に設置された租界においてのみ教会建設の権利を与えられていた
ため、交通の便が良く人口が密集している沿海地域の都市部へとキリスト教が
広がっていった。中国へ赴任した外国人宣教師たちも、都市部で布教すれば自
ずと周辺地域へとキリスト教が浸透すると考えていた。第二の背景は、布教対
象である。当初、資産階級やエリートが専らの布教対象であったため、彼らが
住む都市部が布教の重点とされていた。

　1860年以前、会衆派のロンドン伝道会、アメリカやイギリスの長老教会など
が開港場に宣教師を派遣していたが、宣教師数約100名に対して中国人キリス
ト教徒の数は350名と僅かであった。1885年に清仏間で結ばれた天津条約に

260　四、第三分科会　ボーダーを越えて

「内地伝道」の権利が明記されたことにより内地伝道が解禁されると、1876年の外国人宣教師数473名に対し信徒数は13,035名と若干の増加が見られたが[34]、宣教師一人あたりの信徒数が飛躍的に伸びたわけではなかった。1889年の統計を見ても、宣教師1,296名に対して信徒数37,287名と伸び悩んでいる[35]。この背景には、内地伝道解禁によって増加の一途を辿った反キリスト教運動（教案）とそれを支える在地の知識人から発せられた広範な反キリスト教感情があった。教案発生の原因の一つは、外国人宣教師のみならず、治外法権のもとで中国人信者も教会の庇護のもとに置いたことなどによる中国人の抱く西洋人に対する不公平感にあった。反キリスト教運動は、次第に排外・反帝国主義運動の性格を強め、1900年の義和団事変でピークに達した[36]。ここで注目したいのは、反キリスト教運動を学生や農民とともに主導した知識人の存在である。知識人たちは、役場に押し掛けて地方官に伝道を許さないよう訴えるなどして地域住民の反キリスト教感情を鼓舞し、そしてこの感情の爆発が教会襲撃に結びついたのである。そこで、教案が目立ちはじめた1840年代頃から既に各教派は間接的なキリスト教布教の方法として、聖書翻訳、出版、教育機関や病院の設立などの慈善・文化事業に力を注いだ。これはキリスト教を基盤とする「西洋近代文明」を導入することによって、主として知識人を啓蒙し、反キリスト教思想の芽を摘む意図が含まれていたと考えられる。この時期の外国人宣教師たちは単なるキリスト教の伝道者としてだけでなく、「先進的」な西洋の文明の成果を中国に伝え、中国人の福利厚生の向上に努力をしている。こうして、孫文やキリスト教徒のみならず、外国人宣教師に影響を受けた多くのキリスト教徒ではなかった教会学校を卒業した知識人や政治家の「支持者」たちによって、社会改革が推し進められたといえる。

（3）「農業宣教師」の来華

　19世紀中葉、アメリカで「社会的福音運動（social gospel）」が興った。これはキリスト教の倫理を、アメリカ南北戦争後の工業革命や急速的な都市化により生じた社会的な問題、特に貧困、疾病、労働争議など様々な不平等に適応した運動である。「社会的福音運動」の指導者たちは政治的、神学的にリベラル

孫文の民生思想とキリスト教者の相互関係　261

であり、伝統的なキリスト教界に新風を吹き込んだのである。この運動は、ア
メリカにおいて1865年から1915年にかけて、誕生、発展、成熟、衰退していっ
たが、第1次世界大戦前に運動が最高潮に達している。19世紀後半から20世紀
初期のアメリカ海外伝道黄金期の波に乗り、「社会的福音」の思潮が中国にも
伝えられた。このような潮流と都市部における反キリスト教の逆風のあおりを
受けて、キリスト教界は中国の都市部に重きを置いたキリスト教の布教戦略に
限界を感じ、19世紀後半から全人口のうち約8割以上が暮らしている農村部に
おける布教へと方向転換する舵を切った。1871年、アメリカ人宣教師のジョン・
ネヴィス（John L. Nevis）牧師は、中国農村部におけるキリスト教布教と農民
の生活環境の改善を目的とした「農業宣教師」として来華していた。彼は芝罘
（現在の煙台）にて果樹園を開き、アメリカ種のリンゴ、梨、葡萄などの植樹を
した。それと同時に、それらを中国の在来種と掛け合わせて新種を開発するこ
とにも努め、こうして現在でも有名な「煙台リンゴ」が誕生した。また、ネヴィ
ス牧師夫妻は「師範農場」を開設し、そこで作られた新種の果物を無料で付近
に住む農民に振る舞い、彼らの好感を得ようとした[37]。同じように、アメリ
カ人宣教師のチャールズ・ミルズ（Charles R. Mills）牧師も山東省の農村部で
布教する傍ら、1890年頃からアメリカ種のピーナッツを現地の土壌に適合させ
る改良実験を繰り返し、その後、近代における山東省の輸出経済を支える品種
にまで成長させた[38]。中央権力が浸透していない農村部におけるアメリカ人
による農村布教は、「社会的福音」の思潮を礎にしたものであり、その実践で
あったといえる。

　以上のように、アメリカ人宣教師による農村部での布教は山東省近郊を中心
に展開されたが、孫文が1905年に「土地国有」を「平均地権」に言論を改めた
背景にはこうした「農業宣教師」の存在も影響していたのではないかと考えら
れる。つまり、土地国有論を前面に押し出すと、農村部の「土地改良」に尽力
していた外国人宣教師たちを刺激する恐れがあり、撤退されては困る。そこで、
前述のように、「土地国有」から「平均地権」へ主張を移行することによって、
民衆の目を外（帝国主義勢力）から内（中国内情勢）に向けさせ、外国人宣教師

262 四、第三分科会 ボーダーを越えて

と、列強勢力に反感をもつ民衆の双方を考慮した「平均地権」に改めたのではないだろうかということである。背景として、この時期の孫文とキリスト教界との関係を指摘しておく。1904年、孫文がサンフランシスコで革命軍を組織するための資金調達に奔走した際、在米華僑に寄付を呼びかける一方で、多くの教会で講演を行いキリスト教徒たちから援助を受けることができた[39]。また、キリスト教徒の毛文明牧師や鄺華汰（Walter N. Fong）などのメンバーも孫文の主張に共鳴し、革命活動に積極的に関わった[40]。これらのことにより、孫文はあらゆる「ドア」が閉ざされている時、幾度もキリスト教徒との個人的な関係を頼みにしていたことを再確認したのである[41]。そこで、キリスト教界との関係を維持することも考慮して「平均地権」に言論を改めたと考えられる。孫文の帝国主義への認識と批判が不十分であったため、民生主義における「平均地権」は地価の上昇分を地主から国家に吸収し、地主の土地所有権を保存するにとどまったと否定的な見解が多いが、孫文が「土地国有」を「平均地権」に言論を改めた2年後の1907年より以降、中国におけるアメリカ人宣教師の数とイギリス人宣教師の数が逆転している[42]。つまり、「社会的福音運動」の一環として来華した「農業宣教師」を中心とするアメリカ人宣教師による影響力が増していったことがわかる。その後、孫文は「われわれの民生主義は全国が大いに利益を生じることを実行し、中国が英国、米国と同じように富んだ、生活の豊かな国となり、しかも利益が少数の人のものとなって貧富の格差が拡大することのないように、利益が多数の人のものとなり、みんなが平均して金持ちになることを目標とする」[43]と、欧米諸国を引き合いに出し、キリスト教界との関係維持に努め、民衆の共感を得ようとするような発言を20世紀初頭までしばしばしている。

3 土地所有権平均化の方法

（1）ギルバード・レイドとの会見

1912年臨時大総統に就任した孫文は、内務部への農地・農民に関する指示の

孫文の民生思想とキリスト教者の相互関係　263

なかで、農民が国民の大多数を占めており、三民主義のうち民生（平均地権）が解決すべき目前の最重要課題であるとしている[44]。1912年2月13日に臨時大総統を辞任した孫文は、土地所有権平均化のための具体的な方法を模索する一方で、「講演者」の役に身を転じた[45]。そこで各方面の有力人士と接触しており、1912年7月下旬、孫文は、アメリカ『独立雑誌（The Independent）』の特約代表であったギルバード・レイド（R. G. Reid）と上海で会見している[46]。

　レイドは、1882年にアメリカ北長老教会の命を受けて山東省で布教するために宣教師として来華した。その後、北京で戊戌変法を鼓吹するなど、「大清皇家海関総税務司」のロバート・ハート（Robert Hart）やアメリカ駐華公使とイギリス駐華公使の引き立てもあり、李鴻章の好感を得ることができた。レイドは、中国社会の問題を解決するためには知識人の発想を変える必要があると考え、1894年に知識人伝道会（Mission Among the Higher Classes in China）を設立し、日清戦争敗北後の1897年2月に「総理各国事務衙門」の批准を受けて、「尚賢堂」として清朝政府の公的承認を得た。1911年の辛亥革命では、レイドは清朝皇族の護持を謳った革命反対派の宗社党[47]を支持しているように、変法派知識人に少なからぬ影響を与えた。一方、康有為や梁啓超ら変法派知識人は、キリスト教に敬意を払いつつ信仰者となる気は毛頭なかったが、変法維新運動に賛同し、海外に情報発信してくれる「協力者」としてキリスト教者と関係を保っていた。キリスト教界が提示する近代文明から社会改革の着想を得ようとした知識人と、革命運動に馳せ参じたキリスト教徒たちは、個人の救済よりも社会の救済を重視するレイドらの伝道方針の立場と同じであったといえる。孫文もこれらのキリスト教者と同様の関係を保っており、孫文が中国の共和制に反対の立場にあったレイドと会見した背景には、「お互いの分岐（党争）をなくし、皆が一致団結すべき」という社会改革に集中したい孫文の意図が窺われる[48]。レイドはこの時の出来事を記事にまとめており、その中で一貫して孫文の社会革新思想を賞賛し、孫文が最も総理の職に適任であると述べている[49]。

　前述のとおり、孫文をめぐるキリスト教界との相互関係については3段階に

264　四、第三分科会　ボーダーを越えて

分類できるが、特に辛亥革命成功後は、孫文と中国国内のキリスト教界間で、相互の存在を「活用」しあうキリスト教ネットワークが特徴的であった[50]。主な要因として、宗教信仰の自由の臨時約法への盛り込みによって信教の自由が定められ、教会を建てて政府に登録することが許されたこと、さらに政府機関などの要職に就く中国人信徒の増加などが挙げられるが[51]、その他に中国人信徒の身分が上昇し、法律上において清国期の「教民」から「国民」になり、彼らの中で国民感情が生まれたことなども挙げられる[52]。孫文とレイドの会見は、孫文が国外に情報発信するときにもキリスト教ネットワークが有用に機能していたとことを物語っている。

（2）袁世凱との北京会談

　臨時大総統の地位を袁世凱に譲った後、孫文は土地問題の解決に直ちに着手している。孫文は、土地問題の重要性について、「生産の要素には土地、労働、資本がある。土地とは人類がこれに依存して生産するものであり、土地がなければ人類もない」[53]と論じている。このように孫文は、中国が社会問題を解決するにはまず土地問題を解決しなければならないと考え、それを民生主義最初の意義として重要視している。具体的には、地主による土地占有を防ぐために地価を定め、貧富格差を縮小するという政策面での内容であった。また、孫文が晩年に演説した「民生主義」第3講のなかで、土地問題は農民の利益と密接に結びついており、生産性を向上させる必要があるとして、生産増強のための7つの農業改良策を提示している[54]。

　1912年6月9日、孫文は広州行轅（地方軍事機関）が主催した地税を検討する茶話会で記者や議員に対して、平均地権の意義を再度説明した[55]。しかし、6月12日の広東省臨時議会の地税換契案[56]の討論に出席した廖仲愷は、「孫文が発起した土地国有問題は、……」と言っているように、孫文が唱える平均地権は土地国有であるとの解釈に立って自説を展開している。1912年8月、孫文は北京にて袁世凱と数回会談している。この時の会話の記録によると、孫文は、「中国は農業で立国しているのであるから、もし農民自身について徹底的解決を図らねば革新は非常に難しい。農民自身の問題を解決するためには、耕すも

孫文の民生思想とキリスト教者の相互関係　265

のに田地を与えなければならない」[57]と語っている。農民問題を解決するためには耕すものに田地を所有させなければならない、という政策である。孫文と袁世凱の間で踏み込んだ議論はなされなかったものの、ここに孫文の土地国有論に繋がる主張がみてとれる。

4　民生主義の完成

（1）中国国民党の農民政策

　1924年1月の中国国民党の第1次全国代表大会にて、小作農への土地分配、農民を救済するための農民銀行設立が宣言され、「農民運動に関する決議」や「農民運動組織大綱」が可決された[58]。国民党による農民政策は同年9月まで積極的に推進されるが、孫文は同年8月、広州農民運動講習所第1期生の卒業式で、「耕す者に田を」という有名な演説を行っており、演説の中で、孫文は田地の「国有」について述べている[59]。彼の土地国有論が「平均地権」の主張から一段と飛躍して急進化したように受け取れるが、この発言に続けて「農民も得をし、地主も損をしない」平和的解決は、「ゆっくり相談」しようと述べており、「平均地権」の考えを捨てたわけではなかった。孫文の土地政策は、「平均地権」という地価上昇分への土地増値税制度による貧富格差の拡大防止策として説明されてきたが、それは耕す者に田を与え、農民を解放しようというものであった。土地国有、農民への再分配、封建的地主制の打破などにより農民は地主の支配から解放され、生産意欲が高まり、結果として食糧が増産されることにより国民の民生問題が解決される。つまり、買収による土地の「国有」はまさに「平均地権」を実現する方法となったのである。

（2）中国人キリスト教者による農村建設

　孫文が民生主義の完成に向けて奮闘していた頃、中国では1922年から学生を中心に非キリスト教運動[60]が展開されていた。この運動において、キリスト教は科学・人道主義・理性に反するものとして、また資本主義国家の経済侵略の前衛部隊として厳しく批判された。1924年、教会学校の教育権を回収する運

266 四、第三分科会　ボーダーを越えて

動が始まると、一旦下火になっていた非キリスト教運動は再燃し、新たな段階に突入した。1922年の非キリスト教運動時の批判に加え、教会学校での教育は外国の中国に対する「文化侵略」として、国民教育の妨げであると批判された。これにより、教会学校での教育の庶民化と中国政府への登録が要求された。ナショナリズムが高潮期を迎えた1925年の5・30事件によって、キリスト教界とその教育事業への批判が激化し、北伐が始まると教会事業への直接的な破壊運動も見られるようになった。そこで、愛国の態度を表明する中国人信徒や外国教会との関係を断つ中国教会が相次ぎ、漢口の租界では中国人による掠奪や破壊行為が後を絶たなかった。北伐後の蔣介石政権の国民政府は、治外法権の撤廃、外国人租界や租借地の回復、外国軍隊の撤退などを含んだ国権回復運動を展開した。このような中国でのナショナリズムの潮流を受けて、キリスト教者たちは民衆教育と農村建設を中心とする社会改良運動を精力的に取り組むこととなった。具体的には、晏陽初による民衆教育、農業技術指導・生活改善等を伴う農村布教が挙げられるが、それらが目指したのは農村建設であった。この中国人キリスト教者による農村建設の背景には、1922年からの非キリスト教運動を経て、1927年に教会の自立・中国化を目指した「本色教会」運動が「中華基督教会」の成立へと結実した事実が指摘できる。そのため、19世紀後半の外国人宣教師による農村布教とは異なり、中国人キリスト教指導者による農村布教の特徴として、教会は中国の祭祀、習慣を取り入れ、教会が農村の人々の生活と密接に結びつき、そこに深く根ざすことによって、キリスト教の中国化・土着化が目指された。晏陽初が提唱した農村建設は国民政府に肯定され、国民政府は彼の経験を全国に推し進めることを決定し、1932年から河北省定県などに農村教育実験区をつくらせるなどした。

　1907年当時、19世紀末から農業宣教師が来華し始めていたものの、中国全土における宣教師数3,445人のうち、依然66％の宣教師が人口5万人以上の都市部を拠点に活動していた[61]。しかし、1930年代になると、中国全土の15,000教会のうち約3分の2が農村地域に建てられていることが判明し[62]、中国人キリスト教者による農村建設を通してキリスト教が農村部に浸透していたことを

物語っている。

　総じて、「耕す者に田を」の演説のなかで急進的とも取れるような孫文の田地「国有」の発言の一因に、前述の孫文自身のキリスト教界との空白期に加え、欧米諸国のキリスト教界に依存せずとも、外国人宣教師に委ねられていた農村建設のバトンを引継ぎ、中国人キリスト教者による自立した農村建設ができうるとの考えがあったといえる。そこで、孫文は、重要視すべきは欧米諸国のキリスト教団体への配慮ではなく、中国人のナショナリズムの高揚であると考え、田地の「国有」の発言に立ち戻ったと考えられる。

お わ り に

　孫文は、中国の民生問題の根底にあるのは貧困であり、それを解決するために敬虔なキリスト教徒であった政治経済学者のヘンリー・ジョージなどの議論を参考にしながら土地改革についての考えを構築した。当初、農民解放のために「土地国有」を主張していた背景には、帝国主義への対抗という時代の要請があった。その後は弟子たちに土地国有論の発信を委ね、孫文自身は「平均地権」に発言を切り替え、民衆の目を外（帝国主義勢力）から内（中国内情勢）に向けさせようとした。

　知識人を中心に展開された反キリスト教の風潮のなかで、キリスト教による「西洋近代文明」の導入と「社会改良運動」は、主として知識人を啓蒙し、反キリスト教思想の芽を摘む意図が含まれていた。また、ギルバード・レイドにみられるような中国社会の問題を解決するためには知識人の発想を変える必要があるという、外国人宣教師らによる知識人層へのアプローチは政治的・社会的に無視できない意義を持っていたといえる。そのため、キリスト教徒となった中国人知識人のみならず、キリスト教徒でなかった知識人や政治家たちをキリスト教界の「支持者」として取り込もうとする動きも顕著であった。布教事業の周辺部分に存在した「支持者」に注意を向けることは、従来の宣教師と中国人信者という既存の研究者の枠組みを超え、中国キリスト教史の再検討に繋

268　四、第三分科会　ボーダーを越えて

がると考える。

　一方で、孫文は民生主義実現のために、革命という手段を通して都市部のインフラ整備や政策の枠組みづくりに勤しんだが、農民の生活改善や農業技術の向上などに至る対応が追いついていなかった。そのため、農村部における布教展開の切り口を模索していたキリスト教界が農民の知的インフラや意識改革の面を補完することとなった。アメリカ系のキリスト教ミッション等を中心に19世紀半ばから「農業布教運動」が推し進められ、20世紀20年代には中国人キリスト教者による「農村建設」へと引継がれた。孫文は中国人ナショナリズムの高揚の流れに乗り、「平均地権」から田地の「国有」へと発言を転換させていったのである。また、キリスト教にとって未開の地であった農村部での布教活動の内実とは、孫文の民生思想を基盤に、社会のニーズを必要に応じて汲みとり、社会と相互に作用し、時代に適応しながらキリスト教を中国に定着させることに努めるものであったといえる。

　　注
（1）　吉田寅、山本澄子、矢沢利彦、深澤秀男による優れた成果や、富坂キリスト教研究センター編『原典現代中国キリスト教資料集』新教出版社、2008年などがある。
（2）　山本澄子『中国キリスト教史研究』山川出版社、2006年など。
（3）　趙天恩「1911年辛亥革命対中国基督教自立運動的影響」『中国教会史論文集』財団法人基督教宇宙光全人関懐機構、2006年。
（4）　蒲豊彦「中国の地域研究とキリスト教」、石川照子「近代上海のキリスト教とジェンダー」、土肥歩「『南洋』と『地域社会』をむすぶキリスト教」（歴史科学協議会編『歴史評論』第765号、校倉書房、2014年1月）などがある。
（5）　渡辺祐子ほか『アジアキリスト教史叢書3　はじめての中国キリスト教史』かんよう出版、2016年。
（6）　土肥歩「清末在外中国人と中国キリスト教布教事業：在ニュージーランド中国人と広州郷村布教団を中心に」『東洋学報』第94巻3号、2012年12月。
（7）　張亦鏡「中山主義与基督教訓」『真光』第27巻11号、上海美華書局、1928年。
（8）　王治心『孫文主義与耶蘇主義』青年協会書報部、1930年。
（9）　中村哲夫『孫文の経済学説試論』法律文化社、1999年、11頁。

(10) 鄭永福、田海林「孫中山与基督教関係的歴史考察」『辛亥革命与近代中国——紀念辛亥革命八十周年国際学術討論会文集』下冊、中華書局、1994年などがある。

(11) 葉国洪「孫中山先生的文化教育思想探析」『孫中山与中華民族崛起国際学術研討会論文集』天津人民出版社、2006年。

(12) 王忠欣「孫中山与基督教」、秦方、田衛平「孫中山与基督教青年会関係初探——以孫中山在青年会演講為中心的討論」などの研究がある。

(13) 浜田直也『孫文と賀川豊彦』神戸新聞総合出版センター、2012年や、土肥歩「中国キリスト教史からみた辛亥革命——梁発の『発見』と太平天国叙述の再形成」『グローバルヒストリーの中の辛亥革命』汲古書院、2013年などがある。

(14) 劉雯「孫文と華人社会のキリスト教」『孫文研究』第54号、2014年6月1日。

(15) 王昇『孫文思想』世界情勢研究会、1978年、326頁。

(16) 橘樸「東洋枢軸論」『アジア・日本の道　橘樸著作集』第三巻、勁草書房、1966年などの研究がある。

(17) 狹間直樹「辛亥革命時期的階級対立」『紀念辛亥革命七十周年学術討論会論文集』下冊、中華書局、1983年。

(18) 波多野善大「初期における孫文の『平均地権』について」『社会経済史学』第21巻5・6号、1956年4月、久保田文次「孫文の平均地権論」『歴史学研究』第487号、1980年12月、伊原澤周「日中両国におけるヘンリー・ジョージの思想の受容——主として孫文・宮崎滔天・安部磯雄らの土地論をめぐって」『史林』第67巻5号、1984年9月。

(19) P. C. Hsu, "Can the Church Help in Rural Reconstruction?," *The Chinese Recorder,* Vol. 68 January 1937、楊晶棟、楊振泰訳『基督教与遠東郷村建設』広学会、1940年、余牧人『基督教与中国郷村建設』広学会、1948年などがある。

(20) 中国社科院近代史研究所編『孫中山全集』第1巻、中華書局、1981年、8～18頁。

(21) 前掲『孫中山全集』第1巻、22頁。庄司荘一訳「興中会宣言」『孫文選集』第3巻、社会思想社、1989年、33～34頁。

(22) 久保田文次「孫文の平均地権論」『歴史学研究』第487号、青木書店、1980年12月。

(23) 「孫文学説」伊藤秀一訳『孫文選集』第2巻、社会思想社、1987年、138頁。（これは、孫文の「建国方略」3部作のひとつ「心理建設（孫文学説）」であり、1917年に執筆・出版されたものである。他のふたつは、「社会建設（民権初歩）」と「物質建設（実業計画）」であり、1917年から1921年にかけて執筆・出版された。）

(24) 馮自由『中華民国開国前革命史』第1冊、世界書局、1954年、45～46頁。

270 四、第三分科会　ボーダーを越えて

(25) George, Henry, *Progress and Poverty: An Inquiry into the Cause of Industrial Depressions and the Increase of Want with Increase of Wealth.* VI. New York: Robert Schalkenbach Foundation, 1879, p.5.

(26) 『民立報』1912年4月1日。

(27) 「雑答某報」『新民叢報』第12号、1902年。

(28) 庄司荘一訳「中国同盟会宣言」『孫文選集』第2巻、42頁。

(29) 藤村久雄『革命家孫文』中央公論社、1994年、161頁。

(30) 「土地国有与財政」『民報』第16号、1907年9月。

(31) 『民立報』1912年4月1日。

(32) 久保田文次前掲論文。

(33) 久保田文次前掲論文。

(34) 渡辺祐子「清末の中国社会とキリスト教　一八六〇年から一九一一年まで」『アジアキリスト教史叢書3　はじめての中国キリスト教史』96〜97頁。

(35) 同上。

(36) 矢澤利彦『中国とキリスト教』近藤出版社、1972年。

(37) 曲拯民「美国長老会和山東自立会事略」『山東文献』不詳、第11巻第1期、24頁。

(38) John H. Reisner, "The Church in Rural Work," *The Chinese Recorder*, Vol.55, December 1924, p.790.

(39) 馮自由『革命逸史』第2巻、台湾商務印書館、1953年、105〜106頁。

(40) 周興樑「孫中山與西方基督教」『中国近代史』第2期、1996年、119頁。

(41) Harold Z. Schiffrin, *Sun Yat-sen and the Origins of the Chinese Revolution,* Berkeley, University of California Press, 1968, p.18.

(42) 中華続行委辦会調査特委会編『中華帰主——中国基督教事業統計（1901-1920)』上冊、中国社科院世界宗教研究所、1987年、90頁。

(43) 広東第一女子師範学校校慶記念会での講演、「女子要明白三民主義」1924年4月4日。

(44) 前掲『孫中山全集』第2巻、318〜324頁。

(45) Lyon Sharman, *Sun Yat-sen : His Life and Its Meaning; A Critical Biography,* New York: The John Day Company, 1935, p.144、ダグラス・R・レイノルズ、中村哲夫訳「辛亥革命前後の孫文とキリスト教」『辛亥革命の多元構造』汲古書院、2003年、31頁。

(46) 前掲『孫中山全集』第2巻、392〜395頁。

(47) 宗社党は、1912年に良弼らによって清朝擁護、共和制反対の勢力を結集し結成

された党派である。

(48)　前掲『孫中山全集』第 2 巻、392〜395頁。

(49)　同上。

(50)　劉雯前掲論文、71頁。

(51)　同上。

(52)　趙天恩前掲論文、144〜145頁。

(53)　『民立報』1912年10月15日。

(54)　「民生主義」第 3 講（山口一郎監修訳）『孫文選集』第 1 巻、社会思想社、1985
　　　年、338頁。

(55)　『民立報』1912年 6 月15日。

(56)　地税換契案とは、清代に発行された地券を政府に呈出させて、代わりに新地券
　　　を発行し、地券記載の地価に比例して手数料を徴収するものである（『民立報』
　　　1912年 6 月20日）。

(57)　鳳岡及門弟子『三水梁燕孫先生年譜』上冊、1939年、123頁。

(58)　横山宏章『孫中山の革命と政治指導』研文出版、1987年。

(59)　林要三訳「耕すものに田を」『孫文選集』第 2 巻、399頁。

(60)　1900年代の義和団事件をきっかけとする反キリスト教運動と区別するために、
　　　非キリスト教運動と称することとする。

(61)　前掲『中華帰主──中国基督教事業統計（1901－1920）』上冊、91頁。

(62)　Frank Wilson Price, *The Rural Church in China: A Survey,* New York: Agricultural
　　　mission, Inc., 1948, p.1.

五、第四分科会

参加と動員──いかに革命を組織するか

中華革命党時期における
党員の意見対立と派閥抗争

王　奇　生
（北京大学）

（訳：荻恵里子・深町英夫）

　中華民国建国後、国民が共和・民主を望んだのに対応すべく、「革命党」であった同盟会もそれにともない、議会に依拠して合法的な政治活動を展開する「政党」へと改組した。だが、宋教仁暗殺事件の発生後、孫文が革命を再開して新たに中華革命党を組織したのは、国民党という「議会政党」から「革命党」への回帰を意味した。この回帰は深い影響を及ぼしたが、それは単なる党名の変更たるに留まらず、孫文の革命・建国方略の重大な転換であり、さらには民国政治制度の歴史的方向を変更するものだったからである。その後、孫文のロシアをモデルにした国民党「改組」、ひいては北伐後の党国体制は、みなこの時期の孫文の思想的脈絡の延長と実践だと言うことができる。またそのため、中華革命党時期の孫文が党を治め国を建てる方略の形成と変遷、および党員の相異なる意見と反応は、なおも詳細な究明が求められていると言えよう。

　黄興や欧事研究会と孫文の中華革命党との間の隔たりは、学界で早くから関心が持たれてきた問題であるが、台北の中国国民党党史館に所蔵されている呉稚暉の档案には、一連の汪精衛・鈕永建と呉稚暉・蔡元培・李石曾らとの往復書簡があり、その内容は1914～16年における各地の党員の、孫文や中華革命党への態度に関する私的な記録である。そこで本稿では、これらの書簡について若干の整理を行なうことで、当時の党員間の複雑な状況を明らかにしたいと思う。

1、四派に分かれた同志

　第二革命の失敗後、多数の革命党員が海外に逃れたが、その中の少数は欧米へ向かい、多くは日本に亡命した。革命の失敗により革命の前途や以後の革命計画については、みなの主張が異なり幾つかの派閥に分かれていく。1914年2月27日、蔡元培は呉稚暉宛ての書簡で、張継の表現を再引用して次のように述べている。

　　張継先生が昨日やって来ました。彼は東京から李烈鈞といっしょにシンガ
　　ポールへ行き、シンガポールからここに来たのです。その述べるところに
　　よると、「日本に滞在している同志はおよそ四つに分かれていて、（一）急
　　進派。ところかまわず蜂起して、動けるならすぐに動くことを主張してお
　　り、孫文が代表で陳其美もこの派にいる。（二）慎重派。蜂起失敗後の処
　　理に努め、時機を待ってから行動することを主張しており、黄興を代表と
　　する。（三）政法研究会。李根源・潘榘ら、かつて議院にいた者で組織さ
　　れている。（四）軍事研究会。李烈鈞がそのほかの軍事知識を持った者を
　　集めて組織している。同志の間で見解が異なるといっても、なお〔第二革
　　命の〕失敗により互いに過失を暴いて攻撃し、第三者の笑いものになるに
　　はいたっていない。鈕永建は近く渡米しようとしており、黄興も同様だが、
　　胡漢民は特に主張はなく、雑誌の業務を担当することを願っている。日本
　　に滞在する同志がヨーロッパに滞在する同志に希望するのは、何よりもヨー
　　ロッパ人に中国の実相を知らせることだ」とのことでした[1]。

　孫文は1913年8月9日に日本に到着すると、早速新たな革命党の構想と創立に着手した。9月27日には王統など5人が孫文に対して誓約を行なって拇印を押し、孫文に服従してふたたび革命に立ち上がることを表明したが、張継が東京を離れた時に中華革命党はまだ正式に成立していなかった。張継が言うよ

うに、日本に滞在する同志が4つの派閥に分かれ、孫文を代表とする急進派と黄興を代表とする慎重派のほか、李根源を代表とする政法研究会と李烈鈞を代表とする軍事研究会があるというのは、おおむね以前の共通経験と専門的関心に由来するものであった。これらのほかには、まだ胡漢民などその主張がはっきりしないものもおり、各派から離れて存在していた。4派のうち後3者は実際のところ、いずれも「慎重」に傾いていたが、孫文一派の主張だけは「急進」であった。この点は孫文本人の述べるところとほとんど合致していて、東京に亡命した党員は「精神が散り散りになり」、「意見が分かれ」、「ある者は革命について語らなくなり、ある者は革命を期待できるのは10年後だと考え、いずれにせよ失望して互いに責め罵り合い」、「ただ私だけが急進を主張した」のであった[2]。

1914年7月8日、孫文は東京で大会を挙行して中華革命党の正式な成立を宣言した。彼は立党の趣旨をみずから次のように述べている。「このたび党を立てるに当たり、党首の命令に従うことを重視し、またそれぞれが誓約を行なって、生命・自由・権利を犠牲にして命令に服従し、忠義を尽くして職務を守り、生死を共にするよう願うことを誓わねばならない」[3]。それだけでなく、「中華革命党総章」は党員を入党の順序によって、3等級(首義党員・協助党員・普通党員)に分けることを規定し、また革命の成功後にそれぞれ異なる政治的待遇(元勲公民・有功公民・先進公民)を与えることを約束している[4]。

2、死刑宣告のごとき党綱

中華革命党の成立後、党内外で反発する声が非常に強烈になった。1914年9月17日に汪精衛は呉稚暉に書簡を送り、孫文とその中華革命党にきわめて手厳しい批判を行なっている。

この1年来、国民党員が受けた誹謗は、衆人の指弾の的というどころではなかったのですが、しかしいずれにせよ誹謗は〔党員に〕、みずから拠り

所を失わせるほどのものではなかったのです。〔ところが〕現在、中山〔孫文〕の党綱が成立したことにより、みずから拠り所すらも失ってしまいました。千人・万人の密偵が流言の限りを尽くし、千人・万人の〔御用〕文人が捏造の限りを尽くしても、きっと革命党員の面目をこれほどまでに汚す、杜撰な党綱は思いつきもしないにちがいありません。今〔それを〕みずから作り上げてしまったのですから、およそ密偵・〔御用〕文人もみなあっけにとられて、このような偉人の思惑は実に推し量りようもないと思っているでしょう。我々がむざむざ中山と一時的に面識を持ち、その醜態がこれほどまでになってようやく絶交したのは、嘆かわしいことではありますが、このような人物を相手に説得したり調停したり、はては章程の改訂まで議論したのは不思議なことでもあります。東海には悪食の男がいるというのは、きっと嘘ではないのでしょう[5]。

　汪精衛の見るところ、国民党は第二革命を発動したことにより、国民の間でイメージがおおいに悪くなり、はては衆人の指弾の的とすらなったが、孫文の新たな党綱は革命党員のイメージを、いっそう醜悪にするものだった。孫文の党綱の中で党内外から最も批判を受けたのは、なんといっても「元勲公民」という等級制である。中華革命党総章が発表されると、すぐに呉稚暉は上海の新聞紙上で公然と、「東京の革命党はみずから元勲公民と号す」と風刺した[6]。汪精衛は呉稚暉に宛てた書簡の中で、いっそう諧謔的に次のように述べている。

　「元勲公民」の４字については、さんざん考えても対句を思いつかず、以前に読んだ『儒林外史』で胡屠戸が「賢婿老爺」と称したのも対句にはならず、その後に読んだ蔣心銓の『臨川夢伝奇』の「舎姪公相」という呼び名も、対句にはなりようがないと嘆息し、目下いつになったら「元勲公民」の四字に適切な対句を思いつくのかわかりません。この党綱を読むと、彼らの死刑宣告を読んでいるようです。彼らは死んで生き返りようもないので、わざわざその将来を案じるにはおよばず、ただ心から過去の悪食を恨

278 五、第四分科会 参加と動員

むだけです[7]。

　汪精衛は中華革命党の党綱を痛烈に批判するだけでなく、孫文個人の品行に
対しても疑念を抱いた。

　　私は長年にわたり中山に不満を持っていました。数年前ともにベトナムで
　蜂起を準備していた時、中山の内縁の妻が酷暑に苦しんでいると、彼は
　「おまえは暑いのがいやなのか。私が北京まで攻め込んだら、おまえに頤
　和園を住まいとして与えよう」と言ったのです。これを聞いて私は愕然と
　し、それからは常に不愉快だったのですが、なぜかはわからないものの、
　昨年に上海で彼のさまざまな振る舞いを直接に目の当たりにしても、まだ
　絶交しなかったのですから、私の悪食も長年にわたるものです。〔妻の〕
　陳璧君は民国が成立してから、彼らをひどく嫌っており避けて会おうとせ
　ず、彼らについて話すたびに罵るので、私はいつも度が過ぎると思ってい
　ました。数カ月前、蔡元培先生がわが家で食事をした時も、璧君の言葉は
　度が過ぎると〔私は〕言いました。今から思えばかつては璧君も悪食だっ
　たのですが、目覚めるのが早かったのです[8]。

　汪氏夫妻が不満であった孫文の「さまざまな振る舞い」が具体的に何を指す
のか、詳しくは述べていない。しかし、「ひどく嫌う」ひいては「絶交」しよ
うという様子は、文面にありありと表れている。「元勲公民」の党綱と頤和園
に住もうという考えを結びつければ、汪精衛らが反対したのは、おおむね孫文
の言行と民主平等の理念が相反することを指していると推測できる。

3、知らず知らずに口をついて出る孫文反対の言論

　1915年2月下旬、鈕永建はアメリカに到着した。彼は3月18日に呉稚暉に宛
てた書簡で、アメリカにいる革命党員について述べ、「黄興は開店せずに骨董

中華革命党時期における党員の意見対立と派閥抗争　279

を集め当地へ来て売ることしか考えておらず、隠棲して時機を待ち財力を温存することを主張し、党務には関与していません。ただし、孫文派には強く反対して人に遇えばかならず孫文を罵り、しかも孫文は遠からずきっと失脚すると予測し、このような時勢にもかかわらず盲進を主張するものと見なしています」[9]。黄興は時機を待つことを主張し、孫文の「盲動」に反対していた。鈕永建の見るところによると、中華革命党の内部も実は表面的に迎合しているにすぎず、「謝英伯・林森は孫氏に賛成せず、孫氏に方針を転換させることを強く主張していましたが、党務への配慮から服従主義を取らざるをえません。それでも三度も電報を送って、孫氏に日本を去ってアメリカに来るか、あるいは東南アジアに赴くように勧め、また党務を改良させようと手段を講じたのですが、いずれも孫氏は聞き入れないので、彼らはみなとても悲観しています。つまり、孫派の解体状態がすでに露呈しており、この段階でもし強力な者がいれば、改造（解体）するのはたやすいでしょう」[10]。

　4月5日、鈕永建はふたたび呉稚暉に書簡を送り滞米中の所感を報告したが、特に日本の「21か条」提出後のアメリカにいる革命党員と華僑学生の反応を、次のように述べた。

　　私が当地へ来て6週間を過ぎ、その間に北はボストンから南はワシントンまで行き、少なからず各地の状況や華商・学生を観察しましたが、最近ではみなが対日問題に注目しており、しばし袁世凱に関しては棚上げにしています。謝英伯・陳剣虹・鍾栄光・林森ら、そして馬体声（まだ会ったことはありませんが、その書簡と『少年報』〔サンフランシスコの革命派機関紙〕の論説を手に入れました）らは、いずれも某党首の意見に賛同していませんが、同党の組織には営利企業的な性質があり、そのため多少は異なる見解があっても、党首に従って行動せざるをえないのです。米州の華僑は某氏に対する尊崇の念がとても強く、それが一つの強みともなっています（この点はかつて某氏が総統だったことが大きく影響しています）[11]。

280　五、第四分科会　参加と動員

　鈕永建の書簡が述べている「某党首」「某氏」は、明らかに孫文を指す。鈕
永建の見解によれば、在米党員は黄興がきわめて孫文に反対しているほか、謝
英伯・陳剣虹・鐘栄光・林森・馬体声等もただ名目的に孫文に従っているだけ
で、孫文の党に関する見解に同調しているわけではなかった。注目すべきは鈕
永建の見るところでは中華革命党には企業的性質があり、また米州華僑の孫文
尊崇は孫が総統を務めたことによると述べている点である。さらに面白いのは、
鈕永建自身が孫文に対して好ましくない感情を抱いていると認める一方、自分
でも不適切だと感じながらも、その感情を抑えがたくなっていることである。

　　私は当地で一つの失敗を犯したのですが、それはいささか孫氏を非難する
　発言をしてしまったことです（孫氏の近頃の振る舞いがあまりに不当なため）。
　まだ孫派の人物と私の間に悪感情はありませんが、何度もみずから反省し
　ています。この件でいつか不適切なことがあれば、将来それによりさまざ
　まな難題が生じるのを免れないでしょうが、まだ今のところそのような状
　況ではないようです。無論それが不適切だと私も理解しているのですが、
　いかんせん口を開くことがあれば、知らず知らずに孫氏に反対する言葉が、
　ところかまわず口をついて出てしまうのです。これまで私にそんな慎みを
　欠いた行為はなかったのに、このような失態を孫氏に対して犯してしまう
　のは、いったいどうしたらよいでしょう [12]。

　だが、１か月あまり後に鈕永建はふたたび呉稚暉に書簡を送り、孫文の「道
理を無視した横暴」を非難して、次のように述べている。

　　この間、国民党の要人が某氏に関して推戴するよう主張しながら、他派に
　も反対していないのは、彼の行為の誤りを心ではわかっているものの、愚
　かな者たちの迷信が深すぎて急には方針転換できず、また生計の関係でみ
　なが口にはできない苦衷があるのです。そのため、もしおおいに有望な事
　業が見つかれば、その関心事とともに人々も変わると私は思います。それ

によって、ますます某氏の道理を無視した横暴が明らかになり、その築き上げてきた掛け替えのない人望を、みずから捨ててしまうというのは惜しいことです[13]。

　鈕永建の見るところでは、アメリカに滞在している革命党要人は孫文のやり方に賛同するわけではないものの、孫文を推戴しないわけにもいかなかったのだが、その要因の一つが生計の逼迫であった。当時、海外に亡命した党員は生計を立てることが困難だったため、少数の者は経済面で孫文の援助に頼っていた。孫文も生活費を支給することにより、一部の党員を籠絡・懐柔せざるをえなかったのである[14]。

4、内紛の熾烈さは孫文——陶成章時代の百倍

　「21か条」の情報が伝わると、汪精衛は呉稚暉・蔡元培らの制止を振り切って決然とヨーロッパから帰国し、みずから救国運動に参加しようとした。汪精衛は約半年あまり上海や東南アジアを転々として、革命党各派の多くの要人に接触した。彼は各派の状況について知りえたことをヨーロッパに滞在する友人たちへ詳細に報告し、またそれにより貴重な歴史記録を残している。汪精衛が考えるに、辛亥革命は「反満」を呼びかけスローガンは簡単かつ明晰であったのだが、清朝を打倒した後ふたたび「民主」「立憲」により革命を発動したところ、人民には理解が難しかった。まさにこのような考えに基づいて、汪精衛は孫文の急進的な革命路線には同意せず教育から着手することを主張し、まず革命の啓蒙活動に努め、一般民衆の思想を「簡単から複雑に向かわせ」ようとした。彼のこの主張はだいたいのところ呉稚暉・蔡元培・李石曾ら、ヨーロッパに滞在する学者も賛同するところだった。彼らは協議の上で汪精衛が東南アジアに赴いて資金を集め、それから出版社を設立して書籍・雑誌を編集・翻訳・出版し、革命の「播種」活動を展開することにした。東南アジアで汪精衛は、陳炯明と李烈鈞がみずから党派を立ち上げ、また「国民党実行部」を組織した

282　五、第四分科会　参加と動員

ものの、陳と李の間でも理事長〔の地位をめぐる〕競争から矛盾が生じ、内紛の熾烈さは孫文と陶成章が争っていた時期を上回るのを目にした。

　　李烈鈞一派について私が東南アジアに来て聞いたことは（第3者から聞いたことも、孫文一派から聞いたこともあります）、どうやら我々が〔フランスの〕トゥールーズで思い描いていたのとは大違いです。陳炯明は「国民党実行部」を組織し、みずからが理事長になって李烈鈞を理事にしようとしたところ、李烈鈞が引き受けなかったのでひどく対立することになりました。私が李烈鈞一派の者に問うてみると、「実行部を組織したことは確かだが、理事長〔の地位〕を争ったというのは確かではない」と言います。しかし、実行部を組織したことについて言うならば、それ自体が我々の期待したことではなく、また鐘動君が『失敗』という書物を著して陳炯明を強く誹謗すると、李烈鈞が彼を腹心として引き立てているので、陳・李の齟齬はひょっとすると本当かもしれません。そのほかこのような話は数え切れませんし、内訌の熾烈さは孫文と陶成章が争っていた時代の百倍です[15]。

　最も詳細な内容の書簡といえば、1915年6月20日に汪精衛が呉稚暉・蔡元培・李石曾・譚仲逵・李聖章に宛てた書簡を挙げねばならない。この書簡はたいへん重要なので、以下に抜粋しておこう。

　　私は上海に20日あまり滞在し、調査しようとした事はおおむねわかったので、すぐに東南アジアに戻り計画を進めます。中山と李烈鈞について、まず皆様にお伝えせねばならないことがあります。私はこの手紙を書くに当たり、何度も書き直しました。私が耳にしたことを述べる中に、しばしば自分の意見を含めて議論してしまうので、今は議論をすべて削除し、もっぱら耳にしたことのみをお伝えして、人々の言葉を私が耳にした通り皆様のお耳に入れ、皆様が私の意見に惑わされることなく、おのずと真相を把握されるようにいたします。

（一）　私がまずシンガポールに行って李烈鈞らに会ったところ、中山と合流できない原因は４つあると論じました。（甲）誓約。（乙）元勲公民。（丙）中山が散発的に蜂起することを好むのは、〔革命〕事業に無益でみずから勢力を損耗するばかりであり、それによって我々が苦心して挙げた成果が破壊されたことも多いと、憤りを込めて語りました。（丁）中山の対日提携は４つの中で最悪のものです。先の３項目については辛抱するとしても、第４項目については保身を図らねばならず、それゆえ〔李烈鈞は〕黄興らと通電〔公開電報〕を発し、また林虎らも通電を発したのですが、いずれも国民に対日連携行動を取っていないことを表明しています。すると中山らは〔彼らが〕軟化したと指摘して大々的に非難し、居正は公然と通告をばらまいて罪状を触れ回すほどの無見識ぶりです。（以上の李烈鈞の言葉は私が彼から聞いたものですが、語りながらひどく憤っていました。）

（二）　私はペナンで中山の特使の何天炯に会いました。何天炯が言うには、「李烈鈞は〔第二革命が〕失敗して東京に来ると、すぐに中山や黄興を排斥し陳其美に対して、第三革命では中山や黄興を起用することはできないと説いた。陳其美は賛同していない。〔李烈鈞は〕東南アジアに来た後、ひそかに陳炯明と『国民党実行部』を組織したのだが、図らずも選挙の結果として陳炯明が部長となり、李烈鈞は理事にしかなれなかった。李はたいそう不満だったがどうしようもなく、そのため陳・李の仲は悪くなったが、東南アジアでは中山を中傷することが唯一の仕事で、最も憎むべきなのは日本と提携しているとまで中傷し、甘んじて袁世凱一派と同様の発言をしていることで、これはどうしても許せない。」（以上は何天炯が私にひそかに述べたことで、翌日に私は李烈鈞のところに行き、世間で言われていることについて「あなたがたがみずから実行部を組織し、理事長になったというのは確かなのですか」と尋ねたところ、彼らは愕然としてこの事を世間がどうやって知ったのかとともにいぶかったのですが、以前に別の党を組織しないと私に言ったことはほとんど忘れてしまっています。このように彼らは依然として私に対しては利用するという方針を取っており、少しも胸襟を開いて誠意を見せようとはしていません。）

（三）私は何天炯に誓約と元勲公民についてどういう意見か問うてみました。彼は口をきわめて不満を述べながらも、すでにどうしようもなくなっており、別の党に入るくらいならばこの党に入った方がましで、いずれにせよ中華革命党は彼らがみずから組織する党の及ぶところではないというのです。（私が会った中華革命党の要人十数名で、このような意見を持たない者は一人としてなく、ほとんど普遍的な心理だと言えると思います。）

（四）私は香港から許崇智と同船して上海に行きました。許崇智が言うには、「今回、私は中山の命令を受けて東南アジアに来て、陳〔炯明〕・李〔烈鈞〕に会い協力を求めましたが陳・李は同意せず、対日連携をめぐる誹謗を日々口にして中山を中傷するのは、おそらく中山には何の罪状もなく、この件によらねば陥れられないと思っているのでしょう。東南アジアの同志も最初は疑念から異心を抱いていましたが、私の説明を聞いたとたんに怒りだし、一同が〔彼らの〕罪状を公表せぬわけにはいかないと言うので、私は各都市を巡っておおいに攻撃し、彼らの信用を徹底的に破壊しつくしました。彼らが中山を中傷しなければ私がこうした手段に出ることもなく、今後は〔彼らを〕ただ敵視するだけです。彼らはすでに興漢社を組織しましたが内部には水面下の闘争が多く、陳が一派を成せば李も一派を成し、さらに譚人鳳も一派を成しており、首領の座をめぐって争い見解をめぐり争っているのは、おかしくも哀れです。」（以上は許崇智が私に言ったことで、語りながらひどく憤っていました。）

（五）私が上海で会った張静江は、彼に対する中山の態度を私に話しました。「中山は誓約を持って来て私に署名させようとしたが、私には頼みやすいのだろうと思って私は署名した。さらに中山は私を財政総〔部〕長に任命したが、革命党がそんな無茶なことをするのは聞いたことがなく、しかも私は病気で仕事ができないので引き受けなかった。中山が『君にはいちばん信用があるのだから、君でなければだめだ』と言うので、私は『信用さえあればいいのなら、私の名前を並べておいてください』と言った。以後どんな公的活動にも私は関与せず、すべて彼らが私に代わって署

名した。昨日、陳其美が浙江〔支部〕財政次長の委任状を一枚送ってきて署名を求めたので、私は『これまですべて他人が私の代わりに署名したのだから、今度も他人に代わりに〔署名〕させておいてくれ』と言った。」（張静江は東京にいた時、日本が〔21か条要求の〕最後通牒を発したためすぐに上海へ戻ったものの、それが受諾されるとまた褚民誼とともに東京へ赴きました。張静江の度量の大きさに私は敬服せずにいられませんが、かといって見習うこともできません。）

　（六）私は上海で陳其美に2回会いました。陳其美は「〔第二革命が〕失敗した後、自分の過ちについて考えたが、最大の過ちは中山の命令に従わなかったことにあり、近年来は中山と活動をともにしてはじめて、我々の思想の程度は中山と大きく隔たっており、小学生と大学教授のようだと気づいた。言うことを聞こうとしないどころか、逆に言い争おうなどというのは、身の程をわきまえず滑稽なだけでなく哀れでもある。そのため今はただ服従し、何事も命令の通りに行動して誠心誠意、過ちを補うことを期するだけだ」と言いました。また陳其美は私にすぐ東京に行くよう勧め、政務部長の胡漢民がすでに辞職しているので、もし私が行けばすぐにその空席を埋めることになるだろうと言い、また東京に着いたら誓約に関しては決して固執してはいけないとも言いました。（陳其美の所へ私が最初に会いに行った時、ほかの者がいたため少し滞在してすぐに帰り、2回目にゆっくり話そうと約束しました。2回目には約2時間話しましたが、そこで述べたことはおおよそ以上に記した通りです。私が2回目に陳其美と会った後、陳其美が方声涛に言いました。「最初に汪精衛が私に会いに来た時、大勢が同席しているのを見ると、そそくさと立ち去って明日話しに来ると約束した。その時、私は彼に璧君夫人にお伺いを立てずに明日来られるのか尋ねたかったのだが、はたせるかな翌日に彼が来たのを見てなんとも意外だった」。私を利用しようという方針は、李烈鈞らと同様です。）

　（七）方声涛が言うには、「東京で一部の中華革命党員に会いましたが、もっぱら威勢で人を圧倒し、およそ同志で入党しない者はすべて敵と見な

286　五、第四分科会　参加と動員

し、人を脅して入党させようとするのですが、私は高圧的に脅されるのに
は納得できません。そっちが罵るならこっちも罵るし、そっちが殴るなら
こっちも殴る。二人でやって来て、一人が殴って一人がなだめるようなの
は、卑怯なやり方だ。」（私はこの言葉にいくらか賛成する。）

　（八）朱執信（『民報』では蟄伸という筆名を用い、後に広東で新軍に働きかけ
るとともに会党〔秘密結社〕を集めて、あらゆる武装蜂起に参加しました。〔辛亥
革命の際に官軍が〕革命派に帰順すると陳炯明と軍の勢力を2分し、やがて北伐か
ら凱旋した軍を第3師団に編成しようとしましたが、陳が許さなかったのでついに
は不和になり、怒って一切〔の職〕を退いて陸軍教育事業に専念しました。〔第二
革命が失敗し〕亡命した後、雑誌『民国』では前進という筆名を用いています）は
東京にいた時、中山が入党するよう促しましたが、誓約と元勲公民〔の件〕
を恥じてかたくなに聞き入れませんでした。中山は怒って、「このような
ことなら今後はおまえが革命を行なうのは許さない！」と言いました。そ
の後、党員が広東での活動を計画した際、朱執信に戻〔って参加す〕るよ
う招きましたが資金を捻出できないので、〔朱執信が〕東南アジアで資金
を集めると3〜4万元が得られました。これを聞いて中山は東南アジアの
党員に書簡を送り、朱執信は同志ではないので助けるべきでないと言った
のです。党員の鄧沢如らは怒って中山に手紙を送り、10数年間生死をとも
にした同志に対して、このようなことを言えるのかと述べましたが、その
一方で朱執信に〔入党の〕署名をするよう勧めてもいます。最近、朱執信
が鄧沢如らに宛てた手紙を見る機会がありましたが、それには「中山の人
となりは誠意〔を尽くす〕のは得意ですが、衆人を統べるのは苦手です。
そのため彼の言う権限の統一は名目にすぎず、権限は長らく他人の手に落
ちひそかに少数の小人物が振るっています。この少数の小人物が表面では
統一という名目を中山に与えつつ、実際には怨恨を深めて支持を減らし、
自分達が何でもできるようにしているのです。これは歴史上、君主専制の
結果であったのですが、その轍をはからずも〔革命〕党首が踏んでしまっ
ています」とありました。（私はこの数行を読み、要点を捉えてはずしていない

と強く感じました。朱執信は私の従甥ですが、彼の見識や行動は私の及ぶところではないと平素から思っており、胡漢民も同様です。私が東京で行なったことも、朱執信を越えるものではないでしょう。)

（九）鄧子瑜が言うには、「私もまた遅れてやっと入党したが、遅れた理由は誓約に指紋押捺するのを恥じ、また元勲公民となるのを恥じたからだ。結局のところ入党したのは感情に迫られたからであり、また別の党に入るくらいならばこの党に入った方がましだったからだ。しかし、中山は以前こう言った。『まず同志に勝ってこそ敵に勝つことができる。勝利は降伏によって完全となる。一枚の誓約書に捫印を押すことは、私への降伏の証拠である。私に降伏しない者は敵であり、同志であるかどうかは問わない。』」（鄧子瑜はシンガポールで中華革命党の支部長になっており、このように言っていることは、中山に関する虚言ではありません。）

（十）柏文蔚は次のように言いました。「私は当初、誓約は廃するべきで章程は改めるべきだと中山とかたくなに言い争った。中山が『君は今まだ部外者なのだから、発言権を持つことはできない。言いたいことがあるなら、まず入党しなければだめだ』と言うので、私は『それなら私は署名しましょう』と言って、署名しながら『これから私は発言権を持ちます』と言った。中山は嬉々として、『発言どころではない。私は君に軍務総〔部〕長になってもらいたい』と言う。私は固辞した。幾日か過ぎて私は胡漢民と約束していっしょに改革の交渉に行ったが、中山は聞く耳を持たず、『第二革命は君たちが私の命令に従わなかったから失敗したのだ。今またこのようでは、いつになったら成功できよう』と言う。私は色を正して、『なぜ私が第二革命で命令に従わなかったと言うのですか。私は安徽で命令を受けて昼も夜も袁世凱討伐に備えていたのに、思いもかけず軍の心理が一変してしまったのです。私が詳しく調べてみると、なんとあなたが派遣した人物が銀8万元を持って、わが軍に工作をしかけに来ていました。その時、私の部下は私が袁世凱に受け入れられず、また中山にも信じられていないのを見て、とたんに動揺してしまい、みなが異心を抱いたのです。

私は今お聞きしたい。いったい党員の私が命令に従わなかったのですか、それとも党首のあなたが目茶苦茶に混乱させたのですか。』中山は目を見張って言葉につまり、おおいに怒って『君は署名して私に服従したというのに、今また私に反抗しようというのなら、これは反逆だ。処罰せねばならない』と言うので、私は『どうぞ処罰してください』と言った。まもなく私は死刑を宣告された。しかし、私は今でも中山に反対しているのではなく、ただ雨降って地固まるよう望んでいるだけだ。」(この勇猛な言葉を聞いて、どうお感じでしょうか。)

　以上の10項で、私が耳にしたことの簡単な要約を終わります。一般の同志には、こちらを支持する者がいれば、あちらを支持する者もいます。どちら構わず金を見れば騙し取ろうとする者がいれば、わざと両者を挑発して双方から叩かれてしまい、なんとか双方に取り入ろうとする者もいます。このような事態に失望・落胆している者がいれば、もともと失望・落胆していたのに、このような事態を喜んでいることが知られている者もいます。

　私は次のように判断しました。

　(一)　中山は「孫先生に従う」という誓約に拇印を押すことを要求し、また元勲公民になることを規定しており、道理から言って彼と絶交すべきです。

　(二)　李烈鈞らはひそかにみずから団体を結成していますが、私を無邪気な資金集めの道具にしてしまえば、他者に対して「汪精衛のように中山と近しい者まで、我々の側にいる」と言うこともできると企んでいるのですから、その口を封じて気落ちさせてやるべきです。道理から言って彼らとも接触すべきではありません。

　(三)　しかし、袁世凱を倒さねばならない以上は革命党がなくてはならず、彼がこのようであるとはいえ、「なくてはならない」という考え方で、彼が存在すべきことを認めざるをえません[16]。

汪精衛はみずから、この手紙を書くに当たり何度も書き直したと述べ、書簡

の末尾で「読んだ後はただちにこれを燃やして欲しい」と記しており、この手紙を書いた時の厳粛な心情と、述べている内容の機密性が見て取れる。書簡の原稿は十頁もの長さに達し、含んでいる情報量はきわめて大きい。その中には少なくとも2点、特に注意すべきことがある。

　第一に、李烈鈞と陳炯明にはともに強い個人的な野心があり、二人は欧事研究会のほかにもさらに東南アジアで「国民党実行部」を組織し、また相互の権力闘争から関係が悪化した。李烈鈞らの孫文に対する不満は、誓約・元勲公民や散発的な蜂起のほか、主に孫文の対日連携を咎めるものだった。

　第二に、中華革命党内部には陳其美のように、ますます孫文に敬服する者がいたとはいえ、何天炯・張静江・朱執信・鄧子瑜・柏文蔚・胡漢民・廖仲愷・鄧鏗など、誓約や元勲公民の規定にきわめて不満でありながら、ただ「別の党に入るくらいならばこの党に入ったほうがましだ」という心理を抱いて、中華革命党に加入したにすぎない者がいっそう多かった。この点は、しばらく後に何天炯が宮崎滔天に宛てた書簡から立証できる。1915年8月27日に何天炯は宮崎への手紙で、次のように述べている。

　　私は東南アジアから中国に戻った後、個人的な経済状況がすでに言うに堪えないほど困窮しているのに、党のことを思うとますます憤懣がつのって何も手につきません。先月末、胡漢民・廖仲愷・鄧鏗の諸兄に手紙を書き、誓約を改めて人心を繋ぎとめるべく、なんとか中山公を説き伏せてくれるよう頼みました。私の手紙は痛哭流涕しつつ得失を数え上げたもので、良心に照らして恥じるところはありません。聞くところでは3人とも、この件は今さらどうしようもないと嘆息したそうです。この時、その手紙が孫公の目にとまったものの、彼には少しも反省悔悟の色がないのみならず、事情をわきまえていないと私を責めたといいます。それならば革命党の前途にはまったく希望がなく、まだ何事であれ私が日本に行って、対策を講じられることなどあるでしょうか！[17]

290 五、第四分科会 参加と動員

　この手紙は、汪精衛が述べているのが嘘ではないことを証明している。さらに何天炯は手紙の中で、孫文が革命を独り占めしようとするのを皮肉っており、これは汪精衛の手紙に記された、孫文が朱執信に対して「このようなことなら今後はおまえが革命を行なうのは許さない！」と怒りを込めて言った態度とも、きわめて近いものである。さらに朱執信は孫文を専制君主だと皮肉っている。汪精衛の手紙の後まもなく、鐘鼎という一人の中華革命党員が孫文への公開書簡を発表して、孫文との関係断絶を宣言するとともに、孫文の「唯我独尊」や「革命を独り占めする」ことを非難した[18]。

　各派がみな東南アジアを資金調達の基地としたために、各派の競争は同地区において最も熾烈であった。汪精衛は「私にとって、東南アジアで現地の同志から資金を調達するのは難しくないが、東南アジアにやって来た資金調達者と資金を争奪するのは難しい」と慨嘆した[19]。各派の東南アジアにおける競争に関して、また汪精衛は次のように詳述している。すなわちクアラルンプールでは、陳占梅を頭領とする一派が中華革命党に加入し、孫子光を頭領とする一派は陳炯明を支持していた。「両派の人々は互いに罵倒・侮辱し、甲が乙は陳炯明の私党だと言うと乙は甲が孫文の私党だと言い、感情は日増しに悪く決裂は日増しに甚だしくなっています。かつて陶成章氏の支持者がみな乙党に加入して扇動した結果、ますます敵意が燃え上がりましたが、まるで孫文と陶成章が争っていた時代に戻ったか、あるいはそれよりもさらにひどい状況です」[20]。蔡元培は汪精衛の書簡を読んだ後、「今や政治革命の障害に革命党の内部抗争より大きいものはない」と深く慨嘆した[21]。

　汪精衛は両派どちらに対しても不満であったが、東南アジアの党員に要請されて両派の調停を試みている。

　　　私は一つの方法を考えているのですが、それはまずシンガポールに行って陳炯明・李烈鈞両氏に会い、別の党を組織することなく、すでに組織した党も活動停止するよう求め、もし彼らがこの要求を受け入れれば、それから彼らに中山への要求を長文の書簡に認め、署名して中山に送り正式に交

渉するよう求めるというものです。双方が誠意をもって相対することがなくなって、すでに長い期間が過ぎています。このようにすれば、少しは効果があるはずです。もし陳・李がすでに組織した党を解消することに納得しなければ、どうしようもありません。私が東京に行く必要はなくなります。中山が要求を受け入れない場合もどうしようもないので、私は東南アジアに戻って以後は自分のすべき事をします[22]。

　しかし、汪精衛の仲裁は成功しなかった。汪精衛の言うところによると仲裁が成功しなかったのは、主として双方がともに誠意をもって相対することができなかったためである。汪精衛によれば孫文と書簡を7、8回やりとりしたものの、「中山に誓約・指紋押捺・元勲公民等について改めるよう勧めたものの、終始相手にされませんでした」。そして、「陳炯明・李烈鈞には興漢社・水利速成公司・少年再造党などを新たに設けて、世間の目を惑わさぬよう勧めましたが、またしても終始相手にされず、しかも〔彼らは真相を〕隠して〔私に〕告げなかったのです」[23]。だが、両派はともに汪精衛を味方につけて、各自が東南アジアで資金を調達するのに協力させようとした。特に中華革命党側は、汪精衛を味方にすることに努めている。しかし、汪精衛は「元勲公民の等級制や、孫先生に服従するという誓約や、指紋を押捺するという規定に対して、私は反対も破壊もしませんが、良心の呵責を覚えているというのに、どうして膝を屈して従うことができましょう」と考えたのである[24]。

5、結　論

　以上のことからわかるように、中華革命党時期に各派はいずれも反袁世凱を目標としていたが、党員間の意見対立と派閥抗争は学界で認識されていたよりも、さらに多元的で複雑かつ激烈だった。慎重派の側では、李根源らが政法研究会を基盤に発起した欧事研究会は凝集力を欠いた組織で、多くの者は会員として名を連ねることに同意したにすぎず、実際の組織的活動には参加していな

292　五、第四分科会　参加と動員

い。また会員として名を連ねてはいるが、実際には本人が参加に同意していない者もいた。また中核的な成員の中でも、陳炯明と李烈鈞は東南アジアで独自の勢力を持って単独で「国民党実行部」を設立し、さらには興漢社・水利速成公司・少年再造党といった組織の名称で、対外的に資金収集を行なった。そして陳炯明と李烈鈞の間では、党首の地位をめぐる闘争から関係が悪化したのである。

　急進派の側では中華革命党内部の多くの者が孫文の党綱と忠誠の宣誓に同意せず、きわめて強い不満を持つ者すらおり、彼らは別の党に入ることを望まないため、やむをえず中華革命党に入ったにすぎず、党員には孫文に対して面従腹背の者が少なくなかった。孫文は「まず同志に勝ってこそ敵に勝つことができ」、勝利は「降伏」によって完全となると考え、「降伏」した者を同志と見なし、「降伏」しない者を敵と見なした[25]。また、孫文が党員を「降伏」させる手段はきわめて粗略で、拇印を押すといった方法を党員は人格を侮辱するものと見なした。孫文の本意は党員の党首に対する服従を強化しようというものであったが、逆に党員の強烈な反発あるいは離反や面従腹背を招いた。もともとは党の組織的凝集力を強化しようとしたのが、かえって党員間の抗争と分裂を促してしまったのである。

　呉稚暉・蔡元培・李石曾・汪精衛らヨーロッパに滞在していた者は、無政府主義的な傾向を持ち進徳会の構成員でもあり、中華革命党の急進革命路線に賛同せず、とりわけ誓約や「元勲公民」という特権規定に反感を持ったが、欧事研究会に加入することも望まず、教育・宣伝から着手して革命の啓蒙に尽力することを主張した。これが当時は第3の道であったといえよう。

　注
（1）「蔡元培致呉稚暉函」（1914年2月27日）、台北、中国国民党党史館藏档、稚7880。
（2）「中華革命党成立通告」中国社会科学院近代史研究所等合編『孫中山全集』第三巻（中華書局、1984年）、112頁。
（3）「致南洋革命党人函」『孫中山全集』第三巻、81頁。

中華革命党時期における党員の意見対立と派閥抗争　293

（4）　「中華革命党総章」『孫中山全集』第三巻、98頁。

（5）　「汪精衛致呉稚暉函」（1914年9月17日）、同前档、稚9562。

（6）　「致呉敬恒書」『孫中山全集』第三巻、150頁。

（7）　「汪精衛致呉稚暉函」（1914年9月17日）、同前档、稚9562。

（8）　「汪精衛致呉稚暉函」（1914年9月17日）、同前档、稚9562。

（9）　「鈕永建致呉稚暉函」（1915年3月18日）、同前档、稚8124。

（10）　「鈕永建致呉稚暉函」（1915年3月18日）、同前档、稚8124。

（11）　「鈕永建致呉稚暉函」（1915年4月5日）、同前档、稚8662。

（12）　「鈕永建致呉稚暉函」（1915年4月5日）、同前档、稚8662。

（13）　「鈕永建致呉稚暉函」（1915年5月8日）、同前档、稚8666。

（14）　日本外務省記録（1914年11月27日）「各国内政関係雑纂　支那ノ部　革命党関係
（亡命者ヲ含ム）」陳錫祺主編『孫中山年譜長編』中華書局、1991年、上巻、917
～918頁より再引用。

（15）　「汪精衛致呉稚暉・蔡元培・李石曾・譚仲逵・李聖章函」（1915年5月中旬、時
期は引用者の推測による）、同前档、稚9394。

（16）　「汪精衛致呉稚暉・蔡元培・李石曾・譚仲逵・李聖章函」（1915年6月20日）、
同前档、稚9392。

（17）　楊天石「何天炯与孫中山——宮崎滔天家蔵書札研究」『尋求歴史的謎底』首都
師範大学出版社、1993年、404頁を参照。

（18）　「附致孫先生断絶関係書」狭間直樹『孫文思想における民主と独裁——中華革
命党創立時における孫文と黄興の対立を中心に」『東方学報』第58巻、1986年、
346頁を参照。

（19）　「汪精衛致呉稚暉・蔡元培・李石曾函」（1915年11月27日）、同前档、稚9384。

（20）　「汪精衛致呉稚暉・蔡元培・李石曾函」（1915年7月9日）、同前档、稚9391。

（21）　「蔡元培致呉稚暉函」（1915年8月21日）、同前档、稚7836。

（22）　「汪精衛致呉稚暉・蔡元培・李石曾函」（1915年7月9日）、同前档、稚9391。

（23）　「汪精衛致呉稚暉・蔡元培・李石曾函」（1915年10月25日）、同前档、稚9387。

（24）　「汪精衛致呉稚暉・蔡元培・李石曾函」（1915年11月27日）、同前档、稚9384。

（25）　「汪精衛致呉稚暉・蔡元培・李石曾・譚仲逵・李聖章函」（1915年6月20日）、
同前档、稚9392。

軍閥時代における民主政をめぐる議論
——1920年代広東省の政治改革からみる孫文と陳炯明

ジョシュア・ヒル（Joshua Hill）

（オハイオ大学）

（訳：郭まいか）

　中華民国「軍閥時代」における難解かつ複雑な政治のうちに、現在にも通じる民主的特色は見いだせるのだろうか？　前時代における王朝の世紀とも、後に続く一党独裁体制の時代とも異なり、1910年代から1920年代に見られた混沌と分裂は、あらゆる種類の政治的実験を試行する余地を生み出した。この尋常ならざる時期にあっては、広く理念的な分野から寄せられる多くの提案に耳が傾けられたのだった。そのうち最も興味深いものは、民主的な統治を行う半独立の省からなる「連邦制中国」の概念である。この概念を生み出したのは知識人らであった。しかし、それは政治世界における最も強力な支持者の経歴と切り離して語ることはできない——陳炯明（1878-1933）、広東省省長となった人物である。陳の運命は、彼の政治計画と同様に、孫文（1866-1925）と不可避にリンクしていた——陳のパトロンとして、同志として、そして最後には敵対者として。

　この二人の人物、そして彼らの中国に対するビジョンは、しばしば対比的に述べられる。両者は多くの重要な点において非常に異なり、特に彼らが想定する中央—地方関係は全く違っていた。しかし、広義にとらえると、民衆が自治を行うということに関する両者の思想は、それぞれに異なる中国民主政の姿を提示していたというよりもむしろ、多くの重要な点において重複している箇所が多く見受けられる。このことは、彼らの選挙に対する一致した態度を比較することで明らかになってこよう。

珠江における政治対立

　孫文と陳炯明は、多くの共通点を有する。二人とも広州周辺地域で生まれた理想主義者であり、二人とも政治力と軍事力のバランスを取るため奔走し、将来の中国に共和国を打ち立てるという理想を持った。これらの共通点を通じて、清朝最後の年に二人は出会い、陳は孫文が1905年に結成した革命団体である同盟会に忠誠を誓ったのだった。彼らはともに反清活動に従事し、それに続いて袁世凱（1859-1916）の独裁指向（そして究極には帝政復活の野心をも持っていた）に対抗し戦ったことは、二人の絆をさらに強く結びつけた。だが、彼らの関係は決して単純なものではない。陳は常に孫とは異なる独自の経歴、人的関係、そして思想を有していた。

　彼らの不和は、中央政府が崩壊し、各地の軍閥が国内でそれぞれの政治領域を支配し始めた1910年代中ごろに生じた。広東省と福建省の境界に沿って兵を指揮し、地域的問題に意識を集中させていた陳は、軍閥としてのいくつかの属性を帯びていた——だが、彼は政治的、社会的改良を目指していた点で、自己勢力の増大のみに専念する他の「軍閥」とは区別される[1]。一方で孫は、これと対照的に、上海に基盤を置き、そこから国家の政治的組織を維持しようとしていた。1920年11月初頭までに、陳の軍隊が北京政府系統の軍閥の手中より広州の管轄を奪い取ると、彼らの関係は緊張した。陳が広州奪還の際に行った最初の声明は、より広い視野からの政治的方針に欠けていたが、陳は徐々に「連省自治」中国を打ち立てるという夢に惹かれていった。この概念は、1920年の半ばに上海に基盤を置く活動家と記者らが最初に広めたものであり、既に全国的な支持を獲得しつつあった。1921年初頭、陳は『ノース・チャイナ・ヘラルド』の記者との長いインタビューの中で、連省自治を支持する旨を語る。そこで、陳は軍による国家再統一という概念を明確に拒否し、かわりに、広東省を他省が見習おうとするような、そして最終的には自由に連携できるようなモデルに作り上げるとする提案を行った。まず省内において、一連の政治的、

296　五、第四分科会　参加と動員

社会的改良から着手するというのが、彼の最初の計画であった(2)。

　こういった視点は、長年国家統一を目指してきた孫文とは逆の方向を向くものである。しかし、陳の希望に反し、この南の都市に国民政府の基礎を築くため、孫は広州に戻ってきた。孫は到着した日、公に声明を発し、その中で広東の「光復」につき陳に感謝の意を述べたのち、続いて「吾国を必ず統一すべし」と宣言した。そして譲歩の意から、民主的にこのような統一が達成されるべきで、軍事的になされてはならないと主張した(3)。孫はその後数か月間、この宥和的な態度を示し続け、1月初頭には、北京の新聞に掲載された評論の中で、連省自治運動に応じる旨を述べ、また内部の武装解除を要求している(4)。そして、1921年5月5日、彼が中華民国「非常総統」（新たに設けられた地位で、憲法上の正統性でもって彼の権限を認めるものである）として行った最初の宣言で、中央と地方との対立は、「各省の人民に自治を達成させ、それぞれの省憲法を定め、自ら省長を選ばせる」(5)ことのみによって解消されると主張し続けた。孫が連省自治活動家として行った意思表明はごく僅かなもので、広州における陳の計画を認めたわけではないし、広州に影響力を強めようとする孫の意図を効果的に隠匿したわけでもない。そして、1921年の9月には、彼は逆に全ての建て前を捨て、広州から北京にわたる長い「北伐」にむけて、攻撃用の軍隊を公然と組織し始めた(6)。この取り組みは、広東省の財源により賄われるということを意味していたのだった。

　孫が公的に調子を合わせた論評を保っていた時でさえも、この二人の緊張関係と政治的野心は明らかであった。1921年2月中旬ごろ、孫が広州市に着いてから3か月と経たないうちに、北京からの記者が孫のもとにインタビューを取りにやって来たところ、彼は孫と陳が「お互いに邪魔者を排除しようとしている」(7)のかどうかを聞くところから話を始めたのだった。陳は骨抜きにされた国民政府の「内務総長」という、実質的に無意味な地位を受け入れはしたが、この状況は1年間で悪化の一途を辿るばかりであった。孫が北伐について宣言を行うと、陳は消極的な抵抗運動でもって応え、さらにこれに対し、孫は新聞紙上で以下のような脅迫めいた言葉で言い返した。「いま、陳は南の政府の官

吏なので、政府の命に従う必要がある。さもなくば、他人に取って代わられる
だろう」。記者は疑い深げに、孫に「もし陳が軍と国民からの支持を得たらど
うしますか?」と質問したところ、彼は「軍は私の手中にあります⁽⁸⁾」と答
えた(説得力はなく、また不正確であったことも明らかになるが)。しかし、このよ
うな談話が行われたにもかかわらず、陳は、孫の名ばかりの国民政府からの要
求よりも、自らの政綱のほうを優先し続けたのだった。

　1922年4月、北伐の行き詰まりから失意の中にある孫は、陳を多くの公職か
ら退かせたが、それが今や前省長となった陳の政治的重要性に影響を与えるこ
とはほとんどなかった。2か月後、陳に付き従う軍隊は広州における孫の本部
を砲撃したので、孫は不名誉なことに市から逃れることを余儀なくされ、陳の
復職もまた可能となった。それまで、とにかくも何とか存続してきた孫の政府
は、残り幾ばくも無い正統性を剝ぎ取られてしまった。しかし、こののち、孫
は1923年初頭に陳とその支持者を無理やり省都から追い出すことで、借りを返
すことになる。この時、彼がソヴィエト政府の協力を得て打ち立てた政府は、
孫が亡くなったのち1927年に部分的に国家を再統一することになる、国民党党
国体制の核心を形作ったのだった。一方、陳炯明はこれとは異なる運命を辿り、
1925年に広東東部における彼の最後の拠点から追い出されたのち、香港で半隠
遁生活を送ることで、その余生を過ごした。

孫と陳の精神についての解釈

　歴史家は典型的に、二人が正統性を争った結果として両者の関係が崩壊して
いく様を分析してきた。国民党員の歴史家が打ち出した最初期の論では、孫文
が「国父」として政治的正統性を個人的に主張したが、陳は図々しくもそれを
認めなかった裏切り者として描かれる。1930年代から1940年代まで党史家とし
て執筆活動を行っていた鄒魯は、陳が1920年代末まで「国の問題に関心をなく
し、広東のことに利己的な野心を抱いた」と信じていた。そして、こういった
野心は、最終的に彼をして「党を裏切り国を損ない、兵を誤用し国民を傷つけ

298 五、第四分科会　参加と動員

る」といった「深刻な罪を犯させた」という⁽⁹⁾。陳の行動とは、つまり、不純な動機と正統ならざる野心に後押しされた、既定の秩序を侮辱するものであったということだ。こういった歴史叙述上の判断に関する論調は、やや穏当な形をとって、近年の国民党系の研究にも依然としてみられる。中央研究院の張玉法は中国近代史を概観する際、この事件を簡潔に紹介しており、「1920年、孫文は広東軍総司令陳炯明の支持を受け、広東に戻ってきた。1922年に陳は『叛変』し、孫は再び上海に居を構えることとなった」⁽¹⁰⁾と説明している。また、多くの大陸での研究も、陳の行動を「叛変」と特徴づけている⁽¹¹⁾。こういった表現は、鄒魯の熱のこもった叙述よりは穏当なのだが、陳の行動を既定の権威に対する正統ならざる反抗的態度と見なす点では、一致している。

　初期国民党の歴史家たちにこのような叙述を行うよう導いた政治的要請は、そののちの歴史家らが孫と陳との複雑な関係性を議論することに影を落としてきたかもしれない。しかし、今日においては、政治的正統性が孫文個人に単独で与えられるとする見方はほぼ受け入れられない。かわって、研究者たちは、彼らをそれぞれ異なるタイプの正統性を持つ代表者と見なそうと模索している。概して、修正後の歴史叙述は、省を政治的正統性の永続的根源とみなす陳の理想と、中央政府を第一とする孫の執着とを対比させてきた。例えば、マリークレール・ベルジェール（Marie-Claire Bergère）は、これを「孫文の国家主義（nationalism）」と「陳炯明の省中心主義（provincialism）の対立」と適切に表現している⁽¹²⁾。しかしながら、より政治色の濃い論では、孫を中国の政治文化に内在する独裁主義的動機を継承した人物として位置づけ、その挑戦者である陳を、中国の民主主義のために戦い、忘れ去られた殉教者として描く。その最初期のものは、1980年代に台湾人時事評論家の李敖によって発された。彼は、孫を正統な権威者とし、陳の行動をただ非正統とみなす標準的言説が、孫とその支持者、さらには歴史家たちが述べてきた言葉によってどのように作り上げられたのか、という問題を指摘した⁽¹³⁾。1990年代末には、李は陳炯明の息子である陳定炎（Leslie Chen）とともに、陳の政治改革者としての名声を取り戻そうとした。陳定炎は中国語、英語で書かれた多くの刊行物の中で、彼の父親は独立

した連邦制の民主主義中国を真摯に夢見ていたと主張する。これとは対照的に、孫文は彼自身の一党独裁という目標を支持してくれさえするなら、外部のいかなる権力をも容認することを憚らない機会主義者であったと述べる[14]。テレビ放送された陳定炎との会話から、李の説を要約すると、李は、成功を収めた悪役として孫を描き出すことで、これとは逆に、陳炯明に「失敗的英雄」という人物像を付与したのだった[15]。陳の事績をこのように解釈することで、1949年以降の国民党による台湾独裁統治に反対する人々は、党が積み重ねてきた財産を攻撃するために使用可能な武器として陳を意義づけ直した。そして、陳はいつか達成されるであろう民主政中国の象徴へと姿を変えたのだった。この20年間で、陳に関する叙述の可能性が劇的に高まったことは、（多分、偶然にも）この論文の実現にも寄与してくれただろう[16]。

　民主主義とは、定義したり尺度で示したりするのが難しく、そのため、20世紀初頭においてはどの形態の民主主義が最も象徴的であったかを断定しづらい。1920年代初頭に孫文がレーニン主義に方向転換したと論ずる人々は、陳の政策が代わりに分権主義的代替案を提示したと見なしている点で確かに正しい——しかし、これだけでは、陳炯明の事績を「失われた民主化の象徴」にまで昇華させるに不十分である。ここで、テーマをより限定して、選挙という一点——それは民主主義の最も基礎的な土台である——を見てみると、孫と陳の文章と政策には、相違点よりも共通点のほうがずっと多いことがわかる。二人は、選挙民の規模と範囲、被選挙人の地位の性質、選挙を監督するにあたっての国の役割などにおいて、様々な前提を共有していた。全体を通して、これらの前提は、中国の選挙が本質的に完全には民主的でないという彼らの一貫した見通しを反映している。つまり、陳炯明はあくまで連邦主義者なのであって、孫に代わる自由主義者ではないのだ。

選挙法はいかに組み立てられるべきか？

　選挙とは、民主的統治を行う上で最も基礎的な政策表明のうちの一つである

300　五、第四分科会　参加と動員

が、それを組織する方法はほぼ無数にある。新たに誕生した中華民国は、光緒新政期（1901-1911）に起源を持ち、かつ選挙について明確な定義を定めた方法論を、1912年に法律の中に組み込んだ。国、省、そしてより下位の地方レベルの議会に効力を及ぼすこれら様々な選挙法は、総人口の中から慎重に選び抜かれた一部の人間のみが参加できる、間接選挙制を採るものであった。選挙民は、一定程度の財産を有する（納税額や土地の所有により規定される）か、もしくは高度な教養を持つ（1905年以前には科挙に及第していること、もしくは当時実施された近代学校制度での学位を有することが条件）成人男性に制限された。これら有権者は、さらに道徳検査にも従わねばならず、無学であることと同じように、アヘンの吸飲などといった不適切な行動を理由に参政権からはじかれた。この制度の初期の版は清代において、1909年の省級選挙と、その後2年間、地方レベルの選挙で参照されていた。そして、民国期には少々形を変え、1912-1913年、そして1918年の国民選挙の際に用いられ、同様に、省と地方レベルの選挙においても、1910年代から1920年代までに何度も参照された。

　しかし、全ての人々が清末民初の選挙制度の正統性を受け入れたわけではない。1912年、民国が始まってからの楽観的だった数か月間でさえ、有権者から除外された様々な人々から異議があがった。特に、（社会的性差に縛られている）教養ある女性や、（財産資格の項で参政権が与えられなかった）商人らがそうである。この制度の正統性と有効性に対する非難の声は1910年代に高まり、1920年代には、急速な発展をみせた連省自治運動に携わる知識人らが、清末民初の選挙法に反対することを省自治運動と関連づけた。上海の教育改革者で政治活動家の黄炎培（1878-1965）は、顕著な例を挙げて、1920年10月の二対の概念が連省自治運動を定義したと説明している。一対目の概念とは、当然ながら省と国との関係について注意を引くもの——「中央集権の打破」と「軍閥の排除」を目的とする運動である。しかし、黄の言う二対目の概念とは、選挙法の変化に注目するもので、自治運動家は「国民直接表示制」「職業団体代表制」を計画したという[17]。1920年11月9日、上海に基盤を置く章太炎（1868-1936）が連省自治運動の到達点、目的、手段を明確に公式化したことで、連省自治運動

と既存の選挙制度を根本的に変えるという意図が、さらに強固に結びつくこととなった。章が言うには、この運動は「各省の人民は自らの憲法を制定し……〔そして、〕県知事から省長まで〔の全ての公職者は〕、ことごとく人民の直接選挙で選ばれる[18]」中国という理想にたつものだ。

　黄も章も、直接選挙に傾倒しながら、これら初期の文章では有権者の規模や構造について注目してこなかった。黄の文章は、おそらく無意識のうちにある方向性を指示している——彼の主張は最終的に、中国選挙法は「世界最新思潮」を参照すべしとの一点に行き着くのだ。しかし、黄は彼自身が（そして主要な中文新聞の分別ある読者も）はっきりと認識していたはずの一点を述べはしなかった——、1920年前後の世界では、直接選挙以上に女性参政権という「新思潮」が主流を占めたということだ。イギリスとアメリカにおいて広がりを見せた女性運動は、それぞれ1918年と1920年に女性参政権を実現する形で実を結んだ。この出来事は、1919年初頭における中国の女性参政運動復活の端緒となった。知識人らはやや遅れて、女性運動を記述する中でその関係性を称賛したが、各省の省都における政治的人物らは、より早くからこの思想（とそれを支える活動家）のもつ力の大きさを認識していた。その結果、全ての省が連省自治運動の一環として省憲法を起草するにあたり、参政権を性差で制限する語句を取り除くか、またははっきりと女性に参政権を付与するか、どちらかの形で起草を行った。

　陳は最も早くに直接選挙と女性参政権を法律で規定した中国人政治指導者の一人である——この法律は当初、彼が広州奪還のために戦っていた時に、印刷物の形で発表された。彼は省長の地位を正式に主張してのち、1920年12月末に、省議会に2つの選挙法案を提出した。そのうちの一つは「広東省暫行県議会議員選挙条例」といい、地方の議会に直接選挙制を定めるものである。有権者の資格はというと、廃止こそされなかったものの、条件の緩和がなされた——県政府で1年のうち3日間の雑役に服したか、もしくは免工費を支払った人物という項が付け加わったのである。清代に可決され民国期にも適用されていたこれまでの県級での選挙法とは、より複雑な選挙手続を規定するもので、参政権

302　五、第四分科会　参加と動員

については財政、教育の面でかなりの障壁が設けられていた。そのため、理論的には、上記のような変更によって広東省における有権者の規模は拡大し、数の上で民国期に行われたその他の選挙の平均（省総人口の約10%）を超えるはずであったが、少なくともある資料からは、実際にはこのような増加は起こらなかったことが読み取れる[19]。

　より重要な点は、陳の選挙法における選挙資格の項目には、性別について何も言及がなされていないということだ。それまでの選挙法とは、全ての行政レベルにおいて、明確に男性のみに選挙権を制限するものであった。これに対し、陳の新法は選挙人登録に記録するカテゴリーに初めて性別の欄を設けることを規定していたので、陳が女性にも参政権を付与しようと計画していたことがわかる。1920年12月まで、彼はこの旨を直接的には述べなかった[20]。しかし、陳が女性の市民権に関心を寄せていたことは、法律の文言の外においても、状況証拠から認められる。彼は広州に戻って来てから数週間のうちに、その他の活動においても、男女の地位平等を支持する表明を行っており、「女性は男性と同じく国民に属する」[21]と主張し、11月末に師範大学における男女共学の実施を命じた。資料上の証拠は限られているものの、これは陳の側に長期的かつ理論的な取り組みがあったことを、ほぼ確実に反映している。1911〜1912年という早い時期に、清代広州における諮議局（1909年に陳がこの一員に選ばれた）は臨時省議会に改組された。そしてこの時、陳が属していた委員会は10人の女性をこの過渡期の機関の議員に任命した。この先例のない動き（そして中国では、この後に続いた省は他になかった）に対する陳の態度は不明だが、彼の政策の一般的な方針は、これを支持するものだったと推測できる。

　しかし、1920年12月の法案には女性選挙権をはっきりとは明記していなかったため、手段の上で敵に隙を与えることになってしまった。1921年3月に省議会で陳の提案した選挙法が議論された際、数名の議員が、選挙権を男性のみに限る文言を加える意思を示した。このように、陳以前の基準に逆戻りしたことを受け、700名にのぼる女性の抗議者が省議会を訪れ、最終法案に女性参政権を明確に定めることを要求した。続いて起こった闘争では、数名の抗議者が負

傷することとなった。その余波のなかで、参政運動家は孫文と陳炯明の両方が、抗議者らの目標に合致する声明を発していたことに気づいたので、勝利を得たと確信した女性たちは街頭で行進を行った[22]。しかし、議会が4月の始めに実施した採決では、選挙権を男性に限るという旨の文言が陳の原案にはっきりと追加されてしまっていた――そしてこれは、実質的マジョリティーが標準と考えるものであった[23]。

　しかし、この改正法は5月末前に覆され、女性の投票権はようやく認められることとなった。この過程についての資料はほぼ残っていないが、ここで起こった逆転は明らかに、参政運動家と省長である陳が圧力をかけたことによるものである[24]。1921年6月と9月に行われた省都と県での選挙に関して、新聞報道は（少なくともある場所では）女性が実際に投票したと――そしてそれが中国史上初であったことを認めている[25]。黄碧魂（1875-1923）という女性（女性参政権の熱心な支持者で、抗議活動の最中に負傷してもいた）は、香山県県議会の議席を勝ち取った[26]。広州では彼女のように公選職を占めることができた女性が他にいなかったので、彼女が（おそらく）選挙を通じて政治的地位を手に入れた初めての中国人女性であった。

　この議論の余地のある問題について、孫が女性参政権を支持したことは、まさに陳の方針に味方する行動だったといえよう。彼もまた、早い時期から、性別で投票権を制限することをやめるべしとの主張を行っていたのだ。1920年3月1日、連省自治運動が組織される数か月前に、県レベルでの地方自治に関する提案が上がった際、孫は、彼の制度のもとでは「成人した男女は全て選挙権を有す」[27]と明確に述べた。彼の女性参政権に対する共感は、中華民国初期のころまで遡ることができる。しかし、彼にこのような共感があってもなお、政治的に得策ではないと判断した時には、女性を有権者に含めることを強く要求しなかったのだった[28]。孫文は突出していたにもかかわらず、1912年の夏、新選挙法が制定された時には、結論を下せる決定権者ではなかった。北京における臨時参議会（孫はメンバーではなかった）が法律制定の権限を有し、選挙権を男性に限った清代の慣例を続ける方に票が投じられ、これに対する異議もほ

304　五、第四分科会　参加と動員

ほ上がらずに終わったのである。

　陳の選挙法において革新的だった他の点——間接ではなく直接選挙であること、そして財産・教育上の資格条件を最低限度まで削減することに信を置くもの——は、記録によると、議会の議論も反対も引き出さなかった。それは明らかに、1920年末に起こった連省自治運動の要求が背後にあったからであろう。これらの正確な繋がりを明らかにする資料は現存しないが、陳はほぼ確実に、この運動の影響を受けていた。これら変更の多くを法的に有効とする必要があると彼が感じていたかどうかは、資料が残されていない。彼が立法のために提供した唯一正当とする証拠は、1920年12月の広東暫行県長選挙条例に付け加えられた簡単な「説明」であり、そこでは直接選挙を中国に逃してはならない世界的な潮流として位置付けている[29]。孫文も同様に、陳が省を取り戻す時期までには、自主的に普通選挙（性別のみならず財産・教育の制限についても取り除くこと）に移行していたようである。1921年2月1日、孫文が広州で現地の国民党組織に対して行った講演の要旨には、「普通選挙」の一部として「民権主義」概念をとらえる定義がまとめられている[30]。彼は「普通」選挙権がどうあるべきかを規定しなかったが、この言葉はまさに制限選挙の概念とは対立することを示している。陳は1921年の4月に広東教育会で講演を行った際、参政権を制限することは「平等、自由という現代の潮流とは合致しない」[31]とする彼の信念を表明した。得られる資料から見る限り、孫文は陳が省長を務めていた期間中、直接選挙・間接選挙の問題について意見を発してはいない。しかし、彼が後に書いた文章から、直接選挙を支持していたことが読み取れる[32]。

　陳と孫がそれぞれ適切と考える選挙法の構成について、広い範囲にわたり一致が見られたが、それでも、こういった普通選挙権という概念が当時の中国ではごく少数にしか支持されなかったという事実を見過ごしてしまってはならない。広東省議会の女性参政権に対する抵抗が、大いにそれを物語っている。中国全体を通して、1912年の選挙規定は、制限選挙制、間接選挙制ともに、5年間ほど大半の省で援用され続けた。1921年に至ってもなお、北京政府はこれまでの法に基づいて国民選挙を実施する意図を有していた。孫と陳のこれらの一

致は、当時の因習的な考えに対抗するという点を共有していたことを明らかに示している。

行政機関は人民が直接選出すべきか？

1909年に清政府が展開させ、1912年に民国政府が拡大した選挙制度は、もっぱら二院制議会に重点を置いてきた。それまでの中国にはこういった制度が存在しなかったので、選挙が中国に導入されると同時に、制度も初めて整えられた。そして、中国初期の選挙とは明らかに、公職に対する既存の人選過程に干渉しないよう定められたものであった。特に、県長（清代の知県に該当し、民国期には知事、民政長、県長と様々な名称が与えられる）の職がそうである。王朝時代にあっては、県長の地位とは中央政府が任命できる最も下位の行政レベルのものであり、清末に進められたどの改革によっても、この長く続いた慣習が動揺することはなかった。

1911年10月の革命直後の活力溢れる数か月間に、いくつかの地域では、県長の職位を選挙で選出される地位に改めることで、共和国の誕生を示そうとする模索が行われた。記録が多く残っている例として江蘇省を挙げると、この省は急いで臨時省議会を招集し、1911年11月27日に満場一致で県長民選を認可した[33]。その1週間後に発布されたこれらの地位に関する選挙法は、清末の議員選挙法の前例に依っている。それは、2段階の間接選挙制を規定し、毎年2元以上の「直接税」を全ての級の政府に納めている成年男子のみに選挙権を与える制限選挙を採っている[34]。おそらく、この法はそれほど広範には適用されなかったが、かといって無視もされなかった。上海北西にある嘉定県では、1912年6月に県長選挙でこの法が援用されている[35]。だが、袁世凱政権期には県長を任命することがまだ一般的な社会通念で、彼の死後も10年間は、省または省に准ずる地方政府において、何らかの形で県長の任命が行われていた。つまり、1910年代末まで、これらの地位を選挙で決めるということに大きな関心を寄せる政治的指導者は、たとえいたとしても、ほぼいないに等しかった。

306　五、第四分科会　参加と動員

　これとは逆に、陳炯明は県長民選をその改良計画の中心に据えた。彼は、こ
れを長年にわたる関心事と見なしていたのである。1920年11月24日の陳の主張
によると、彼の県長選挙に対する関心は、1911年の革命以降、数か月間、省長
としての活動が中断されていた時期から有していたとのことだ[36]。陳は後に、
1910年代末に福建省の南端を支配していた時に、このような選挙を試験的に行っ
たと断言してもいるが、この事を示す史料は見当たらない[37]。1920年12月末
には、陳は県長選挙条例草案を省議会に提出しているが、この条例の全文はも
はや現存しないようで、わずかに第28条第61項のみが残っている（全部で何条
あるかはわからない）[38]。しかし、この部分的に残された箇所からは、県長民選
についての陳の初期構想、つまり彼が国民による直接選挙を命じていたことが
わかる。候補者が勝つためには、投票総数の3分の1以上の票を獲得し、かつ
最高得票数を得る必要がある。この条件を満たす該当者がいない場合、その選
挙から数日後に、獲得票数上位者による決選投票が行われる[39]。しかしなが
ら、この概念は法改正過程において早くに放棄された。投票者の偽証や対立を
避ける努力の中で、省長が獲得票数上位3名から県長を任命するという折衷案
に取って代わられたのだ[40]。

　陳のオリジナルの法案は修正を余儀なくされたにもかかわらず、彼はなお県
長民選を重視し続け、1921年3月6日の国民党広東支部で行った講演の中では、
県長民選を彼の計画における中心的項目とする旨を繰り返し述べた。ただ、8
月と9月に行われた県級選挙、もしくは選挙自体に至るまでの活動の記録はほ
ぼ残されていない。これらの選挙は、広州における労働争議、陳炯明による隣
省への侵略、徐々に高まる陳と孫の不和といった他の重要な出来事の背景で起
こったものであった。その結果、選挙を進める過程について、陳自身の記述か
らもほぼ情報が見いだせないし、新聞や他の史料といった外部情報も同様に、
限られているか欠けているかのどちらかであった[41]。これら選挙期間中に一
体何が発生したのか――特に、地方レベルでどのような出来事が起こったのか
――については、最終的には謎である[42]。

　この選挙は、新聞の論説における辛辣な批判に左右されやすかった――こう

いった不平は民国期の政治文化によく見られる標準的な特徴ではあったが[43]。当選できなかった候補者は、選挙結果に対して法的に異議を申し立て、その議論は何週間も続いた。にもかかわらず、陳はこの投票方法に期待を持ち続け、前向きであり続けた。彼は11月に、その時には達成した県長民選と県議会を「自治」の象徴であると省議会に自慢げに語っていたそうだ[44]。それでも彼は数日後に、新たに選出された県長に指示を行う中で、より慎重なメモを書き残している。彼は選挙をあくまで「試験」的なものと述べ、もし県長の行いが不十分であれば、この制度は長くは続かないと主張した[45]。陳は11月なかばに新県長らと面会し、「人民そして現地の人々に選ばれた」職位にある彼らに、誠実な統治を行うよう説いた[46]。しかし、94名全ての県長が、このような高尚な基準に従っていたわけではない。12月には、2名の県長の不徳行為に対する非難が全国紙で広まったが[47]、それでも陳の信念は揺るがなかった。1921年12月19日に彼が起草した省憲法は、県長民選を定めている[48]。陳は最終的には、これをさらに発展させ、省憲法草案に書かれていないこと――省長民選をも実現させる心積りであった[49]。しかし、彼の省政府は、こういった基本的な考えを実現するほどには長くは続かなかった。

　陳が支配を行っていた期間中、孫文は長年にわたって県長民選を支持してきた立場と、陳の試験的な選挙は承認しないという立場のバランスをとろうとしていた。1921年3月に国民党員にむけて行った演説では、孫は「10年前、私は『革命方略』を起草し、その地方自治の部分で県長民選を主張した」が、広東はまだそれを実施できる段階には至っていないと考える、と説明した。そして、「諸君にしばし考えていただきたいのだが、広東の人民は〔効果的に選挙に参加できるだけの〕能力があるだろうか？　私はそうは思わない。それだけの能力がないのに〔選挙を行うというのは〕、混乱を起こすというものではないのか？」と訴えかけた。選挙に代えて、彼は人々に民主政について教示するため、国民党の主導のもと集中的な宣伝活動を行うことを要求した[50]。ただ、このような孫の意見にもかかわらず、広州市の国民党支部の一部構成員は、市参事会と県議会の選挙で候補者を編成するのに自らを動員していた[51]。どの程度

か定かではないが、彼らの努力は成功を収めている。陳が退けられ、孫が広州で復権を遂げた際には、孫は引き続き公約の中で県級民選の部分を約束するとしたからだ[52]。

　1921年に孫は公的に反対表明したにもかかわらず、孫と陳の両者が県長民選に早くから関心を見せていたことは、中華民国初期の政治面において、彼らが相対的に特殊な存在であったことを示す。県級民選とは、連省自治運動全体を通して、主流を占める優先事項ではなかった。なぜなら、1920年代初頭に書かれた2つの主要な省憲法──1921年浙江省憲法と1922年湖南省憲法──は、湖南のみが県長選挙を規定しているが、それでも、選挙に関して広東の法より多くの制限を設けており、浙江では、県長は省長の任命を受けると簡潔に言明しているからだ。

中国人は民主政に適しているのか？

　陳の試験的選挙は時期尚早で、代わりに集中的な（しかし実際には冗長であったろう）宣伝活動を行うべきだという孫の憂慮は、国家は人民に政治的権利を行使させる前に彼らを訓練する必要があるという、孫の長年の信念を反映してのものだった。1924年4月12日に国民党が定めた「建国大綱」には、このビジョンを表す最も公式な声明が記されている。それは三段階の過程からなり、各省の支配領域が安定した状態の「軍政」に始まり、形を変え「訓政」となる。「訓政」では「試験を通過した訓練された人民」が県を補助し、地方選挙が成功裏に行われた時、「自治」の状態に至る。そして、最終的には「憲政」に行き着き、そこでは大半の省が「自治」を達成しているという[53]。しかし、この概念の大まかな外形は、1924年よりずっと以前の孫の考えからにじみ出ている。それを要約した説明は、短命に終わった1914年の「中華革命党」の綱領の中に含まれており、「訓政」概念は1910年代の彼の文章の中にかなり頻繁にみられる[54]。1920年に孫が上海を離れ、陳が奪還した広州に向かうことになる1週間前、孫は必要に駆られ国民党員にむけ講演を行った。「民国は成立してか

ら9年経つが、一般の人民はまだ共和の真髄を理解しておらず、それゆえこの状況は我々に再び革命を起こすことを強いるのだ」と。革命の手段とは、数世紀にわたる専制により培われた「奴隷性」を克服することにあり、確固たる政府の手による「訓練」のもとで、これを達成できるはずだと説く(55)。

　孫の考える「訓政」とは概念であって、具体的な政策の束ではない。しかし、いくつか特定のテーマについては、1914年から彼の文の中に現れるようになる。第一には、「訓練」が終わるまでは選挙を延期する、ということが挙げられる。このことは、1921年の陳の県級選挙に対する批判の中に暗に含まれ、1924年の党の綱領の中では明白な形をとって現れている。次に、いかに国民となるかを人々に諭すため、政府が教育的・宣伝的な取組みを行うことの重要性が挙げられる。ただし、これを達成するための明確な仕組みは詳細には述べられてはいない。これについて、彼はこうも示唆している。例えば公選職に候補者をたてる試験的制度のようなものを実行するにあたって、仮に人々が投票権を獲得し得たとしても、彼らに与えられる選択の幅は実質的に限られてしまう、と(56)。最後に、そしておそらく意図せずに挙げられたのは、政党国家が強制的な手段でもって訓練を施行するという提案である――孫が上海を離れる前の1920年11月に行った演説で、例えば、彼の政党が直面している「訓練」的任務と、アメリカがフィリピンで支配を行うにあたっての作業とを比較し述べている(57)。アメリカによるいささか冷徹な植民地支配の性質を考えると、これはとても好意的な類似とは言えないのだが。

　政治的訓練に対する孫の確固たる信念は、表面的には、陳炯明の政策や方針とは明らかに対照的であるように見える。選挙とは、陳の広東における計画の決定的な部分であったからだ。つまり、彼は省長の地位を引き受けてから2か月の間に、新選挙法を徹底的に導入し、1年後に投票を実施することを保証した。陳はその在任中において、「訓政」に対してはっきりとした事は何も述べていなかったが、彼が追放された後の文書、特に1928年「中国統一芻議」の中では、それに対し公然と痛烈な批判を繰り出している。彼が問うには、人々はそれを実践する機会を与えられずに、どうして自治を学べるだろうか(58)、と

310　五、第四分科会　参加と動員

いうことだった。

　しかし、陳は1928年に「訓政」拒否の意を表したにもかかわらず、彼の在任中の政策と追放後の提案のどちらからも、これとかなり似通ったやり方を通そうとしていたことが読み取れる。1920年から1921年に県級選挙を準備し始めた時でさえ、陳は省都広州の支配体制を、より制限をかける形で作り上げていた。陳は広州市を手に入れてから数日のうちに、アメリカで教育を受け、市政改革に関心を持つ齢30の孫文の息子、孫科（1891－1973）を市長に任命した。12月末には、陳は孫科の提案した市の綱領——このような文献は中国史上初のものである——を省議会に送った。この提案のもと、市長は省長により任命され（この5年後に選挙が導入されることとなったが）、参事会参事員30名のうちわずかに10名が、有権者により選出されることとなった。残りについては、半数が省長に任命され、もう半数が商工業者及び各種職業団体により選出されるということだ[59]。1921年2月中旬には、省議会（女性参政権に反対票を投じたのと同じ機関）はこれを民主的でないという理由で却下した[60]。しかし、このような反対にもかかわらず、この綱領は2月に発効し、3月に陳はこの法律の弁護をもって議会に応じた。陳が論ずるには、純粋に選挙のみを通じて構成された参事会が担う政府は、「全市の事業が無頼な政治家の手に握られる」という結果を招いてしまうことを、世界中の市史が証明しているという。彼はニューヨーク市タマニー・ホールの政治マシーンなどといった有名な例をいくつか挙げ、選挙による参事会は自ずと民主的には機能せず、人民の意思も効果的に反映しないのだと述べた。選挙とは当時の中国の歴史的展開が示しているように、一般的に逆効果を生み出す可能性があり、「革命が起こってからというもの、中国の選挙——中央と省のどちらにおいても——は悪勢力に支配されてきた。選挙機関がこの種の勢力に利用されなかった試しなどほぼないのだ」という[61]。彼は、人々が投票に対する適切な態度を身につけるのには時間を要すると説明することで（これをいかに克服するかは明確には述べていないが）、この悲観的な評価を下している。彼はここで「訓政」という語句こそ使わなかったが、彼の考え方は孫の概念と驚くほど類似しているのだ。

軍閥時代における民主政をめぐる議論　311

このテーマは、陳の思想における例外的かつ一時的な要素というわけではなく、彼が後に執筆する政治的文書の中にも引き続き現れる。彼が最後に行った政治的信条表明、つまり1928年に行った「最も穏便な提案」は、彼が在任期間中に実施した選挙制度よりもさらに著しく制限を加えた——言い換えれば、民主的色彩を減じた——選挙制度の構想を描き出した。彼の新たな計画は間接選挙の段階状の体系を要し、村レベルでは参事会を直接選挙で決めるが、これら参事会参事員が県議会を選出し、さらに県議会が省議会を選出するという形になっている（興味深いことに、この過程は現代の中国大陸で用いられている人民代表大会制度に酷似している）。任命過程に対する厳格な管理は、政府が国民の意思表示手段をさらに限ることによって維持される(62)。陳は、孫の訓政という考え方、そして民主制に制限をかけるということを非難したが、それと同じだけ、関心を共有してもいた——そして、結果として、「訓政」という呼び名こそ用いなかったものの、陳は孫の思想の精神と合致していたのだ。

お わ り に

孫の政策は1922年6月、広州から追い出されたのち転換を見せる。彼は陳に打ち勝ち、広州を奪回してもなお、その怒りを鎮めることはできなかった。孫の怒りは1924年に行った「三民主義」の演説——この4度目の講演は「連省自治」全体の概念を長々と酷評した箇所で有名である——にも明らかである(63)。しかし、ここでの批判は、選挙と民主政について陳と孫が互いに重なる思想を共有していたことを、完全に無視してしまっている。

このことは、今日の我々が陳と孫の遺産について考察するにあたって、「連邦制」と「民主政」を区別することの重要性を物語るものである。明らかに21世紀の多くの思想家に訴えかけた陳の連邦制の概念は、中央集権化を主張する孫との不和を生み出した。陳が遺した連邦制は後の中国政府には受け入れられなかったが、それはいつか価値があると判明する「有用な過去」としての選択肢の形でそこにある。しかし、陳の概念をただ純粋に民主政としてのみ見てみ

ると、彼をもう一つの将来の象徴と位置付けることは難しくなろう。陳が抱いた民主政への過程の理想像とは、基本的には孫のそれと違わない。両者ともに、もともと選挙を普及させたいという意向を持ち合わせており、それに特定の行政機関には選挙を開放する——しかし、全て国家の緊密な監視のもとで行う——という信念が組み合わさっていた。陳炯明の選挙制民主主義とは、もし彼が広東での戦いに勝利していれば、将来の中国の政治的発展を導こうとする孫文のビジョンとそうは違わなかっただろう。陳の選挙概念とは孫と同じく、21世紀初頭の台湾、香港で見られた力強く競争的な複数政党制選挙に連なるというよりもむしろ、1927年以降の国民党統治下に出現し、1949年からは共産党の体制のもと継続された、かなり異なる体制を指し示している。これらの選挙は、様々な地位に投票できる大衆の選挙権を認めつつ、しかし、「訓政」国家の管理と支配のもとで行われる、という特色を持つ。この制度は清末民初期よりもずっと多くの有権者が参加できるものではあった。しかし、有権者に与えられた選択肢は、たとえすべてが提示されたとしても、非常に少ないものだったのである。

注
（1）　陳炯明が政治活動を行っていた最後の数年間、政敵らは彼に「軍閥」という負のレッテルのみを貼り付けた。Izabella Goikhman, "Chen Jiongming: Becoming a Warlord in Republican China," in eds. Mechthild Leutner and Izabella Goikhman, *State, Society, and Governance in Republican China*（Berlin: Lit, 2014）, pp.77-101.
（2）　「与『字林西報』記者吉爾伯徳的談話」段雲章、倪俊明『陳炯明集』広州：中山大学出版社、1998年、pp.560-561.
（3）　「在広東省署宴会的演説」『孫中山全集』（北京：中華書局、1981年）第五巻、pp.429-432.
（4）　「統一南北意見」『孫中山全集』第五巻、p.453.
（5）　「就任大総統職宣言」『孫中山全集』第五巻、pp.531-532.
（6）　「在広州宴請北伐軍将領時的演説」『孫中山全集』第五巻、pp.597-599.
（7）　「与『字林西報』記者的談話」『孫中山全集』第五巻、pp.463-464.
（8）　「与美報記者的談話」『孫中山全集』第五巻、pp.626-627.

軍閥時代における民主政をめぐる議論　313

（9）　鄒魯『中国国民党史稿』重慶：商務印書館、1944年、p.1110; p.1115.

（10）　張玉法『中華民国史稿』新訂版、台北：聯経出版事業公司、2009年、p.152.

（11）　張憲文など著『中華民国史　第一巻：中華民国史の創建与北洋政府的統治──中国邁向現代社会（1912－1927年）』南京：南京大学出版社、2005年、pp.418-422；茅家琦『孫中山評伝』南京：南京大学出版社、2001年、pp.632-648.

（12）　Marie-Claire Bergère, *Sun Yat-sen* trans. Janet Lloyd（Stanford, CA: Stanford University Press, 1998）, pp.295-304.

（13）　李敖『李敖大全集　第八巻：孫中山研究、蔣介石研究』北京：友誼出版公司、1999年、pp.90-92.

（14）　陳定炎『陳競存（炯明）先生年譜』台北：李敖出版社、1995年；Leslie H. Dingyan Chen, *Chen Jiongming and the Federalist Movement: Regional Leadership and Nation Building in Early Republican China*（Ann Arbor: Center for Chinese Studies at the University of Michigan, 1999）.

（15）　李敖「為陳炯明翻案」、オンラインで閲覧可。（http://blog.sina.com.cn./s/blog_ 3 f 2 b 5 f610102wado.html　http://blog.sina.com.cn/s/blog_ 3 f 2 b 5 f610102wafp.html）

（16）　最も代表的なものは、段雲章と倪俊明の豊富な研究に見られる（段雲章、倪俊明、沈暁敏『歴有争議的陳炯明』（広州：中山大学出版社、2006年）; 段雲章、倪俊明『陳炯明』（広州：広東人民出版社、2009年）; その他多くの雑誌掲載記事など）。

（17）　黄抱一（黄炎培）「省自治」『申報』1920年10月10日。

（18）　湯志鈞『章太炎年譜長編』北京：中華書局、1979年、pp.605-606.

（19）　段雲章、陳敏、倪俊明『陳炯明的一生』鄭州：華南人民出版社、1989年、p.200.

（20）　「広東省暫行県議会議員選挙条例」（『陳競存（炯明）先生年譜』pp. 1021- 1043）に再録。こういった文言は、12月末あるいは 1 月初頭のある時点で陳の新法に加えられたものの、当時の新聞に掲載された草案の中には見当たらない。「広東省暫行県議会議員選挙条例草案」（『華字日報』1920年12月28日〜12月31日）を参照。

（21）　「飭広東高等師範学校実行男女同校令」『陳炯明集』pp.517-518.

（22）　「広東之女権潮」『申報』1921年 3 月31日；また、これのより長い報告については、「広東女子参政之大運動」（『申報』1921年 4 月 4 日）を参照。

（23）　「広州通信：女子参政案已否決」『申報』1921年 4 月 7 日。

（24）　筆者は香港の『華字日報』と上海の『申報』のどちらからも、この政策転換に関する報道を見出す事はできなかった。ルイス・エドワーズ（Louise Edwards）はこの事件について、天津の『大公報』に基づき、補足しながら分析を行っている（Louise Edwards, *Gender, Politics, and Democracy: Woman's Suffrage in China*

314　五、第四分科会　参加と動員

(Stanford, CA: Stanford University Press, 2008), p.121)。付金柱は4月18日に省政府の官報で発された陳の命令が、単独で議会の決定を覆したことを明らかにした（付金柱「陳炯明与近代広東女権運動」『中華女子学院学報』第29巻第1期、2009年）。

(25)　広州の女性選挙に言及がなされた記事の一例として、「選挙市参事之投票情形」（『華字日報』1921年6月2日）を参照。

(26)　『陳競存（炯明）先生年譜』p.410.

(27)　「地方自治実行法」『孫中山全集』第五巻、pp.220-225.

(28)　Edwards, *Gender, Politics, and Democracy*, pp.65-102.

(29)　「広東暫行県長選挙条例草案説明書」『華字日報』1921年1月3日。

(30)　「在国民党粤省支部成立会上的演説」『孫中山全集』第五巻、p.460.

(31)　「在広東教育会的演説」『孫中山全集』第五巻、pp.486-512.

(32)　その一例として、彼が1924年4月に行った「民権主義」第4講（『三民主義』1924年（電子版：http://sunology.yatsen.gov.tw/））が挙げられる。

(33)　『江蘇臨時省議会第一届会期報告第三冊』出版社、発行年不明（推定1911年）、8b-10b; 14a-15b.

(34)　『江蘇臨時省議会議決案』出版社、発行年不明（推定1912年）、巻3：1a-5a.

(35)　「嘉定県複選民政長」『申報』1912年7月12日。

(36)　「在恵州会館同郷会歓迎会上的演説」『陳炯明集』pp.519-520.

(37)　「対広東新県長的訓詞」『陳炯明集』pp.704-705.

(38)　この現存する部分は「広州暫行県長選挙条例草案」（『華字日報』1920年12月28日、12月29日、12月30日、12月31日、1921年1月3日、1月4日）に見られる。この草案で失われた部分には、残念なことに、選挙資格の項も含まれていた。この法の最終版は4月に可決され、8月の県長選挙で参照されたが、有権者の資格については県議会議員条例と同じものを採用したと思われる。このことから、もとの草案も同様の有権者資格を規定していたと推測される。法案の最終版は『陳競存（炯明）先生年譜』（pp. 1027-1030）に再録。

(39)　「広東暫行県長選挙条理草案」（『華字日報』1920年12月30日）第60条参照。

(40)　皮肉なことに、修訂版についての報道は、元の原稿の関連箇所が発表されたのと同日になされた。民国期の新聞は時に解読をより困難にさせるようだ。「県長民選辦法之会議」『華字日報』1920年12月30日。

(41)　これら選挙の基礎的な情報でさえ突き止めること・理解することが困難なので、結果として、歴史家による記述もいくらか混乱が見られる——陳の選挙に関する2次文献には（数が限られているにもかかわらず）、選挙の日付などといった基本

的な事実でさえ矛盾がみられる。

（42）　議論の結果についてはジョン・フィッツジェラルド（John Fitzgerald, "From County Magistrate to County Head: The Role and Selection of Senior County Officials in Guangdong Province in the Transition from Empire to Republic," *Twentieth-Century China* 38. 3（October 2013）, pp.254-279）が分析を行っている。

（43）　「時評：民選知事之悲観」『華字日報』1921年 8 月 9 日。

（44）　「在広東省議会的演説」『陳炯明集』p.700-701.

（45）　「対広東新県長的訓詞」『陳炯明集』pp.704-705.

（46）　「与広東各新県長的談話」『陳炯明集』p.705.

（47）　「広東民選県長之反対声」『申報』1921年12月 8 日。

（48）　省憲法草案は、夏新華など整理『近代中国憲政歴程：史料彙萃』（北京：中国政法大学出版社、2004年）pp.711-721に再録されており、この件は第121条の中で扱われている。

（49）　「連省自治運動」『陳炯明集』pp.871-875.

（50）　「在中国国民党本部特設駐粤辦事処的演説」『孫中山全集』第五巻、pp.472-484.

（51）　「国民党対於選挙之注意」『華字日報』1921年 3 月29日。

（52）　こういった選挙についての公約は、例えば、1924年 1 月の「中国国民党第 1 次全国代表大会宣言」（『孫中山全集』第九巻、pp.114-125)にみられる。

（53）　「建国大綱」（夏新華『近代中国憲政歴程』pp.598-600に再録）。

（54）　「中華革命党総章」『孫中山全集』第三巻、pp.97- 102.

（55）　「在上海中国国民党本部会議的演説」『孫中山全集』第五巻、pp.400-401.

（56）　「在広東教育会的演説」『孫中山全集』第五巻、pp.486-512.

（57）　「在上海中国国民党本部会議的演説」『孫中山全集』第五巻、pp.400-401.

（58）　「中国統一芻議」『陳炯明集』pp. 1044- 1045.

（59）　『陳競存（炯明）先生年譜』pp.287-288. これと類似した制度は汕頭でも実施されたようだ（『陳競存（炯明）先生年譜』p.449)。

（60）　「論説：省議会与市制」『華字日報』1921年 2 月19日。

（61）　「咨復広東省議会査照広州市暫行条理不容変更文」『陳炯明集』pp.577-579.

（62）　「中国統一芻議」『陳炯明集』pp.994-995.

（63）　「民権主義」第 4 講『三民主義』1924年（電子版：http://sunology.yatsen.gov.tw/)。

316　五、第四分科会　参加と動員

中華民国期の広東人労働者における
ナショナリズムの一考察
——E・ゲルナーとの対話を通じて

衛　藤　安　奈
（慶應義塾大学）

一、はじめに

　数ある中国ナショナリズム研究の中でも、いわゆる反日デモや日中関係の悪化などに触発されたものには、排外主義に焦点を当てる傾向がある[1]。しかし中国ナショナリズムの特徴として排外主義を取り出し、それを中国固有の文脈のみで論じることは、特殊性を過剰に強調し他分野との対話の可能性を狭める恐れもある。本稿は、中国的文脈におけるネイション（国民/民族）はいかにして形成されたか（され損ねたか）という古典的問いについて、筆者がこれまで研究対象としてきた1920年代の中国労働運動およびその指導者の事例をもとにささやかな再検討を試みるものであるが、その際、欧米でナショナリズム理論の最重要基礎文献の一つとされるE・ゲルナーの議論を拠り所として問題を考えてみたい[2]。

　ゲルナーの議論は古いという反論もあるだろうか。しかし、国民国家と結びついて勃興したナショナリズムを近代特有の構造が生み出した経済的・精神的産物として考察するゲルナーの視座は、現在でも十分な説得力を備えていると筆者は考える。他方、ゲルナー的視角に基づき中国ナショナリズムを説明することはどこまで可能か、真剣に考察する作業は、一部を除き、日本の中国研究の世界においては実はあまりおこなわれてこなかったように思われる[3]。

　本稿ではまず、ゲルナーの議論に関する筆者なりの最低限の整理をおこない、次に広東人労働者のケースに着目し、ゲルナーの基準に基づいた場合にナショナリズムが認められるケースと認められないケースを検討する。前者を示す事

例としては、広東人労働者にして中国国民党員であった馬超俊の言論を取り上げ、後者を示すものとしては、広東の海員および港湾労働者の行動を取り上げる。ただし中国ナショナリズムの言説を分析する膨大な思想史研究については、本稿ではまったく言及できないことを予めお断りしておく。

二、ゲルナーとの対話——ナショナリズムを必要とする社会とは何か

（1）「高文化」——産業社会で「相互に互換可能で原子化された諸個人」を束ねるもの

　ナショナリズム研究においてはよく知られるように、ナショナリズムの理解には２つの立場がある。国家統合の道具として理解するいわゆる「道具主義」（あるいは「近代主義」）と、ナショナリズムの素材となる諸要素の歴史性に目を向ける「原初主義」である[4]。通常、前者を代表する２大著作としてはB・アンダーソン『想像の共同体』とE・ゲルナー『民族とナショナリズム』、後者を代表するものとしてはA・スミス『ネイションとエスニシティ』などが紹介される傾向がある。

　「道具主義」的立場と「原初主義」的立場は、しばしば対立する議論のように紹介される。しかし注意深い読み手は、ゲルナーやアンダーソンの議論にしても「道具主義」などの枠には収まり切らない射程を有することを指摘する[5]。大澤真幸によれば、「産業化のための好都合な道具」としての側面と「宗教的な忠誠に比肩しうる信従や使命感を人々から引きだす要因」としての側面は、どちらもナショナリズムを構成する重要な要素である。ただ、近代特有の要素について考察しようとすれば、「道具主義」的立場を取ることで見えてくるもののほうがより重要だともいう[6]。

　「道具主義」代表格の議論としては、日本ではアンダーソンが好まれるようである。大澤によれば、アンダーソンとゲルナーの違いは、前者が出版資本主義を重視し、ナショナリズムの言説内容やその流通状況に関心を置くのに対し、後者の議論は、ナショナリズムを生み出す基礎の分析が主となる点にある[7]。

318　五、第四分科会　参加と動員

ゲルナーはナショナリズムを構成する言説の中身には関心を示さない。ナショナリズムとは「政治的な単位と民族的な単位とが一致しなければならないと主張する一つの政治的原理」（『民族とナショナリズム』１頁。以下、頁数のみを記す）とだけ述べ、「民族」（独自の政府を求める状態に至っているという点がここでは重要である）に関しても、それはナショナリズムから生み出されるとするにとどめる（95頁）。そしてナショナリズムは産業社会（別の言い換えでは「流動的で教育水準の高い匿名的な社会」（109頁））から生じるとする。

　大まかな筋書きはこうである。まず、前近代社会が産業社会へと変容するとき社会が流動化し、各地域の多様な「下位文化（sub cultures）」が崩れる。このとき国家は、読み書き能力を有する社会の上層部（官僚、司祭、知識人等）に形成された「高文化（a high culture）」にのみ基礎を置く新種の国家に変貌する（ここでは、それ以外に基礎となり得るものとして宗教などが想定されている）。社会の下層部では、古い共同体を喪失した人々が「相互に互換可能で原子化された諸個人（mutually substitutable atomized individuals）」（97頁）として排出される。なお、この「互換可能」とは人々を経済活動に使う側に立った表現である。

　「下位文化」を喪失した均質で流動的な人々を統合し、そこに発生した経済活動を維持・拡大すべく、新種の国家の運営者は「高文化」に基づく教育システムを整備し、社会の均質性を維持・拡大する。そこからネイションが生まれ、国民国家がつくりだされる。

　ネイション創出過程を欠く国家建設や、国家という枠組みを欠く排外主義、特定集団への忠誠心などは、ゲルナーにとってはナショナリズムには当たらない。後者はしばしば多くの論者によってナショナリズムそのものと同一視されるが、ゲルナーはおおよそ次のように述べ、そうした理解を退ける。すなわち、排外主義や特定集団への忠誠心はもちろん、人類の歴史を貫く重要な要素であるが、近代世界に特有の現象ではない。近代国家と結びついて勃興したナショナリズムという現象を理解する上では、そうした要素をいったん、ナショナリズムを識別する要素とは別にしておくことが建設的である、と[8]。

（2）農耕社会での国民国家建設？

　しかし中国においては、読み書き能力による「高文化」が早くから国家の基礎をなし、地域の科挙エリートが「下位文化」と「高文化」をゆるく結びつけてきた。ゲルナー自身、中国で発達した国家と文化の結びつき方は例外的事例であるとし、この点をそれ以上考察することはなかった[9]。それゆえゲルナーの議論は、論点を中国のエリートと「高文化」の関連にのみ限定してしまえば参照しやすくなるが[10]、一般民衆の「下位文化」の問題をも視野に含めると扱いづらいものとなる。

　冷戦時代においては、中国共産党（以下、中共）や中国国民党（以下、国民党）が「民族意識」の覚醒などと称揚した社会現象を、そのまま「民衆ナショナリズム」として論じる向きもあった。このような議論は均質な中国人像を前提として成り立つ。しかし1949年以前の中国社会の実像を探る近年の諸研究は、当時の中国においては農耕社会的分断構造が温存されており、農村社会の人々の国家意識は相当に希薄であったことをあきらかにしている。そうであれば、「下位文化」が強固であった一般民衆にナショナリズムは存在したのかという点を問わなくてはならなくなる[11]。

　1949年以前の中国ナショナリズムを対象としてきた諸研究を、ゲルナー的視野に立ち、「下位文化」と「高文化」の動向をそれぞれに追ったものとして理解すると、大雑把には次のような整理が可能だろうか。「高文化」層におけるナショナリズム的反応は、まず列強の植民地分割競争に直面した清末の知識人層（あるいはそのやや下層）に発生し始め、清朝崩壊後は、北京政府のエリートによる近代国家建設の諸政策にそれらが受け継がれた。そして南京国民政府による中国統一後、イタリア、ドイツのいわゆるファシズムを参照しつつ、ナショナリズムを社会のより深くに浸透させようとする試みがおこなわれた。野村浩一の言葉を借りれば、国家建設（ステイト・ビルディング）から民族復興（ネイション・ビルディング）へと課題の重点が移行したのである。ただ、社会の側に目を向けると、国民国家建設の大前提の「均質な社会」にはほど遠い状況にあり、社会の均質化は、いつ、どこで、どの程度実現したのか、議論は分かれている[12]。

320　五、第四分科会　参加と動員

（3）産業社会とナショナリズムをめぐる議論への修正

　「下位文化」と産業社会をめぐる扱いづらい議論に目を戻すと、ゲルナーは、産業社会成立後、ネイションの出現を妨げる2つの要因が浮上するとしている。「コミュニケーションに対する障害の原理」（106頁）と「耐エントロピー」（第6章）である。前者は産業化の初期に発生するもので、たとえば経済的に発展した地域に出稼ぎに来た農民工が、「高文化」の言語を操れないがゆえに種々の差別を蒙る場合などである。後者は、産業化の進展によって社会の均質化がかなりの程度達成されたにも関わらず、なお深刻な差別が残る場合である。どちらも、差別を受けた側が「下位文化」への帰属意識を強化する効果を生む。そして差別を受けた側が独自の文化的要素に基づく政府を持とうとしたとき、それは別のネイションへと変化する。ゲルナーは無秩序の増大を示す熱力学のエントロピーの比喩を用い、産業化によって社会の均質化が進む過程を「社会的エントロピー（social entropy）」とし、また均質化に抗する動きを「耐エントロピー（entropy-resistant）」とする。

　この「耐エントロピー」の議論は、中国ナショナリズムとの関連においては、とくにウイグル、チベットなどのいわゆる少数民族問題の分析に使用される傾向があるが、その用いられ方は部分的なものにとどまる。というのは、この議論が本来、産業社会の出現による社会の均質化を前提とし、この動きに包摂され損ねた人々を論じるものであるのに、中国の場合は産業社会の成立を自明な前提とはできないため、「耐エントロピー」（同化圧力に対する「下位文化」の抵抗）の問題を取り上げようとすれば、均質化の圧力がどこから来るのか独自の説明を考えなくてはならなくなるからである。中国ナショナリズムの文脈においては、中国国外の研究者は通常、同化圧力は産業社会化の進展によってではなく、支配層によって強引にもたらされると考える傾向がある[13]。

　しかしそうなると、近代における中国ナショナリズムの正体とは、前近代的な支配層が国民国家を表層的に真似ようとし、粗暴な同化政策を「下位文化」に押しつけるようになったことのみに収斂するのだろうか。

　ゲルナーにとっての重要な論点が均質化であったことは確かである。だが大

澤真幸が主張するように、ゲルナーが立脚しているマルクスやウェーバーのオリジナルの議論まで考慮に入れると、ナショナリズムと不可避的に結びついている要素は、均質化ではなく資本主義であったとみなしたほうが、より本質に近づいた立論が可能になるように思われる。ナショナリズムと表裏一体であるものが資本主義だとすれば、いわゆる産業後進国においても、列強による植民地化や大企業の進出などを通じ、そうしたものが外部からもたらされるとした大澤の指摘は興味深い[14]。とはいえ大澤の議論は、中国ナショナリズムを再考する手がかりとするにはやや思弁的すぎる嫌いがある。

　ここでは、近代的現象としての資本主義とナショナリズムの表裏一体関係を、中国のエリート層が自分たちの所有する「高文化」に結合させた契機について議論を絞りたい。この点については、マルクスとカントの読み込みを通じて近代批判をおこなった柄谷行人の論考を参照することで見通しが開けるように思われる。柄谷は、現代社会の諸問題は、資本、ネイション、国家の三要素が深く結合した三位一体構造から生じているとし、これを「資本＝ネイション＝国家」と表現した[15]。柄谷はむろん、「資本＝ネイション＝国家」を克服すべき対象とみなしている。しかし後述するように、1930年代の国民党のエリートたちは、どうやらこの三位一体構造の実現こそが中国を救う道だと確信するに至っていたように思われる。

　以上を踏まえ、本稿では、ゲルナーの議論を中国に応用する場合、次のように考えることが有益だとみておく。すなわち、他国の「近代化」を学ぶうち、他国を中心とする資本主義構造の「周辺」として組み込まれ搾取対象とされていることに気づいたエリートたちが、改めて「我々」を中心とした「資本＝ネイション＝国家」の三位一体構造を築こうと動き出したとき、真に近代的現象としてのナショナリズムが当該地域で発生したとみなしうる、と。

三、中華民国期の広東人労働者の事例に基づく考察

(1) 広東の港湾都市——ナショナリズム形成に適した条件？

広州を中心とする広東の港湾都市は、かつて国民党の革命史などにおいて、1920年代の国民革命を通じ民衆が「民族意識」に覚醒したと説明されてきた地域のひとつである。ゲルナーの議論との関連で確認したい広東の特徴は二点ある。第一に、農村社会の秩序から弾き出された男性余剰人口を主体とする膨大な流動人口が存在したこと、第二に、広東の沿岸地域は海外との関わりが深く、経済的には列強の資本主義経済に組み込まれつつある地域であったことである。とくに外資系企業に雇用されていた教育水準の高い広東人たちは、文化的差異に基づき不利益を蒙ることへの不満が、ナショナリズムに転化しやすい条件下にあったと考えられる[16]。

農村から都市部に出稼ぎに行く労働者たちは、なお農村世界の住人であったようにもみえる。しかしゲルナーのいう農耕社会の本質は、農作業の有無ではなく固定的で変化しない社会構造にある。その意味では、流動性の高い広東の余剰人口層は、少なくとも部分的には農耕社会的構造に生きる人々ではなかった。たとえば広東のギルド団体に雇用された人々には、(男性に限定されるが)少なくともその団体内部において、ある程度までは努力に応じた地位の上昇が見込める可能性もあった。他方、ギルドの末端で雇用されていた店員には、一年契約の立場に置かれていた者も多く見出せる[17]。中世ヨーロッパの封建社会と比較すればはるかに流動性が高く、予測不可能性に満ちた不安定な社会である。

一方で、この地域の均質化を決定的に妨害していたものが、よく知られている血縁集団や地縁集団による分断、ゲルナーの言葉で表現すれば「下位集団」である。つまり厳密には、「相互に互換可能で原子化された諸個人」ではなく「相互に互換可能で原子化された諸集団」が広東一帯にひしめいていたというほうが正確である。農耕社会よりも流動的で不安定だが、産業社会よりは分断

的で固定的な社会である。すなわち広東は、流動性と分断性とを併せもつ地域であったと考えられる。

（２）広東人労働者における「高文化」の現れ方——国民党員馬超俊の場合

　このような地域の広東人労働者においては、ナショナリズムはどのような形で伝播していくだろうか。まず、広東人労働者の中でも、南京国民政府の政治エリートとして国民国家建設に関わった馬超俊の事例を取り上げてみたい[18]。

　馬超俊は1886年に広東省台山県に生まれ、幼少時に科挙を受験したものの、科挙の階梯を順調にのぼることができず海外に出奔、造船業分野の職人としてキャリアを開始した人物である。当時の広東人機械工といえば一種のエリートであった。中共が関与した1924年の広州における搾油機導入をめぐる労働争議に関して、Michael Tsang-woon Tsin は、出稼ぎ農民からなる搾油労働者の識字率はおよそ10％、これに対して搾油機を操作する機械工の識字率は90％に達していたと指摘する[19]。

　政治的経歴としては、馬超俊はサンフランシスコで致公堂に加入、のちに中国同盟会に加入し、南京国民政府時代には南京市長を務めた。労働運動史においては国民党右派の領袖として知られる。冷戦時期に台湾で出版された馬超俊伝は、彼が一貫して強い愛国心と反共意識を抱いていたかのように潤色する傾向があるが[20]、国家に対するその実際の意識は必ずしも一定ではなかったと思われる[21]。

　1928年の国民党による中国統一は、国家レベルで「高文化」を利用・継承する支配層が北京政府から国民党に交代したことを意味した。これよりのち、国民党は日本の侵略（満州事変、満州国建国など）によって「外敵」の存在を強烈に意識させられながら、蒋介石のリーダーシップのもと、1930年代半ばまでに、イタリア・ドイツ（あるいは日本）のファシズムを参照した国民国家建設のための諸政策を打ち出していく[22]。

　南京国民政府の一員であったこの時期、馬超俊の言論にも蒋介石と歩調を合わせるファシズム的色彩が濃厚となる。ただ、馬超俊が当時蒋介石を称えつつ

324　五、第四分科会　参加と動員

口にした言論は、どこまで本心であったか見極めがたい側面もある。蒋介石と
胡漢民の対立が1931年の胡漢民監禁事件に発展した際、馬超俊は反蒋グループ
の結成した国民党中央執監委員非常会議で蒋介石に反対する趣旨の発言をして
いる[23]。また1932年7月には、広東労働運動の指導者として中共に対抗した
ことを誇っていた広東総工会主席陳森が国民党中央から切り捨てられるような
形で「処分」を受けているが[24]、これは馬超俊にとって他人事ではなかった
かもしれない。

　しかし馬超俊にとっても、自国に展開する資本主義経済（自国の資本によると
は限らないとしても）を、自身や同胞（広東人機械工）を生かしてきた実体として
受け取り、かつそれを「我々」で築くべきだとする見解に共感するのはたやす
かっただろう。馬超俊が関与した（広東人主体の）労働運動の舞台とは、海運
市場、造船業、兵器製造業などであり、グローバルな資本の展開から深く影響
を受ける産業であった。

　1935年、馬超俊は郵便局員向け月刊誌の創刊号に、国家資本と民族復興の問
題を関連づけて説く文章を寄せるなどし[25]、蒋介石が国民経済建設運動[26]を
打ち上げた翌年には、それをより深く考察するというポーズのもと、南京国民
政府実業部の講演[27]において次のように発言している。経済とは国家組織・
社会組織の基礎であり、経済発展の可否は国家と社会の盛衰に決定的影響を持
つ。中国は列強のブロック経済政策のもとで国際的なダンピングの犠牲者にさ
れており、そのことが農村経済の急速な破綻、工業の崩壊、金融恐慌の蔓延、
商店の倒産、そして失業者や飢えた難民の発生につながっている、と。

　そして次のようにも述べている。

　　まさに、蒋委員長が他所で発表した「国民経済建設運動の意義およびそ
　の実施」という一文の冒頭において述べた通りなのだ。「中国の今日の根
　本的危機は、すべて経済が破壊されていることにある」。ゆえに、我々中
　華民族が復興を求めないというのであればそれまでだが、もし民族の復興
　を謀るならば、もっとも基本的でもっとも重要ななすべきことは、いかに

して我々の国民経済を建設し、それを国際帝国主義経済の支配から離脱せしめるかということなのであり……。

　当時の文脈からすれば、この「国民経済」とは、F・リスト（Friedrich List）以降のドイツ国民経済学に学んだ国家主義的な資本主義経済を指す[28]。1924年の『中国労工問題』においては、「資本制度」を「残酷、過酷、横暴、虐待的な悪しき制度」と表現していた馬超俊であったが（ただし結論ではロシア革命を否定）[29]、1936年の講演では事実上、資本主義経済を中国全土に建設すべきだと主張している。いわく、欧米は「先進資本主義国家」であり、その「帝国主義経済」に中国は苦しめられている、対抗するためには、中国にも中華民族のための強力な「国民経済」を建設しなければならない、と。

　この言論には、「資本＝ネイション＝国家」の三位一体構造への想像力を明確に認めることができる。そして1930年代の国民党は、この三位一体構造を実際に創出・強化しようと努める。経済面では1935年の幣制改革を成し遂げ、外交面では国家の主権の確立を目指し（「回収」と表現された）[30]、内政面では本格的なネイション創出プロジェクトたる新生活運動に着手する[31]。それらは全体としてみれば、資本を国家に深く結合させ、それを支えるネイションを生み出そうとする動きであった。なお、まさにこの過程と反比例して、佐々木到一などのいわゆる日本陸軍の「支那通」たちが国民党に「幻滅」し、態度を硬化させていったのは示唆的である[32]。

　以上のことから、ゲルナー的視角に基づいてもナショナリズムと見なしうるものを馬超俊に認めることができる。だが1930年代において国民党がネイションに変え得た対象は、学生や知識人を別とすれば、国民政府の人員までが限界であっただろう。そもそもあるべきネイションのイメージ自体、この時点では曖昧だった[33]。そうであるからこそ、1932年に馬超俊が南京市政府のスタッフに向けておこなった講演は、一族の便宜を図るために公務員の地位を利用するという宗族意識の強い広東人に、忠誠心は国家に対して持つよう諭す内容を含まねばならなかったのである[34]。

326　五、第四分科会　参加と動員

（3）広東人労働者における「下位文化」の現れ方──海員および港湾労働者
の場合

　1930年代における国民党のネイション創出過程が前述の状況にあったならば、1920年代の社会の反応はなんであったのだろうか。

　まず、均質なネイションを教育によって創り出す上で必須とされる一般民衆の識字能力を、よく知られている文献に基づき改めて確認しておきたい。1928年時点の『東方雑誌』の論考は、中国の人口の80％を「非識字者」とする当時の通説を再検討し、教育意識も高まっている現在ではこの状況は改善されているはずだと主張した[35]。しかしこの論考も参照しつつ、11歳以上の広州労働者1724人を対象として実施された社会調査（1934年発表）は、やはり80％が「非識字者」であると結論している（「新聞を読める」者は男女あわせて350人であり、ほぼ20％）[36]。なお北京政府の教育部は、伝統的書き言葉にこだわり、世俗語（白話語）による識字率の向上を軽視していたという[37]。

　通常労働者による反帝国主義の戦いとされる1922年の香港海員ストライキ（抗議対象は汽船会社カナディアン・パシフィック）の場合、回想録によれば、運動を牽引した中華海員工業連合会の初代会長陳炳生は成人後もあまり字を読めなかったといわれる[38]。当時海員であった劉達潮も、海員の多くは字が読めなかったとする[39]。

　では、このような人々の実際の行動はどうであっただろうか。後年の語りにおいては、当事者たちも政府の公式見解にあわせてみずからの動機を潤色する。しかし異なる言語（方言）を話し、限られた市場のパイを奪い合う競合相手は、当時の現場においては同胞などではなかった。たとえば中華海員工業連合会がストライキを起こした際、これを支持する広東人海員と支持しない寧波人海員のあいだに対立が生じ、ときには殺人事件も生じた。というのは、中華海員工業連合会が広東人海員の工頭（労働者団体の指導者にして多くの場合は請負業者）の連合組織であったからである[40]。また逆に、1925年に上海で5・30事件が起き、広東の国民党と中共がこれに呼応した省港ストライキ（広州・香港ストライキ）を計画した際、当時の有力な広東人機械工の団体であった華人機器会の会

長韓文恵は、上海のことは広東とは関係がないと発言したとされる。このように不熱心な人々に対しては脅迫やテロなどを通じて動員をおこなわねばならなかった[41]。これらの事例は、ゲルナーに即せば、強固な「下位文化」に基づく社会的分断を物語るものとして理解すべきであろう。

「下位文化」に基づく社会的分断は、当事者たちを実際に生かしている実体がどこにあるかという感覚に根ざすものであるから、それは国家（政府）によって維持される諸システムに生かされているという自覚を持つことで初めて解消される。逆に、国家が運営するシステムとは無縁の「下位文化」の一員としての自覚が強ければ、ネイションではない。その意味では、広東の一般民衆におけるナショナリズムの有無を識別する上で重要な要素は、排外主義ではなく、広東に安定した政府が存在したか否かである。当時のイギリス領香港総督C・クレメンティは、辛亥革命以後の広東史を概観した覚書（1926年10月12日付）で、1911年以来、広東においてはどの政府も有効な支配をおこなえていないとした[42]。現代の中山大学の歴史学者も、1920年代の広東社会に大量の武器が存在していたことは、社会に対する政府のコントロール能力の喪失を意味するとしている[43]。

省港ストライキ中におこなわれていた労働同徳総工会と粤港起落貨総工会という2つの港湾労働者団体による武力紛争は、このような理解を裏付けるものと考えられる。香港出身者と広州出身者という相違をもっていたと思われる両団体の構成員は、市場のパイをめぐり、銃撃戦も含めた激しい縄張り争いを展開していた。国民政府関係者は調停を試みたが、両団体はその場しのぎの従順さを政府に示すのみであった。そして敵対勢力に対する襲撃を「帝国主義との戦い」と主張したのである[44]。

四、おわりに

本稿では、ゲルナーとの対話に大澤真幸や柄谷行人らの補助線を加え、ナショナリズムを識別する重要な指標の一つを、「資本＝ネイション＝国家」の三位

一体構造をもつ国家像の内面化に見出した。

　本稿で扱った広東人労働者のうち、このような意味におけるナショナリズムを持つに至っていたのは、馬超俊のように、教育水準が比較的高く、グローバルな資本主義の展開に触れ、中国のための「資本＝ネイション＝国家」の三位一体構造の創出に着手していた人々である。しかし国民政府の下級スタッフにそのような意識はまだ薄く、都市下層社会の労働者たちに至っては皆無に等しかった。それゆえ1920年代の広東に展開したさまざまな労働運動は、ゲルナーの理解に即せばナショナリズムと見なすのを保留にせねばならないものが多い。

　社会構造に目を向けると、1920年代の広東人労働者は、中世ヨーロッパの農耕社会の住人よりも流動的な社会に生きていた。おそらくそうであるがゆえに、彼らの精神は変化に対して柔軟であり、集団単位での行動様式には大きな不安定さがあった。しかし同時に、彼らはゲルナーの想定した産業社会よりも分断的で固定的な社会構造の中におり、一般の識字能力は低く、国家（政府）と無縁の日々を過ごしていた。このような人々はネイションにも転換しにくい。

　仮に広東人労働者を束ねる「下位文化」がこれ以降の展開においてなお融解せず、独自の新たな政府を生み出そうとする動きを見せれば、それは別のネイションへと変貌する可能性をも備えていたはずである。1920年代の段階では中国社会全体にそのような可能性があったからこそ、その後の国民党は、分断を克服してネイションを生み出そうとするファシズム的方法に強く傾斜したのではないだろうか。

注
（1）　排外主義との関連で論じられる中国ナショナリズム研究の整理として、たとえば、江藤名保子「中国の公定ナショナリズムにおける反「西洋」のダイナミズム」『アジア研究』第61巻第4号、2015年、62～63頁。
（2）　ゲルナーの議論に関しては次を参照した。アーネスト・ゲルナー（加藤節監訳）『民族とナショナリズム』岩波書店、2000年。Ernest Geller, *Nations and Nationalism Second Edition,* Malden, Oxford: Blackwell Publishing, 2006（初版は1983年）.
（3）　たとえばゲルナーに言及した中国ナショナリズム論として次のようなものも見

受けられるが、いずれもゲルナーの定義では中国ナショナリズムを説明できないとして、それ以上の考察を停止しているように思われる。中島祝「反日デモとナショナリズム論──ゲルナー説の再検討」『平成法政研究』第12巻第1号、2007年。黄斌『近代中国知識人のネーション像──章炳麟・梁啓超・孫文のナショナリズム』御茶の水書房、2013年。

（4）　ナショナリズム論を俯瞰するものとして、大澤真幸「序章　ナショナリズムという謎」大澤真幸ほか編『ナショナリズム論・入門』有斐閣アルマ、2009年。中国ナショナリズムに限定される理論的整理としては、田島英一「第9章　国民統合」高橋伸夫編著『現代中国政治研究ハンドブック』慶應義塾大学出版会、2015年。

（5）　アンダーソンについては谷川稔の指摘を参照。ゲルナーについては大澤真幸の解説文を参照。谷川稔『世界史リブレット35　国民国家とナショナリズム』山川出版社、1999年、66〜70頁。大澤真幸「ゲルナー『ネーションとナショナリズム』」同編『ナショナリズムの名著50』平凡社、2002年。

（6）　大澤、前掲「ゲルナー『ネーションとナショナリズム』」、272〜273頁。

（7）　大澤、前掲「序章　ナショナリズムという謎」、23〜25頁。

（8）　ゲルナーは排外主義についてこう述べる。「本書は、文化的排外主義（cultural chauvinism）が一般に前産業世界には欠けていたと主張しているのではなく、ただ単に、当時の排外主義が近代的な政治的影響力あるいは政治的野望を持っていなかったと主張しているだけである」（『民族とナショナリズム』230頁）。また特定集団への忠誠心についてはこう述べる。「人類がいつの時代でも集団の中で生活してきたということを否定することは、決して私の目的ではない。これらが存続した一つの重要な要因は、人間がこれらの集団に対して感じた忠誠心であり、彼らが集団に一体感を抱いたという事実であった。……もしこの要因を総称して「愛国主義」（patriotism）と呼ぶとすれば、そうした愛国主義の幾分かが実際人間生活の永遠の部分であることを否定することは、断じて私の意図するところではない。……本書で主張されていることは、ナショナリズムがきわめて特殊な種類の愛国主義であり、実際のところ近代世界（the modern world）でしか優勢とならない特定の社会条件の下でのみ普及し支配的となる愛国主義だということである」（229〜230頁）。なお、patriotismが愛国主義と訳されているのは不適切だという指摘がある。ゲルナーは近代国家出現以前の各集団への忠誠心をpatriotismと呼んでいるので、これは愛郷心などとすべきだったというものである。

（9）　「信仰や教会よりも一つの倫理および国家官僚制と結びついた中国の高文化は、おそらく例外的なものであったが、その点では、しかしその点においてのみ、そ

330　五、第四分科会　参加と動員

れは国家と文化との近代的な結びつきを先取りしていた。中国では、読み書き能
力を基礎とする高文化が多様な話し言葉と共存していたし、今日でも共存し続け
ているからである」(『民族とナショナリズム』236頁)。

(10)　ゲルナーの議論のうち、「高文化」をめぐる論点を参照したものとして村田雄
二郎「第10章　中華民族論の系譜」飯島渉ほか編『シリーズ20世紀中国史1　中
華世界と近代』東京大学出版会、2009年など。

(11)　かつて中国革命史研究においては、C・ジョンソン以来の、日本軍による侵攻
を契機として農民ナショナリズムなるものが日中戦争時期に形成されたとする理
解が評価を得てきた。しかし一般の人々の国家意識が希薄であったとすれば、19
30-40年代の中国の人々が日本軍の攻撃を受けた際にみせた抵抗、苦悩、怒りの
表現を、いかに捉え直すべきかという点が問題となる。むろん自己の生活世界へ
の暴力的侵略者に対しては、人々は知恵を尽くして防衛やサバイバルを試みた。
ただ、そうした動向は必ずしもナショナリズムの枠組みでなくても説明は可能で
ある。

　　　日中戦争と「民衆ナショナリズム」の問題を考察する研究として、Chalmers A.
Johnson, *Peasant Nationalism and Communist Power: the Emergence of Revolutionary
China, 1937-1945,* Stanford University Press, 1962.（C・ジョンソン著（田中文蔵訳）
『中国革命の源流──中国農民の成長と共産政権』弘文堂新社、1967年）。笹川裕
史・奥村哲『銃後の中国社会──日中戦争下の総動員と農村』岩波書店、2007年。
丸田孝志『革命の儀礼──中国共産党根拠地の政治動員と民俗』汲古書院、2013
年。石島紀之『中国民衆にとっての日中戦争──飢え、社会改革、ナショナリズ
ム』研文出版、2014年など。

(12)　国民国家建設とネイション、ナショナリズムの関係を考察するものとして、西
村成雄『中国ナショナリズムと民主主義──20世紀中国政治史の新たな視界』研
文出版、1991年。西村成雄編『現代中国の構造変動3　ナショナリズム──歴史
からの接近』東京大学出版会、2000年。吉澤誠一郎『愛国主義の創成 ナショナリ
ズムから近代中国を見る』岩波書店、2003年。石川禎浩『シリーズ中国近現代史
3　革命とナショナリズム──1925-1945』岩波新書、2010年。小野寺史郎『国
旗・国歌・国慶──ナショナリズムとシンボルの中国近代史』東京大学出版会、
2011年。『新編　原典中国近代思想史』全7巻、岩波書店、2010-2011年。Janet
Y. Chen, *Guilty of Indigence: The Urban Poor in China, 1900-1953,* New Jersey: Princeton
University Press, 2012など。また注10の文献も参照。野村浩一による概説は『新編
原典中国近代思想史』第5巻所収。

(13)　たとえば田島英一は、中国的社会構造においても均質化の圧力が生じる過程を

説明できるよう、ゲルナーの農耕社会モデルに修正を施した。「高文化」を「Ⅰ層」、「下位文化」を「Ⅲ層」とし、そのあいだに「Ⅱ層」を加え、そこに「士」と呼ばれる地域指導者層（「均質化」を推進する「犯人」）を配置するのである。田島英一『弄ばれるナショナリズム』朝日新書、2007年。

(14) 大澤、前掲「ゲルナー『ネーションとナショナリズム』」272〜273頁。同『ナショナリズムの由来』講談社、2007年の「予告編」。

(15) 柄谷行人『世界共和国へ　資本＝ネーション＝国家を超えて』岩波新書、2006年。

(16) 当時の広東の人口動態や産業構成は次で検討。衛藤安奈『熱狂と動員──1920年代中国の労働運動』2015年、慶應義塾大学出版会、39〜49頁。

(17) 衛藤、前掲書、148〜150頁。

(18) 馬超俊の経歴をまとめた日本語文献として、木村郁二郎「馬超俊略年譜稿」『中国労働運動史研究』第8号（1980年第1号）、1980年。高綱博文「馬超俊」山田辰雄編『近代中国人名辞典』霞山会、1995年など。広東人機械工については次で検討。衛藤、前掲書、43〜45頁。

(19) Michael Tsang-woon Tsin, *Nation Governance and Modernity: Canton 1900-1927,* Stanford: Stanford University Press, 1999, pp.128-130.

(20) 朱慧夫『中国工運之父：馬超俊伝』台北：近代中国出版社、1988年など。

(21) 馬超俊が所属した広東機器工会はサンディカリズムの影響を受けていた。サンディカリズムはアナーキスト系の人々に奉じられた思想である。広州のアナーキスト劉師復の実弟劉石心は、広東機器工会派を右派（おそらくこの文脈では国家主義者）と区別している。衛藤、前掲書、60〜61頁。

(22) 蔣介石がファシズムに注目するようになった契機は、1933年10月に徐淵の名義で『社会主義月刊』に「ファシズムと三民主義」という論考が掲載された頃からだという。『新編　原典中国近現代思想史』第5巻、110頁。

(23) 馬超俊「発難討蔣之回遡」『中央導報』1931年第10期、1〜6頁。

(24) 中央監察委員会留京辦事処「広東総工会主席兼監委陳森処分案」1932年7月20日、中国国民党文化伝播委員会党史館所蔵、会議記録、会4．3/50.28。

(25) 馬超俊「民族復興中之労働問題」『中華郵工』1935年第1期、3〜7頁。

(26) 段瑞聡、前掲書、179頁。正式にその開始が宣言されたのは、蔣中正「国民経済建設運動之意義及其実施」（『中央日報』1935年10月10日）において。

(27) 馬超俊「如何建設国民経済──在実業部紀年週講」『新運月刊』1936年第10期（『馬超俊先生言論選集』第3冊、台北：中国労工福利出版社、1967年にも収録）。

(28) リストの経済学が中国の知識人に広く知られる契機となったのは、1920年代初

332　五、第四分科会　参加と動員

めに馬寅初がリストに言及してからであるという。また1925年には劉秉麟がリス
トの著作や業績を積極的に紹介している。しかしとくに国民党にとって大きな意
味をもったのは、ドイツに留学しリストの研究で博士号を取得した王開化のよう
な人物の存在であろう。王開化は1926年に帰国し、黄埔軍官学校の政治教官に着
任した。厳鵬「民国時期李斯特経済学説的在華伝播」『学習与探索』2015年第1
期、89〜97頁。

　なお当時の中国に国民経済と見なせる実態がどの程度存在したかについては、
次の論考などがある。久保亨「第5章　近代的国民経済の形成とナショナリズム」
『現代中国の構造変動3』。

(29)　馬超俊『中国労工問題』上海：民智書局、1927年9月4版（序文は1924年）。

(30)　外交面の動きについてひとまず次の概説を参照。副島昭一「第4章　不平等条
約撤廃と対外ナショナリズム」『現代中国の構造変動3』。

(31)　段瑞聡『蔣介石と新生活運動』慶應義塾大学出版会、2006年。深町英夫『身体
を躾ける政治——中国国民党の新生活運動』岩波書店、2013年。

(32)　戸部良一『日本陸軍と中国　「支那通」にみる夢と蹉跌』ちくま学芸文庫、20
16年。

(33)　砂山幸雄は、「抗日戦争期初期」においても「中華民族」像はなお「未定型」
であったとする。『新編　原典中国近代思想史』第6巻、21〜22頁。

(34)　馬超俊「自身工作務須随時検点——民国21年1月11日在南京市政府紀年週報告」
『馬超俊先生言論選集』第3冊、6〜7頁。

(35)　徐錫齢「中国文盲問題」『東方雑誌』第25巻第14号、1928年7月25日。

(36)　余啓中「広州工人家庭之研究」（1934年）李文海主編『民国時期社会調査叢編
城市（労工）生活巻』上、福州：福建教育出版社、2005年、606頁。

(37)　徐錫齢、前掲論文、19頁。

(38)　盧子正（1998年）「香港海員罷工領導人陳炳生二三事」広東省政協学習和文史資
料委員会編『広東文史資料存稿選編』第3巻、広州：広東人民出版社、2005年、
545頁。

(39)　劉達潮口述（盧権整理、1959年）「広東海員的戦闘歴程」中共広東省委党史資料
徴集委員会ほか編『広東党史資料』第2輯、広州：広東人民出版社、1984年、63
頁。

(40)　中華海員工業連合会については、衛藤、前掲書、68〜70頁。香港海員ストライ
キ時期の広東人と寧波人の紛争については、同、114〜115頁。

(41)　韓文恵については、衛藤、前掲書、142〜143頁。

(42)　C. Clementi, "Outline of Cantonese History from September, 1911, to Date," 12th

中華民国期の広東人労働者におけるナショナリズムの一考察　333

October 1926, Enclosure no. 1, 10543/26/ 104, FO228/3156, The National Archives（英国国立公文書館）.

（43）　邱捷・何文平「1920年代広東的民間武器」中国社会科学院近代史研究所民国史研究室ほか編『一九二〇年代的中国』北京：社会科学文献出版社、2005年。

（44）　衛藤、前掲書、164～169頁。

辛亥革命前の何天炯と日本

劉　　静
(江西科技師範大学)

(訳：村田省一)

　何天炯(1877-1925)は広東興寧の人で、字は曉柳、変名には高山英太郎、中村繁、林桃芳等がある。1903年に日本へ留学し、正則予備学校や明治大学に入学した。中国同盟会には当初から加入し、同盟会の東京本部会計や広東支部長などの職を歴任した。そして同盟会東京本部の職務や『民報』の事務を担当し、革命蜂起のために武器を調達した。黄花崗蜂起の計画策定に参加し、武器調達の責任者を務めた。1911年末には黄興の特使身分で秘密裏に来日し、南京で成立した新政府の承認と財政上の支持を日本側に求めた。1913年には孫文に随行して来日し、第二革命の失敗後に孫文を追って日本へ亡命し、中華革命党に加入して財政部副部長や広東支部長に任命された。1915年に帰国し、反袁世凱闘争や鉱業開発などの活動を行ない、山田純三郎や犬塚信太郎などの日本側実業家と交流した。1921年に孫文が非常大総統に就任すると、孫文は何に駐日全権代表を委任した。1924年7月、何は大本営参議に任じられた。1925年初頭に何は孫文の命を受けて来日し、連絡外交を行ない、同年7月に病死した。

　何天炯の生涯と日本の間には深い縁がある。何は来日してから革命の道を歩み、孫文に随従して民主革命に尽力した。何は日本語が流暢である事を生かし、革命党と日本との間で連絡業務の責任を負い、宮崎滔天など中国革命に関心を持つ日本友人と密接な友情を打ち立てた。何は日本の軍国主義と日本政治に対しては比較的醒めた、かつ深刻な認識を持ち、戴季陶からは当時の中国でも数少ない知日派人物の一人と評された[1]。本稿は辛亥革命前の何天炯と日本との関係について検討を行なうものである。

一、日本へ渡る——維新から革命へ

　何天烔は維新運動の先駆者であった黄遵憲や丘逢甲と同じく広東潮汕の人であり、国内の時局や黄遵憲、丘逢甲の影響のもとで、何の中には維新思想が芽生えていった。1903年に何は「時に感じ発憤し、日本へ遊学」した[2]。

　日本に渡った後、何の思想は維新から革命へと変わり始めた。「日本は日々躍進し、見るもの聞くもの全てに感動する」。「学生の集団が憤るや、その意気は心肝寒からしむ」。日本の新しい空気は何を一新させ、留日学生の中で盛んになっていた革命思潮と民族主義の情緒は何に浸透していった。「無知で愚かな満洲族が鞭を投ずれば、我が同胞は矢で応ずるだろう。天涯のどこにわが神州はあるのか。剣気は虹の如く南方の天を貫く。秦の始皇帝は無道にして天命に逆らい、留侯張良は鉄球を振り上げてこれを砕こうとした。民衆は歓喜して時雨が降ったと叫び、東方にはこの時から自由が播かれた。同学の少年は任侠心に富み、憂いていた私の心もまた喜ぶ。……長白山で遊牧をしていた者が、始皇帝に真似て万世に続こうとするなどもっての他。耳に痛い忠言をもっと述べて、皇位に遠慮して民権を損なわないようにしよう」[3]。当時、何天烔の思想の中に民権や自由、革命、反清意識が芽生えていた。

　1905年正月、宮崎滔天の一家が新宿番衆町に転居し、黄興、胡漢民、汪兆銘、張継、宋教仁、何天烔などが宮崎家の常連客となった[4]。何の革命思想は宮崎滔天や萱野長知、宋教仁、黄興らとの交流を通じて加速していった。同年6月、何は「衛種」の名義で『二十世紀之支那』雑誌社成員に名を連ね、革命宣伝に尽力し、その革命思想はいよいよ成熟していった。

　1905年8月、黄興と孫文は協力して同盟会を創立し、何天烔は最初の党員の一人となった[5]。何は一人の正真正銘の革命家となり、「勉学と革命を両立させる」[6]生活を始めた。何は同盟会東京本部会計と広東支部長を担任し[7]、革命の中心人物として本部と『民報』の事務を掌り、革命陣営内の内部矛盾を調停し、孫・黄が領導する南方革命を支援した。革命党の中心人物として、清政

336　五、第四分科会　参加と動員

府と日本警視庁からは監視の対象となり、何の回憶によると「丁未（1907年）には私は南洋香港を往来し、傷心の中で故郷を眺めていた。故郷に戻る事は出来ない。私は自ら党籍に名を連ね、頗る満清に目を付けられていたからだ」[8]。詩の中ではこうも述べている。「8畳の2階で読書していると、私の名前を正確に憶えているのに驚く。いつも密偵がやってきては、私の履歴を間違いなく言い当てるのだ」[9]。

　何天炯は日本の新しい空気と、清国留日学生の革命の雰囲気から受けた刺激、薫陶のもと、また宮崎滔天や萱野長知、黄興など革命家から受けた影響のもとで、初歩的な維新思想を持つ熱血青年から、革命の中心人物への転身を徐々に遂げていった。

二、中国革命党と日本民間人士の間の連絡役

　辛亥革命前、清政府は依然として日本の対中外交の重心であり、革命党は日本政府から軽視と圧力を受けていた。中国革命に同情する日本友人は密かに革命党に対して各種の支持を与えていた。何天炯は運動上の必要から犬養毅や頭山満などの日本友人と数多く連絡を取り、また宮崎滔天や萱野長知とは深い友情を結び、彼らは孫文・黄興が領導する革命へ協力支援を行っていた。何は温和で親切な性格と流暢な日本語によって[10]、革命党と日本の友好人士の間で連絡役・橋渡し役を務めた。

（一）南方革命の有力な後援

　孫文と黄興が領導した黄岡、恵州、欽廉、鎮南関、河口などの起義では、武器の多くが日本から運ばれた。主に宮崎滔天、萱野長知と東京本部の何天炯、劉揆一などの同志が調達を担当していた。

　1907年、孫文は革命発動の機が熟したと判断し、「萱野長知に資金を持たせて帰国させ、劉揆一や何天炯と合流させて武器を準備させた」[11]。当時の日本は立憲運動の元で発展している清政府を重視しており、日本にある革命党を抑

圧し、中国革命について言及する事すら禁忌としており、ましてや武器を購入する事はもっての外であった。こうした環境で銃砲火薬を購入輸送する事は、針の穴に駱駝を通すくらい困難であった。萱野は宮崎や何天烔の支援の下、困難の中で蒲生敏郎や吉田正平を経由して秘密裏に村田式歩兵銃2000丁、弾丸600発、拳銃30丁を購入した[12]。10月、これらの武器は三上豊夷の協力のもと、萱野長知や鄧慕韓、金子克己などが請け負い、幸運丸に積載されて秘密裏に広東汕頭へ運ばれ、欽州起義を支援した[13]。1907年の防城起義では劉揆一と何天烔などが東京で「武器を調達した」[14]。1907年冬、何天烔と程家檉、萱野長知、林文などは鎮南関、河口の2つの起義のために武器を輸送した[15]。1908年3月、黄興は「急ぎ自ら欽州で蜂起する事を図り、劉揆一や何天烔、宮崎寅蔵に命じて武器を調達させ、ハイフォン（海防）に輸送、供応させた」[16]。

　「民報社の解散後、中国革命は地下活動へと変わった。革命党人の秘密往来は日増しに盛んになった。武器の需要も増える一方であった。武器を四川省付近まで運ばなければいけない時もあり、実に苦心した」[17]。これに対し、日本で武器を購入輸送する環境は次第に厳しくなり、革命党が光緒帝と慈禧の死去に乗じて内乱を起こす事を防止するべく、日本政府は日本にある革命党及び武器輸出に対して統制を強化した。1908年11月20日、外務大臣小村寿太郎は在華公使に手紙を出し、そこで「既に各地方の当局に訓令を発し、清国革命党及び関連する日本人の往来を防止し、反清政府の行動を阻止し、同時に直接あるいは間接的に清国に向けて武器弾薬などを輸出する挙動を厳重に監視するよう命じた」[18]。環境が悪化する中、何天烔などは方法を尽くして秘密裏に武器を購入輸送した。時には「胃散の缶の中に火薬を入れて持ち帰る人などもありました」[19]。何天烔などはまた自ら資金を出して革命のために武器を購入した。宮崎槌子によると、「何天烔氏が武器の払下げを計画し、私も里方にあった骨董品の全部を処分して、その費用に当てた」[20]。「時に定平吾一氏、何天烔氏等も金を出して払いさげたり」[21]。

　何天烔たち東京本部の同志と宮崎滔天を始めとする日本友人たちは、極めて

338 五、第四分科会　参加と動員

困難な環境の中、中国革命の為に武器を提供するという供応と援助を行い、南方革命の有力な後ろ盾となったのである。

（二）『民報』と『革命評論』の策応

『民報』と『革命評論』の策応協力は、何天炯と日本民間人士が共同で行った連結事業であった。

『民報』社の成立後、同盟会の活動はここを中心として展開し、『民報』社は同盟会の本部と革命の策源地となった[22]。何天炯は『民報』の会計と庶務の幹事となり[23]、民報の日常業務を担当し、また『民報』記者の一人でもあった[24]。民報社の常連客であった萱野長知によると、「民報の主筆は例の文豪章炳麟、その下には胡漢民、何天炯、宋教仁、白逾桓、汪兆銘その他、当時の革命党の錚々たる連中はすべてここに集まるの観がありました」[25]。翌年の９月５日に『革命評論』が創刊され、宮崎滔天が編集人となり、萱野長知、和田三郎、池亨吉、清藤幸七郎、平山周、北輝次郎などが主筆となった[26]。『民報』と『革命評論』は姉妹誌、２本の角の関係であり、積極的に革命思想を宣伝し、革命の世論を拡大した。『革命評論』第１期の発行は「空谷に爆弾を投じたらんも斯くやと思う斗り、忽ち山獄鳴動的反響を得」[27]た。

何天炯、田桐、程家檉などの民報社同志と『革命評論』構成員の宮崎滔天などは、「往来が緊密」[28]であった。９月16日、何天炯は前田卓子、平山周、森近運平、北昤吉とともに『革命評論』社に赴いた[29]。何天炯、宋教仁ら民報の責任者はまた『革命評論』を購読していた[30]。しかし、両雑誌社の成員の密接な往来は、革命陣営の分裂をある程度助長した。『革命評論』主筆の平山周、和田三郎と『民報』社の章炳麟、宋教仁などは故意に武器輸送の機密を漏洩し、欽州海岸における武器輸送計画を失敗させた[31]。宮崎は正に「同盟会の内紛と、平山周、和田三郎、北輝次郎などとの対立の激化により、武器調達に支障が出る事故がもたらされた」としている。武器輸送計画の失敗は孫文と平山周、章炳麟などとの関係を悪化させ、孫文は宮崎滔天に中国同盟会の在日全権代表を委任し、武器調達の任務を負わせ、平山周、和田三郎、北輝次郎な

どの仕事を取って代わらせた[32]。平山周、章炳麟らはこれにより孫文打倒の騒動を起こし、「黄興、劉揆一、何天炯などの多方面による調停により騒動は収まった」[33]。北輝次郎、清藤幸七郎は民報編集人の劉師培とともに孫文暗殺を謀ったが、程家檉、劉揆一、宋教仁、何天炯などの干渉により孫文暗殺の陰謀は阻止された[34]。同盟会内部の分裂は『革命評論』社にも飛び火し、同紙は停刊に追い込まれた[35]。

　『民報』と『革命評論』は世論への宣伝にて互いに呼応していたが、両社の成員内部の矛盾は、中国革命党の各派の矛盾が外在化したものであった。何天炯などは『民報』社を陣地として内部紛争の調停に努力し、革命陣営の共同利益を維持した。

（三）二辰丸事件と日貨排斥運動の鎮静化

　広東人による日貨排斥運動を鎮静化したことは、何天炯と日本民間人がまた共同で行った事であった。

　1908年2月5日、中国当局は武器を密輸していた日本船舶の二辰丸を拿捕し、これにより中日交渉が引き起こされた。日本側は船の釈放と謝罪、賠償、没収した武器を中国側が買い上げるといった過酷な条件を要求した[36]。この情報が広東省に伝わると、「紳民は大いに怒り、民衆感情は爆発し、罷市暴動の機運が醸成され、そして日貨抵制運動が行われた」。日貨抵制運動は上海や広西、香港、南洋などにも波及した[37]。

　日貨排斥により日本側は貿易損失を蒙り、駐華公使の林権助は宣戦布告の脅しをかけて清政府に鎮圧を要求した。日本の圧力を受け、清政府は地方官に鎮圧を厳命した。この日貨排斥は近代史上において、中国国民が自発的に経済で日本に対抗した最初の試練で、近代において商工業者が政治運動に身を投じた行動であり、政府は自発的な民衆運動を制御することは困難であった。ある地方官員はこの運動について「二辰丸事件と日本各紙がわが政府を極めて侮辱しているため、広東の民衆が激しく憤っている」からだと考えていた[38]。また駐仏公使の劉式訓は「日本辰丸による武器密輸の件について、フランスの世論

340 五、第四分科会　参加と動員

は日本側が力に恃んでいるとほのめかしている」と述べた[39]。このため地方官員の中には日貨排斥を黙認する態度をとる者もおり、「一方で日貨抵制を行ない、もう一方で国貨提唱を行なう」[40]のが日貨排斥を解決する正しい方法であると認識されていた。

　宮崎滔天は内田良平の要求を受けて孫文に書簡を送り、日貨抵制運動の鎮静化を助けてほしいと求めた。孫文は何天炯に具体的な処理を任せた。宮崎によると「1908年3月、第二辰丸事件にさいし孫文と連絡、内田良平・何天炯とともに日貨排斥運動鎮静化に尽力」[41]した。何天炯が日貨抵制運動を鎮静化した事は、黄興ら革命同志の不満を惹起した。黄興は「何天炯は曩曩広東に於ける日貨排斥に極力反対して其の鎮撫に尽力……以来在清同志の信用を失い今や実に気の毒なる境遇にあり、従て革命運動より其抱負を実行せんことは到底望みなきと至れり、予は彼の豹変して満州政府の人となり驥足を伸ぶる……あるを予言す」[42]と述べた。何天炯は生涯にわたり功名利益を求めず、革命活動に忠実であった事実が、黄興の疑問に対する回答であった。

　日貨排斥運動の鎮静は何天炯が功名を求めたからでもなく、革命の意思が動揺した表れでもなく、孫文の指示と革命上の必要、そして日本友人への返礼に基づいたものであった。何天炯は孫文の指示と宮崎滔天の依頼を受けて日貨抵制の阻止に参与したが、これは日本政府からの支持を求める孫文の策略を体現したものであり、黄興が民族間矛盾に基づいて取った対日方針とは全く異なっていた。黄興は何天炯を責めるのと同時に、宮崎に対しても不満があった。「宮崎寅蔵であっても、その内心には自己の打算もある」[43]。馮自由は二辰丸事件について語った際、「武器を持ち込めるかは革命党人にとって死活問題であり、二辰丸が積んでいた武器は革命党とは無関係とはいえ、革命党の進行を妨害する一切の事実と言論については、皆が全力で排除しなければならなかった」と述べた[44]。つまり、何天炯が日貨抵制運動を鎮静化した事は民族利益を売り渡した「売国」行為などではなく、革命に使う武器の輸送に有利な条件を勝ち取るためのものであった。何天炯が日貨抵制を阻止した事は、宮崎滔天、萱野長知、倉地鈴吉ら日本友人が中国革命を支持してくれる事への一種の返礼

であった。何天炯は武器調達に直接関与し、宮崎ら日本人と接触する機会は他の革命党人と比べて更に多かった。そして日本友人が日本政府の監視と圧力の下で、中国革命のために払っている努力と犠牲を更に深く理解していた。そのため、宮崎が日貨抵制の鎮静化を求めてきた時、何天炯の直感的な認識ではこれは「友人の頼み」であり、宮崎個人の要求と日本政府の政治、経済、外交上の利益とを結びつけて考える事は出来なかったのである。

　何天炯が日貨排斥を鎮静化した行為は、日本民間人士からは称賛されたが、しかし中国国内の人民の意向に反するこうした手法は、孫文や何天炯に対して革命陣営内部から批判が出る結果となり、また元の希望であった、日本政府から革命党に対する支持を得る事もかなわずに終わった。

三、日本政府との衝突と対日本認識

　何天炯の日本政府に対する好意と恨みは入り混じっていた。彼は日本の明治維新と富強については称賛し、日本政府が革命への認可と支持を与えてくれる事を求めたが、同時に日本政府が革命党に圧力を加えてくる行為には深い不満を表し、日本軍国主義の侵略的な本性を冷徹に認識していた。

（一）何天炯と清国留学生取り締まりへの反対運動

　中国からの日本留学ブームは日本の留学教育制度に混乱をもたらした。中国留学生から暴利をむさぼり、教育の質量と管理は保証を欠いた。また学生の質も玉石混合で、少数の人間の悪習慣は社会から批判を浴びた。1905年11月2日、文部省は『清国留学生取締規則』を公布し、清国人が日本に留学する際の教育制度の規範を整理しようとした。しかし、同盟会の成立と留学生による革命運動の盛んな発展は清政府の警戒を呼び、取締規則の公布は、清国政府と日本が留学生と革命党に対して取った行動なのではないかと人々に連想され、このため留学生界では一大騒動を引き起こした。

　留学生は「維持学界同志会」「敢死会派」や「革命派」に分かれて抗議した。

「革命派」は程家檉を指導者とし、主要な成員は田桐、張継、宋教仁、何天炯、張昉、魯魚、黄華盛で、彼らは孫文を崇拝し、以前『二十世紀之支那』が日本により発禁とされたことから「日本は非文明国である」と扇動していた学生であり、今回もまた留学生の連合による授業ボイコット運動を発動し、留学生を上海に招いて事を起こそうとした。日本の捜査員は彼らは扇動者の中でも重要な分子であると考え、政府に注意を促していた[45]。孫文が「留日学生全体が帰国するのには賛成できない。同盟会員が一挙に帰国した後、清朝政府に一網打尽にされる危険がある」[46]としたため、「革命派」は帰国の作戦を変え、文部省に取締規則の改正を迫り、その後で学生に授業復帰を勧めることにした。何天炯はこの件について詩で詳述した。「スパイが取り締まりのために潜んでいることを、演説で述べると皆が驚いた。船に乗って祖国に帰ろうという朝になって、文部省は学生たちに譲歩をした」[47]。「革命派」は中国の劣悪な政府を転覆することを標榜し、共和政体を建設し、世界の真の平和を維持し、日中両国民の同盟を結び、土地の国有化を図り、世界各国に中国の革新事業へ賛成するよう求める革命の理想を持っていた。しかし、彼らは文部省の取締規則には抗議したが、日本政府そのものに反対したわけではなかった。むしろ抗議に名を借りて留学生に帰国して清朝打倒運動に参加するように求め、共和政体の建設を行い、日中両国民の同盟を結ぼうとしていた。

(二) 民報事件——革命党人と日本政府との再衝突

　民報事件が発生した原因は二つある。一つは同盟会と『民報』の勢いが壮大となり、清政府と日本政府による孫文、革命党への関心と圧迫を引き起こした事である。1907年3月に孫文は迫られて日本を離れた。9月4日、清政府は阿部守太郎公使に照会し、『民報』などの雑誌は「みな乱党に属し、貴国内で発行を行っている件は、その中でも革命を唱え、無茶な文章を発している事は枚挙にいとまがなく、もしそうした言論が伝播して人心を惑わせば、本国の治安にとって大変な妨害となる」として日本政府に封鎖を要求した[48]。10月17日、阿部はこの照会につき、外務大臣に対して以下のような連絡を行った。安徽巡

撫が暗殺されたため清政府は神経過敏になっており、排満革命党に対して種々の方策を取っている。清政府は留日学生が革命の源泉であると考え、留学生が日本で創刊している刊行物について更に憂慮している。中日外交を鑑みれば、日本は清政府から革命党のアジトであると見なされるのを絶対に避けねばならず、こうした刊行物は法律上の問題の有無を問わず、政治上の考慮に基づいて発禁とするべきである、と[49]。2つ目の理由は中国・アメリカ・ドイツの連盟を阻止する必要性であった。日露戦争後、日仏露英の4か国は連合して極東の事務を行っており、ドイツはアメリカと中国を誘って4か国に対抗する事を促した。清政府はアメリカやドイツと結ぶ事について、アジアで日本の拡張を抑え、また露英仏の勢力を抑制できるとして、1908年に唐紹儀を訪米させ、アメリカとドイツとの同盟を推進させた。日本はこれを知り、一方ではアメリカに譲歩してアメリカから日本の在華利権を認めてもらい、中米独の同盟を阻止した。もう一方では唐紹儀に取り入り、清政府の『民報』封鎖要求を満足させたのである。

1908年10月19日、日本警視庁は『民報』が新聞紙条例に違反していた事を口実として、『民報』の発行を禁止した[50]。章炳麟、黄興、宋教仁、何天炯など民報社の幹部は奮起して対抗した。彼らは宮崎に頼んで日本の弁護士に依頼し、訴訟を起こして民報社を封鎖から救おうとした[51]。また言論を立て続けて発表し、民報の封鎖の内幕を暴露して日本政府の革命党に対する粗暴行為に抗議した。宋教仁は「民報の発行禁止は唐紹儀の渡来に起因する」と指摘し[52]、何天炯は「東京在住の広東革命党人」の名義で日本の内務大臣へ手紙を送り[53]、二辰丸事件の喩えを用いて、民報社が革命党に属するのは二辰丸の旗が日本に属するのと同じであるとして、民報の発禁は革命党の恥であり、日本政府は革命党が日貨排斥を鎮静化した功績を思い出し、恩を仇で返す真似はするべきでないとし、さもなくば「今より以後吾党は唯だ内地に進入し、秘密手段を以て各地に運動し日貨を排斥する」[54]と述べた。宋教仁も民報社はシンガポールに移転し、日貨抵制を扇動する予定があると広言した[55]。12月12日、東京地裁で判決があり、章炳麟に罰金が命じられた[56]。翌日、黄興、章炳麟、

344　五、第四分科会　参加と動員

宋教仁、何天炯、魯復及びその他9名の民報関係者が黄興の寓所に集まり、判決の善後策を協議した[57]。

　民報事件は革命党人と日本政府との間の衝突であった。何天炯と黄興、宋教仁、章炳麟などは協力し、宮崎滔天など日本友人の支援のもと、日本の弁護士を立てて理論的に争い、民報を閉鎖の運命から救おうとした。そして日本政府が二辰丸事件で何が果たした役割を思い出し、『民報』を再開できるようにしてくれるのではと希望したが、これは幻想のまま終わってしまった。

（三）何天炯の日本軍国主義に対する認識

　何天炯は日本の軍国主義に対して冷徹な認識を持っており、日本滞在中に多くの記事や詩を書き残している。詩を借りて日本政府の対外侵略政策とその過程を風刺したのである。

　日露戦争では日本は戦場では勝利を得たとはいえ、小村寿太郎がポーツマス会議で臨んだ交渉に於いては、日本は賠償金を得られなかった。日本人はこれを深く恥じ、桂太郎内閣に対して怒り、桂の官邸を焼き払い、新橋では桂の愛妓を捕まえるという挙に出た。何天炯はこれを詩に記録した。「日比谷公園はついに戦場と化した。小村寿太郎はロシアと交渉したものの、賠償金も領土割譲も得られなかったからだ。焼き討ちの恨みは未だ冷めていない」。彼は詩を借りて、日本が強さに恃んで弱きを挫く本性について表したのである。別の詩ではこうあった。「民衆は貧しく国は小さいのに東方に覇を唱えた日本人は、皆が誇りに満ちた面構えだ。だが講和を語る際には思い違いのないように。強いロシアは弱い清王朝とは違うのだ」[58]。彼は詩を以て日本軍国主義の貪欲さを示し、日本政府に対してロシアは軟弱な清王朝とは違い、ロシアから「下関条約」のような利益を取れるなどという考えは痴心妄想に過ぎないと警句を放っていた。

　何天炯は軍国主義を支持する僧や記者を風刺し、彼らの性質の弱点を暴露していた。「仏法の慈悲は果てしなく、世界の同胞はこれによって救われるはずなのに、日本の僧だけが得意げに皇基を語るのはなぜなのか」[59]（何天炯の注、日

本人は仏教を崇拝するのに、彼らの心理は政府の侵略政策と一致している。奇なるかな！）。
何は詩を借りて仏教を崇拝する日本の僧を風刺した。彼らは口では「慈悲を志
とする」と言いながら、かえって政府の侵略政策について得々と語り、世界の
同胞を異類とみなして彼らが滅亡するのをひたすら願っている、これは表裏不
一致、虚偽の極みではないか！　清政府が溥倫に派遣団を率いさせてアメリカ
の世界博覧会へと派遣し、彼らが日本を通過した際、日本の記者たちの関心を
集めた。記者は報道にて溥倫の辮髪が光り輝いて人々を照らしていると称賛し
たが、これは日本人がいつもは中国人留学生を猪尾奴と罵り、留学生の辮髪を
豚の尻尾とけなしていたのとはあまりにかけ離れていた。何天炯は詩にて「日
本の新聞は正義を述べず、おべっかを使って満洲の皇室を騙そうとしている。
醜い辮髪を伸ばしているのは同じなのに、なぜ溥倫公子と留学生を区別するの
か」[60]と指摘した。こうして日本記者のむごい態度と利益を追求する姿勢、現
実に諂い虚偽で人をだます弱点を暴露したのである。

　日本軍国主義の過程における無慈悲さと、日本の侵略拡張に対する憂慮は、
何天炯の詩歌の中に多く表れている。「国防のために厳重な要塞を張り巡らし、
国境を越えて出兵した軍人は帰ってこない。路上の柳の枝を見ても恨んではい
けない。爵位を与えられた夫は、隣国の山河を狙っているのだ」[61]（何天炯の注、
日本人は軍国民教育の迷信に陥っており、これを正そうとしても10年、20年では解決で
きない）。何天炯はここで日本政府が軍国主義を迷信し、一歩一歩進むごとに
人を殺し国を奪っていくと暴露した。彼は王昌齢の『閨怨』（柳の枝を折って別
れを告げた出征中の夫を想う妻の気持ちを詠んだ詩）を借りて、日本軍人が妻を捨
てて出征するのは単に立身出世の目的のみならず、更に主要な目的は剣で河山
を指し、隣国の領土を奪う事にあると風刺した。同時に中国人に向けて、日本
の軍国主義は根深く、10年、20年では全く変わらないと警告したのである。こ
こから、当時の何天炯は日本の軍国主義に対して極めて豊富な卓見を持ってい
たことが分かる。事実が証明した通り、この後数十年間、日本は軍国主義の道
を更に走り続けたのである。

　日清、日露戦争を経て、何天炯は朝鮮の命運が危機に瀕している事を敏感に

346 五、第四分科会　参加と動員

意識していた。そして軍国主義の主導下における「同文同種」について反省を始めた。「海が計り知れなく深いように、東方の国々は一家として深く結びついている。口を開けば我々は兄弟であると言いながら、実際にはすぐさま闘争を始める。国を失った蜀の皇帝、杜宇も惨めな境遇だが、力に頼ったものも信頼を失うだろう。男子は国の犠牲となり、その熱い血潮ははかなく消えるのだ」[62]。ここでは日本が中日韓は同じ東方にあり、本から一家であると宣伝している事を風刺し、唇歯の国、兄弟の国であるなどと空論を述べつつ、かえって早くも朝鮮侵略の先鋒となっているとして、「同文同種」の虚偽の本質を暴いた。日本は朝鮮を併呑し、これを「韓国併合」という美名で飾ったが、何天炯は詩を借りてこの虚偽欺瞞に満ちた奇談怪論を風刺した。「朝鮮の植民地化を併合の美名で飾るやり方は初めて聞いた。瓜分と何が違うというのか。分割が不均等なら必ず争いが起こり、飢えた鷹と虎は争いの中で共倒れになるだろう」[63]。何天炯は日本国民が戦争の勝利に酔いしれる事に深い遺憾を示した。「強権政治に窮屈と不安を覚えていた国民がかえって喜んだ。理由を聞けば、政府が清国を討伐し、ロシアを征討し、朝鮮を併呑したからだという」[64]。詩を借りて、日本国民が政府の威圧に対して不満を抱いていたものの、侵略拡張における戦勝の連続によりかえって喜んだとする。彼は日本国民が是非を顧みず、政府の侵略行動に対して認可と支持を与えている態度を譴責したのである。日本が韓国を併合した際に国を挙げて狂喜した事について、何天炯は「憶子淵族叔（何子淵叔父を回想する）」にてこう記した。「夜になると韓国併合の祝賀に驚き、うちしおれて欄干にもたれて涙を流す。弱者の肉は強者に供せられ、閣僚のうち一人反対した李容植は大海の塵のように無視された。今わたしが憔悴しているのは貧しさや病気のせいではない。無精髭では世間の歓心を買うこともできない。子淵叔父がわたしの才能を高く買ってくれたのに、今のわたしは見るも哀れだ」[65]。彼は詩を借りて日本政府の弱肉強食の本性について再認識したことを表明し、親戚の願望を裏切った事への慚愧、日本の弱国併呑の貪欲さと、それを国を挙げて狂喜している所を目撃した事についての失望、悲しみを表明したのである。

辛亥革命前の何天炯と日本　347

　何天炯は理想を抱いて日本に渡り、維新思想から民主革命の道へと転じた。革命の幹部分子として大本営の維持に尽力し、革命に対する有力な後援をもたらした。彼は流暢な日本語能力と多年にわたる日本での生活の積み重ねにより、日本と日本人に対して深く理解していた。彼は理性的に、日本民間の個々と日本政府の間を区分し、日本の友好人士と交流し、彼らを善意の革命同志として彼らから中国革命への支持を求めた。何は日本政府の侵略拡張的な軍国主義の経過については、冷静かつ深刻な認識を持ち、これに暴露と批判を浴びせた。辛亥革命の前、何天炯は祖国を離れ、矛盾のある心理の中で日本から必要なものを汲み取り、軍国主義がもたらす失望と失落の苦痛に耐えていたのである。

注

（1）　戴季陶「高潔的人格──懐何曉柳先生」上海『民国日報・覚悟』1925年 8 月29日第 3 版。

（2）　何天炯「山居一年半」（1923年）『建国』（広州）1928年第15期29頁。

（3）　何天炯「日本行」『無赫齋詩草』（未刊）。

（4）　宮崎龍介、小野川秀美編『宮崎滔天全集』（第五巻）平凡社、1972年、511頁。

（5）　「中国同盟会史料」羅家倫主編『革命文献』第 2 集、台湾中央文物供応社、1974年、56頁。

（6）　「山居一年半」『建国』（広州）1928年、第15期28頁。

（7）　馮自由『革命逸史』第二集、中華書局、1981年、140、141頁。

（8）　「山居一年半」『建国』（広州）1928年、第14期37頁。

（9）　何天炯「寄湯山居停主人」『無赫齋詩草』。

（10）　『宮崎滔天全集』（第五巻）482、488頁。

（11）　劉揆一「黄克強先生伝記」（影印本）沈雲龍主編『近代中国史料叢刊』（第 7 集）台北：文海出版社、1967年、34頁。

（12）　萱野長知『中華民国革命秘笈』帝国地方行政学会、1940年、107頁。

（13）　久保田文次編『萱野長知・孫文関係資料集』高知市民図書館、2001年、185頁。

（14）　鐃懐民『劉揆一集』湖南人民出版社、2008年、246頁。

（15）　「程家檉革命大事略」陳旭麓主編『宋教仁集』（下）中華書局、1981年、440頁。

（16）　『劉揆一集』297頁。

（17）　宮崎滔天著、林啓彦改訳『三十三年之夢』広州花城、香港三聯出版社、1981年、283、284頁。

348　五、第四分科会　参加と動員

（18）「小村大臣致伊集院公使電」『各国内政関係雑纂／支那ノ部／革命党関係（亡命者ヲ含ム）』第三巻（明治41年11月17日から明治41年11月27日）外務省外交史料館アジア歴史資料センターRef.B 03050066100。

（19）『三十三年之夢』283、284頁。

（20）『宮崎滔天全集』（第五巻）514頁。

（21）『宮崎滔天全集』（第五巻）528頁。

（22）宮崎龍介著、曙山酌訳「宮崎寅藏」丘権政、杜春和選編『辛亥革命史料選集』（続編）湖南人民出版社、1983年、339頁。

（23）曹亜伯『武昌革命真史』（前編）（影印本）上海書店、1982年、16頁。

（24）「民報編集兼発行人」『民報関係雑纂』（明治39年1月2日から明治41年12月14日）外務省外交史料館アジア歴史資料センター Ref.B 03040825000。

（25）『中華革命党秘笈』385頁。

（26）『宮崎滔天全集』（第二巻）666、667頁。

（27）『宮崎滔天全集』（第五巻）557頁。

（28）『三十三年之夢』311頁。

（29）『宮崎滔天全集』（第五巻）685頁。

（30）『宮崎滔天全集』（第五巻）461、467頁。

（31）杜元載主編『十次起義史料』（『革命文献』第67輯）台湾中央文物供応社、1974年、71頁。

（32）『宮崎滔天全集』（第五巻）689頁。

（33）馮自由『革命逸史』（初集）中華書局、1981年、56頁。

（34）『宮崎滔天全集』（第二巻）638頁。

（35）『宮崎滔天全集』（第五巻）688頁。

（36）王芸生『六十年来中国与日本』（第5巻）三聯書店、1980年、146～147、153～154頁。

（37）『六十年来中国与日本』（第5巻）156～158頁。

（38）『六十年来中国与日本』（第5巻）159頁。

（39）『六十年来中国与日本』（第5巻）160、161頁。

（40）『六十年来中国与日本』（第5巻）159頁。

（41）『宮崎滔天全集』（第五巻）691頁。

（42）「清国革命党員ノ談」『各国内政関係雑纂／支那ノ部／革命党関係（亡命者ヲ含ム）』第三巻（明治42年3月23日から明治42年4月1日）外務省外交史料館アジア歴史資料センター Ref. B 03050066800。

（43）「清国革命党員ノ談」『各国内政関係雑纂／支那ノ部／革命党関係（亡命者ヲ含

ム）』第三巻（明治42年 3 月23日から明治42年 4 月 1 日）外務省外交史料館アジア歴史資料センター Ref. B 03050066800。

(44)　馮自由『革命逸史』（第三集）中華書局、1981年、230頁。

(45)　「清国留学生同盟休校ノ件」『明治38年自 9 月至12月 暴徒に関する内報綴 大本営陸軍副官部』防衛省防衛研究所、アジア歴史資料センター Ref.C 06041182800。

(46)　呉玉章『呉玉章回憶録』中国青年出版社、1978年、37頁。

(47)　何天炯「東京雑事」『無赫齋詩草』。

(48)　「清国外務部ヨリ照会写」『民報関係雑纂 本邦ニ於ケル清国人経営ノ不穏漢字雑誌禁止方清国政府ヨリ照会ノ件 2 』外務省外交史料館アジア歴史資料センター Ref.B 03040824800。

(49)　「本邦ニ於ケル清国人経営ノ不穏漢字雑誌禁止方清国政府ヨリ照会ノ件」『民報関係雑纂 本邦ニ於ケル清国人経営ノ不穏漢字雑誌禁止方清国政府ヨリ照会ノ件 1 』外務省外交史料館アジア歴史資料センター　Ref.B 03040824700。

(50)　「雑誌民報ニ関スル件」『民報関係雑纂』（明治39年 1 月 2 日から明治41年12月14日）外務省外交史料館アジア歴史資料センター Ref.B 03040825000。

(51)　『宮崎滔天全集』（第五巻）692頁。

(52)　「清国革命党員ノ言動」（11月10日）『民報関係雑纂』（明治39年 1 月 2 日から明治41年12月14日）外務省外交史料館アジア歴史資料センター Ref.B 03040825000。

(53)　手紙の中では本名を明らかにしておらず、「東京在住の広東革命党人」の名義で出している。ただし革命党人の中で広東籍かつ東京に在住しており、二辰丸や民報と関係している事、また日貨排斥運動に対する態度など多くの要素から分析すると、何天炯のみがこうした特質を完全に備えているため、この手紙は彼が書いたものと推定した。

(54)　「東京居留之一広東革命党上」『民報関係雑纂』（明治39年 1 月 2 日から明治41年12月14日）外務省外交史料館アジア歴史資料センター Ref.B 03040825000。

(55)　「清国革命党員ノ言動」（11月13日）『民報関係雑纂』（明治39年 1 月 2 日から明治41年12月14日）外務省外交史料館アジア歴史資料センター Ref.B 03040825000。

(56)　「雑誌民報ニ関スル件」（11月13日）『民報関係雑纂』（明治39年 1 月 2 日から明治41年12月14日）外務省外交史料館アジア歴史資料センター Ref.B 03040825000。

(57)　「章炳麟ノ裁判ニ就テ」（11月13日）『民報関係雑纂』（明治39年 1 月 2 日から明治41年12月14日）外務省外交史料館アジア歴史資料センター Ref.B 03040825000。

(58)　「東京雑事」。

(59)　「東京雑事」。

(60)　「東京雑事」。

350　五、第四分科会　参加と動員

(61)　「東京雑事」。

(62)　何天炯「朝鮮嘆」『無赫齋詩草』。

(63)　何天炯「朝鮮雑咏」『無赫齋詩草』。

(64)　「東京雑事」。

(65)　何天炯「憶子淵族叔」『無赫齋詩草』。

六、総合討論の記録

352　六、総合討論の記録

総合討論 1　(11月26日　10:10 - 17:30)

司会：緒形康（神戸大学）
パネリスト：桑兵、村田雄二郎、鄭成林（華中師範大学）、廖大偉（東華
　　　大学）、狹間直樹（京都大学名誉教授）

鄭成林　1912年は中国にとっても孫文にとっても、きわめて重要な「転型期」
です。多くの優れた研究がこのテーマをめぐってなされましたが、孫文北上と
清朝皇室の交流についての分析はなおざりにされてきました。桑兵氏が述べる
とおり、革命党の指導者と革命の対象とのあいだの「会談」や双方の態度を詳
しく検討することは、民国のその後を考える上で重要な意味をもち、それじた
いが興味深いテーマであると思います。

　氏はさまざまな資料を丁寧に読解して、両者の「会談」や載澧、那桐などの
重要人物が演じた役割を「歴史の現場」に置いて、当時の報道や既存の研究の
「誤り」を正しました。氏が孫文と清朝皇室のそれぞれの視点に立って、この
「会談」が相互に有した意味を考えたことが重要です。とりわけ、両者が民国
初期において「国家建設」「民族アイデンティティー」についてどう考え理解
したかを論じ、「新清史」と呼ばれるアメリカの学派が満州人のアイデンティ
ティーについて「誤読」していることを指摘したのが重要だと思います。これ
によってこの時期の歴史のコンテキストが明らかになり、民国の発展やその動
向への理解が深まりました。

　氏の報告から分かる通り、孫文北上と清朝皇室との交流は当時のメディアが
ほとんど注目しなかったものです。報道は少なく、いたって簡単なものでした。
ただ、これほどの事件がスクープの対象とならなかったはずはありません。こ
の点から考えて、民衆や社会各層の事件にたいする反応は、民国初期の動向を
観察する視点を提供するものでしょう。また、孫文自身がこの会談をどう記述
したかや、この会談が孫文の民国以後の政治運営に与えた影響も看過できない

ものです。

　村田氏が論じた孫文の大アジア主義と日本論は、孫文の政治思想、民国時期の日中関係とその動向、国民党の対日政策を理解する重要なポイントで、これまでも系統だった分析がなされてきました。氏が特に注目したのは、「ポスト孫文時代」に中国人がどのように日中関係や東洋とアジアについて記述したかということ、それらが孫文の「大アジア主義」とどう関係するかということです。氏は、時系列にそって人々の発言を整理し、「済南事件」前後、満州事変前後、日中戦争前、その後という4つの時代に、王朝佑、周佛海、戴季陶、胡漢民、汪精衛などが日本や大アジア主義をどう見ていたかを紹介し、最後に「大アジア主義」の視点から、「王道」や「覇道」を理解するうえでの問題点を指摘しました。氏の分析は胡漢民と汪精衛には詳しいものですが、蒋介石については多くありません。国民党の三大指導者のひとり蒋介石は、胡や汪と同じく、日本に留学し何度も訪日しております。政界の要人や社会の名士ともふかく交流しました。したがって、かれの大アジア主義や日本に関する態度は分析の対象とすべきものでしょう。蒋、胡、汪の三者による日本や大アジア主義の理解の仕方の違いをかれらの境遇と合わせて考えれば、「王道」と「覇道」の解読にも資するものがあると思われます。

廖大偉　桑兵氏の報告は、かつての矛盾に満ちた敵対者が新しい時代にどう対面したかという微妙で興味深い問題を論じたものです。氏の研究によれば、両者の接触と対面は、大局を重んじ、理性的な応対に終始し、社会の尊重と好評を博しました。氏は8月から9月にかけて、双方がいつどこで接触したかを詳細に考証し、これまでの誤りを修正しています。孫文の一連の言動に辛亥革命後の満蒙や辺境への不安がある程度反映されていることは確かですが、氏はこの接触が民国初年に多民族共和を創出する点で多大な貢献をなしたと指摘しています。

　こうしたテーマ設定はたいへん貴重で興味深いものです。微妙な細部に重要な大局が隠されていると思います。旧皇室の側と、革命者にして大総統を退い

354 六、総合討論の記録

た側の両者を交錯させた叙述は、ふかい洞察と、確かな実証にもとづくもので、学界への貢献度がきわめて高い研究成果というべきでしょう。

最近、中国社会科学院近代史研究所の李在全研究員が氏と似たテーマで論文を書いています。「民国初年の孫文北上と清朝皇室の対応」というものです（李在民「民元孫中山北京之行与遜清皇室的応対」、"世界視野下的孫中山与中華民族復興——紀年孫中山先生誕辰150周年"国際学術研討会入選論文)。桑氏がおもに新聞資料を用いたのにたいして、李氏は紹彝から紹英に宛てた25通の書簡をもとに立論しています。桑氏の議論とともに参照すべきものと思います。

村田雄二郎氏の報告は、孫文研究の発展的なテーマ論文です。孫文研究の外史という領域に属するものでしょう。内史と外史というのは科学技術史の概念ですが、私はこれを孫文研究に適用すれば、当該研究をもっと発展させ、深化させることができるのではないかと考えています。内史とは孫文の生涯、思想、著作の研究を指します。外史とは内史から発展させた研究領域です。孫文研究の学術史、孫文の家族史、孫文の影響史などが、それに当たるでしょう。村田氏の報告は孫文なき後のアジア主義の思想の変遷の研究で、発展的な外史研究に属します。

報告は大アジア主義の変遷を４つのかなり長いタイムスパンに分けて論じています。論述に使う資料は日中における学術界の研究成果とさまざまな時期の各界の人士による大アジア主義講演へのコメントです。氏は大アジア主義のほんとうの意味を明らかにするために、時間を逆にさかのぼるやり方をとって、孫文なき後の影響と痕跡から手がかりを探ろうとしました。

報告の結論のところで、氏は中国のアジア主義における「王道」の問題に疑義を表明しております。氏によれば、ポスト孫文時代のほぼすべての中国人は、アジア主義と王道を同一視して怪しまなかった。このロジックから日本は常に覇道として批判されました。では、王道の「徳」と覇道の「力」は、国家建設や国際関係においてどのように理解し対応すべきものでしょうか。氏は、大アジア主義講演で日本が応えを迫られた覇道か王道かという二者択一の選択肢は、論理的に破綻し、曖昧であって、孫文は21世紀に「謎」を残したと考えていま

す。ここで村田氏にたいして、孫文の大アジア主義に関するわたしの浅薄な見かたを提示したいと思います。

　まず、大アジア主義講演の孫文は、村田氏の述べるように、日本に対抗するために提出されたものではありません。この点でわたしは氏の観点に同意します。大アジア主義は、日本に対抗したものではなく、日本の友好と支持を求めるために提出されたのです。

　第二に、孫文は日本の在野との関係が良好でした。日本が中国革命に多大な援助をおこなったのは客観的な事実です。孫文が中国の政界で競争するうえで、このことは益があっても害はなかったと考えます。

　第三に、大アジア主義講演時の孫文は革命党の指導者ではなく野党の指導者でした。その身分は講演の前後で異なります。日本から獲得しようとする援助の中身も異なり、それをめぐって取捨選択がなされたのです。

　第四に、21か条の要求、第1次世界大戦以後の日本の中国侵略、それに内田良平などの中国にたいする態度の激変。こういったものが孫文の大アジア主義講演の背景にあって、それに影響を与えたといえます。

　村田氏の報告は大アジア主義の思想の変遷を系統的に整理した、きわめて論理的な思想史の研究成果と言うことができるでしょう。それにたいして、わたしがここで提起した問題は、孫文の大アジア主義と、その後の中国人の日本観にはどのような相互の影響関係があって、それはどこに現れているかということです。また、後の中国人が孫文の影響を受けたことは、どうやって証明できるだろうかということなのです。

狭間直樹　基調講演の2報告は、辛亥革命、民国成立当初における革命党領袖と打倒された王朝との交流という微妙にして深刻な問題と、あまりにも有名な孫文の革命的生涯の掉尾をかざる「大アジア主義」講演の歴史的意味を追求したきわめて意義の深いものです。桑兵氏の報告を論評する前に、氏の報告のテーマと密接に関連することがらとして、孫文記念館現館長の愛新翼氏が康熙帝の第9代後裔であることをご紹介させていただきます。

356　六、総合討論の記録

　さて、孫中山北上の足取りは、1912年8月24日に北京着、21日間の滞在中、
8月25日に国民党創立大会の主催、袁世凱臨時大総統との会談などの他に、4
日間を旧清室との交流に当てるというものでした。9月11日午前8－10時、皇
室による孫文、黄興等の歓迎宴会が金魚胡同の那桐故宅にて挙行されました。
参会者ほぼ100人。醇親王が風邪のため、溥倫が代表として挨拶し、国家の進
化を示す革命のため皇室優待の栄のみならず、満州人民が「共和の幸福」を享
受していると歓迎の意を述べました。それにたいする黄興の答辞は、武昌蜂起
から3か月で大局がほぼ定まったのは、すべて隆裕皇太后、皇帝、親貴等が
「皇位を私産とせず、堯舜禅譲の美挙を追われたからだ」というものでした。
ただし、親貴の反対が強く、太后、遜帝の会見、頤和園での歓迎宴会は行われ
ませんでした。
　孫文の往訪について言えば、9月10日に、かれは警邏隊副官だけを連れて、
自動車で醇王府等を訪問、帰館しております。もっとも、北京市の交通はこれ
がために遮断され、孫文への待遇は「前清の君主」同然でしたから、新聞誌上
には不満が噴出しました。9月12日、頤和園を遊覧。13日午前、西苑の南海を
遊覧、午後には天壇を参観しています。
　孫文北上は、満蒙問題の処理と密接な関係にありました。「民族之統一」に
関する『大陸報』の孫文インタビュー報道により、孫文の考え方は「満蒙棄置
論」と批判されました。けれども、孫文の清室との交流は、旗人安撫という目
的のほかに、蒙蔵回にたいする積極的なモデルの提示と見ることができるでしょ
う。
　また北京における国慶記念会では、総理陳家鼎が隆裕と摂政王の肖像を掲げ
させ、牌楼正面には共和宣布の明詔を、裏面には「五族同慶」の四大字を披瀝
しております。
　孫文の清朝皇室対応をどう評価するかという問題についてですが、桑氏は、
清末から民国初期に進行した「漢化」について、陳寅恪がその魏晋南北朝論の
なかで示した漢化・胡化の意によって理解するべきであると主張されています。
　私のさらに知りたいことは、旧清室の袁世凱第2代臨時大総統にたいする礼

遇はどのようであったのかということです。また交通規制があったとはいえ、革命の指導者孫文にたいする警備の手薄さが印象的であったことを付け加えさせていただきます。

村田雄二郎氏の論考は、1924年11月の「大アジア主義」講演の多義性と、その"思想としての生命力"について論じたものです。

山東出兵までの日本論は、例えば王朝佑の『亜洲之日本』（1928年6月序）についていえば、先進国日本との提携は主張しましたが、孫文の講演には触れておらず、同書刊行によって王は「親日家」と誹謗中傷されることになります。

満州事変前後の日本論は、戴季陶『日本論』（1928年）、王芸生『六十年来の中国と日本』（1932-34年）、胡漢民『三民主義月刊』（1933年-）などがありました。とくに胡の議論は「抗日＋反共」を標榜するもので、西南派を代表し、孫文主義の継承を自認していました。そこでは、日本の大アジア主義が侵略主義と非難されました。時あたかも1933年、松井石根が大亜細亜協会を発起させたときです。

日中戦争期の日本論には、繆斌『新民主義』（1938年）があり、それは「和平型」協力論の一つであると捉えられています。

1940年3月、汪精衛は南京に国民政府を樹立すると、近衛三原則（善隣友好・共同防共・経済提携）を受けて、「善隣友好」は「大アジア主義の理想」であり「三民主義の根本精神」であるという主張をおこないました。

汪精衛の「大亜洲主義」については、土屋光芳氏が肯定的評価をおこない、三民主義を救国主義と同義としたうえで、それをアジアに適用したのが大亜洲主義であるという見解を述べています。汪は、それを日本の東亜新秩序、東亜共栄圏に対置して和平政権のイデオロギー的基盤を強化しようとしたと言うのです。村田氏によれば、汪等の三民主義にもとづく大アジア主義は、日本発の東亜新秩序論や東亜聯盟論と交叉し、民族解放をめぐる日中関係の文脈中で提起された自己救済、民族自存の綱領であって、理念としてのアジア主義が極限状態の中で孫文思想の一つの可能性を拓いたものとされます。

ここで問うべきなのは、多義性を含むがゆえに、孫文が講演に込めた意図に

358　六、総合討論の記録

ついてさらなる考察が必要ではないかということです。孫文にとって、日本は敵だったのでしょうか、それとも味方だったのでしょうか？

　孫文のそうした意図に応じて、理念として評価された汪の大アジア主義についても、それが孫のアジア主義とは違う次元のものか否かが問われることになると思います。

総合討論2 （11月27日　15:30－16:30）

司会：緒形康 （神戸大学）

パネリスト：山田辰雄 （慶應義塾大学名誉教授）、中村哲夫 （華東師範大学
　　　　　　歴史系客座教授）、黄賢強

第一分科会コメント （緒形康）

　本分科会は制度と公共圏をテーマとしました。まず潘光哲氏は、20世紀の発展型国家のモデルとなった専門家政治の構想が、孫文の唱えた権能論の深い影響のもとに生まれ、政治的立場の異なる多くの人々の共通の出発点となっていることを、多くの事例を通じて明らかにしました。同時に、専門家政治と人民の権利とのあいだの一種の緊張関係も、孫文思想の残した課題であるという考えが示されました。

　モニカ氏のガンディーと孫文の思想をめぐる比較論は、平和の構築という二人の共通の目標にもかかわらず、平和を獲得するために政治を重視するか、宗教を重視するか、近代化の道を採用するのか、反近代・脱近代の道を採用するのかという両者の違いを浮き彫りにするものです。とくに、人民を主体とするガンディーに比較したとき、人民を政治の客体あるいは対象と考える孫文思想の特徴が浮かび上がってきました。

　田口氏は、1930年代上海における外国人企業の土地所有に関する法的な紛争を通じて、土地問題が、伝統的な私法の世界から、国家による一元的な土地管理を行う公法の世界へと広がってきた姿を活写されました。土地に関する制度面での調整が近代国家の経済成長に与えた影響において、また、外国帝国主義に対する土地を通じた抗議・闘争という側面において、孫文による土地に関する問題提起が、その後の歴史のなかで持続的に展開してきた様相を明らかにされました。

　森川氏の報告は、潘氏の報告と多くの点で問題意識を共有しています。近代

中国の憲政の発展過程において1936年、1947年の憲法草案と憲法は、前者が国民大会や総統の権限を重んじ、後者が立法権を重んじるという違いはあっても、いずれも孫文の権能論の深い影響を受けておりました。戦後台湾における雷震と薩孟武の憲政論も、立法権によって行政権をコントロールするか、行政権によって立法権をコントロールするかについての孫文思想の差異に帰着する問題であったのです。

「制度と公共圏」をテーマとする本分科会において、孫文の思想世界の持つ広がりが、憲政と民主、制度の持つ政治的なコンテキストという場面において、改めて確認されたと言えるのではないでしょうか。

第二分科会コメント（中村哲夫）

第二分科会の特色は、孫文の後継者である蒋介石からみた孫文思想の理解と継承に関して、3人の学者が取り上げられたことです。これは、資料の面で蒋介石日記の読解が飛躍的に進展した成果を反映しています。孫文研究に関する新しく発掘された史料をもとに、孫文の政治遺産の後継者である蒋介石が、孫文思想の真髄をしだいに理解し、最終的に、未完に終わった民生主義を人間の生存の次元である育、楽、さらには健康生活まで敷衍した思想家として紹介され、中国思想史のなかに座席を設けたことに意義があると思います。

なお、個人的な感想ですが、儒学の歴史を扱う場合、孟子だけでなく、強国思想を唱えた荀子にも言及し、孫文と蒋介石が、荀子思想を避け、孟子を墨守した意義に触れておく必要があるのではないでしょうか。なぜなら、現在、中国の国学では、荀子をあまりにも高く評価し、孟子の王道・覇道論をあえて避けているからです。

安井伸介氏の研究は、中国の伝統思想の王道思想につき、それを唱える側が第一人称である私を超えられないことを論証しました。それにより、大アジア主義を西欧の思想と対置し、アジア思想の優位を強調するロジックに警告を出し、孫文思想を無条件に現代人が継承することの非を唱えました。古い世代に属する私にとり、大変な勉強になりました。

さて、孫文は蔵書を遺言のように後世のために残しました。そのなかに、中国人が英語で書いた *Chapters on Chinese and Forestry* という題の、Shanghai Commercial Press から1916年に出版された書物があります。著者は、Lin Dau-yang 漢字では凌道揚と書きます。孫文は、彼から学び、民生主義の講演において、防災のために国家が大規模な森林の造成に取り組む必要を強調しております。つまり、社会経済の面で、中華民国時代の孫文は、強力なネイションを建国する意味を探りながらも、民衆の政治参加の面では、民衆が直接に参加しやすい地方自治の果たす役割にも目配りしていたのです。若い世代が、アジアの現状を解決するのに、孫文思想の超時代性を否定するのは当然でしょう。しかし、一人の青年医学生として人生をスタートし、さまざまな国民国家において、孫文は普通の民衆と変わらない生活を体験してきました。そこには、コスモポリタン特有の文化が流れています。

孫文は、私人としては、国民国家の枠には収まり切らない、華僑・華人としての一面を強く維持しております。中華人の世界では、国父であるまえに、中国を外から眺める自由人としての中華キリスト教徒でもありました。儒学は西洋にはみ出し、西洋人も中華人も人類共通のテーマの解決にむけ、知の共同作業をしている姿を、孫文と南方熊楠との交友からも窺うことができます。孫文の知的な営みは、人類の学術の成果の応用と実験と考えるならば、孫文の本格的な学術研究は、まだ始まったばかりだとも言えます。

第三分科会コメント（黄賢強）

本分科会のテーマは「ボーダーを越えて」ということで4本の論文発表がありました。論ずる時空間が中国大陸以外にシンガポール、オーストラリア、インドネシア、フィリピンにわたっており、越境というテーマに相応しいものです。さまざまな研究アプローチや視点を新しい研究材料に適用して、これまでと違った、挑戦的で定説を覆すような見かたと論点を打ち出したことも、この分科会の特徴です。

孫文とキリスト教の関係、オーストラリア華僑と孫文の政治活動をめぐる諸

問題、東南アジア華僑による日本製品ボイコット運動と孫文介入の動機、シンガポールやマレーシア出身華僑と孫文との交流など、アジア太平洋という視点から孫文の遺産を再検討するテーマが追求されました。

郭美芬氏の論文は、オーストラリア国民党の商人をテーマに、その商業活動を孫文の政治活動と関係づけて、近代のアジア太平洋に政治と経済の資源が集中した意味を考えるものです。20世紀初めにおけるアジア太平洋地域の「都市化」と移民の関係について、都市を中心に政商が結びつく南太平洋地域ネットワークを描き出しました。

吉澤誠一郎氏の論文は1912年から13年にインドネシアとフィリピンで発生した日本製品ボイコット運動をテーマに、東南アジア華僑がボイコットに参加したのはナショナリズムや愛国思想が原因だとするこれまでの見かたを修正しようとしたものです。吉澤氏が紹介する現地の領事館報告を見ると、むしろこの運動はインドネシアのスマランやフィリピンのマニラの華僑が、自らの利益のために 「南洋航路」や伊藤商店の例に見るような日本経済や商業が拡大する脅威にたいして、「日露協約が満蒙を瓜分する」といった誤解に乗じて、現地の華僑の反日ボイコットを扇動したと考えた方が良さそうです。東南アジアの華僑からこの問題を捉えるというのが、本論文の意表をつく新しさです。

この論文の第二の新しさは、孫文がここに介入した理由が日本によるボイコット停止の要求に屈服したというよりは、計画的に調停を買って出て、氏のことばを借りれば「機会主義的な姿勢ながら、日本人を信頼させて利用しようとして」、自らへの日本人の援助を勝ち取ろうとしたという見かたを提出したことです。

劉雯氏の論文は、孫文とキリスト教に関するこれまでの研究がキリスト教の教義内容に偏っていたのを乗り越えるものです。社会学の「ネットワーク」の概念を使って、孫文とキリスト教の複雑な相互関係を明らかにし、思想史を社会史・生活史に結びつけ、孫文の民生思想の生成と伝播を具体的な歴史コンテキストに置いて、孫文思想を全体的に捉えようとしたのです。

もうひとつの新しさはキリスト教の宣教に関するものでしょう。キリスト教

布教史はその研究の対象を伝道事業の周辺にいた支持者へと広げ、宣教師と信徒の固定したモデルを乗り越えるべきだと氏は言います。文章の最後に述べられるように、「キリスト教にとって未開の地であった農村部での布教活動の内実とは、孫文の民生思想を基礎に、社会のニーズを必要に応じて汲みとり、社会と相互に作用し、時代に適応しながらキリスト教を中国に定着させる」ものでした。

わたし自身の論文はシンガポールとマレーシア出身の知識人、それから厦門大学学長の林文慶と復旦大学学長の李登輝らと孫文の交流や影響関係を論じたものです。

第四分科会コメント（山田辰雄）

分科会の内容につき、従来の孫文研究に照らして注目すべきいくつかの点を指摘したいと思います。この分科会に提出された論文の全体のテーマは指導と参加、革命運動の組織化にあります。

まず、孫文中心的であった従来の孫文研究の相対化・是正がはかられていると言えます。王奇生氏の論文は、汪精衛やかつての同盟会系指導者の手紙を発掘して、それらを使って1914年前後の中華革命党成立前後における孫文に対する批判を分析し、そこから孫文の指導の不安定性・脆弱性を解明しようとするものです。ここで明るみにでた革命期における党の独裁と民主的運営の争点は、指導と参加という大きなテーマのもと、現代でも依然として大きな課題であると言えます。Joshua Hill氏は、「反逆者」としての陳炯明から孫文を照らしだそうとしました。1920年代初め、広東において推進された陳の新しい政治（地方自治）は、選挙による政治の制度化を目指しました。それは孫文の訓政における上からの指導と対比されるべきものです。ヒル氏が分析したのは、参加と（上からの）指導の相克という政治の根本問題にほかなりません。

第三に、衛藤安奈氏が試みた参加と組織化に関する諸問題を見てみたいと思います。辛亥革命から国共合作にいたるあいだに、孫文が直面した重要な課題の一つに、党が大衆を動員することがありました。孫文は必ずしもこのことに

364　六、総合討論の記録

成功したわけではありませんが、国共合作において労働運動が台頭してくるなかで、衛藤氏はこの問題をたんに中国に特有の問題としてではなく、あらゆる国家や地域の近代化過程に共通する経済構造上・精神構造上の問題として比較政治史的観点から論じようとしております。詳細な説明は報告の通りです。これも革命運動における参加と組織化の問題と言えるでしょう。

　最後に、劉静氏が論じた革命への参加についてコメントしておきます。これは、いかにして革命家になるかという問題と言い換えても良いテーマです。清末における中国人学生の日本留学ブームのなかから、その一人として何天炯（He Tianjiong）を選び、辛亥革命以後の中国革命への参加過程を解明されました。何はこの間日本の侵略的意図に気づき、「日本軍国主義」を批判するようになります。しかし、ここでいう「日本軍国主義」の定義は何なのかが、私には気になります。1930年代の日本の中国侵略と同じものなのでしょうか。同様の日本留学を経験した蒋介石と比較しても興味深いかもしれません。

閉 会 の 辞

孫文記念館

館長　愛　新　翼

　公益財団法人孫中山記念会は今回、孫文生誕150周年を記念してシンポジウム「孫文とアジア太平洋——ネイションを越えて」を開催致しました。シンポジウムでのご講演やご報告、コメントをいただいた諸先生方にお礼を申し上げます。いずれの方々からも、孫文生誕150周年を記念するのにふさわしい、貴重なご高見をいただけたと思います。

　今回のシンポジウムでは、ご参加をいただいた諸先生方から、孫文が時代や地域、あるいは民族を越えてどのように捉えられ、共感されてきたのか、というお話を多く伺えたと思います。過去と現在、未来を見るうえで、孫文をどう考えていけばいいのか、皆さま方には今後も引き続きご教示をいただければ幸いです。

　2016年は孫文生誕150周年という節目であり、孫文記念館は内外の多くの機関と、生誕150周年記念の事業を行って参りました。

　秋には「翠亨村孫中山故居紀念館特別展」を広東省中山市の孫中山故居紀念館と行い、また朝日新聞社とは「孫文生誕150周年記念孫文フォトアーカイブ展」及び講演会「百年後にスタートした孫文の『夢』と現実」を開催致しました。

　孫文の生誕150周年を経て、孫文を通じた内外の繋がりはますます強まっていると思います。

　そうした中で当館は、世界の孫文関連記念施設が一堂に会する「孫中山宋慶齢紀念地聯席会議」の2018年度の開催地に名乗りを上げました。開催の際には、皆様にも是非、神戸にお集まりいただければ幸いです。

　孫文記念館は今後も、孫文を記念することを通じ、内外との交流にまい進していく所存ですので、皆さま、今後ともご指導、ご支援をいただければ大変幸

366　閉会の辞

いです。

（孫文記念館館報『孫文』第18号（2017年2月）一頁より一部修正して転載。）

あとがき：
ネイションを越える試み
──孫文生誕150周年記念国際シンポジウムが目指したもの

緒　形　　康

「2012年以来、政府間・外交レベルでの日中関係は必ずしも良好とはいえない情況にありましたが、今年になって、このような両国の情況を改善しようという政府間、民間の努力が実を結びつつあり、日中間には再びかつてのような活発な交流関係が生まれようとしています。このようなときに、アジアに最初の共和国を建設した孫文先生の思想と行動の軌跡を広く一般に紹介することには、大きな意義があるものと考えております。

このたびのシンポジウムは、「孫文とアジア太平洋──ネイションを越えて」をテーマといたしました。「孫文を単に過去の思想家・革命家として扱うのではなく、あくまでも現代から未来に向けて、孫文が提起した問題を日中両国共同の課題として追求する」という1985年以来のテーマを継承いたします。さらに2011年の辛亥革命100周年記念国際シンポジウムで浮き彫りにされた「現代の東アジアが直面している共同の課題」を現代における孫文研究の新たなテーマとして明らかにしてゆきたいと思います。」

これは、2015年6月20日（土）、孫文生誕150周年記念国際シンポジウム実行委員会を立ち上げた際、実行委員長に就任した齋藤富雄氏によって披瀝された発言の一部である。国交正常化以来最悪と評された日中関係を打開することは、本シンポジウム開催に当たって関係者が念頭に置いた重要な目的の一つと言えた。

「孫文とアジア太平洋──ネイションを越えて」という総合テーマは、政治経済の領域において複雑な諸課題を抱えるアジア太平洋（とりわけ「ネイション」間の利害関係が交錯する領域でもある）に焦点を当て、「アジア太平洋」がこれま

368 あとがき

で直面してきた政治・経済・社会・文化の諸問題を浮き彫りにし、現代の国際関係や文化交流に関心を抱く人々の問いに応え、日中関係の現状を打開する手掛かりを得ようとするためのものである。

2016年11月26日（土）、27日（日）、公益財団法人孫中山記念会の主催、孫文研究会・神戸華僑華人研究会の共催になる本シンポジウムが神戸大学先端融合研究環統合研究拠点にて挙行され、120名に及ぶ参加者を得た。

11月26日は、桑兵中山大学教授、村田雄二郎東京大学教授より、それぞれ「民国元年における孫文の北上と清朝皇室との交流」、「孫文以後の大アジア主義」と題する基調講演がなされ、この2つを巡って、鄭成林華中師範大学教授、廖大偉上海東華大学教授、狭間直樹京都大学名誉教授をパネリストとする総合討論1が行われた。

桑兵氏は、孫文の辛亥革命後の北上における清朝皇室との交流というこれまでほとんど触れられることのなかったテーマを取り上げた。王朝体制から共和国への未曾有の転換期において、革命の敵と味方の双方が、新たな国家建設や秩序創出に共同で取り組んだ史実が明らかにされた。

村田氏は、大アジア主義が日中両国のその後に及ぼした永続的な影響について論じた。山東出兵前後、満洲事変前後、日中戦争前、日中戦争後の4つの時期における大アジア主義の変遷は、アジア主義の支配的な言説とは異なる別種の可能性を示唆している。

2日目の27日は、「制度と公共圏──共和のデザイン」、「孫文思想を継ぐ者」、「ボーダーを越えて」、「参加と動員──いかに革命を組織するか」をそれぞれテーマとする4つの分科会が開かれた。中国、台湾、シンガポール、オーストラリア、イタリア、アメリカからの研究者を含め、16名の中国近代史研究者による学術報告が行われた。

第一分科会では、孫文の思想の持つ広がりが、専門家政治という制度的コンテキスト、ガンジー平和論との比較、1930年代の上海土地登記を巡る司法解釈、1940年代の憲政民主論等の場面で確認された。

第二分科会では、資料の面で蒋介石日記の読解が飛躍的に進展した成果を受

け、孫文の後継者である蒋介石からみた孫文思想の理解と継承が論じられ、その王道論の功罪について思想史的な検討が加えられた。

第三分科会では、シンガポールやマレーシア出身華僑と孫文の交流、オーストラリア華僑と孫文の政治活動、東南アジア華僑による日本製品ボイコット運動と孫文介入の動機、孫文とキリスト教の関係等、アジア太平洋という視点から孫文の遺産が再検討された。

第四分科会では、中華革命党の創設期における孫文批判、1920年代の「反逆者」陳炯明の選挙改革、国共合作期に台頭した労働運動、清末中国人学生の日本留学経験といった事例を通じて、中国革命のそれぞれの段階における参加と動員の過程が探求され、孫文中心の孫文研究を相対化し是正することが目指された。

総合討論 2 では、黄賢強国立シンガポール大学教授、中村哲夫華東師範大学客座教授、山田辰雄慶應義塾大学名誉教授をパネリストとして、4 つの分科会で明らかになった知見を中心に、孫文研究の新しい展望について議論が展開された。

蒋介石日記を含めた新資料の読解を通じて、また制度・憲政・参加・動員といった概念を運用することで、孫文研究の新しい地平が開かれることを強く感じさせた国際学術シンポジウムであった。孫文という形象の刷新ならびに転換が、日中におけるネイションの共存、ひいてはアジア太平洋における平和の構築に寄与できることを強く願ってやまない。

（孫文研究会編『孫文研究』第59号（2016年12月28日）61〜62頁より転載。）

編 集 後 記

　孫中山記念会研究叢書Ⅶをここにお届けする。孫文研究会が編集した『孫文と華僑』、『孫文と南方熊楠』に次ぐ3冊目の孫文生誕を記念する国際シンポジウム論文集である。前2冊は「華僑」「南方熊楠」というキーワードを通じて孫文の思想と行動における重要な一側面をクローズアップした。生誕150周年に当たる今回は「アジア太平洋」を切り口として、孫文の政治的・文化的遺産が21世紀の私たちに今もなおどれだけ持続的な影響をもたらしているかを検証しようとした点に特徴がある。

　基調講演の内容を一瞥して頂ければ明らかなように、孫文は革命の対象とした満洲族やその支配層をも新生共和国の一員とする多民族国家体制を構想していた。そして、　日本で提唱されたアジア主義を中国の伝統的な王道主義によって修正した東アジアの国際秩序構想をその生涯の最後に示したのである。共和と帝国、革命と立憲、権力と正義などの相反する諸価値のあいだでバランスを取りながら、ネイションという近代の秩序原理を越えようとする孫文の志向は一貫していたと考えて良い。本国際学術シンポジウム論文集の副題を「ネイションを越えて」とした所以である。

　孫文の思想が19－20世紀におけるアジア太平洋の新しい価値を創造したと言うとき、その新しい価値は、個々の教義とか具体的な実践の体系に現れているというよりは、孫文の行動や思索が展開してゆく運動の過程、あるいはそれらの発展の形式のなかにこそ見ることができる。共和と帝国というテーマに戻るなら、彼の提唱になる満洲族を内包する政治体制は、エスニシティーの衝突を梁啓超が1902年に「中華民族」と名付けることになる政治的共同体を構築することで解消しようとする、19世紀半ば以来の清朝行政改革の流れを受け継ぐものであった。また、覇道と指弾される権力政治を、儒教を中心とする伝統思想

の正義論によって超克する秩序構想も、張灝が中国史の「転型期」と呼ぶ1895－
1925年の思想潮流と緊密に連携した理念に他ならなかった。孫文の独創とは、
だから、無から有を生じたものではなく、この「転型期」に生まれた新しい価
値をはっきりと目に見える形に表現したところにある。

　もちろん、そうした新しい価値はそれらが展開し発展してゆく過程において、
さまざまな偏向を生むことを免れなかった。1914年の中華革命党時代の派閥抗
争や、1921年の広東省政治改革において陳炯明との間で生じた調停不可能な対
立などに、その偏向の姿は表現されている。インドのガンディーが唱えた非暴
力主義や政治を超えた宗教価値と比較したとき、こうした偏向が生まれた責任
は、孫文個人というよりも中国文化そのものにあるのではないかという疑念が
生まれるし、王道・覇道という問題設定そのものを一度相対化すべきではない
かという提言にも結びつくだろう。

　孫文の思想が優れて独創的であるということが、その個々の教義や具体的な
実践の体系の優位から帰結されるものではなく、近代中国の「転型期」に生ま
れた思想潮流の直接的な表現にすぎないなら、その遺産の継承もまた、この
「転型期」の価値が照射する光と影の両面を見据えてなされる必要があろう。
例えば「専門家政治」という観点を導入するならば、孫文の遺産が中国大陸と
台湾の政治体制の相違を超えて20世紀後半の中国政治に圧倒的な影響力を発揮
したことを見て取るのは容易である。しかしながら、蒋介石がその『革命の哲
学』において孫文の「知行合一」学説や陽明学の思想を継承したありさまは、
近代日本における陽明学の継承と発展のみならず、1949年以後の中国大陸に現
れた陽明学をめぐる言説とも大きく異なっていることもまた一方の事実なので
ある。孫文の「五権憲法」という構想を継承した台湾における憲政運動の歴史
は、確かに彼の遺産の継承という側面において大きな足跡を残した。けれども、
この運動が今後、中国大陸の憲政運動とどのような関係を取り結ぶかについて
は、議論の分かれるところであろう。本国際シンポジウム論文集が、孫文の遺
産に関して、その批判的な検討を促すきっかけになることができれば幸いであ
る。

372　編集後記

　国際学術シンポジウムの開催、その論文集の刊行は一朝一夕にできるもので
はない。多くの良き理解者、援助者に恵まれて初めて可能となる。その意味で、
第一に謝意を表すべきなのは、孫文生誕150周年記念国際学術シンポジウム第
1回実行委員会を2015年6月20日に開催してより、本論文書の編集を終えるま
での2年余りの間、同実行委員会委員長を務められた齋藤富雄氏であろう。シ
ンポジウムの開会に当たっては、この齋藤氏と共に、井戸敏三氏（兵庫県知事）、
井上典之氏（神戸大学理事・副学長）からも、激務の最中にもかかわらず懇切な
祝辞を頂戴した（井戸氏祝辞は、兵庫県副知事金澤和夫氏が代読）。国際学術シンポ
ジウムの推進母体である公益財団法人　孫中山記念会（孫文記念館）において
愛新翼氏（公益財団法人孫中山記念会副理事長、孫文記念館館長）、川鍋彰男氏（公
益財団法人孫中山記念会常務理事、孫文記念館事務長）、中村伸彦氏（孫文記念館前事
務長）が果たされた役割にも特筆すべきものがある。孫中山記念会学術委員の
諸先生方には、その深い知見によって、私たちをより良き方向へと導いて頂い
た。

　汲古書院代表取締役社長三井久人氏におかれては、これまで通り本論文集を
孫中山記念会研究叢書の一冊として出版することを了承して下さった。また、
汲古書院編集部大江英夫氏には、『グローバルヒストリーの中の辛亥革命』（孫
中山記念会研究叢書Ⅵ）に引き続いて、本論文集の編集の労に携わって頂いた。

　公益財団法人　りそなアジア・オセアニア財団、一般財団法人　地域政策研
究会、公益財団法人　東華教育文化交流財団、公益財団法人　兵庫県国際交流
協会からは、財政面での惜しみない援助を忝くした。

　本書の出版に際しご厚情を賜った全ての関係機関、関係者に対して、国際学
術シンポジウム運営委員会を代表して衷心より御礼を申し上げたい。

　　2017年9月4日

　　　　　　　　　　　　　　　　　　　　　　　　　　緒　形　　康
　　　　　　　　　　　　（孫文生誕150周年記念国際学術シンポジウム運営委員会委員長）

付録1　シンポジウム・プログラム

「孫文とアジア太平洋——ネイションを越えて」

・日程

2016年11月26日（土）、27日（日）

・場所

神戸大学統合研究拠点（神戸市中央区港島南町7丁目1番48）

・主催団体など

主催：（公財）孫中山記念会

共催：日本孫文研究会、神戸華僑華人研究会

協賛：（公財）りそなアジア・オセアニア財団、（一財）地域政策研究会、

　　　（公財）東華教育文化交流財団、（公財）兵庫県国際交流協会

後援：兵庫県、神戸市、神戸大学国際連携推進機構アジア総合学術センター、

　　　朝日新聞社、神戸新聞社、産経新聞社、毎日新聞神戸支局、読売新聞

　　　社、移情閣友の会

・スケジュール

【2016.11.26】会場：コンベンションホール

　13：00〜13：20：開会式

　13：20〜15：50：基調講演

　16：10〜17：30：総合討論1

【2016.11.27】

　9：30〜11：50：第一、第二分科会（第一：コンベンションホール　第二：208

　　　　教室）

374 付録1 シンポジウム・プログラム

12：50〜15：10：第三、第四分科会（第三：コンベンションホール　第四：208教室）

15：30〜：総合討論2　コンベンションホール

16：30〜：閉会式

・参加者数

計118名（講演者、報告者など含む）

【基調講演】

桑兵（中山大学）

「民国元年における孫文の北上と清朝皇室との交流——皇族の帰属に関する選択をめぐって」

村田雄二郎（東京大学）

「孫文以後の大アジア主義——民国期中国における日本認識をめぐって」

【分科会】

・第一分科会「制度と公共圏——共和のデザイン」

司会：梶谷懐（神戸大学）

コメンテーター：高嶋航（京都大学）、三輪雅人（関西外国語大学）

潘光哲（中央研究院近代史研究所）

「孫文「専門家（「専家」）政治」論と開発志向国としての現代中国国家の起源」

Monica De Togni（トリノ大学）

「孫文とガンディー——両者の政治的提言が一致点を見いだせなかったのはなぜか」

田口宏二朗（大阪大学）

「南京の外国人と不動産登記——1930年代、全市登記の一齣」

付録 1　シンポジウム・プログラム　375

森川裕貫（京都大学）

「「五五憲草」解釈から見る五権憲法──雷震と薩孟武の所論をめぐって」

・第二分科会「孫文思想を継ぐ者」

司会：石川禎浩（京都大学）

コメンテーター：江田憲治（京都大学）、西村成雄（孫文記念館）

戚学民（清華大学）

「蔣介石『革命哲学』における孫文と王陽明の思想の関係性」

羅敏（中国社会科学院）

「「主憂臣辱、主辱臣死」──蔣介石が描いた孫中山」

若松大祐（常葉大学）

「現代台湾史における蔣介石『民生主義育楽両篇補述』（1953年）の意義」

安井伸介（致理科技大学）

「王道思想、孫文と国際秩序の想像」

・第三分科会「ボーダーを越えて」

司会：陳來幸（兵庫県立大学）

コメンテーター：安井三吉（神戸大学名誉教授）、上田貴子（近畿大学）

黄賢強（シンガポール国立大学）

「孫文と世界観を有する南洋知識人との交流と連動」

郭美芬（クィーンズランド大学）

「南太平洋ネットワークの創出 ──孫文と進取的なオーストラリア華商：

「永生公司」、《民国報》そして「中澳輪船公司」を例に」

吉澤誠一郎（東京大学）

「民国初年の対日ボイコットにおける東南アジア華僑と孫文」

劉雯（兵庫県立大学大学院）

376　付録1　シンポジウム・プログラム

「孫文の民生思想とキリスト教者の相互関係」

・第四分科会「参加と動員──いかに革命を組織するか」

司会：深町英夫（中央大学）

コメンテーター：久保田文次（日本女子大学名誉教授）、水羽信男（広島大学）

　　王奇生（北京大学）

　　「中華革命党時期における党員の意見相違と派閥抗争──汪精衛の書簡を
　　　中心に」

　　Joshua Hill（オハイオ大学）

　　「1921年広東省民選からみる孫文と陳炯明」

　　衛藤安奈（慶應義塾大学）

　　「中華民国期の広東人労働者におけるナショナリズムの一考察──E・ゲ
　　　ルナーとの対話を通じて」

　　劉静（江西科技師範大学）

　　「辛亥革命前の何天炯と日本」

【総合討論】

　1　司会：緒形康（神戸大学）

　　　パネリスト：桑兵、村田雄二郎、鄭成林（華中師範大学）、廖大偉（東華
　　　　　　　　　大学）、狭間直樹（京都大学名誉教授）

　2　司会：緒形康

　　　パネリスト：山田辰雄（慶應義塾大学名誉教授）、中村哲夫（華東師範大学
　　　　　　　　　歴史系客座教授）、黄賢強

付録 2 　実行委員会組織

孫文生誕150周年記念国際学術シンポジウム　実行委員会組織（五十音順、敬称略。肩書はシンポジウム開催当時のもの。）

【実行委員会】

委員長：齋藤富雄（孫中山記念会理事長）

副委員長：緒形康（神戸大学教授、孫文研究会代表理事）

　　　　　村田雄二郎（東京大学教授）

委員：愛新翼（孫文記念館館長）

　　　石川禎浩（京都大学教授）

　　　上田貴子（近畿大学准教授）

　　　※2016年3月16日から園田節子兵庫県立大学教授と交代して就任。

　　　江田憲治（京都大学教授）

　　　梶谷懐　（神戸大学教授）

　　　蔣海波（孫文記念館主任研究員）

　　　武上真理子（京都大学客員准教授）

　　　陳光輝　（神戸大学教授）

　　　陳來幸（兵庫県立大学教授）

　　　川鍋彰男（孫文記念館事務局長）

　　　※2016年7月1日から中村伸彦前事務局長と交代して就任。

　　　西村成雄（孫文記念館副館長）

　　　深町英夫　（中央大学教授）

　　　水羽信男（広島大学教授）

　　　三輪雅人（関西外国語大学教授）

　　　村田省一（孫文記念館研究員）

　　　安井三吉（孫文記念館名誉館長）

378　付録2　実行委員会組織

【運営委員会】（実行委員と兼任）

委員長：緒形康

委員長補佐：武上真理子

委員：石川禎浩、上田貴子、梶谷懐、蒋海波、陳來幸、深町英夫、村田省一、
村田雄二郎

付録3　助成団体一覧

公益財団法人　りそなアジア・オセアニア財団
一般財団法人　地域政策研究会
公益財団法人　東華教育文化交流財団
公益財団法人　兵庫県国際交流協会

執筆者プロフィール

名前alphabetical order（英語）、出身、所属、主要著書の順

基調講演 Keynote Speaker Profiles

桑兵（Sang Bing） 中国　中山大学歴史系教授
『孫中山的活動与思想』中山大学出版社、2001年
『走進共和——日記所見政権更替時期親歴者的心路歴程』北京師範大学出版社、2016年

村田雄二郎（Murata Yujiro） 日本　東京大学大学院総合文化研究科教授
（共編）『シリーズ20世紀中国史』全4巻、東京大学出版会、2009年（第1巻序章、第9
　章執筆）
（共著）『清末中国と日本—宮廷・変法・革命』研文出版、2011年

分科会報告者 Session Speaker Profiles

潘光哲（Pan Kuangche） 台湾　中央研究院近代史研究所研究員
『華盛頓在中國——製作「國父」』三民書局、2006年
『晚清士人的西學閱讀史（1833～1898）』中央研究院、近代史研究所専刊99，2014年

モニカ・デ・トニ（Monica De Togni） イタリア　トリノ大学アジア・アフリカ言語文
　化コース副所長
*Governo locale e socializzazione politica in Cina. L'autogoverno locale nel Sichuan tra fine
impero e inizio Repubblica* [Local government and political socialization in China. The self-
government in Sichuan province from late Qing to early Republic], Alessandria, Edizioni dell'
Orso, 2007.
《La Cina e la Grande Guerra, tra nazionalismo popolare e accordi segreti》[China and the First
World War. Popular nationalism and secret deals], in Marco Scavino (ed.), *Guerra e nazioni.
Idee e movimenti nazionalistici nella Prima guerra mondiale,* Milano, Guerini e associati, 2015,
pp.49-64.

田口宏二朗（Taguchi Kojiro） 日本　大阪大学大学院文学研究科准教授
「明末畿輔地域における水利開発事業について」『史学雑誌』106-6，1997年

執筆者プロフィール　381

「登記の時代」（村上衛編『近現代中国における社会経済制度の再編』京都大学人文科学研究所、2016年）

森川裕貫（Morikawa Hiroki）　日本　京都大学人文科学研究所附属現代中国研究センター特定助教
「民国元年の国家制度構想と章士釗」（東洋文庫『東洋学報』第89巻第1号、2007年6月、53-80頁）
『政論家の矜持──中華民国時期における章士釗と張東蓀の政治思想』勁草書房、2015年

戚学民（Qi Xuemin）　中国　清華大学人文学院歴史系教授
『阮元「儒林伝稿」研究』生活・読書・新知三聯書店、2011年
『厳復「政治講義」研究』人民出版社、2014年

羅敏（Luo Min）　中国　中国社会科学院近代史研究所副研究員
『走向統一──西南与中央関係研究（1931‐1936)』社会科学文献出版社、2014年
『中国国民党与越南独立運動』社会科学文献出版社、2015年

若松大祐（Wakamatsu Daisuke）　日本　常葉大学外国語学部グローバルコミュニケーション学科専任講師
「1950年代初期中国的馬克思主義与基督教共同発起三自運動」彭明輝、唐啓華（主編）
『東亜視角下的近代中国』（国立政治大学歴史学系、2006年9月、pp.49-81)
（編著）『台湾を知るための60章』明石書店、2016年

安井伸介（Yasui Shinsuke）　日本　致理科技大学応用日語系専任副教授
「日本學界對中國無政府主義之評介」（『臺大歴史學報』第33期、2004年、427-442頁）
『中國無政府主義的思想基礎』五南、2013年

黄賢強（Wong Sin Kiong）　マレーシア　国立シンガポール大学文学・社会科学院副教授
『海外華人的抗争──対美抵制運動史実与史料』新加坡亜洲研究学会、2001年
『跨域史学──近代中国与南洋華人研究的新視野』厦門大学出版社、2008年

郭美芬（Kuo Meifeng）　オーストラリア・台湾　クィーンズランド大学歴史哲学学部研究員

382 執筆者プロフィール

Making Chinese Australia: Urban Elites, Newspapers and the Formation of Chinese Australian Identity, 1892-1912, Monash University Publishing, 2013.
Unlocking the History of Australasian Kuo Min Tang, 1911-2013, Australian Scholarly Publishing 2013 (with Prof Judith Brett).

吉澤誠一郎（Yoshizawa Seiichiro）　日本　東京大学大学院人文社会系研究科准教授
『天津の近代──清末都市の政治文化と社会統合』名古屋大学出版会、2002年
『愛国主義の創成──近代中国のナショナリズム』岩波書店、2003年

劉雯（Liu Wen）　中国　兵庫県立大学大学院経済学研究科博士後期課程
A Study of Lexical Density: Management Textbook used in China as Corpus, 『言語教育学会』
第27号、2012年
「孫文と華人社会のキリスト教」『孫文研究』第54号、2014年

王奇生（Wang Qisheng）　中国　北京大学歴史学系教授
『中国留学生的歴史軌跡（1872-1949)』湖北教育出版社、1992年
『党員、党権与党争──1924-1949年中国国民党的組織形態』（修訂増補本）華文出版社、
2010年

ジョシュア・ヒル（Joshua Hill）　アメリカ　オハイオ大学歴史学部准教授
"A Question of Independence: Political Rhetoric and Political Crisis in a Chinese City, 1911-17." William Kirby and Niu Dayong, eds., *China's Interactions with the World: Internationaliz ation, Internalization, Externalization.* Zhengzhou: Henan People's Press, 2007
"Senkyo undō wa futōda!: 1912-13 nen senkyo e no hihan［Elections Based on Campaigning are Incompatible with the Truth: Rethinking Early Republican Elections］." Ienaga Masaki, Japanese translator. Fukamachi Hideo, ed., Chūgoku gikai hyakunen［A Hundred Years of China's Parliament］. Tokyo: University of Tokyo Press, 2015.

衛藤安奈（Etou Anna）　日本　慶應義塾大学法学部専任講師
「20世紀初頭の中国都市における『民衆運動』の再検討──武漢を事例に」高橋伸夫編
『救国、動員、秩序　変革期中国の政治と社会』慶應義塾大学出版会、2010年
『熱狂と動員──1920年代の中国労働運動』慶應義塾大学出版会、2015年

劉静（Liu Jing）　中国　江西科技師範大学地方文化研究所講師

「山西"丁戊奇荒"的応対措施」『河北大学成人教育学院学報』2005年

「近二十年来八一精神研究総述」『江西科技師範大学学報』2016年

司会・討論者プロフィール

梶谷懐（Kajitani Kai）　日本　神戸大学大学院経済学研究科教授

『現代中国の財政金融システム－グローバル化と中央──地方関係の経済学──』名古屋大学出版会、2011年

『日本と中国、「脱近代化」の誘惑──アジア的なものを再考する』太田出版、2015年

高嶋航（Takashima Ko）　日本　京都大学大学院文学研究科准教授

『帝国日本とスポーツ』塙書房、2012年

『軍隊とスポーツの近代』青弓社、2015年

三輪雅人（Miwa Masato）　日本　関西外国語大学英語国際学部教授

「三民主義の一貫性について──民権主義を中心に──」『孫文研究』第18号、1995年

「孫文思想における理想の国家」『グローバルヒストリーの中の辛亥革命』孫文研究会編、汲古書院、2013年

石川禎浩（Ishikawa Yoshihiro）　日本　京都大学人文科学研究所教授

『中国共産党成立史』岩波書店、2001年

『中国近代歴史的表与里』袁広泉訳、北京大学出版社、2015年

江田憲治（Eda Kenji）　日本　京都大学大学院人間・環境学研究科教授

『五四時期の上海労働運動』同朋舎、1992年

『満鉄労働史の研究』日本経済評論社、2002年

西村成雄（Nishimura Shigeo）　日本　大阪大学名誉教授

『中国近代東北地域史研究』法律文化社、1984年

『20世紀中国の政治空間──中華民族的国民国家の凝集力』青木書店、2004年

陳來幸（Chen Laixing）　日本　兵庫県立大学経済学部教授

『虞治卿について』同朋舎、1983年

384　執筆者プロフィール

『近代中国の総商会制度——繋がる華人の世界』京都大学学術出版会、2016年

安井三吉（Yasui Sankichi）　日本　神戸大学名誉教授

『孫文と神戸』（陳徳仁と共著）神戸新聞出版センター、1985年

『帝国日本と華僑——日本・台湾・朝鮮』青木書店、2005年

上田貴子（Ueda Takako）　日本　近畿大学文芸学部准教授

「東北アジアにおける華人ネットワークの生成と衰退」『現代中国研究』第18号、2006年

「奉天・大阪・上海における山東幇」『孫文研究』第54号、2014年

深町英夫（Fukamachi Hideo）　日本　中央大学経済学部教授

『近代中国における政党・社会・国家　中国国民党の形成過程』中央大学出版部、1999年

『孫文　近代化の岐路』岩波書店、2016年

久保田文次（Kubota Bunji）　日本　日本女子大学名誉教授

（編著）『萱野長知・孫文関係史料集』高知市民図書館、2001年

『孫文・辛亥革命と日本人』汲古書院、2011年

水羽信男（Mizuha Nobuo）　日本　広島大学大学院総合科学研究科教授

『中国近代のリベラリズム』東方書店、2007年

『中国における愛国と民主——章乃器とその時代』汲古書院、2012年

緒形康（Ogata Yasushi）　日本　神戸大学大学院人文学研究科教授

（編著）『アジアディアスポラと植民地近代——歴史・文学・思想を架橋する』勉誠出版、2013年

（共編）『中国リベラリズムの政治空間』（アジア遊学193）勉誠出版、2015年

鄭成林（Zheng Chenglin）　中国　華中師範大学中国近代史研究所教授

「入世後我国行業協会面臨的挑戦与抉択」『華中師範大学学報』2002年

『商会与近代中国』（合編）華中師範大学出版社、2005年

廖大偉（Liao Dawei）　中国　東華大学人文学院教授

『辛亥革命与民初政治転型』中国社会科学出版社、2008年

『海上風雲——辛亥革命在上海』上海人民出版社、2011年

狹間直樹（Hazama Naoki）　日本　京都大学名誉教授
『中国社会主義の黎明』岩波書店、1976年
『梁啓超　東アジア文明史の転換』岩波書店、2016年

山田辰雄（Yamada Tatsuo）　日本　慶應義塾大学名誉教授
『中国国民党左派の研究』慶應通信、1979年
『中国近代政治史』放送大学教育振興会、2002年

中村哲夫（Nakamura Tetsuo）　日本　華東師範大学歴史系客座教授
『近代中国社会史研究序説』法律文化社、1984年
『孫文の経済学説試論』法律文化社、1993年

索　引

人 名 索 引

※中国人の人名は日本語の読みにしたがって配列した。

あ行

アンダーソン，B.	317, 329
晏陽初	266
井上哲次郎	189, 190, 195
伊克坦	10, 16
石原莞爾	185, 194
犬養毅	336
今井武夫	46, 51
入江昭	46, 51
ウォレス，L.W.	61
于右任	207, 209, 214
浮田郷次	236, 249
内田康哉	236, 249, 250, 251
内田良平	195, 340, 355
袁世凱	9, 10, 12, 14, 20, 21, 76, 144, 202, 210, 224, 264, 265, 279, 283, 287, 288, 291, 295, 305, 334, 356
閻錫山	125
王敬書	207, 208
王芸生	38, 348, 357
王克敏	43, 51
王治心	253, 268
王正廷	206

王朝佑	31, 32, 34, 47, 49, 50, 353, 357
王寵恵	109, 110, 214
王統	275
王韜	76
王陽明	1, 122-139, 141, 375
汪精衛（→汪兆銘）	28, 35, 44-47, 50-52, 148, 149, 156, 274, 276-278, 281, 282, 285, 288, 290-293, 353, 357, 363, 376
汪兆銘（→汪精衛）	51, 335, 338
大澤真幸	317, 327, 329

か行

カウツキー，K.	115
ガンディー，モーハンダース・カラムチャンド	72-73, 75, 77-79
加藤雄三	91, 99, 100
何天炯	2, 283, 284, 289, 290, 293, 334-347, 349, 350, 364, 376
郭標	217, 220, 223-225, 228, 229, 232

葛兆光	190, 196
桂太郎	344
金子肇	103, 118, 119
萱野長知	335, 336-338, 340, 347, 384
柄谷行人	321, 327, 331
菅野正	235, 249
北輝次郎〔北一輝〕	338, 339
清藤幸七郎	200, 339
居正	283
許崇智	144, 145, 149-153, 284
恭王	20
ゲルナー，E.	2, 316-322, 325, 327, 328, 329, 330, 331
建源	236, 240-242
厳安生	39, 50
コーウェン，P.A.	180
小寺謙吉	29
小村寿太郎	337, 344
胡漢民	27, 39-42, 47, 50, 52, 69, 87, 108, 125, 149, 153, 156, 257, 275, 276, 285, 287, 289, 324, 335,

338, 353, 357

胡適　58, 59, 62, 67, 69, 70

顧維鈞　88, 98

伍洪培　224, 225

伍廷芳　205, 209

伍連徳　199, 211, 215

呉稚暉　274-282, 292, 293

呉佩孚　78

孔子　74, 189, 224

光緒帝　11, 337

高一涵　56, 68, 69

高信　57, 69, 195

康有為　107, 199-201, 213, 222, 224, 258, 263

黄炎培　300, 313

黄興　8, 12, 16, 24, 25, 147, 274-276, 278-280, 283, 293, 334-337, 339, 340, 343, 344, 356

黄俊傑　183, 194, 196

黄仲涵　240

黄柱　217, 223

黄碧魂　303

黄来旺　226, 227

鄺華汰　262

駒込武　28, 49

さ行

佐々木到一　325

嵯峨隆　52, 187, 195

蔡興　220

蔡元培　274, 275, 278, 281, 282, 290, 292, 293

薩孟武　1, 101, 111-119,

360, 375

シュンペーター, J.　65

ヘンリー・ジョージ　255, 256, 267, 269

慈禧（→西太后）　337

謝英伯　279, 280

謝晋青　30

朱雲漢　191, 196

朱執信　145, 146, 257, 286, 287, 289, 290

周化人　47, 52

周鯁生　36

周作人　38, 39, 50

周仏海　35, 47, 50

周幼海　47

周容威　223, 225

荀子　194, 360

徐世昌　20

邵元沖　147, 148

邵力子　207, 209

章太炎（→章炳麟）　300, 313

章炳麟（→章太炎）　329, 338, 339, 343, 344, 349

紹英　10, 12, 16, 19, 20, 24, 354

紹彝　354

蔣介石　1, 34, 37, 39, 41, 50, 57, 69, 71, 104, 107, 109, 110, 113, 122-131, 133, 135-165, 167, 169, 171-173, 175-179, 266, 313, 323, 324, 331, 332, 353, 360, 364, 368, 369,

371, 375

蔣経国　137, 141, 154, 173

鐘栄光　280

鐘鼎　290

A・スミス　317

杉村恒造　242, 251, 252

世続　8, 10-12, 16, 19, 20

西太后（→慈禧）　23

宣統帝　8, 9, 11

銭実甫　72, 80

宋教仁　274, 335, 338, 339, 342-344, 347

宋子文　58, 70, 207

桑兵　1, 8, 26, 157, 158, 187, 194, 195, 213, 352, 353, 355, 368, 374, 376

曹雲祥　207

曾宗鑑　224

孫科　102, 125, 310

孫歌　27, 49

孫子光　290

孫文〔孫中山, 孫逸仙〕
　1-6, 8-13, 15-23, 25-29, 31-33, 35, 37, 39-45, 47-49, 51, 54-59, 61, 63-69, 71-81, 83-87, 97, 98, 101, 102, 104-106, 109, 110, 113, 116-118, 121-142, 144, 146, 148, 150, 152, 154-156, 158-160, 162, 164-172, 174, 176-196, 198-217, 222, 223, 229-231, 233, 235, 236, 244-249, 252-265, 267-

388　人名索引　さ〜は行

271, 274-282, 289-299,
303, 304, 307, 310, 312,
329, 334-336, 338-342,
347, 352-363, 365-377,
382-385

た行

タゴール, R. 72
田中義一 34, 37
戴季陶 27, 30, 37, 38,
47, 49, 69, 108, 146, 147,
155, 159, 177, 334, 347,
353, 357
戴灃〔醇親王〕 13-15, 19,
356
譚仲逵 282, 293
鈕永建 274, 275, 278-281,
293
張永福 198, 200
張亦鏡 253, 268
張玉法 298, 313
張君勱 59, 60, 62, 70, 107,
110, 116, 117, 119
張勲 9, 11, 20
張継 275, 335, 342
張静江 147, 284, 285, 289
張知本 54-56, 66
張東蓀 59, 62, 78, 82, 381
趙軍 187, 195
趙国俊 224, 225
趙爾巽 20
趙汀陽 190, 191, 195, 196
陳安仁 229
陳寅恪 23, 356

陳家鼎 23, 356
陳嘉庚 199, 202
陳其美 12, 142-144, 156,
214, 275, 283, 285, 289
陳恭祿 30
陳炯明 2, 75, 110, 144-
149, 151, 156, 281-283,
286, 289-292, 294, 295,
297-299, 303, 306, 309,
312-315, 363, 369, 371,
376
陳剣虹 279, 280
陳森 324, 331
陳性初 207-210, 214, 215
陳楚南 198, 200
陳定炎 298, 299, 313
陳徳徴 30
陳璧君 278, 285
陳鵬仁 56, 68
土屋光芳 45, 51, 52, 357
鄭観応 76
鉄良 20
田桐 338, 342
レフ・トルストイ 73
唐紹儀 206, 207, 343
陶希聖 162
陶成章 281, 282, 290
湯王 13
湯化龍 12, 206
鄧鏗〔子瑜〕 287, 289
鄧子瑜 287
鄧沢如 286
頭山満 49, 336

な行

那桐 12, 15, 19, 20, 25,
352, 356
ジョン・ネヴィス 261

は行

ロバート・ハート 263
ボグド・ハーン 238
馬応彪 220
馬祖容 220
馬相伯 207, 209, 214
馬体声 279, 280
馬超俊 317, 323-325, 328,
331, 332
柏文蔚 287, 289
林権助 339
范源廉 206
潘渠 275
ビアード, C.A. 61
平山周 338, 339
溥倫 8, 10, 13, 15, 16,
19-21, 345, 356
ブハーリン, N. 115
武懿 36
武王 13
プリドー＝ブリュン 96
馮自由 256, 269, 270, 340,
347, 348, 349
マリークレール・ベル
ジェール 79, 298
方声涛 285
墨子 74
繆斌 43, 46, 47, 51, 357

人名索引　ま～わ行　389

ま行

松井石根	41, 42, 357
松浦正孝	41, 49, 50
チャールズ・ミルズ	261
三上豊夷	337
溝口雄三	180, 193
南方熊楠	361, 370
宮崎滔天（→宮崎寅蔵）	
	142, 200, 269, 289, 293,
	334-338, 340, 344, 347-
	349
宮崎寅蔵（→宮崎滔天）	
	337, 340
メイスナー, M.	180
ロバート・モリソン	259
毛文明	262
孟子	360
森口繁治	108, 112, 115

や行

山田純三郎	334
山室信一	47, 52
余栄	223, 226
楊蔭杭	18
楊幼炯	56, 69
吉永慎次郎	182, 194

ら行

ジョン・ラスキン	73
羅志田	180
羅隆基	55, 58, 59, 67, 69, 70
雷震	1, 101, 104-112,
	116-119, 360, 375
李鴻章	72, 76, 81, 207,
	255, 263
李敖	298, 313
李根源	275, 276, 291
李在全	354
李聖章	282, 293
李石曾	274, 281, 282, 292,
	293
李登輝	199, 203-215, 363
李平心	63-65, 71
李烈鈞	275, 276, 281-283,
	285, 288-292
陸潤痒	11
陸培勇	143
隆裕	8, 10, 11, 14, 16, 19,
	23, 356

劉揆一	336, 337, 339, 347
劉光福	228
劉師培	339
劉滌寰	223
劉達潮	326, 332
凌道楊	361
梁啓超	85, 107, 200, 213,
	224, 257, 263, 329, 370,
	385
廖仲凱	145, 146, 147, 149,
	151, 153, 158, 264, 289
林森	279, 280
林彬	108-110
林文慶	199-204, 210-213,
	215, 363
林有	228
ギルバード・レイド	263,
	267
レーニン, V. I.	72, 115,
	299

わ行

和田三郎	338

事 項 索 引

あ行

アイルランド　224
アジア主義　1, 4, 27-33, 35, 37, 39-43, 45, 47, 49 -52, 181, 186, 187, 193, 195, 353-355, 357, 358, 360, 368, 370, 374
アジアモンロー主義　40-42
アメリカ　14, 36, 61, 77, 143, 156, 177, 201, 207, 216, 225-228, 244-246, 255, 256, 259-263, 268, 278, 279, 281, 301, 309, 310, 343, 345, 352, 368, 382
亜洲之日本　31, 32, 49, 357
厦門　199, 202, 203, 210- 213, 215, 237, 249, 363, 381
厦門大学　199, 202, 203, 211-213, 215, 363, 381
愛国報　10, 12, 15, 22, 24-26
イギリス　35, 78, 107, 129, 200, 201, 213, 227, 228, 256, 259, 262, 263, 301, 327
イタリア　319, 323, 368, 380
伊藤商店（→伊藤忠）242- 244, 248, 362
伊藤忠（→伊藤商店）242,

243, 251
頤和園　8, 10-12, 16, 25, 278, 356
ウイグル　320
ウパニシャッド　73
『宇宙風』　38, 39, 50
永安　217, 220, 221, 228, 229, 232
永生果欄　220
永租　1, 83, 85, 87, 89-97, 99
易姓革命　184, 190
オーストラリア　2, 87, 216-225, 227-233, 361, 362, 368, 369, 375, 381
オランダ　203, 240, 241, 250
王道（主義）　1, 4, 28, 29, 32, 40, 43, 44, 46-48, 180 -196, 353, 354, 360, 369, 370, 371, 375
王道楽土　48, 185, 189
欧事研究会　274, 289, 291, 292
大阪毎日新聞　239, 240, 242, 250, 251

か行

カディ〔手つむぎ，手織 りの布〕　77
下位文化　318-320, 326- 328, 331

家族主義　187
華裔　218, 219, 223, 229, 232, 233
華僑　2, 4, 80, 98, 198, 204, 208, 209, 211, 213, 214, 217, 226, 229, 233, 235- 252, 262, 279, 280, 361, 362, 368-370, 372, 373, 375, 384
華僑智育会　208
会党〔秘密結社〕　286
外史　277, 354
外務省文書〔英国国立公 文書館〕　96
革命　1-4, 6, 9, 12, 13, 17, 22-25, 34-36, 49, 56-58, 63, 69, 73-75, 85, 97, 104, 122-138, 142-144, 149, 150, 152, 153, 155, 156, 164, 166, 168, 173-175, 184, 186, 190, 195, 198- 202, 204-208, 210-212, 217, 221-225, 230, 235, 238, 248, 249, 253-255, 257, 258, 260, 262-264, 268, 274-281, 283-293, 295, 305-310, 315, 322, 325, 327, 330, 334-345, 347, 352, 353, 355-357, 363, 364, 367-372, 375, 376, 380, 383-385

事項索引　か行　391

『革命哲学』 1, 122-131, 133,
　135-141, 375
『革命評論』　　　　338, 339
『革命方略』　　　　　　307
神の国は汝らのうちにあ
　り　　　　　　　　　73
広東　2, 4, 25, 41, 83, 86,
　145-153, 155, 214, 218,
　221, 223, 233, 237, 241,
　252, 264, 270, 286, 294-
　298, 301, 302, 304, 306-
　309, 312-317, 319, 321-
　329, 331-335, 337, 339,
　340, 343, 349, 363, 365,
　371, 376
漢族　8, 18, 23, 24, 186, 187
寰球中国学生会　204-207,
　209, 210, 214
韓国併合　　　　　　346
キリスト教　　2, 74, 215,
　220, 253-257, 259-271,
　361-363, 369, 376, 382
基隆　　　　　　　　239
旗人　8, 9, 11, 18, 20, 22-
　24, 26, 356
ギルド　　　　　　　322
義興公司　222, 223, 226
義和団　125, 259, 260, 271
議院内閣制　103, 106, 107,
　110, 116
救国社　242, 245-247, 252
「救国の急務」205, 206, 210
共産主義　42, 44, 163, 164,
　171, 172

共和（共和主義）　　1, 8, 9,
　13-20, 22-24, 26, 50, 53,
　72, 75, 81, 98, 103, 201,
　204, 208, 223, 230, 245,
　263, 270, 274, 295, 305,
　309, 331, 342, 353, 356,
　367, 368, 370, 374, 380
共和紀念会　　22, 23, 26
『共和西報』　　204, 208
教案（反キリスト教暴動）
　　　　　　　　259, 260
堯舜禅譲　　　　　　356
『近世民主政治論』108, 112,
　115, 118
近代　3, 25-28, 32, 38, 39,
　47, 49, 51, 52, 59, 63-65,
　68-70, 72, 75, 77, 79, 91,
　99, 100, 114, 122, 138,
　140, 157, 158, 166, 171,
　180-182, 185, 191, 193,
　194-196, 213, 216, 232,
　233, 249-253, 255, 260,
　261, 263, 267-270, 292,
　298, 300, 314-321, 329-
　333, 339, 347, 354, 359,
　362, 364, 368, 370, 371,
　374, 380-385
近代性　　　191, 193, 196
クーデター　　　　　111
訓政　55, 58, 59, 60, 62, 78,
　308-312, 363
軍政　16, 28, 81, 147, 208,
　308
軍閥　　37, 72, 75, 76, 79,

　210, 294, 295, 297, 299,
　300, 301, 303, 305, 307,
　309, 311-313, 315
『警東新報』　　　　223
「建国大綱」　98, 101, 106,
　109, 308, 315
『建国方略』　124, 127, 139,
　269
兼愛　　　　　　　　74
「権」（→能）54, 57, 64, 101,
　111, 113, 118, 188, 359,
　360
憲政　11, 54, 63, 66, 70,
　102, 107, 119, 160, 173-
　175, 222, 224, 308, 315,
　360, 368, 369, 371
「元勲公民」　276-278, 283,
　284, 286-289, 291, 292
原初主義　　　　　　317
現代台湾史　　1, 160, 161,
　163, 165, 167, 169, 171,
　173-175, 177, 179, 375
『この最後の者に――原
　理に対する四つのエッ
　セイ』　　　　　　73
「戸」　　　　　　　90
湖南　149, 183, 194, 308,
　347, 348
5・30事件　　266, 326
五・四学生運動　　205
――「五四」新文化運
　動　　　　　　　56
五権　1, 54, 55, 57, 66, 78,
　101-105, 107-113, 115,

117-119, 371, 375

五権憲法　1, 54, 55, 57, 66,
　101-105, 107-113, 115,
　117-119, 371, 375

五五憲草　1, 101-113,
　115-119, 375

五族共和　8, 9, 17-19, 22-24

護法運動　144, 155, 210,
　217, 229

公私　20, 180

『公理報』　242, 252

光緒新政　300

洪門　217, 222, 223, 226

高文化　317-321, 323,
　329-331

神戸　3-6, 26, 28, 48, 52,
　99, 176, 177, 179, 194-
　196, 213, 239, 250, 269,
　352, 359, 365, 368, 372-
　377, 383, 384

興漢社　284, 291, 292

合法性　124-126

国家社会党　59, 107

国共内戦　103, 162, 172,
　173, 178

国史館　130, 137, 139,
　141, 157, 213, 214

国族　22, 68, 187

国父　56, 66, 69, 71, 72, 77,
　81, 136, 160, 162-164,
　175-177, 213, 297, 361

『国父遺教概要』　69, 162,
　163, 177

『国父的政治学説』　69

『国聞週報』　61, 70

国民党実行部　281-283,
　289, 292

国民党第1次全国代表大
　会　143, 153, 265
　―――宣言　97, 139,
　315

さ行

サンフランシスコ　223,
　226, 262, 279, 323

三民主義　40, 42, 44-46,
　51, 66, 71, 74, 83-85, 97,
　101, 118, 128, 135, 138,
　139, 160, 162, 163, 165,
　169, 173-179, 194, 195,
　253, 254, 256, 263, 270,
　311, 314, 315, 331, 357,
　383

『三民主義月刊』　40, 357

『山上の垂訓』　73

参加　2, 6, 23, 43, 44, 51,
　57, 63, 64, 77, 78, 88, 90,
　142, 146, 152, 183, 199,
　206-208, 210, 216, 222,
　224-227, 240, 255, 273,
　274, 276, 278, 280-282,
　284, 286, 288, 290-292,
　294, 296, 298, 300, 302,
　304, 306-308, 310, 312,
　314, 316, 318, 320, 322,
　324, 326, 328, 330, 332,
　334, 336, 338, 340, 342,
　344, 346, 348, 350, 361-

365, 368, 369, 374, 376

シドニー　217-232

シンガポール　198-201,
　203, 204, 209, 211, 213,
　232, 239, 240, 250, 275,
　283, 287, 290, 361-363,
　368, 369, 375, 381

四川　26, 146, 337

芝罘　261

自己中心主義　182, 185,
　187, 189, 190, 192, 193

『自由中国』　104, 116

『時事新報』　18, 25

『時報』　12, 15, 16

『実業計画』　77, 155, 254

社会的福音運動　260, 262

種族概念　16

儒家文化圏　192

儒学　（→儒教）　131, 199,
　211, 360, 361

儒教　（→儒学）　74, 78,
　135, 254, 370
　――的伝統　74

宗教　4, 73-75, 187, 204,
　206, 264, 270, 317, 318,
　359, 371

宗社党　20, 22, 25, 263, 270

重慶　35, 37, 43, 45, 50,
　163, 177, 313

女性運動　301

「少年中国会」　222

『少年中国晨報』　223

省港ストライキ　326, 327

上書房　23

事項索引　さ〜た行　393

「心理建設」（→『建国方略』）
　124, 127-129, 139, 269
『申報』11, 12, 15, 24-26, 62,
　71, 206, 214, 313-315
辛亥革命　2, 3, 12, 24, 49,
　142, 186, 200, 201, 207,
　210, 213, 221, 222, 238,
　248, 249, 253-255, 258,
　263, 264, 268-270, 281,
　286, 327, 334-337, 339,
　341, 343, 345, 347-349,
　353, 355, 363, 364, 367,
　368, 372, 376, 383-385
清国留学生取締規則　341
新清史　21, 25, 352
『新生命』　35, 36, 119
『新聞報』　9, 24
新民会 31, 42-44, 46, 49-51
新民学院　44, 51
「新民啓智社」　222
新民主義　42-44, 46, 47,
　51, 357
親郷　43, 46
人権　66, 67, 69, 70, 173
スイス　115
スマラン　236-242, 247,
　250, 362
汕頭　144, 146, 237, 249,
　315, 337
世界主義　40, 180, 181,
　188, 193
正統性　41, 86, 113, 142,
　143, 296-298, 300
西南派　41, 42, 357

政権　9, 16, 21, 22, 28, 42-
　47, 50-52, 58-60, 64, 94,
　97, 101-103, 105, 112,
　116, 119, 125, 126, 151,
　207, 238, 246, 266, 300-
　305, 310, 330, 357, 360,
　380
政法研究会　275, 276, 291
石岐　221
浙江　285, 308
専制　14, 54, 57, 109, 192,
　286, 290, 309
専門家政治　1, 54-65, 67,
　69, 71, 359, 368, 371
選挙　59, 60, 63, 65, 101,
　113-115, 148, 173, 283,
　294, 299-315, 363, 369
全体主義　180
全民政治　54-57, 66
ソヴィエト政府（→ソ連）
　297
──ソビエト・ロシア
　28
ソ連（→ソヴィエト政府）
　48, 115, 148, 150, 152-
　156, 158, 164, 170, 171,
　179
租界　15, 83-85, 87-99,
　259, 266
組織化　226, 363, 364
宗族主義　187
総力戦　136
「孫中山之満蒙棄置論」18,
　25

『孫文学説』127, 155, 167,
　269
『孫文主義とレーニン主
　義、ガンディー主義
　（孫文主義与列寧主義
　甘地主義)』　72

た行

田川商店　242, 243, 251
田中上奏文　126, 139
多民族国家　17, 370
大正教養主義　39
大正政変　244
大正デモクラシー　107
『大陸報』　17, 18, 25, 356
台湾　1, 21, 41, 42, 50, 55-
　57, 67, 68, 71, 79, 83, 84,
　103, 104, 108, 111, 116,
　123, 130, 137, 143, 157,
　160-165, 167, 169-171,
　173-179, 191, 232, 237,
　251, 270, 298, 299, 312,
　323, 347, 348, 360, 368,
　371, 375, 380, 381, 384
大アジア主義　1, 4, 27-33,
　35, 37, 39-43, 45, 47, 49,
　51, 52, 181, 186, 187, 195,
　353-355, 357, 358, 360,
　368, 374
「大アジア主義講演」　354,
　355
『大亜細亜主義論』　29
『大亜州主義論』　45, 47
『大学』　43, 128

394 事項索引 た行

大同　22, 23, 69, 74, 76,
　169, 170, 180
──思想　　　　　180
第1次世界大戦　49, 76,
　111, 216, 223-227, 229,
　230, 261, 355
第2次世界大戦　106, 160,
　223
第二革命　202, 223, 275,
　277, 283, 285, 286, 334
滝川事件　　　　　108
チベット　　　186, 320
チャルカ〔つむぎ車〕　77
地価　83, 84, 86, 90, 94-96,
　257, 262, 264, 265, 271
地租　　　　83, 84, 91
知行合一　122, 123, 126,
　128, 129, 131-137, 139,
　371
知識人伝道会　　　263
知難行易　59, 122, 123,
　126-130, 132-137, 139
治外法権　87, 88, 98, 99,
　260, 266
治権　64, 65, 101-103, 105,
　113, 116, 119
「治国方略」　　　123
致良知　122, 123, 127, 128,
　131, 132, 135-137, 139
中澳輪船　225-231, 375
中華欧米同学会　　206
中華革命党　104, 223, 225,
　274-281, 283-285, 287,
　289-293, 308, 315, 334,

348, 363, 369, 371, 376
中華共和会　　　　223
中華総商会　223, 224,
　227-229
『中華報』　　　　237
中華民国　2, 16, 25, 31, 32,
　39, 42, 44, 45, 49, 51, 66,
　69, 75, 76, 78, 83, 86, 88,
　93, 95, 102-104, 106, 107,
　109-111, 113, 115-119,
　151, 162-164, 170, 171,
　174, 177, 206, 208, 209,
　211, 217, 228, 242, 249,
　252, 269, 274, 294, 296,
　300, 303, 308, 313, 316,
　317, 319, 321-323, 325,
　327, 329, 331, 333, 347,
　361, 376, 381
中華民国憲法　66, 102-
　104, 106, 107, 110, 115-
　119, 174, 206
『中華民国制憲史』　104,
　118, 119
「中華民国総公会」　217
中華民族　24, 134, 138,
　140, 141, 171, 186, 187,
　254, 269, 324, 325, 330,
　332, 354, 370, 383
「中国統一芻議」　309, 315
『中国の中のソ連』164, 179
『中国の命運』162-164, 179
『中国滅亡論』　　31, 32
長老教会（→長老派教会）
　259, 263

長老派教会（→長老教会）
　　　　222, 223, 225
朝鮮　11, 162, 237, 345,
　346, 350, 384
朝鮮戦争　　　　　162
帝国主義　4, 28, 35, 36, 40,
　41, 47, 79, 84, 85, 97, 98,
　135, 138, 141, 171, 172,
　180-182, 193, 247, 258-
　262, 267, 325-327, 359
撤藩建省　　　　9, 21, 23
天下　13, 43, 150, 181, 182,
　188, 190, 191, 193, 195,
　196, 211, 212
天下為公　　　　211, 212
天津　9, 15, 34, 38, 42, 83,
　84, 88, 91-93, 100, 138,
　213, 249, 259, 269, 313,
　382
天津条約　88, 92, 259
天皇　　　105, 108, 189
天皇機関説事件　　108
転型期　　　　352, 371
トルコ　　　　　　150
土地国有　163, 164, 255,
　257-259, 261, 262, 264,
　265, 267, 270
ドイツ　10, 15, 76, 93, 95,
　105, 114, 115, 153, 203,
　259, 319, 323, 325, 332,
　343
東亜新秩序　44, 45, 357
東亜聯盟　34, 45, 51, 357
『東華報』　224, 227, 234

事項索引　た～な行　395

東京　25-27, 29, 31, 49-52,
　66, 97-100, 175-178, 195,
　217, 223, 225, 226, 230,
　231, 235, 237, 250-252,
　258, 275-277, 283, 285-
　287, 291, 330, 334-337,
　343, 349, 350
東南アジア　2, 87, 216,
　221, 222, 235, 237, 239,
　241, 243, 245, 247-251,
　259, 279, 281-284, 286,
　289-292, 362, 369, 375
『東方雑誌』　61, 66, 78,
　82, 98, 119, 326, 332
党国訓政体制（→党国体制）
　55, 59, 60, 62
党国体制（→党国訓政体制）
　274, 297
登記　1, 83, 85, 87, 89-100,
　220, 229, 368, 374, 381
同文書院　31
同盟会〔中国同盟会〕　98,
　113, 198, 200, 201, 211,
　213, 222, 257, 258, 270,
　274, 295, 323, 334, 335,
　338, 339, 341, 342, 347,
　363
動員　2, 46, 77, 136, 147,
　173, 222-224, 273, 274,
　276, 278, 280, 282, 284,
　286, 288, 290, 292, 294,
　296, 298, 300, 302, 304,
　306-308, 310, 312, 314,
　316, 318, 320, 322, 324,

　326-328, 330-332, 334,
　336, 338, 340, 342, 344,
　346, 348, 350, 363, 368,
　369, 376, 382
道具主義　317
道契〔永租契〕　89-94, 96
独裁　54, 105, 107, 109,
　110-114, 116, 117, 119,
　175, 210, 293-295, 298,
　299, 363

な行

ナショナリズム　2, 34, 38,
　66, 85, 180, 182, 186, 187,
　191, 193, 266-268, 316-
　323, 325, 327-333, 362,
　376, 382
ナチス　114-116, 119
内史　354
内務府　8, 11, 12, 19, 25
南京　17, 37, 40-42, 44, 46,
　47, 50, 51, 83, 84, 86, 92
　-96, 98, 100, 122, 138,
　163, 201, 207, 208, 211,
　237, 249, 313, 319, 323-
　325, 332, 334, 357, 374
南京日本研究会　37, 50
南雄百貨公司　209
南洋華僑　213, 236, 239
南洋航路　239-241, 362
南洋知識人　2, 198, 199,
　201, 203, 205, 207, 209,
　210-213, 215, 375
21か条　30, 76, 279, 281,

　285, 355
ニュージーランド　217,
　222, 225, 227, 228, 230,
　268
『二十世紀之支那』　335, 342
二辰丸事件　235, 339, 340,
　343, 344
日露協約　236-238, 246-
　248, 362
日露戦争　36, 343-345
日貨排斥　240, 245, 246,
　339-341, 343, 349
日清戦争　72, 237, 258, 263
『日新報』　200, 213
『日本概観』　47
日本軍国主義　341, 344,
　345, 364
『日本評論』　37
『日本論』　30, 37, 357
ネイション　3, 4, 6, 173,
　180-182, 186-188, 191,
　193, 213, 316-321, 325-
　328, 330, 361, 365, 367,
　369, 370, 373
ネットワーク　94, 217-
　220, 224, 225, 230, 231,
　254, 264, 362, 375, 384
寧波布　243
『ノース・チャイナ・ヘ
　ラルド』　295
能（→権）54, 56, 101, 111,
　113, 118, 188, 359, 360

は行

バガヴァッド・ギーター　73

バタヴィア　203, 207-210, 214

排日運動　246, 249

排満（→反満）8, 9, 17, 18, 186, 343

博愛　74, 211, 215, 253

反共抗ソ　164, 166, 170-172, 178

反満（→排満）　75, 281

ヒトラー　105, 114

非キリスト教運動　265, 266

非常大総統府　202

非暴力　72-75, 78, 79, 371

ファシズム　38, 319, 323, 328, 331

不動産　84-86, 89-100, 374

不平等条約　34, 45, 96, 99, 171, 332

武士道　31, 37, 135, 138, 139, 141

復旦公学（→復旦大学）204, 207-209, 214

復旦大学（→復旦公学）207-209, 214, 215, 363

福建　145, 150, 199, 203, 208, 209, 213, 233, 247, 252, 295, 306, 332

『文匯報』　11

ベトナム　200, 278

ペナン　198, 203, 204, 283

北京　8-17, 20, 22, 24, 25, 31, 32, 35, 42, 44, 50, 51, 67, 69, 80, 82, 84, 89, 97, 98, 148, 153, 159, 195, 211, 213, 225-227, 230, 231, 238, 242, 246, 247, 252, 259, 263, 264, 274, 278, 295, 296, 303, 304, 312, 313, 315, 319, 323, 326, 333, 354, 356

北京政府　84, 148, 153, 246, 295, 304, 319, 323, 326

北京楼　225-227, 230, 231

平均地権　83, 165, 254, 255, 257-259, 261, 262-265, 267-269

保皇派　85, 222-224

北伐　58, 70, 83, 85, 149, 202, 266, 274, 286, 296, 297, 312

「本色教会」運動　266

香港　41, 68, 71, 83, 84, 148, 149, 157, 217, 220, 221, 223, 227, 228, 230, 237, 239, 243, 244, 248, 249, 255, 284, 297, 312, 313, 326, 327, 332, 336, 339, 347

『香港興中会宣言』　269

ま行

マニラ　242-245, 247-249, 251, 252, 362

満洲　8, 9, 11, 13, 15-18, 20-22, 23, 25, 26, 28, 34-38, 41, 42, 47, 50, 52, 99, 102, 185, 195, 202, 238, 241, 242, 248, 335, 345, 368, 370

満族同進会　8, 22, 26

満蒙問題　17, 18, 194, 241, 250, 356

三井物産　239, 242, 244

南太平洋　2, 216, 217, 219, 221, 222, 223, 225, 227-231, 233, 362, 375

民権主義　56, 79, 101, 113, 179, 188, 253, 304, 383

「民権主義」第4講　105, 314, 315

　　――第5講　71

　　――第6講　66, 101, 105, 165

『民国報』　222-226, 231, 233, 234

民主　40, 42-48, 51, 56, 60, 62-67, 70, 71, 74, 83-85, 97, 101, 104, 107-109, 111-115, 118, 119, 128, 135, 138, 139, 160, 162, 163, 165, 169, 170, 172-179, 183, 188, 192, 194, 195, 253, 254, 256, 263, 270, 274, 278, 281, 293-299, 301, 303, 305, 307-315, 330, 331, 334, 347, 357, 360, 363, 368, 383,

384

民生主義　74, 162-175, 177-179, 253, 254, 256, 257, 262, 264, 265, 268, 360, 361

「民生主義」　165

――第3講　264, 271

『民生主義育楽両篇補述』　1, 160-163, 176, 178, 375

民族　4, 5, 9, 16, 17, 19, 21-27, 30-34, 40, 41, 44, 45, 49, 50, 70, 72, 77, 78, 80-82, 97, 127, 128, 131, 133, 134-136, 138, 140, 141, 165, 168, 171-173, 178-182, 185-187, 189, 193, 195, 210, 216, 217, 222, 230, 231, 233, 249, 253, 254, 256, 259, 269, 316-320, 322, 324, 325, 328-332, 335, 340, 352-354, 356, 357, 365, 370, 383

民族識別　9, 17, 21, 24

民族主義　9, 16, 23, 40, 70, 80, 178-182, 186, 193, 216, 217, 222, 230, 253, 335

「民族主義」自序　81

――第2講　97

――第5講　77, 82

――第6講　80, 81, 165

民族精神　128, 134-136

『民報』　98, 257, 270, 286, 334, 335, 338, 339, 342-344

民本〔民本主義〕182-185, 188-192

『民立報』　12, 13, 18, 25, 98, 270, 271

無政府主義　180, 181, 186, 193, 194, 292, 381

メルボルン　221-223, 226-228, 230, 232

モンゴル　153, 186, 238

『孟子』　48, 182-184, 189, 194

ら行

力行哲学　122-124, 137, 138

立憲　11, 213, 281, 336, 370

レーニン主義　72, 299

連省自治　295, 296, 300, 301, 303, 304, 308, 311, 315

連邦制　294, 299, 311

ロイター　10, 12, 15

ロシア革命　69, 152, 325

ロンドン伝道会　259

『六十年来中国与日本』38, 348

わ行

ワイマール憲法　113, 115

倭寇　35, 129

『我之日本観』　31, 32

欧文

Chapters on Chinese and Forestry　361

Straits Chinese Magazine　204

孫中山記念会研究叢書Ⅶ

孫文とアジア太平洋
──ネイションを越えて

2017年11月24日　初版発行

編　者　日 本 孫 文 研 究 会
発 行 者　三　井　久　人
印 刷 所　富 士 リ プ ロ ㈱

発 行 所　汲　古　書　院
東京都千代田区飯田橋２－５－４
電話03(3265)9764FAX03(3222)1845

2017ⓒ　ISBN978-4-7629-6601-9　C3322